A construção da ordem

Teatro de sombras

José Murilo de Carvalho

A construção da ordem
A elite política imperial

Teatro de sombras
A política imperial

18ª edição

Rio de Janeiro
2024

COPYRIGHT © José Murilo de Carvalho, 2003

CAPA
Evelyn Grumach

PROJETO GRÁFICO
Evelyn Grumach e João de Souza Leite

CIP-BRASIL. CATALOGAÇÃO-NA-FONTE
SINDICATO NACIONAL DOS EDITORES DE LIVROS, RJ

	Carvalho, José Murilo de, 1939-
C324c	A construção da ordem: a elite política imperial. Teatro de
18ª ed.	sombras: a política imperial / José Murilo de Carvalho. – 18ª ed. –
	Rio de Janeiro: Civilização Brasileira, 2024.

Apêndices
Inclui bibliografia
ISBN 978-85-200-0618-4

1. Elites (Ciências sociais) – Brasil. 2. Brasil – Política e governo, 1822-1889. 3. Brasil – História – Império, 1822-1889. I. Título.

CDD – 981.04
03-0228   CDU – 94(81)"1822/1889"

Todos os direitos reservados. Proibida a reprodução, armazenamento ou transmissão de partes deste livro, através de quaisquer meios, sem prévia autorização por escrito.

Direitos desta edição adquiridos pela
EDITORA CIVILIZAÇÃO BRASILEIRA
Um selo da
EDITORA JOSÉ OLYMPIO LTDA.
Rua Argentina, 171 – 20921-380 – Rio de Janeiro, RJ – Tel.: (21) 2585-2000

Seja um leitor preferencial Record.

Cadastre-se em www.record.com.br e receba informações sobre nossos lançamentos e nossas promoções.

Atendimento e venda direta ao leitor
sac@record.com.br

Impresso no Brasil
2024

Sumário

NOTA À 3ª EDIÇÃO   7
NOTA À 2ª EDIÇÃO   9

PARTE I
A construção da ordem
   A elite política imperial   *11*

INTRODUÇÃO   *13*

CAPÍTULO 1
Elites políticas e construção do Estado   *23*

CAPÍTULO 2
A elite política nacional: definições   *49*

CAPÍTULO 3
Unificação da elite: uma ilha de letrados   *63*

CAPÍTULO 4
Unificação da elite: o domínio dos magistrados   *93*

CAPÍTULO 5
Unificação da elite: a caminho do clube   *119*

CAPÍTULO 6
A burocracia, vocação de todos   *143*

CAPÍTULO 7
Juízes, padres e soldados: os matizes da ordem   *169*

CAPÍTULO 8

Os partidos políticos imperiais: composição e ideologia *199*

CONCLUSÃO

A dialética da ambigüidade *229*

APÊNDICE

Notas sobre fontes de dados biográficos *237*

LISTA DE QUADROS E GRÁFICOS *245*

PARTE II

Teatro de sombras
  A política imperial *247*

INTRODUÇÃO

O rei e os barões *249*

CAPÍTULO 1

O orçamento imperial: os limites do governo *261*

CAPÍTULO 2

A política da abolição: o rei contra os barões *291*

CAPÍTULO 3

A política de terras: o veto dos barões *329*

CAPÍTULO 4

O Conselho de Estado: a cabeça do governo *355*

CAPÍTULO 5

Eleições e partidos: o erro de sintaxe política *391*

CONCLUSÃO

Teatro de sombras *417*

APÊNDICES *425*

LISTA DE QUADROS E GRÁFICOS *437*

FONTES E BIBLIOGRAFIA *439*

Nota à 3ª edição

Esta terceira edição segue em tudo a anterior, em consonância com a decisão de não rescrever o texto. Acrescentaram-se apenas dois parágrafos sobre escravidão e unidade nacional, que só por descuido não tinham sido incluídos na segunda edição. Também foram corrigidos deslizes e erros de impressão que ainda persistiam.

JOSÉ MURILO DE CARVALHO

Nota à 2ª edição

Reúnem-se neste volume dois livros sobre a política imperial há muito esgotados: *A construção da ordem: A elite política imperial* (Rio de Janeiro/Brasília: Campus/Ed. da Universidade de Brasília, 1980) e *Teatro de Sombras: A política imperial* (São Paulo/Rio de Janeiro: Vértice/Instituto Universitário de Pesquisas do Rio de Janeiro, 1988). Restaura-se a unidade original do trabalho, quebrada por razões editoriais da época das primeiras edições.

A nova edição respeita em tudo as anteriores. Foram feitas apenas correções de alguns deslizes gramaticais e deselegâncias estilísticas. No caso de *A construção da ordem* houve ainda correções em alguns quadros numéricos, sobretudo de erros de arredondamento nos cálculos de porcentagem. Os gráficos 1 e 2 deste mesmo livro sofreram alterações visando maior clareza.

Agradeço aos responsáveis pela Editora da UFRJ e pela Relume-Dumará a oportunidade de ver reimpressos os dois livros que resultaram de minha tese de doutoramento.

JOSÉ MURILO DE CARVALHO

PARTE I **A construção da ordem**
A elite política imperial

Introdução

Ao estudarmos o Brasil do século XIX deparamos com um fato de cuja importância os contemporâneos brasileiros tinham consciência mais nítida do que os analistas posteriores. Trata-se da grande diferença verificada na libertação das colônias espanhola e portuguesa da América que tão profundamente afetaria o futuro dos países da região. A busca renovada de fatores explicativos do fenômeno poderá contribuir para a melhor apreensão da natureza do processo político brasileiro.

No campo político, a diferença concentra-se em dois pontos principais. O primeiro refere-se à manutenção da unidade política em um caso e à fragmentação no outro. A dimensão dramática da diferença pode ser visualizada nos gráficos 1 e 2. No início do século XIX a colônia espanhola dividia-se administrativamente em quatro vice-reinados, quatro capitanias-gerais e 13 audiências, que no meio do século se tinham transformado em 17 países independentes. Em contraste, as 18 capitanias-gerais da colônia portuguesa, existentes em 1820 (excluída a Cisplatina), formavam, já em 1825, vencida a Confederação do Equador, um único país independente.

O segundo aspecto da diferença diz respeito ao tipo de sistema político implantado. Ao passo que a grande maioria dos países oriundos da ex-colônia espanhola passava por longo período anárquico e muitos só chegavam a organizar o poder em bases mais ou menos legítimas graças a lideranças de estilo caudilhesco, a ex-colônia portuguesa, se não evitou um período inicial de instabilidade e rebeliões, não chegou a ter uma única mudança irregular e violenta de governo (não considerando como tais a abdicação e a antecipação da maioridade), e conservou sempre a supremacia do governo civil.

O fato é reconhecido por todos os estudiosos mas as explicações até agora oferecidas são insatisfatórias. Explicações administrativas não convencem, pois as diferenças que certamente existiam entre os estilos coloniais português e espanhol não eram de monta a justificar o resultado. A maior centralização da administração portuguesa era aparente. No último quartel do século XVIII, por exemplo, a autoridade do vice-rei sobre os capitães-generais era mais nominal do que real, excetuadas apenas as capitanias diretamente ligadas ao Rio de Janeiro (São Pedro, Santa Catarina e Colônia do Sacramento). Os capitães-generais eram nomeados diretamente pela Coroa e a ela respondiam. Parecia ser tática explícita do governo colonial permitir conflitos de autoridade e poder entre vice-reis e capitães-generais como mecanismo de controle[1].

Note-se ainda que entre 1624 e 1775 a colônia portuguesa esteve dividida formalmente em dois Estados distintos, o Estado do Brasil e o Estado do Maranhão e Grão-Pará, com administrações totalmente independentes. Mesmo após a chegada da Corte, em 1808, Pará e Maranhão continuaram a tratar diretamente com Lisboa. E é sintomático que uma das mais importantes medidas tomadas pelas cortes portuguesas em 1821, no sentido de parar o movimento de independência, foi ordenar a todos os governos de capitanias que obedecessem a Lisboa e não ao príncipe D. Pedro. A situação ao final do período colonial foi assim descrita por Saint-Hilaire, que viajara longamente por várias capitanias:

"Chaque capitainerie avait son petit trésor; elles comuniquaient difficilement entre elles, souvent même elles ignoraient réciproquement leur existence. Il n'y avait pas au Brésil de centre comum: c'était un cercle immense, dont les rayons allaient converger bien loin de la circonférance"[2].

Outra explicação geralmente apresentada é de natureza política. Atribui-se a diferente evolução das duas colônias ao ato da transmigração da corte bragantina para o Rio de Janeiro. A presença da Corte nos últimos anos do período colonial teria tornado possível a solução monárquica no Brasil e em conseqüência a unificação do país e um governo relativamente estável. Não há como negar a importância do fato. A tendência monárquica de vários dos libertadores, Bolívar e San Martin incluídos, leva a crer que, se houvesse candidatos disponíveis, outras experiências monárquicas seriam tentadas. Os argentinos chegaram a planejar o seqüestro de um príncipe europeu que os governasse. Seria inútil especular sobre os prováveis resultados dessas hipotéticas experiências. Sabe-se apenas que o coroamento de elementos nativos redundou em fracasso no México e no Haiti. Mas, de qualquer maneira, apesar de inegável importância da presença da Corte para tornar mais viável

A CONSTRUÇÃO DA ORDEM

a solução monárquica, a presença não garantia essa solução. A independência viria com ou sem o rei e a monarquia. O fato de ter vindo com ambos deveu-se fundamentalmente a uma opção política entre outras alternativas possíveis.

Há ainda tentativas, embora pouco elaboradas, de explicar as diferenças por fatores de natureza social e econômica. O declínio do ciclo mineratório nas colônias espanholas ainda no século XVII e o refluxo para a agricultura teriam levado ao maior isolamento dos vários centros coloniais, ao passo que o surto mineratório brasileiro, vindo mais tarde, teria proporcionado maior integração[3]. Não há dúvida de que o ciclo do ouro foi um poderoso fator de criação de laços econômicos entre várias capitanias. Mas é preciso lembrar também que ele já começara a declinar no início da segunda metade do século XVIII. Ao final do século, o mesmo refluxo verificado nas colônias espanholas se produzira na parte portuguesa.

Análises mais elaboradas mostram que as tentativas integracionistas de homens como Bolívar tinham base na existência prévia de relações econômicas e comerciais entre as várias unidades que formavam a colônia espanhola. Centros coloniais como o Peru, baseados em economia mineratória, vinculavam-se a economias agrícolas de subsistência como as do Chile, Equador e norte da Argentina. No século XVIII, a crise da mineração e o maior liberalismo da dinastia Bourbon teriam levado mesmo ao enfraquecimento dos laços com a metrópole e à maior liberação do comércio intracolonial. A análise, no entanto, se torna inconclusiva ao dizer que ao lado de elementos de união havia também conflitos de interesses entre as várias unidades que, afinal, determinaram, com o apoio da Inglaterra, a fragmentação da colônia espanhola. No caso do Brasil a explicação para a unidade volta à velha tese política da manutenção da monarquia, garantia da integridade territorial e da estabilidade institucional[4].

Para o Brasil é também possível apontar fatores econômicos de integração e de desintegração. O país não era um arquipélago econômico, havendo fluxo interno de mercadorias e de linhas de comunicação, mas esse fluxo estava longe de abranger toda a colônia, e era certamente de peso secundário em relação ao comércio externo que era a base do sistema colonial. Assim, se é possível dizer que havia base concreta de interesses econômicos para manter unidos, por exemplo, Minas Gerais e Rio de Janeiro, o mesmo não pode ser dito em relação a Pernambuco e Rio de Janeiro, ou a Maranhão e São Paulo[5].

1 5

GRÁFICO 1

América Espanhola: de Colônias a Países

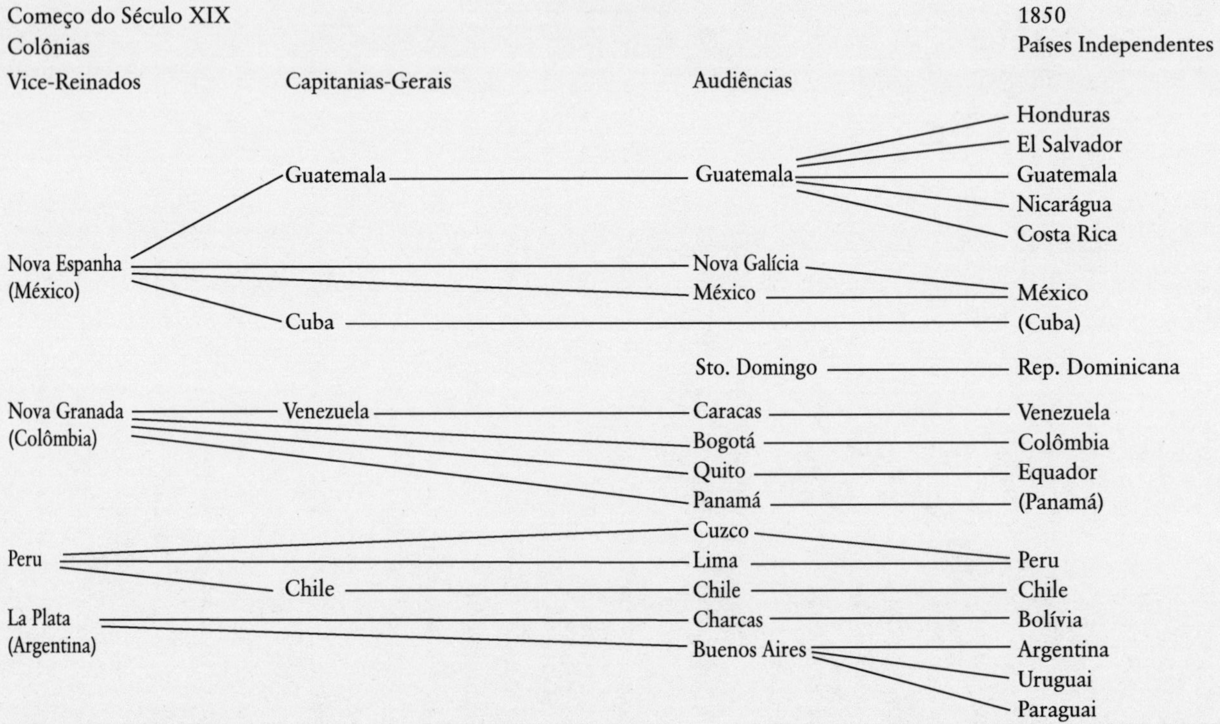

Começo do Século XIX
Colônias

| Vice-Reinados | Capitanias-Gerais | Audiências | 1850 Países Independentes |

Vice-Reinados   Capitanias-Gerais   Audiências   1850 / Países Independentes

Nova Espanha (México) → Guatemala → Guatemala → Honduras, El Salvador, Guatemala, Nicarágua, Costa Rica

Nova Espanha (México) → Nova Galícia, México → México

Nova Espanha (México) → Cuba → (Cuba)

Sto. Domingo → Rep. Dominicana

Nova Granada (Colômbia) → Venezuela → Caracas → Venezuela

Nova Granada (Colômbia) → Bogotá → Colômbia

Nova Granada (Colômbia) → Quito → Equador

Nova Granada (Colômbia) → Panamá → (Panamá)

Peru → Cuzco

Peru → Lima → Peru

Peru → Chile → Chile → Chile

La Plata (Argentina) → Charcas → Bolívia

La Plata (Argentina) → Buenos Aires → Argentina, Uruguai, Paraguai

Nota: Cuba tornou-se independente em 1902 e o Panamá, em 1903.

GRÁFICO 2

América Portuguesa: de Colónias a País

Começo do Século XVIII	1820	1825
Colónias		País Independente
Estados	Capitanias-Gerais	Capitanias-Gerais	

Estado do Maranhão

Pará
Maranhão
Ceará
Piauí

Paraíba
Pernambuco
Rio Grande do Norte
Alagoas
Bahia
Sergipe
Rio de Janeiro
Espírito Santo
Cisplatina
São Paulo
Minas Gerais
Mato Grosso
Goiás
Santa Catarina
Rio Grande do Sul

Paraíba
Pernambuco

Bahia

Rio de Janeiro

São Paulo
Minas Gerais
Mato Grosso
Goiás
Santa Catarina
Rio Grande do Sul

Estado do Brasil

Brasil

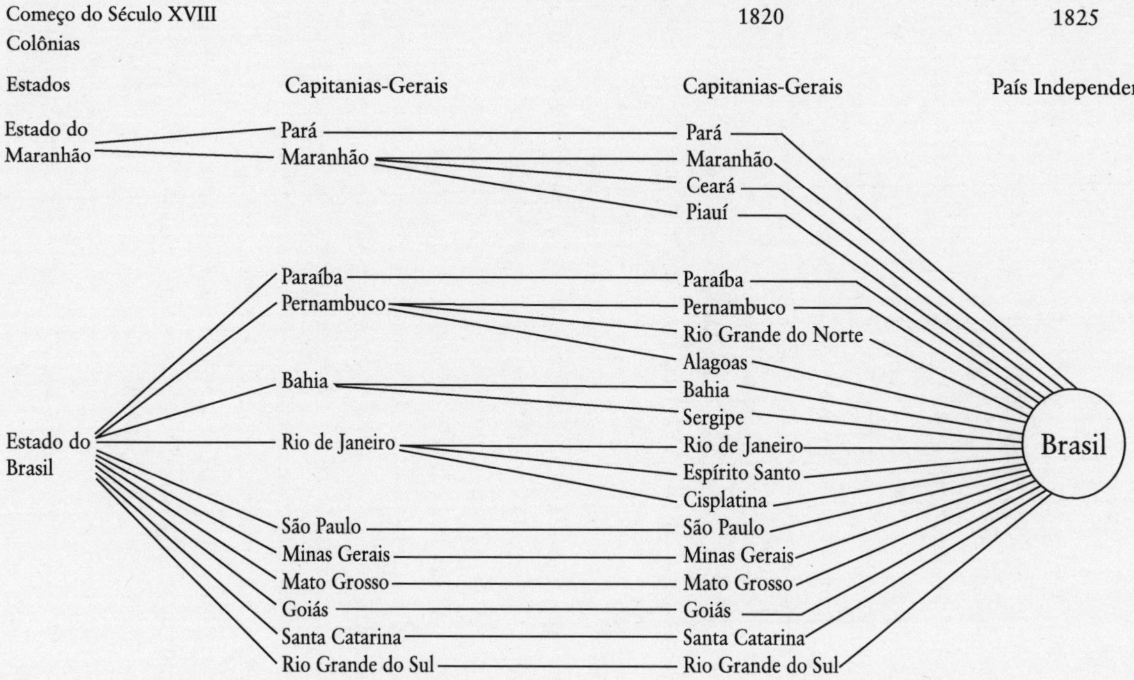

Nota: O Estado do Maranhão e Grão-Pará, separado do Estado do Brasil, durou de 1624 a 1775. A província Cisplatina (Uruguai) tornou-se independente em 1828.

As explicações apenas por fatores econômicos serão sempre inconclusivas no que se refere à fragmentação ou não das ex-colônias. Para cada aspecto que favoreça a unidade poderá ser aduzido outro que favoreça a desunião. Em menor escala o mesmo pode ser dito com relação ao peso que esses fatores tiveram na construção dos Estados nacionais. Aqui o peso foi sem dúvida maior, mas mesmo assim países que Sunkel e Paz colocam no mesmo tipo, como Brasil, Venezuela e o Caribe, tiveram evolução totalmente distinta, salientando-se o contraste entre o Brasil e a Venezuela, esta exemplo típico de caudilhismo.

Cardoso e Faletto sugerem a presença de outros fatores:

"As possibilidades de êxito para impor uma ordem nacional estiveram condicionadas tanto pela 'situação de mercado', regida pelo grupo que controlava as exportações — monopólio dos portos, domínio do setor produtivo fundamental etc. —, como pela capacidade de alguns setores das classes dominantes de consolidar um sistema político de domínio"[6]. Mas não elaboram sobre o que significa essa "capacidade" de setores das classes dominantes, como era ela adquirida e exercida, e mesmo sobre que setores seriam esses.

Um fator social importante deve ser mencionado, a escravidão. Hermes Lima, no prefácio que escreveu em 1947 para um volume das *Obras Completas de Rui Barbosa*, argumentou que a centralização favorecia a manutenção da escravidão, de vez que evitava iniciativas abolicionistas nas províncias[7]. Pode-se expandir o argumento e propor que a unidade da ex-colônia também favorecia a manutenção da escravidão por evitar uma possível justaposição de países escravistas e não-escravistas, provocada por eventual fragmentação. De fato, testemunhos da época deixam claro que havia entre a elite receio de revolta escrava, tendo-se cunhado a expressão haitianismo, referência à violenta revolta dos escravos da colônia francesa de Santo Domingo. Uma luta pela independência ao estilo da que se verificara e ainda se verificava nos países oriundos da antiga colônia espanhola, que redundara em fragmentação política, era vista por muitos como perigosa para a manutenção da ordem social e, portanto, da escravidão. Nesse sentido, o interesse em manter a escravidão pode ter ajudado na manutenção da unidade do país. A unidade, avalizada pela monarquia, era meio eficaz de preservar a ordem.

A CONSTRUÇÃO DA ORDEM

O argumento é plausível, mas pede qualificações. A primeira é que a fragmentação em si poderia também fortalecer a escravidão nas províncias em que ela tivesse mais peso econômico. O medo não era da fragmentação em si, mas da guerra civil. A segunda é que a aspiração de manter unida a ex-colônia para se construir no Brasil um poderoso império antecedia a preocupação com a preservação da escravidão, já vinha de antes da chegada da Corte portuguesa ao Rio de Janeiro. Estava nos planos de D. Rodrigo de Souza Coutinho e de seus seguidores. Um dos mais ilustres desses seguidores era José Bonifácio, que tanta influência exerceu no processo da Independência. Pode-se dizer que José Bonifácio, um conhecido inimigo da escravidão, invertia os termos da relação colocada acima. Ele não buscou preservar a unidade do país para manter a escravidão. Ao contrário, recusou medidas abolicionistas mais radicais pedidas pelos ingleses para manter a unidade. Para ele, a manutenção da escravidão era o preço a pagar pela unidade e não vice-versa. Sabia que medidas abolicionistas radicais naquele momento, tomadas pelo governo central, teriam repúdio imediato de províncias em que a presença escrava fosse significativa, a começar por Rio de Janeiro, Minas e São Paulo, que formavam a base de sustentação de D. Pedro. Sem ser abolicionistas como José Bonifácio, muitos outros políticos da época sonhavam com a idéia do grande império. A probabilidade de um império unido e centralizado favorecer a manutenção da ordem e da escravidão podia constituir um reforço para sua convicção, mas não era sua motivação única, talvez nem mesmo a principal.

Isso nos leva à tese central deste livro, qual seja, sugerir uma explicação alternativa, ou melhor, uma explicação que dê peso maior, embora não exclusivo, a um favor até agora desprezado. Parte-se da idéia de que a decisão de fazer a independência com a monarquia representativa, de manter unida a ex-colônia, de evitar o predomínio militar, de centralizar as rendas públicas, foi uma opção política entre outras possíveis na época. Se em alguns pontos não havia muita liberdade de escolha, como na questão da escravidão ou do livre comércio, esses constrangimentos não determinavam os formatos políticos nem garantiam o êxito ou fracasso na organização do poder, isto é, não havia nada de necessário em relação a várias decisões políticas importantes que foram tomadas, embora algumas pudessem ser mais viáveis do que outras. Sendo decisões políticas, escolhas entre alternativas, elas sugerem que se busque possível explicação no estudo daqueles que as tomaram, isto é, na elite política.

É com certo constrangimento que se pronuncia hoje no Brasil essa palavra. Lemos e ouvimos diariamente tantas diatribes contra o que diz ser (e muitas vezes é) uma deturpação elitista da explicação histórica, ignorante do papel das forças sociais, que quase nos sentimos forçados a pedir desculpas por falar de elites. Que fiquem, por isso, claros alguns pontos. Em primeiro lugar, quando falarmos aqui de elites não nos referimos a grandes homens e às teorias que, à moda de Carlyle, procuram explicar os acontecimentos em função de sua atuação. Falamos de grupos especiais de elite, marcados por características que os distinguem tanto das massas como de outros grupos de elite. Em segundo lugar, em nenhum momento se dirá que esse elemento por si só pode dar conta da explicação de fenômenos tão complexos como os que se referem à formação de Estados nacionais. As próprias elites, qualquer sociólogo o sabe, são condicionadas por fatores sociais e mesmo políticos sobre os quais elas muitas vezes têm pouco ou nenhum controle. Além disso, é outra obviedade, elas sempre atuam dentro de limitações mais ou menos rígidas, oriundas de fatores de natureza vária, entre os quais estão sem dúvida em primeiro lugar os de natureza econômica. Atribuir influência à atuação de elites políticas significa apenas negar o determinismo de fatores não-políticos, sobretudo econômicos, nas decisões políticas. Há sempre maior ou menor grau de liberdade nas decisões e o exercício dessa liberdade pode ser mais ou menos eficaz dependendo dos atores.

Em terceiro lugar, o fato de se ser contra o monopólio de decisões por grupos minoritários, e creio que todos o somos, não deve obscurecer o outro fato de que existem grupos minoritários que realmente têm influência decisiva em certos acontecimentos. A própria grita contra o elitismo na história brasileira é reconhecimento tácito de que as elites de fato tiveram e têm grande influência. Se é verdade que a historiografia tende a magnificar esse papel, seria ingênuo achar que se pode resolver o problema reformando a historiografia. O que tem que ser mudado é a história, e para isto é importante inclusive reconhecer o que de real existe no papel das elites. Lembre-se, aliás, que mudar a história freqüentemente dependeu também da atuação de determinados grupos de elites. Se existiram os mandarins chineses, também existiram os jovens turcos de Násser e os revolucionários profissionais de Lênin.

Argumentaremos, portanto, que a adoção de uma solução monárquica no Brasil, a manutenção da unidade da ex-colônia e a construção de um governo civil estável foram em boa parte conseqüência do tipo de elite política existente à época da Independência, gerado pela política colonial portuguesa. Essa elite se caracterizava sobretudo pela homogeneidade ideológica e de treinamento. Havia sem dúvida certa homogeneidade social no sentido de que parte substancial da elite era recrutada entre os setores sociais dominantes. Mas quanto a isto não haveria muita diferença entre o Brasil e os outros países. As elites de todos eles vinham principalmente de setores dominantes da sociedade. Ocorre que nas circunstâncias da época, de baixa participação social, os conflitos entre esses setores emergiam com freqüência. Mineradores chocavam-se com fazendeiros, produtores para o mercado externo com produtores para o mercado interno, latifundiários de uma região contra seus semelhantes de outra. A homogeneidade ideológica e de treinamento é que iria reduzir os conflitos intra-elite e fornecer a concepção e a capacidade de implementar determinado modelo de dominação política. Essa homogeneidade era fornecida sobretudo pela socialização da elite, que será examinada por via da educação, da ocupação e da carreira política. Na medida do possível, será feita comparação com outros países, particularmente com os da América Latina, embora para o último caso os estudos disponíveis sejam raros.

Os dados sobre a origem social da elite são muito menos satisfatórios do que os de socialização e treinamento. Seremos forçados freqüentemente a recorrer a evidências menos rigorosas, embora nem por isso inadequadas, como sejam as interpretações e afirmações dos contemporâneos. Na realidade, esse tipo de evidência é indispensável mesmo como complemento de dados quantitativos, pois só graças a ele poderemos interpretar corretamente o que significava na época ser, por exemplo, um magistrado filho de senhor de engenho, ou um padre fazendeiro.

A publicação em dois volumes distintos do trabalho original levou-nos a concentrar no presente texto a análise da elite, de sua formação e composição, deixando para o segundo o estudo de sua atuação na construção do Estado imperial. Assim, após um capítulo introdutório, trataremos da educação, da ocupação e da carreira política da elite imperial. Seguir-se-á um capítulo especial sobre a burocracia, categoria social que em boa parte se confundia com a elite, e outro em que serão examinados separadamente alguns setores mais representativos da elite e da burocracia. Finalmente, antes de concluir, faremos uma análise de como a elite se dividia entre os partidos políticos.

NOTAS

1. Ver, a respeito, o trabalho de Dauril Alden, *Royal Government in Colonial Brazil. With Special Reference to the Administration of the Marquis of Lavradio, Vice Roy, 1769-1779*, especialmente cap. XVI, e também C. R. Boxer, *The Golden Age of Brazil, 1695-1750. Growing Pains of a Colonial Society*, especialmente cap. XII.
2. Citado em J. F. de Almeida Prado, *D. João VI e o Início da Classe Dirigente do Brasil*, p. 134.
3. Ver Celso Furtado, *Economic Development of Latin America*.
4. Ver Osvaldo Sunkel e Pedro Paz, *Subdesarrollo Latino-Americano y la Teoría del Desarrollo*, p. 275-343, e especialmente p. 300 e 328.
5. Antônio de Barros Castro vê a situação brasileira como um arquipélago de complexos exportadores, sem motivação econômica para entrelaçamento. Ver seu trabalho *Raízes Históricas dos Desequilíbrios Regionais em Regiões Subdesenvolvidas* (mimeo). Sobre a situação do Brasil ao final do período colonial, ver J. Capistrano de Abreu, *Capítulos de História Colonial (1500-1800)*, especialmente o resumo "Três Séculos Depois", p. 269-302. Ver também Caio Prado Júnior, *História Econômica do Brasil*, p. 115-21.
6. Fernando Henrique Cardoso e Enzo Faletto, *Dependência e Desenvolvimento na América Latina. Ensaio de Interpretação Sociológica*, p. 43.
7. "Prefácio", in *Obras Completas de Rui Barbosa*. Vol. XVI. 1889, tomo I. Queda do Império, p. XIV-XVII.

CAPÍTULO 1   Elites políticas e construção do Estado

Uma das vantagens das abordagens clássicas do fenômeno das elites políticas é a vinculação que fazem entre elite e dinâmica social. Tanto a classe política de Mosca como a elite dirigente de Pareto surgem e desaparecem em função de processos sociais mais amplos. Para Mosca, a classe política constrói e mantém o domínio na medida em que suas habilidades possuam algum sentido social, na medida em que controle alguma "força social" (dinheiro, terra, conhecimento, religião) que seja predominante. Modificada a distribuição de forças, a classe política desaparece para ceder lugar a outra que controle a nova força social dominante. A elite dirigente de Pareto também está em perpétuo fluxo, dependente da distribuição dos resíduos, e de sua incapacidade de manipular ao mesmo tempo a força e a persuasão. A distribuição dos dois resíduos principais — força e persuasão — está por sua vez vinculada a ciclos econômicos e intelectuais, embora não à maneira de causa-efeito[1].

Essa visão ampla do problema das elites políticas é mais rica do que grande parte dos estudos mais recentes que se prendem excessivamente a questões do tipo "quem governa?", deixando de lado a natureza do próprio governo e o sentido da ação da elite. A literatura do "quem governa?" surgiu em um contexto histórico distinto no qual a própria existência de uma elite do poder, um suposto básico dos clássicos, se tornava o ponto fundamental do debate. Passou-se a discutir não como as elites surgem e desaparecem, mas se existe ou não uma elite de poder e, se existe, como detectá-la. Boa parte do debate desviava-se, então, para questões de métodos de identificação da elite[2].

Em termos substantivos, no entanto, nem Pareto nem Mosca conseguem fazer afirmações precisas sobre o surgimento das elites. Pareto prende-se ao psicologismo dos resíduos que se alternam num ciclo fechado de coerção-persuasão. O máximo que pode dizer é que a uma elite que se baseie mais na coerção eventualmente sucederá outra que prefira a persuasão, ou seja, em suas palavras, uma alternância constante de leões e raposas. A vinculação que tenta fazer entre esse ciclo e ciclos econômicos e intelectuais também fica em terreno vago. O pêndulo força-persuasão mover-se-ia em paralelo à dicotomia rentistas-especuladores, sem vinculação de causalidade em qualquer direção. Esse paralelismo, além de excluir da análise os países socialistas (inexistentes à época da publicação do *Trattato di Sociologia Generale*), é de pouca aplicação prática, pois em qualquer economia capitalista moderna será difícil dizer se predominam pessoas empreendedoras (especuladores) ou pessoas acomodadas (rentistas). Haverá sempre uma distribuição mais ou menos aleatória de ambos os tipos. Igualmente, a classificação dos regimes políticos de acordo com o menor ou maior uso de força e persuasão é de pouca utilidade por deixar de lado outras dimensões importantes e impedir a distinção dentro dos dois grupos, além de deixar de lado grande categoria residual em que tanto a força como a persuasão são usadas simultaneamente.

Também Mosca, embora elabore mais o tema, não chega a formulação mais precisa das relações entre elites e mudanças sociais. O perfil das forças sociais parece produzir mais ou menos automaticamente, pelo menos a médio prazo, perfil semelhante na classe política. Assim, o predomínio social da força levaria a um governo de guerreiros, de riqueza, a um governo de plutocratas, da religião, a um governo de sacerdotes e assim por diante. Os possíveis descompassos dar-se-iam apenas por períodos curtos devido à relutância das elites no poder em ceder lugar a novas elites. Trata-se, como se vê, de um sociologismo, apesar da conhecida preocupação de Mosca com aspectos políticos do problema. Não entra em sua análise da classe política a influência que poderiam ter em sua formação e manutenção as próprias estruturas políticas, sobretudo o Estado.

Estudos históricos mais recentes de elites políticas européias indicam causação recíproca entre sua constituição e o processo de formação dos Estados modernos. Em outras palavras, as elites políticas européias formaram-se ao longo de um processo de tensão polar, tendo de um lado a expansão do poder dos funcionários reais e de outro a pressão de grupos sociais por representação política. O processo foi longo e assumiu feições diversas nos vários países de acordo com o maior ou menor predomínio de um dos pólos sobre o outro[3]. Nele estão inextricavelmente vinculados aspectos referentes à composição da elite, à formação de instituições políticas e à natureza mesma do poder do Estado. Embora nos interesse aqui principalmente o aspecto relacionado com a elite, é inevitável manter a visão global do quadro a fim de não se perder o sentido das partes.

O Estado moderno europeu cresceu a partir do século XIII num movimento de implosão política sobre cujas características gerais há concordância entre autores de distintas persuasões. Assim, para Weber, no resumo de Bendix,

"A ordem legal, a burocracia, a jurisdição compulsória sobre um território e a monopolização do uso legítimo da força são as características essenciais do Estado moderno"[4].

Não muito distinta é a caracterização feita por Immanuel Wallerstein:

"Como se fortaleceram os reis, que eram os administradores da máquina estatal no século XVI? Usaram quatro mecanismos principais: burocratização, a monopolização da força, a criação de legitimidade e a homogeneização da população dos súditos"[5].

Substantivamente, o processo exigiu a concentração do poder nas mãos dos monarcas em detrimento da Igreja e da nobreza. O *imperium* impôs-se lentamente ao *sacerdotium*, o absolutismo à dispersão do poder nas mãos dos barões feudais. Particularizando, a transformação envolveu sobretudo o progressivo controle pelos monarcas da aplicação da justiça, tirando-a das mãos da Igreja e dos senhores feudais; a ampliação do poder de taxação e a monopolização do recrutamento militar. Os três processos estavam, aliás, estreitamente vinculados, pois o controle do aparato judiciário era importante para a arrecadação das burocracias civil e militar, que por sua vez reforçavam o poder de controle e de taxação.

Em termos institucionais, pode-se dizer que a formação da burocracia central, tanto civil como militar, e a criação dos parlamentos onde se representavam os interesses dos estamentos, posteriormente das classes, foram as principais inovações na estrutura de organização do poder que surgia. A tensão entre estes dois pólos e as várias formas de ajustamento que se desenvolveram iriam caracterizar a natureza dos novos Estados. A maior força e capacidade de organização das classes fariam pender a balança para o lado do parlamento e do governo parlamentar-representativo, como no caso da Inglaterra, e mais ainda dos Estados Unidos. Onde essa força e capacidade eram menores, como no caso de Portugal, o poder da burocracia central se faria sentir com mais peso e o absolutismo teria maiores condições de vigência. Em outros casos, deu-se uma combinação original entre os dois pólos, fundindo-se a nobreza com a burocracia civil e militar em arranjo que, se não era isento de tensões, provou ter surpreendente capacidade de sobrevivência.

Em termos de formação de elites políticas, as várias combinações deram origem a elites também distintas. Onde se deu a predominância da burocracia, suas capas mais altas tendiam a confundir-se em parte ou totalmente com a elite política, dominando os postos ministeriais e fazendo-se representar nos parlamentos, como em Portugal. Nos casos de predomínio dos parlamentos e partidos, a elite política tirava seu poder de outra fonte que não o Estado. Na Inglaterra, ela foi por muito tempo recrutada predominantemente na nobreza territorial que também controlava boa parte do serviço público. Nos Estados Unidos, onde tal nobreza inexistia, ou existia apenas embrionariamente no Sul, já na *Constitutional Convention* de 1787 predominavam fazendeiros, industriais, comerciantes e sobretudo advogados[6]. Nesse último caso, não só o funcionário público não tinha força própria como era visto com suspeição pelo fato de ser representante do governo.

Tudo isso teve naturalmente a ver com o movimento mais amplo do desenvolvimento da economia capitalista e da concomitante sociedade burguesa. A literatura a respeito é rica, embora resvale muitas vezes para debates pouco frutíferos como o que se trava sobre a natureza do Estado absolutista, se feudal ou burguesa[7]. Interessam-nos apenas os aspectos que afetaram a formação das elites ou foram por ela afetados. Esses aspectos são basicamente os referentes à formação de classes e ao tipo de Estado que se criava. E aqui adotamos a tese já clássica de que quanto maior o êxito e a nitidez da revolução burguesa, tanto menor o peso do Estado como regulador da vida social e, portanto, tanto menor o peso do funcionalismo civil e militar e tanto mais representativa a elite política.

Mas, no que se refere à elite, houve variações importantes, bem exemplificadas pelos casos da Inglaterra e dos Estados Unidos. Esses dois países representam revoluções burguesas de êxito, o primeiro na verdade o exemplo clássico desse tipo de revolução. No entanto, o passado feudal da Inglaterra levou a um arranjo distinto na medida em que a política e a

A CONSTRUÇÃO DA ORDEM

administração se tornaram quase que um *hobby* da nobreza enriquecida com a transformação capitalista do campo. A eleição para a House of Commons e a escolha para a House of Lords e para o Ministério eram parte das aspirações dos proprietários de terra até em pleno século XIX. Na verdade, os proprietários monopolizavam os cargos públicos, mesmo no nível local, pois o "serviço público" era tido como obrigação. Até pelo menos o segundo Reform Act de 1867, os proprietários, nobres ou não, dominavam as duas Casas do Parlamento e os postos ministeriais. Mais ainda, o ingresso na política fora vetado a quem não fosse proprietário pelo Desqualification Act de 1710, somente revogado em 1838. Em 1868, 59 dos 115 proprietários de mais de 50.000 acres eram membros da House of Commons. As franquias eleitorais iniciadas em 1832 e reforçadas em 1867 permitiram aos poucos a entrada na elite de membros da burguesia comercial e industrial e posteriormente da classe operária. Mas entre 1886 e 1916 a metade dos ministros ainda era de origem aristocrática[8].

Esses aristocratas, sobretudo os que chegavam a postos de gabinete, eram na maioria pessoas que viviam de rendas, da terra, ou de investimentos. Isso lhes proporcionava o ócio necessário para se dedicarem a lazeres diversos, entre os quais as atividades políticas. A política para eles não era vocação nem profissão, pois raramente dela dependiam para sua subsistência material. Como diz Guttsman,

"Para a classe governante tradicional da era vitoriana, a política não devia interferir com as atividades sociais e literárias, ou com o esporte e as viagens"[9].

Com a progressiva queda da renda da terra, muitos aristocratas passaram a investir em outros setores, formando-se aos poucos uma aristocracia capitalista. A convivência pacífica e fusão parcial entre proprietários rurais, financistas e industriais tornou factível uma divisão de trabalho em que a aristocracia se encarregava do governo, sem que se criassem grandes obstáculos aos interesses dos grupos industriais[10].

Nos Estados Unidos não havia a tradição de serviço público por uma classe de rentistas. Devido à situação colonial, a administração pública era mesmo vista com suspeita e, depois da independência, com desapreço. Já no início da organização do poder nacional se faziam presentes na política os comerciantes e industriais. Tendo em vista, no entanto, as dificuldades que empresários em geral encontram em desviar parte de seu tempo para atividades políticas, a tendência seria no sentido de predominar entre a elite os profissionais liberais, sobretudo os advogados. Os advogados, em contraste com os juristas, são típicos produtos da revolução burguesa e da política liberal, pois são profissionais da representação de interesses. Atribuir a eles a representação política era apenas ampliar uma atividade que já exerciam nas relações sociais e econômicas[11].

Em casos de revolução burguesa retardada, como o da Prússia, a situação foi distinta. O maior peso do Estado na promoção da unidade nacional e do próprio desenvolvimento capitalista resultou em impacto muito mais forte da burocracia na política. Como diz Rosenberg, "Falar da emergência do moderno Estado prussiano, portanto, é quase a mesma coisa que estudar sua burocracia que formou um corpo social e funcional da maior importância"[12].

A necessidade de maior iniciativa do Estado colocava a prêmio a capacidade da elite burocrática e era lógico que se desenvolvessem mecanismos destinados a treinar essa elite para as tarefas que dela se esperavam. A Prússia foi o primeiro país europeu a introduzir o sistema do mérito no serviço público, acompanhado de regras precisas sobre o recrutamento de funcionários e de elaborado sistema de treinamento para os que pretendessem atingir os escalões mais altos da carreira. O treinamento abrangia até mesmo aspectos ideológicos: exigia-se dos funcionários o estudo do cameralismo, isto é, da ciência do governo por departamentos administrativos. Na mesma época, discutiam-se na Inglaterra as liberdades e a natureza da obrigação política, em contraste revelador das diferenças na formação política dos dois países[13].

A dinâmica política na Prússia girava em torno da disputa entre a burocracia, a nobreza territorial e o imperador. A luta culminou após a derrota prussiana em Jena, quando setores reformistas da burocracia civil e militar se impuseram ao rei e fizeram passar várias leis contra os privilégios da nobreza agrária, sobretudo a lei da abolição da servidão. A reação dos Junkers, na chamada "contra-revolução do primeiro Estado", fez com que a burocracia aceitasse compromissos com a aristocracia rural, do mesmo modo que os Hohenzollerns tinham feito. Mas a nobreza que sobreviveu às reformas era distinta da anterior, era uma moderna classe de proprietários rurais. "A Junkerdom modernizada era uma classe peculiar de homens de negócio, composta de todos os grandes donos de terra legalmente privilegiados, fossem eles nobres ou não-nobres." A introdução dos princípios do mercado na aquisição da terra fez com que a propriedade rural em si e não mais o *status* de nobre proprietário se tornasse a base para os privilégios legais. Tinha havido enfim a "revolução de cima para baixo", como a chamou Hardenberg, um dos líderes dos reformadores burocráticos, ou a "revolução de dentro para fora", na expressão de outro reformador, Altensen[14].

O predomínio da burocracia foi ainda mais acentuado em países de revolução burguesa abortada, como Portugal. Pode-se dizer que após a batalha de Aljubarrota, em 1385, esse país já constituía um Estado moderno sob o governo de D. João I, o filho bastardo de Pedro I. Oliveira Martins considera a vitória de D. João I como o fim da Idade Média em Portugal, o golpe decisivo nos barões feudais já enfraquecidos nas lutas contra os mouros[15]. O enfraquecimento da nobreza rural acentuou-se com o despovoamento dos campos produzido pelas aventuras marítimas em que embarcou a nova dinastia. Restaram aos nobres empobrecidos o serviço do rei ou a empresa colonial, freqüentemente combinados.

Mas a situação dos nobres portugueses a serviço do rei era distinta da que se verificou na Inglaterra. A aristocracia inglesa não dependia do emprego público para sustento material. O que ela prestava era quase um serviço litúrgico, para usar a expressão weberiana, de vez que podia viver das gordas rendas de suas terras. A de Portugal dependia cada vez mais do emprego para a sobrevivência, donde sua dependência do Estado e seu crescente caráter parasitário. Além disso, no serviço público, ela teve que dividir empregos e influência com a nobreza de toga composta principalmente de legistas. A presença marcante dos legistas na formação de quase todos os Estados modernos foi ainda mais acentuada em Portugal, onde as Cortes de Coimbra já tinham proposto em 1385 que eles fossem representados junto com a nobreza, o clero e o povo[16]. Nesse mesmo século tornou-se obrigatória a nomeação de legistas para os postos mais altos da burocracia. Como uma das conseqüências, entrou em vigor em 1446 o Código Afonsino, o primeiro código legal a ser redigido na Europa.

Os juristas e magistrados exerceram um papel de grande importância na política e na administração portuguesa e posteriormente na brasileira. Tratava-se de uma elite sistematicamente treinada, sobretudo graças ao ensino do direito na Universidade de Coimbra, fundada em 1290. O direito ensinado em Coimbra era profundamente influenciado pela tradição romanista trazida de Bolonha. O direito romano era particularmente adequado para justificar as pretensões de supremacia dos reis. Tratava-se de um direito positivo cuja fonte era a vontade do príncipe e não o poder da Igreja ou o consentimento dos barões. Os monarcas que se salientaram na luta pela criação de Estados modernos quase sempre se cercavam de juristas, como foi o caso de Frederico II da Suábia e de Felipe, o Belo. Em Portugal, ficou famoso o jurista João das Regras, conselheiro de D. João I. O Código Afonsino teve influência do *Corpus Juris Civilis*.

Dessa sumaríssima exposição de algumas experiências de formação de Estados modernos e suas conseqüências para a composição das elites políticas podemos extrair algumas conclusões de caráter amplo. Nos primeiros países de revolução burguesa, como Inglaterra e Estados Unidos, o papel do Estado tendeu a ser menos relevante e, portanto, predominaram na elite política elementos oriundos dos mecanismos de representação parlamentar. Nos países de revolução burguesa retardada, como a Prússia, houve um misto de elites burocráticas e representativas; e nos de revolução burguesa abortada, como Portugal, predominou na elite o elemento burocrático. No primeiro caso não se colocava de modo especial o problema do treinamento da elite, de vez que sua tarefa era mais simples. Embora de modo algum se pautasse pelo ideal do *laissez-faire*, o Estado nesses países se formou, por assim dizer, de maneira mais espontânea, evoluiu mais naturalmente da fábrica social[17]. Colocava-se, no entanto, o problema da homogeneidade da elite: quanto mais homogênea, mais estável o processo de formação do Estado. A Inglaterra foi sem dúvida o exemplo mais típico de uma elite homogênea com fantástico poder de sobrevivência e flexibilidade, o mesmo não se dando nos Estados Unidos, o que certamente teve a ver com a maior estabilidade política da primeira. A homogeneidade da elite inglesa era de natureza social, reforçada pelo sistema educacional, pelas relações familiares, pelos círculos de amizade, pelo estilo de vida. A americana era muito mais representativa do país como um todo e portanto mais heterogênea e mais vulnerável aos conflitos sociais.

Tarefas mais árduas colocavam-se nos dois últimos casos. E aí pesaria não somente a homogeneidade da elite como seu treinamento específico para o exercício do governo. Esse treinamento se deu de maneira explícita na Prússia e em Portugal. Note-se que a educação da elite inglesa, processada principalmente nas famosas escolas públicas de Eton e Harrow e nas Universidades de Oxford e Cambridge, procurava desenvolver um etos e um estilo de vida comum antes que um treinamento para atividades de governo propriamente ditas. Não se exigia competência administrativa. O mesmo não se dava na Prússia e em Portugal, onde havia nítido processo de treinamento e um início de profissionalização dos empregados públicos, ou seja, a formação de uma burocracia no sentido moderno do termo. Nesses casos, a homogeneidade social tendia a perder parte de sua relevância. Embora existisse ainda em boa medida, na Prússia, sobretudo na burocracia militar, quase toda recrutada na nobreza, em Portugal já era menor, pois a magistratura portuguesa, o principal setor da elite, era recrutada em boa parte em camadas não-nobres. A homogeneidade nesse caso tendia a ser de natureza ideológica, gerada pelo treinamento e pela socialização antes que pela origem social.

A idéia da maior importância das elites políticas na formação dos Estados não oriundos das primeiras revoluções burguesas é reforçada quando nos voltamos para a experiência dos países que surgiram a partir de ex-colônias, tanto os da América Latina no século XIX como os da Ásia e África no século XX. A literatura política reflete o fenômeno: há grande número de estudos das elites desses países, em confronto com a relativa ausência de estudos semelhantes para os países europeus. A literatura política sobre os novos Estados raramente deixa de mencionar grupos de elites, sobretudo intelectuais e militares, ao passo que um livro como o de Barrington Moore, por exemplo, só menciona o papel de elites, ou melhor, de alguns líderes políticos importantes, nos casos de desenvolvimento capitalista retardado e de modernização conservadora, como os da Alemanha e do Japão[18].

A formação do Estado em ex-colônias revestiu-se de complicações adicionais. Em primeiro lugar, um processo que, na Europa, levou séculos para evoluir nelas condensou-se em prazos muito mais curtos[19]. Em segundo lugar, o arranjo político a ser estabelecido tinha que contar com elementos externos de poder representados pelos países que controlavam os mercados dos produtos de exportação. Em terceiro lugar, a preexistência de vários modelos distintos de organização política introduzia um elemento adicional de instabilidade ao fornecer justificativas ideológicas e instrumentos de ação a grupos políticos rivais. Se isso era verdade para a América Latina do século XIX, era-o mais ainda para a Ásia e África do século XX. Sobretudo no caso da África, as dificuldades se agravavam pela balcanização provocada pelo processo de colonização e pela atuação das forças centrífugas dos laços tribais e étnicos[20].

Observações semelhantes podem ser feitas a respeito das transformações revolucionárias que se operaram no século XX, sobretudo das grandes revoluções russa e chinesa. Também nesses casos foi crucial a presença de uma elite cuidadosamente treinada para as tarefas da revolução e para a reconstrução do poder em novas bases. A distinção está em que nas transformações de cima para baixo das revoluções burguesas retardadas as elites provinham geralmente de setores da burocracia civil e militar. Tais foram os casos da Prússia, da Restauração Meiji no Japão e da revolução de Ataturk na Turquia[21]. Nos casos de ex-colônias, a revolução foi em geral promovida por exércitos libertadores ou por grupos de intelectuais. Esses últimos raramente sobreviviam à vitória, e a consolidação pós-revolucionária, se conseguida, iria depender de setores burocráticos, sobretudo militares. No caso do Brasil, foi principalmente a herança burocrática portuguesa que forneceu a base para a manutenção da unidade e estabilidade da ex-colônia. Nas revoluções socialistas foram sobretudo elites organizadas formadas fora do poder que conduziram a luta e construíram o novo Estado, tornando-se aos poucos cada vez mais burocratizadas[22].

Podem-se apontar alguns traços comuns às elites que tiveram êxito na tarefa de formação do Estado em circunstâncias históricas desfavoráveis. Em primeiro lugar, uma condição fundamental é a homogeneidade. Pelo menos a curto e médio prazos, quanto mais homogênea uma elite, maior sua capacidade de agir politicamente. As razões são óbvias. Uma elite homogênea possui um projeto comum e age de modo coeso, o que lhe dá enormes vantagens sobre as elites rivais. Na ausência de claro domínio de classe, como em geral se dá nos casos em foco, a fragmentação da elite torna quase inevitável a afloração de conflitos políticos e a instauração da instabilidade crônica, retardando a consolidação do poder.

A homogeneidade, no entanto, pode provir de várias fontes. Ela pode ser de natureza social, como no caso inglês. Mas esse tipo de homogeneidade, mesmo quando existiu — o que raramente se deu —, em geral não foi suficiente para dar coesão às elites dos novos Estados surgidos das ex-colônias. Na América Latina, as elites do século XIX eram recrutadas nas classes

A CONSTRUÇÃO DA ORDEM

dominantes, mas a experiência mostrou que isso não era suficiente para mantê-las unidas. Conflitos entre setores dessas classes, interesses regionais, pressões externas, tudo levou à fragmentação da colônia espanhola, a despeito de certa homogeneidade social da elite. O único caso na América espanhola de uma elite socialmente homogênea, que foi capaz de construir com êxito um sistema de dominação política, foi o chileno. A elite chilena contou, no entanto, com várias condições favoráveis como o tamanho e a localização do país e a distribuição dos recursos econômicos. No caso da África, as divisões étnicas, tribais e religiosas tornavam quase impossível a homogeneidade social[23].

A homogeneidade era garantida por outros fatores, sobretudo pela socialização, treinamento e carreira[24]. Se unida à homogeneidade social, como no caso inglês, essa homogeneidade que poderíamos chamar de ideológica tinha naturalmente sua maior eficácia. Mas mesmo na ausência da homogeneidade social, ou em sua insuficiência, a homogeneidade ideológica podia ter os efeitos coesivos de que falamos. Foi o caso das elites burocráticas que, mesmo se não recrutadas em setores homogêneos da população, desenvolviam pela educação, treinamento e carreira características que as levavam a agir coesamente. Assim, por exemplo, a magistratura portuguesa recrutava seus elementos na nobreza e na pequena burguesia, o que não a impedia de ser ideologicamente homogênea após passar pela formação coimbrã e submeter-se à disciplina da carreira. Naturalmente, os efeitos homogeneizadores da socialização têm seus limites. Seria pouco provável a existência de uma elite recrutada exclusivamente em setores não-dominantes da sociedade a dirigir o Estado contra os interesses dominantes. Daí que, em geral, a homogeneidade ideológica funciona como superadora de conflitos intraclasses dominantes e leva a regimes de compromisso ao estilo da modernização conservadora. A exceção são as elites revolucionárias modernas, cuja homogeneidade ideológica é garantida pelo treinamento e pela disciplina partidária, de vez que raramente são homogêneas do ponto de vista social[25].

Exemplo claro da importância da homogeneidade das elites é dado pela Argélia. Segundo estudo de William B. Quandt, a instabilidade do sistema político argelino era devida principalmente à incapacidade de comunicação entre os vários grupos da elite política. E o que separava esses grupos, antes que diferenças sociais, étnicas e culturais, eram experiências políticas distintas.

3 5

Os vários grupos tinham ingressado na política na seqüência do fracasso de seus antecessores e cada qual tinha desenvolvido sua própria concepção de ação política e dos objetivos a serem alcançados, tornando impossível o diálogo[26]. Parte da elite política do império brasileiro foi também marcada fortemente pela experiência das rebeliões da Regência e, embora sua substituição pela geração subseqüente não tivesse gerado traumas políticos, foi nítida a mudança na visão dos problemas políticos e das soluções a serem aplicadas.

Além da homogeneidade, as elites dos Estados que vimos discutindo se salientam também por possuir um treinamento próprio para as tarefas de governo. O fenômeno é mais nítido entre as elites burocráticas[27]. Já vimos os casos da Prússia e de Portugal, aos quais se poderiam acrescentar os do Japão, do Brasil e da Turquia. Na Europa, os especialistas por excelência em formação do Estado pode-se dizer que foram os juristas, os formados na tradição do direito romano, embora muitas vezes agissem individualmente e não como grupo de elite. Sua influência foi assim avaliada por Weber:

"O tremendo impacto do direito romano, na forma que lhe deu o Estado burocrático romano em sua última fase, revela-se claramente no fato de que por toda parte a revolução da administração política na direção do emergente Estado racional foi levada adiante por juristas"[28].

Weber parece não distinguir entre o papel dos juristas e o dos advogados. A distinção, no entanto, é esclarecedora. Os juristas estavam para os Estados absolutos como os advogados estavam para os Estados liberais. Não foi por acaso que advogados estiveram desde cedo presentes na política inglesa e sobretudo na americana, ao passo que pouco se distinguiram na França, e ainda menos na Prússia e em Portugal. Os advogados eram fruto da sociedade liberal e quanto mais forte esta, tanto maior sua influência e mais generalizada sua presença. Os juristas, no entanto, sobretudo os de tradição romana, preocupavam-se mais com a justificação do poder real e com a montagem do arcabouço legal dos novos Estados. Daí também terem sido os países menos liberais os que se caracterizaram pelos grandes códigos legais, ao passo que Inglaterra e Estados Unidos ficaram conhecidos pelo maior peso do direito consuetudinário, a *common law*.

Nos novos países, o treinamento provinha da própria carreira burocrática. Em alguns países da África, pode-se dizer que a antiga aliança entre reis e

A CONSTRUÇÃO DA ORDEM

juristas foi substituída por uma aliança entre militares e tecnocratas civis. Foi esse o arranjo que afinal permitiu estabelecer um governo mais sólido na Argélia, segundo Quandt.

A necessidade de treinamento especial das elites aparece com mais força ainda no que poderíamos chamar de processo de formação revolucionária do Estado. O exemplo clássico aqui é naturalmente o de Lênin com sua vanguarda de revolucionários profissionais. Polemizando com os economistas e terroristas, Lênin lembra o exemplo dos socialistas alemães que já tinham compreendido que sem os "doze" líderes experientes e capazes (e homens de talento não nascem às centenas), treinados profissionalmente, educados por longa experiência, e trabalhando em perfeita harmonia, nenhuma classe na sociedade moderna pode sustentar uma luta firme[29].

E continua dizendo que o agitador e organizador profissional deve ser cuidadosamente treinado, e para isso deve ser liberado, pelo menos parcialmente, do trabalho na fábrica e ser mantido pelo Partido. O profissional da revolução deve ampliar sua atividade para outras fábricas e depois para todo o país; deve expandir sua visão e aumentar seu conhecimento; deve observar os líderes políticos de outros partidos e procurar igualar-se a eles; deve combinar seus conhecimentos teóricos com o conhecimento da situação operária e com sua capacidade profissional. Foram esses quadros que não só levaram a efeito o trabalho de mobilizar as massas para a revolução mas que também garantiram depois a organização do novo Estado. Como os juristas de antigamente, tinham um projeto de construção política e a capacidade para produzir o poder necessário para implementá-lo.

A homogeneidade ideológica e o treinamento foram características marcantes da elite política portuguesa, criatura e criadora do Estado absolutista. Uma das políticas dessa elite foi reproduzir na colônia uma outra elite feita à sua imagem e semelhança. A elite brasileira, sobretudo na primeira metade do século XIX, teve treinamento em Coimbra, concentrado na formação jurídica, e tornou-se, em sua grande maioria, parte do funcionalismo público, sobretudo da magistratura e do Exército. Essa transposição de um grupo dirigente teve talvez maior importância que a transposição da própria Corte portuguesa e foi fenômeno único na América. Cabe aqui a discussão de algumas de suas características.

Mencionamos as particulares dificuldades de organização do poder em circunstâncias de capitalismo retardado ou de ruptura revolucionária. Expandindo um pouco o que já foi dito sobre as colônias americanas da Espanha e de Portugal, pode-se dizer que, mesmo supondo a continuidade no tipo de elite governante, as tarefas de construção do poder seriam nelas distintas das do país colonizador. Embora não lhes coubesse com precisão a expressão de sociedades-fragmento que Louis Hartz usou para as colônias inglesas da América do Norte e da Austrália, de vez que foram em boa medida fruto de uma política oficial e não obra de parcela da população da metrópole, não resta dúvida de que os parâmetros sociais e econômicos para a formação do Estado eram distintos nas colônias americanas em relação a Espanha e Portugal. O Estado português, por exemplo, já reduzira há muito o poder dos barões feudais e baseava-se numa coalizão entre a burocracia e os grandes comerciantes. No Brasil, a terra voltou a ser a principal fonte de riqueza e poder e, conseqüentemente, os proprietários, às vezes nobres portugueses empobrecidos, recuperaram o antigo prestígio. A centralização conseguida pelo Estado português viu-se aqui reduzida a modestas proporções frente aos grandes latifúndios e à dispersão da população por um território tão extenso. A construção do Estado no Brasil não poderia ser feita sem levar em conta esses novos e importantes fatores. Algo semelhante se passou nos outros países da América Latina com variações regionais que giravam sobretudo em torno da maior ou menor importância da mineração e da posse da terra[30].

A diferença na época de formação do Estado já provocara problemáticas distintas na própria Europa. Como observou Gerschenkron, a implantação do capitalismo e da sociedade política liberal na Inglaterra teve como conseqüência a adoção pelos retardatários de ideologias e formatos políticos que se afastavam do liberalismo, exatamente como mecanismo de proteção[31]. A América Latina estava em situação muito mais desfavorecida ainda do que os *late-comers* europeus. As teorias políticas e os modelos de organização do poder existentes na Europa não se adaptavam ou adaptavam-se apenas parcialmente às circunstâncias em que se achavam os novos países. Periferia do sistema capitalista, com suas principais riquezas voltadas para os mercados dos países centrais, esses países se viram prisioneiros de cruéis dilemas entre, por exemplo, o livre comércio e o protecionismo, o liberalismo e o trabalho escravo, o centralismo e a descentralização. Tudo isto redundava em dificuldades adicionais para a formação dos novos Estados.

O Brasil dispunha, ao tornar-se independente, de uma elite ideologicamente homogênea devido a sua formação jurídica em Portugal, a seu treinamento no funcionalismo público e ao isolamento ideológico em relação a doutrinas revolucionárias. Essa elite se reproduziu em condições muito semelhantes após a Independência, ao concentrar a formação de seus futuros membros em duas escolas de direito, ao fazê-los passar pela magistratura, ao circulá-los por vários cargos políticos e por várias províncias.

A despeito da falta de estudos mais aprofundados, pode-se afirmar que tal elite não existia nas colônias espanholas à época da Independência, nem foi criada nos países recém-liberados. A política espanhola de criar universidades nas colônias permitiu a formação de elites locais e impediu o efeito unificador produzido por Coimbra. Além disso, o conteúdo da formação nas universidades coloniais era fortemente religioso em contraste com a formação mais jurídica de Coimbra. Finalmente, a exclusão de *criollos* dos cargos públicos, sobretudo no período Bourbon, contribuiu também para impedir a continuidade entre a administração colonial e a administração independente. Após a Independência, a crônica instabilidade política dos vários países em que se fragmentou a colônia tornou difícil construir uma elite homogênea, se não socialmente, pelo menos em termos de treinamento, de ideologia, de valores e mesmo de linguagem[32].

A única exceção foi o Chile. Após um período de instabilidade que durou de 1810 a 1829, chegou-se nesse país a um arranjo político de grande estabilidade, que durou até 1891. O Chile foi também caso único no sentido de que sua aristocracia agrária conseguiu aliar-se ao Exército e manter um sistema de dominação talvez até mais sólido do que o brasileiro. Circunstâncias peculiares favoreceram essa solução. Em primeiro lugar, o Chile era, no dizer de Edwards, "La [colonia] de más compacta unidad geográfica y social". De seus 800.000 habitantes, excluídos os araucanos, 500.000 viviam na província de Santiago, onde se concentrava também a riqueza agrícola. As duas forças políticas mais importantes eram a aristocracia agrária do Vale Central e o Exército de Concepción. Não havia conflitos regionais e os conflitos sociais ainda não tinham aflorado. As lutas caudilhescas que duraram de 1823 a 1829 esgotaram o Exército e a oligarquia, permitindo o surgimento da liderança conservadora de Portales que conseguiu pôr fim ao conflito e estabelecer um acordo político que por sua natureza foi chamado de reação colonial e mesmo de restauração monárquica. Ao ressurgirem os conflitos, no início da década de 1850, já se consolidara uma dominação legítima capaz de sobreviver a dose limitada de oposição[33].

Em quase todos os outros países, a incompatibilidade entre *criollos* e *peninsulares*, a desunião entre os grupos dominantes regionais (sobretudo nos países maiores) e as guerras de independência, sem falar na interferência externa, tornaram praticamente inviável o estabelecimento de governos civis estáveis, depois de terem impedido a manutenção da unidade da colônia. Os corpos militares organizados durante as guerras de independência, uma vez desaparecida a geração de chefes militares profissionais, tornaram-se instrumentos de caudilhos que, se em alguns casos, como o argentino, conseguiram unificar o país, na maioria dos outros apenas mantiveram uma situação de rebeliões permanentes. Para alguns países foram altíssimos os custos dessa situação. O México perdeu parte substancial de seu território e calculou-se que a Venezuela perdeu 3% da população somente nas guerras de 1859 e 1864[34].

Mas o fato de a elite brasileira ter tido melhores condições de enfrentar com êxito a tarefa de construir o novo Estado teve também conseqüências para o tipo de dominação que se instaurava. A maior continuidade com a situação pré-independência levou à manutenção de um aparato estatal mais organizado, mais coeso, e talvez mesmo mais poderoso. Além disso, a coesão da elite, ao reduzir os conflitos internos aos grupos dominantes, reduziu também as possibilidades ou a gravidade de conflitos mais amplos na sociedade. A ausência de conflitos políticos que levassem a mudanças violentas de poder tinha também como conseqüência a redução de um dos poucos canais disponíveis de mobilidade social ascendente. Em vários outros países da América Latina, os caudilhos eram freqüentemente recrutados em camadas populares. A manutenção da escravidão, um compromisso da elite com a propriedade da terra, reforçou mais ainda o aspecto de redução da mobilidade social.

Paradoxalmente, o canal de mobilidade mais importante que restou para os marginais do sistema econômico agrário-escravista foi a própria burocracia. Os testemunhos da época são unânimes em salientar a importância do emprego público como "vocação de todos", no dizer de Joaquim Nabuco. Gerava-se, então, uma situação contraditória em que o Estado dependia, para sua manutenção, do apoio e das rendas geradas pela grande agricultura escravista de exportação, mas, ao mesmo tempo, tornava-se refúgio para os elementos mais dinâmicos que não encontravam espaço de atuação dentro dessa agricultura. Instalava-se dentro do próprio Estado uma ambigüidade básica que dava à elite política certa margem de liberdade de ação.

A ambigüidade agravava-se pelo fato de que entre os que buscavam o serviço público como meio de vida não estavam apenas os marginais ascendentes do sistema escravista, isto é, os que nele não conseguiam entrar, mas também os marginais descendentes, quer dizer, os que eram dele expulsos devido a crises em setores exportadores. Foi o caso de muitos filhos da aristocracia agrária nordestina, em decadência durante a maior parte do século XIX. Para muitas dessas pessoas o emprego público não era um *hobby* como para os aristocratas ingleses, de vez que dele realmente necessitavam para sobreviver. Exemplo notório foi o de Nabuco de Araújo que, embora casado na aristocracia pernambucana, vivia em dificuldades financeiras constantes. Os exemplos poderiam ser facilmente multiplicados.

A situação distinguia-se também muito da americana, na qual o emprego público era em geral um mau negócio, além de ser malvisto pela população. As oportunidades do mercado eram muito maiores e mais compensadoras do que as da burocracia e, conseqüentemente, os elementos mais dinâmicos e mais competentes tendiam a afastar-se do emprego público. Como conseqüência, havia menor competição pelos cargos públicos e o próprio Estado tinha muito menor visibilidade, embora de maneira alguma fosse ausente ou não-intervencionista.

O que acontecia com a burocracia brasileira acontecia também com a elite política, mesmo porque a última em boa medida se confundia com os escalões mais altos da primeira. Surgia, então, uma situação propícia à geração de interpretações contraditórias sobre a natureza da elite, da burocracia e do próprio Estado. Houve, assim, quem visse na elite imperial simples representante do poder dos proprietários rurais e no Estado simples executor dos interesses dessa classe. Outros, ao contrário, veriam na burocracia e na elite um estamento solidamente estabelecido que se tornava, por via do Estado, árbitro da nação e proprietário da soberania nacional[35].

Nem uma coisa nem outra. A continuidade propiciada pelo processo de independência, pela estrutura burocrática e pelo padrão de formação de elite herdados de Portugal certamente deu ao Estado imperial maior capacidade de controle e aglutinação do que seria de esperar de simples porta-voz de interesses agrários. Mas, em contrapartida, não havia na elite e na burocracia condições para constituírem um estamento nem podia o Estado ser tão sobranceiro à nação. A burocracia era dividida em vários setores e a homogeneidade da elite provinha mais da socialização e do treinamento do que de *status* comum e de privilégios que a isolassem de outros grupos sociais. O Estado, por sua vez, dependia profundamente da produção agrícola de exportação e encontrava na necessidade da defesa dos interesses dessa produção um sério limite a sua liberdade de ação.

A homogeneidade da elite pela educação comum na tradição do absolutismo português e pela participação na burocracia estatal fazia com que o fortalecimento do Estado constituísse para ela não só um valor político como também um interesse material muito concreto. Desse modo, o objetivo da manutenção da unidade da ex-colônia rarissimamente seria posto em dúvida por elementos da elite nacional, talvez até mesmo independentemente de estar essa unidade em acordo ou desacordo com os interesses dos grupos econômicos dominantes. José Bonifácio, por exemplo, voltou para o Brasil com a idéia formada de criar na América um grande império, coincidisse esse objetivo ou não com interesses básicos como a manutenção da escravidão. Ele resistiu, aliás, às pressões inglesas em favor de medidas abolicionistas com receio de que viessem colocar em perigo a unidade nacional[36].

Valores e linguagens comuns também tornaram possível um acordo básico sobre a forma de organização do poder. Houve tendências mais ou menos descentralizantes, mais ou menos democráticas, mais ou menos monárquicas, mas as divergências não iam além dos limites estabelecidos pela manutenção da unidade nacional, pelo controle civil do poder, pela democracia limitada dos homens livres. O acordo básico permitiu o processamento não-traumático dos conflitos constitucionais relativos à organização do poder, e também dos conflitos substantivos oriundos do choque de interesses materiais. Assim, por exemplo, foi constante a manifestação, dentro da elite, de conflitos entre setores da propriedade rural — como ficou patente nas discussões sobre a lei de terras e sobre a abolição da escravatura — sem que isto colocasse em perigo o sistema.

A capacidade de processar conflitos entre grupos dominantes dentro de normas constitucionais aceitas por todos constituía o fulcro da estabilidade do sistema imperial. Ela significava, de um lado, um conservadorismo básico na medida em que o preço da legitimidade era a garantia de interesses fundamentais da grande propriedade e a redução do âmbito da participação política legítima. Mas, de outro lado, permitia uma dinâmica de coalizões políticas capaz de realizar reformas que seriam inviáveis em situação de pleno domínio de proprietários rurais.

Seria tentador equiparar essa situação ao que se chamou de modernização conservadora cujo padrão original foi o prussiano, depois repetido com variações importantes no Japão e na Turquia. Mas seria ir longe demais. Havia, provavelmente, de parte da elite política e da burocracia, elementos suficientes para permitir a configuração da modernização conservadora. Rio Branco poderia ser comparado a Hardenberg, por exemplo. Mas as condições sociais estavam ausentes, na medida em que havia a cevada mas não o aço, para manter o símile prussiano. Em outras palavras, a modernização conservadora exigiria a presença de interesses industriais capazes de impulsionar a transformação mais rápida e plena do campo na direção da economia industrial. A situação brasileira foi algo contraditória na medida em que os elementos mais reformistas da elite e da burocracia tiveram freqüentemente que se aliar a elementos mais retrógrados da sociedade a fim de implementar as reformas. Esses desencontros levaram à incapacidade final do sistema em acompanhar as transformações políticas e à sua queda pela cisão entre os setores civil e militar da burocracia.

A essa altura, no último quartel do século XIX, a elite já perdera também parte de sua homogeneidade inicial, sobretudo pela grande redução do número de funcionários públicos e pelo aumento dos advogados. Em parte, a mudança se dera em função das pressões por maior representação de interesses dentro do Estado. Uma das manifestações dessa demanda era a exigência do afastamento dos funcionários públicos, sobretudo magistrados, do exercício de mandatos representativos. Mas, apesar das mudanças que despontavam na elite, esta se mostrou inadequada para a nova fase de construção do Estado, voltada menos para a acumulação de poder do que para sua consolidação mediante a ampliação de suas bases sociais.

A perda de capacidade da elite parece vir de encontro às proposições de Mosca. Porém o mais importante aqui não é o declínio, mas o fato de que a elite foi formada por desígnio político e foi em parte fruto da própria estrutura estatal por ela criada. E não surgiu simplesmente porque havia a demanda social, como queria Mosca. Igualmente, ao cair a elite, não a substituiu outra adequada às novas tarefas exigidas pelas transformações havidas na economia e na sociedade. Pelo contrário, os anos iniciais do novo regime padeceram de grande falta de elementos capacitados, tendo-se muitas vezes que recorrer aos políticos da antiga escola. Na verdade, os líderes republicanos que mais se salientaram na consolidação da República foram os remanescentes da elite imperial, como Prudente de Moraes, Campos Sales, Afonso Pena, Rodrigues Alves.

Esse elemento de voluntarismo, de deliberada intervenção na formação das elites, presente na história de vários Estados, de Portugal até a Turquia, passando pela Prússia e pelo Japão, é que merece atenção especial. Ele em geral escapa a análises de estilo macrossociológico, como as de Mosca e Pareto, para não mencionar as que simplesmente não dão atenção ao fenômeno das elites, como as que se vinculam à tradição marxista não-leninista. Os capítulos que seguem serão um esforço no sentido de examinar como se deu o fenômeno no Império e quais suas implicações para a natureza do Estado e para o sistema político como um todo.

NOTAS

1. Ver Gaetano Mosca, *The Rulling Class*, especialmente cap. 2; e Vilfredo Pareto, *Sociological Writings*, seleção e introdução de S. E. Finer, esp. p. 51-71 da Introdução.
2. Alguns dos textos representativos do debate são citados na nota 1 do capítulo 2.
3. Discussões recentes sobre a formação dos Estados europeus podem ser encontradas em Charles Tilly (ed.), *The Formation of National States in Western Europe*. Ver também os textos mais clássicos como Max Weber, *Economy and Society*; Joseph R. Strayer, *On the Medieval Origins of the Modern State*; Robert Ergang, *Emergence of the National State*; Manuel García-Pelayo, *Frederico II de Suábia e o Nascimento do Estado Moderno*; Otto Hintze, *Historia de las Formas Políticas*; Heinz Lubasz, *The Development of the Modern State*.
4. Ver Reinhard Bendix, *Max Weber, An Intellectual Portrait*, p. 418.

A CONSTRUÇÃO DA ORDEM

5. Immanuel Wallerstein, *The Modern World-System*, p. 136.
6. Sobre a elite inglesa, ver W. L. Guttsman, *The British Political Elite*; sobre a prussiana, Hans Rosenberg, *Bureaucracy, Aristocracy and Autocracy*; sobre a *Constitutional Convention* americana, Charles Beard, *An Economic Interpretation of the Constitution of the United States*. Ver também Dwaine Marvick (ed.), *Political Decision-Makers*; e Donald R. Matthews, *The Social Background of Political Decision-Makers*.
7. Sobre esse debate, ver o texto já citado de Wallerstein e ainda Perry Anderson, *Lineages of the Absolutist State;* e Paul M. Sweezy *et al.*, *Do Feudalismo ao Capitalismo*.
8. Ver W. L. Guttsman, *The British Political Elite*, p. 53, 145, 302.
9. *Ib.*, p. 149.
10. *Ib.*, p. 134.
11. Sobre o predomínio dos advogados na política americana, ver Heinz Eulau e John D. Sprague, *Lawyers in Politics*.
12. Hans Rosenberg, *Bureaucracy, Aristocracy and Autocracy*, p. 509-510.
13. Herman Finer, *The Theory and Practice of Western Government*, citado por Wolfram Fischer e Peter Lundgreen, "The Recruitment and Training of Administrative and Technical Personnel", em Charles Tilly (ed.), *The Formation of National States in Western Europe*, p. 510.
14. Rosenberg, *op. cit.*, p. 202, 203.
15. Ver sua *História de Portugal*, p. 158. Sobre Portugal ver também as respectivas *Histórias* de Alexandre Herculano e Antônio Sérgio.
16. Ver Hélio de Alcântara Avellar e Alfredo D'Escragnolle Taunay, *História Administrativa do Brasil*, vol. I, p. 58.
17. Sobre a intensa intervenção do Estado na economia nos séculos XVIII na Inglaterra e XIX nos Estados Unidos, ver Seymour Martin Lipset, *The First New Nation*, esp. p. 52-68; Margareth G. Myers, *A Financial History of the United States*, esp. p. 102-128; e L. A. Clarkson, *The Pre-Industrial Economy in England, 1500-1750*, esp. p. 159-209.
18. Ver, por exemplo, Harry J. Benda, "Non-Western Intelligentsias as Political Elites", *The Australian Journal of Politics and History*, VI, 2 (novembro, 1960), p. 205-218; Seymour Martin Lipset e Aldo Solari (eds.), *Elites in Latin America*; William Gutteridge, *Armed Forces in New States*; John J. Johnson (ed.), *The Role of the Military in Underdeveloped Countries*. E também Barrington Moore, Jr., *Social Origins of Dictatorship and Democracy*, p. 440-41.

19. Note-se que falamos aqui apenas das primeiras fases do processo de formação do Estado, correspondente ao estabelecimento de uma autoridade central em determinado território sobre uma determinada população. É o que se poderia cham ar de acumulação primitiva de poder.

20. Interessante comparação entre os processos de formação do Estado na América Latina e África pode ser encontrada em David B. Abernethy e John D. Wirth, *Dependence and Development in New States: Latin America (1810-1850) and Africa (1957-1967)*" (mimeo), Stanford University.

21. Ver, a respeito, Ellen Kay Trimberger, "A Theory of Elite Revolutions", *Studies in Comparative International Development*, vol. 7, 3 (outono, 1972) p. 191-207, que discute a Restauração Meiji e a revolução de Ataturk. Sobre a última ver ainda Frederick W. Frey, *The Turkish Political Elite*.

22. Ver a respeito Harold D. Lasswell e Daniel Lerner (ed.), *World Revolutionary Elites*, e Robert A. Scalapino (ed.), *Elites in the People's Republic of China*.

23. São poucos os estudos sistemáticos sobre as elites latino-americanas no século XIX. Não por acaso o estudo mais específico talvez seja o de Alberto Edwards Vives, *La Fronda Aristocrática en Chile*. Sobre a Argentina ver Tulio Halperin-Donghi, *Revolución y Guerra, Formación de una Elite Dirigente en la Argentina Criolla*. Sobre o México, D. A. Brading, "Government and Elite in Late Colonial Mexico", *HAHR*, 53, 3 (agosto, 1973), p. 389-414. Sobre a Venezuela, Robert G. Gilmore, *Caudillism and Militarism in Venezuela*. Não diretamente relacionados com as elites mas úteis são os estudos de Marcos Kaplan, *La Formación del Estado Nacional en América Latina*; Juan Felipe Leal, *La Burguesía y el Estado Mexicano*; Ernesto Yepes del Castillo, *Peru 1820-1920. Un Siglo de Desarollo Capitalista*; German Urzua Valenzuela, *Los Partidos Políticos Chilenos*; José Carlos Mariátegui, *Siete Ensayos de Interpretación de la Realidad Peruana*; Stanley J. Stein e Barbara H. Stein, *The Colonial Heritage of Latin America*; Tulio Halperin-Donghi, *The Aftermath of Revolution in Latin America*; John J. Johnson, *The Military and Society in Latin America*. E o já mencionado livro de Lipset e Solari (eds.), *Elites in Latin America*.

24. Sobre o conceito de socialização política, ver, entre outros, H. H. Hyman, *Political Socialization*; Kenneth P. Langton, *Political Socialization*; Donald D. Searing, "The Comparative Study of Elite Socialization", *Comparative Political Studies*, I, 1 (janeiro, 1969), p. 471-500.

25. Ver Harold D. Lasswell e Daniel Lerner (ed.), *World Revolutionary Elites*.

A CONSTRUÇÃO DA ORDEM

26. Ver William B. Quandt, *The Algerian Political Elite, 1954-1967, passim.*
27. Ver a respeito Wolfram Fischer e Peter Lundgreen, "The Recruitment of Administrative and Technical Personnel", em Charles Tilly (ed.), *The Formation of National States in Western Europe*, p. 456-561.
28. Citado em H. H. Gerth e C. Wright Mills, *From Max Weber: Essays in Sociology*, p. 93.
29. V. I. Lênin, *What is to be done?*, p. 118-119.
30. Para o conceito de sociedade-fragmento, ver Louis Hartz, *The Founding of New Societies*, esp. p. 3-23. Sobre a nobreza portuguesa e sua transformação no Brasil, ver Oliveira Vianna, *Introdução à História Social da Economia Pré-Capitalista no Brasil*.
31. Ver Alexander Gerschenkron, *Economic Backwardness in Historical Perspective*, cap. 2.
32. M. A. Burkholder e D. S. Chandler relativizam um pouco a idéia tradicional da exclusão de *criollos* dos cargos públicos na América espanhola. Mas apontam que após 1776 houve movimento da Coroa no sentido de aumentar o controle sobre esses cargos. Ver "Creole Appointments and the Sale of Audiencia Positions in the Spanish Empire under the Early Bourbons, 1701-1750", *Journal of Latin American Studies*, 4, 2 (novembro, 1972), p. 187-206.
33. Ver Albert Edwards Vives, *La Fronda Aristocrática en Chile*, p. 15 e *passim.*
34. Ver Robert L. Gilmore, *Caudillism and Militarism in Venezuela*, p. 41.
35. O debate é clássico na historiografia brasileira. Basta citar aqui os textos de Nestor Duarte, *A Ordem Privada e a Organização Nacional*, e de Raymundo Faoro, *Os Donos do Poder*.
36. Ver a respeito o trabalho de Leslie Bethell, *The Abolition of the Brazilian Slave Trade*, cap. 2.

CAPÍTULO 2 A elite política nacional: definições

Boa parte da literatura sobre elites de alguns anos atrás preocupava-se, como já foi lembrado, com a pergunta "quem manda?", isto é, com a identificação precisa das pessoas ou grupos que realmente exerciam o poder. O debate freqüentemente se desviava para questões de métodos de localização dessas pessoas ou grupos. Desenvolveram-se dois métodos principais, um chamado de posição e o outro de decisão. O primeiro definia a elite política como se constituindo das pessoas que ocupavam posições formais de poder. O segundo alegava que o poder formal podia não coincidir com o poder real e sugeria o exame de decisões concretas para que fosse detectado o poder em ação e as pessoas que realmente o exerciam. Alguns autores tentaram naturalmente combinar os dois métodos e outros levaram mais longe a crítica chamando a atenção para o fato de que o poder nem sempre se exerce apenas pelas decisões tomadas mas também pelas não-decisões[1].

Não entraremos aqui nesse debate. Quer-nos parecer que a estrutura política do Império era suficientemente simples para dispensar tais preocupações. Havia uma razoável indiferenciação de esferas de influência e de focos de poder para permitir-nos utilizar, sem muito receio de errar além do tolerável, o critério das posições formais para definir a elite política real. É razoável supor que as decisões de política nacional eram tomadas pelas pessoas que ocupavam os cargos do Executivo e do Legislativo, isto é, além do imperador, os conselheiros de Estado, os ministros, os senadores e os deputados.

Houve momentos em que se formaram sociedades políticas, às vezes abertas, às vezes secretas, que chegaram a exercer influência considerável, sobretudo na Regência. Mas em geral duraram pouco tempo e além disso vários de seus líderes ocupavam também posições formais de poder. O mesmo aconteceu com alguns gabinetes secretos no início do Primeiro e Segundo Reinados, logo desaparecidos. Os partidos políticos, por sua vez, eram totalmente parlamentares e seus líderes estavam no Parlamento e no governo. Mesmo o Partido Republicano tinha alguns de seus líderes no Congresso, embora nunca tivessem chegado ao Senado ou ao Conselho de Ministros, pelo menos enquanto republicanos[2].

Havia também algumas associações de classe que poderiam ter exercido influência política. A primeira delas foi a *Sociedade Auxiliadora da Indústria Nacional*, criada em 1827 e substituída em 1904 pelo *Centro Industrial do Brasil*. A *Sociedade* publicou desde 1833 o mensário *O Auxiliador da Indústria Nacional*. Como se pode facilmente imaginar, não se tratava exatamente de indústria no sentido que lhe damos hoje. O termo na época se referia à atividade produtiva em geral e a principal indústria era a agrícola, dela cuidando principalmente a *Sociedade*. Não nos parece também que se tratava de um organismo de natureza política, capaz de pressionar o governo em favor de medidas de defesa da indústria, agrícola ou não. Em primeiro lugar, a *Sociedade* tinha cunho quase oficial, pois recebia dotações do orçamento geral e contava entre seus membros boa parte dos políticos mais importantes da época, alguns dos quais, como o marquês de Olinda, o marquês de Abrantes e o visconde do Rio Branco, a dirigiram. Em segundo lugar, o tom das posições da *Sociedade* era dado pelos secretários-gerais e era de natureza muito mais técnico-científica do que política. Um secretário típico foi, por exemplo, Frederico César Leopoldo Burlamaque, doutor em ciências matemáticas e naturais pela antiga Escola Militar, que renunciou à secretaria para ser o redator de *O Auxiliador*, no qual colaborava assiduamente defendendo reformas técnicas e sociais na agricultura. A *Sociedade* era algo mais próximo de um centro de estudos ou sociedade literária. A participação dos políticos nela era mais simbólica e honorífica do que instrumental[3].

Isto não significa que a *Sociedade* fosse um órgão totalmente inútil do ponto de vista da formulação e implementação de políticas. Ela servia de fórum no qual os elementos mais progressistas defendiam seus pontos de vista e se esforçavam de vários modos — inclusive distribuindo sementes, fornecendo máquinas para demonstração, publicando manuais — por introduzir reformas. O debate sobre a mão-de-obra agrícola, com posições favoráveis à substituição do trabalho escravo, encontrou desde cedo acolhida na *Sociedade* e em *O Auxiliador*. Mas tanto as campanhas práticas dirigidas aos agricultores como os apelos mais gerais em prol da reforma das instituições não

A CONSTRUÇÃO DA ORDEM

parecem ter tido muito êxito. Elementos do governo poderiam usar uma vez ou outra os estudos da *Sociedade* para defender reformas, mas a instituição como tal não parece ter exercido peso político que merecesse atenção especial.

Mais importante foi a *Associação Comercial*, criada em 1820 sob o nome de *Corpo do Comércio* sob proteção de D. João VI. Logo no ano seguinte sua sede foi palco de sangrentos acontecimentos ao ser invadida pelas tropas que procuravam dispersar os votantes que lá insistiam na permanência do rei no Brasil. Foi reaberta somente em 1834 sob o nome de *Sociedade dos Assinantes da Praça do Rio de Janeiro*. Em 1867 passou a adotar o nome de *Associação Comercial*[4].

O peso político da *Associação* é mais difícil de avaliar do que o da *Sociedade Auxiliadora*. Pelo critério formal de participação em cargos políticos, ela seria considerada menos importante do que a *Sociedade*, pois seus presidentes de 1834 a 1889 deram apenas um senador e um deputado geral. Um levantamento de 24 companhias de seguro e oito bancos particulares, no período entre 1850 e 1889, revelou que apenas três diretores tinham ocupado postos políticos, dois como deputados, um como senador. Mas o panorama se modifica se considerarmos sua participação na direção do Banco do Brasil, o principal órgão de execução da política financeira. Verifica-se então que 11 diretores dos bancos e 10 das companhias de seguro ocuparam também postos de direção no Banco do Brasil[5]. Por meio dessa participação, os comerciantes certamente influenciavam a política monetária.

Em alguns casos especiais, a *Associação* tentou exercer pressão política abertamente. No período agitado e inflacionário de 1857-59 ela pressionou o Congresso em favor de uma política emissionista e tentou influenciar as eleições legislativas[6]. Mas em geral ela permaneceu muda durante os principais debates que agitaram a vida nacional. A própria composição do comércio do Rio de Janeiro, em que a maior parte dos varejistas eram portugueses e a maior parte dos atacadistas eram ingleses, contribuía para afastá-la das atividades políticas e para limitar seu envolvimento à defesa estrita de seus interesses econômicos. O conselho diretor da *Associação* era geralmente formado de dois brasileiros, dois ingleses, um português, um francês, um norte-americano, um espanhol e um alemão[7]. Quando surgiam grandes debates como o da abolição da escravidão, a *Associação* não conseguia, por falta de consenso interno, tomar posição firme. Alguns de seus membros eram certamente contra a escravidão, como era o caso de Mauá e de Teófilo Ottoni. Mas muitos outros, por sua ligação com os grandes cafeicultores, eram favoráveis à escravidão, ou no máximo favoráveis à abolição lenta e gradual.

Mas sabe-se também que os imperadores, de D. João VI a Pedro II, e às vezes o próprio governo, dependiam de grandes capitalistas para empréstimos pessoais e públicos. Pedro II, apesar de sua conhecida aversão por homens de negócio (em seu governo somente um comerciante chegou a marquês), teve que recorrer a eles para financiar suas viagens à Europa[8]. O próprio Mauá por longo tempo gozou de estreitas relações com o governo, sobretudo com políticos conservadores. Parece, portanto, que esse grupo de comerciantes e financistas, embora não participasse formalmente das posições de poder, merece estudo adicional a fim de se estabelecer sua real influência nas decisões políticas. Não se exclui, no entanto, que essa influência tenha sido exercida por intermediários políticos, na medida em que muitos deles poderiam estar vinculados aos homens de negócio por laços de parentesco e amizade. Mas é possível que em certas áreas específicas, como a manipulação do câmbio, grandes banqueiros e comerciantes estrangeiros tivessem uma capacidade de manobra que escapasse ao controle do governo. Nossa pesquisa não permite responder a essas perguntas.

Outra instituição que merece referência é a imprensa. O Império foi o período da história brasileira em que a imprensa foi mais livre. Mas ela não constituía poder independente do governo e da organização partidária. Havia folhas independentes, como o *Jornal do Commercio* e os jornais radicais. Mas eram poucos e com raras exceções não duravam muito. A grande maioria era vinculada a partidos ou a políticos. O governo tinha sempre seus jornais, o mesmo acontecendo com a oposição. Os jornalistas lutavam na linha de frente das batalhas políticas e muitos deles eram também políticos. Muitos políticos, por seu lado, escreviam em jornais nos quais o anonimato lhes possibilitava dizer o que não ousariam da tribuna da Câmara ou do Senado. A imprensa era, na verdade, um fórum alternativo para a tribuna, importante principalmente para o partido na oposição muitas vezes sem representação alguma na Câmara. D. Pedro II considerava a imprensa um dos principais canais de manifestação da opinião pública[9]. É conhecida a importância que dava às opiniões divulgadas na imprensa por notórios críticos como Tavares Bastos. Mas, novamente, os mais importantes

A CONSTRUÇÃO DA ORDEM

jornalistas da época foram também políticos, bastando citar Evaristo da Veiga, Justiniano José da Rocha, Firmino Rodrigues Silva, Francisco Otaviano, Saldanha Marinho e outros. A imprensa era importante e influente como instituição, mas os jornalistas como tais não constituíam um grupo de elite à parte da elite política[10].

Pode-se também levantar o problema do Exército e da Marinha. Mas um dos notáveis aspectos da política imperial foi justamente ter conseguido manter a supremacia do poder civil. Pode-se dizer que desde 1831 até o surgimento das questões militares no início dos anos 80 o Exército teve reduzida influência nas decisões da política nacional. Um dos melhores indicadores dessa situação é o fato de que freqüentemente os ministérios militares eram ocupados por políticos civis. Generais e almirantes eram na maioria das vezes indicados para posições políticas como membros de partidos ou como técnicos e não como representantes de suas corporações. Caxias era chamado para presidir o Conselho de Ministros como líder de confiança do Partido Conservador e não como general do Exército. Não há dúvida de que a tentativa que faziam os partidos de cooptar líderes militares para suas fileiras indicava de alguma maneira que lhes atribuíam importância. Mas esse procedimento se acentuou apenas depois da Guerra do Paraguai e, além disso, a possibilidade de cooptação indicava também o reduzido poder da corporação como tal[11].

O governo imperial foi profundamente civil e os políticos se orgulhavam em apontar as vantagens do sistema brasileiro sobre os governos militares das repúblicas vizinhas. A convicção da legitimidade do governo civil era tão forte que se tornou um obstáculo à percepção da seriedade da ameaça representada pela oposição militar ao final do Império. Após a Guerra do Paraguai, começou a formar-se uma contra-elite militar, de características distintas das da elite civil, tanto em termos sociais como ideológicos. Mas ela permaneceu marginal até o fim. Seu estudo tem interesse pelo que nos diz sobre as razões da cisão entre a burocracia civil e a militar e sobre a incapacidade das elites políticas e do sistema político por elas criado de absorver o tipo de demanda e de liderança que despontava nas fileiras militares[12].

Pode-se perguntar também pela elite eclesiástica. Não há dúvida de que a Igreja era uma instituição influente. Era parte da burocracia estatal. É igualmente inegável que houve intensa participação política de padres em certos períodos. Mas seria exagerado dizer que a Igreja como instituição teve grande influência na formulação das políticas públicas, a não ser em certos pontos que lhe diziam respeito mais de perto, como a educação e o casamento civil. Além disso, a participação dos padres freqüentemente se dava em desacordo com as posições da hierarquia. O sentimento geral da elite política brasileira, assim como era antimilitar, era também anticlerical, na melhor tradição do regalismo português, e o exemplo no Segundo Reinado vinha do próprio trono. Incluímos assim nesse estudo da elite política apenas os eclesiásticos que ocuparam posições formais de representação ou administração.

Finalmente, é preciso dizer algo sobre o segundo escalão da burocracia, presidentes de província, diretores, chefes de seção. Quanto aos presidentes, estão em boa parte incluídos na elite nacional como a definimos, pois a presidência era um passo na carreira do político. Os presidentes que não conseguiram chegar ao Congresso ou ao Ministério simplesmente não atingiram a política nacional e caberiam melhor num estudo de elites locais. Quanto aos outros funcionários, é difícil obter informação sobre eles e avaliar sua influência. Alguns, sem dúvida, chegaram a posições de importância política. Mas muitos outros permaneceram nos escalões médios da burocracia. Havia entre eles elementos competentes que devem ter exercido alguma influência por via dos ministros. O melhor exemplo de que temos notícia é João Batista Calógeras, funcionário do Ministério dos Negócios Estrangeiros e depois do Ministério do Império[13]. Mas é difícil avaliar o peso político desses elementos como um grupo. Sabemos ao certo apenas que a eles devemos quase todos os documentos e relatórios que são hoje as fontes mais ricas para o estudo da história imperial.

O emprego público era procurado sobretudo como sinecura, como fonte estável de rendimentos. A maioria dos escritores da época, por exemplo, sobrevivia à custa de algum emprego público que deles exigia muito pouco[14]. Não há indicação da existência de qualquer *esprit de corps* na burocracia imperial, semelhante ao encontrado na burocracia prussiana. Assim, discutiremos alguns de seus aspectos mais gerais e alguns dos principais subsetores em que se dividiam a magistratura, o clero, os militares. No que se refere ao topo da burocracia, ele se identificava na quase totalidade com a elite política como a definimos.

A CONSTRUÇÃO DA ORDEM

Estamos supondo, portanto, com as cautelas mencionadas, que o grupo que estaremos analisando inclui a quase totalidade dos homens que tomavam decisões dentro do governo central. Os limites de seu poder de decisão eram os limites do poder do governo. Esses limites existiam e serão discutidos em *Teatro de Sombras*, segunda parte desta obra, quando o problema do Estado passará para o primeiro plano da análise. Aqui estaremos preocupados com o problema de quem tomava as decisões dentro da estrutura do Estado e não com o escopo e conteúdo das decisões.

Antes de dar início à análise dos dados, convém dizer algo sobre cada um dos grupos de elite a serem estudados. O mais importante é o grupo dos ministros. De acordo com a Constituição imperial, os ministros eram os agentes do Poder Executivo, cujo titular era o imperador, que tinha total liberdade em escolhê-los. Após a introdução da figura do presidente do Conselho de Ministros em 1847, o imperador limitava-se geralmente a escolher o presidente que por sua vez escolhia seus auxiliares em consultas com o chefe do governo. Quando o ministro escolhido era deputado, tinha que submeter-se a nova eleição e deveria renunciar se não fosse reeleito. Com exceção dos militares, era rara a escolha de ministros que não fossem parlamentares. Havia seis ministérios até 1861; após essa data, sete.

O grupo seguinte são os senadores. Pela lei, eram escolhidos pelo imperador de listas tríplices eleitas por votação popular. O poder do Senado era em boa parte devido à vitaliciedade de seus membros. Alguns senadores chegaram a ocupar o cargo por mais de 30 anos. O número de senadores era a metade do número de deputados, 50 no início e 60 ao final do Império, e variava de província para província, de acordo com a população de cada uma. Os requisitos para a senatoria eram idade mínima de 40 anos e renda de 800$000 por ano.

Seguem os deputados gerais, o grupo mais numeroso e menos poderoso, embora talvez nunca tivesse tido tanto poder como no Império. A deputação era um importante passo na carreira política, e a Câmara possuía de direito e de fato mais poder do que nos regimes subseqüentes. Apesar de o sistema imperial nunca se ter igualado ao modelo parlamentar inglês que pretendia imitar, houve vários exemplos de queda de gabinetes por votação da Câmara, cujo poder atingiu o auge durante a Regência, quando ficou suspenso o exercício do poder moderador que entre outras atribuições incluía a de dissolvê-la e convocar novas eleições. Após a Regência, os deputados raramente completavam os quatro anos de mandato devido às freqüentes dissoluções. Em número de 100 na primeira legislatura regular (1826), eles eram 125 na última legislatura (1886). Os requisitos para a eleição eram idade mínima de 25 anos e renda mínima de 400$000.

O último grupo é formado pelos conselheiros de Estado. O primeiro Conselho foi criado em 1823 e extinto pela reforma constitucional de 1834. Novo Conselho surgiu em 1841 e durou até o final do Império. Era composto de 12 conselheiros ordinários e 12 extraordinários, nomeados pelo imperador. O cargo era vitalício mas os conselheiros podiam ser suspensos de suas funções por períodos indefinidos de tempo. Os ministros que fossem conselheiros não participavam das deliberações. O Conselho foi chamado de "cérebro da monarquia" por Joaquim Nabuco e certamente incluía o topo da elite política. Quase todos os conselheiros foram também ministros e senadores.

As fontes de dados biográficos e os problemas encontrados em seu levantamento são discutidos no apêndice. Há mais informações disponíveis sobre ministros, senadores e conselheiros, razão pela qual nosso esforço se concentrou nesses grupos. A tentativa de completar informações só era interrompida quando o rendimento do esforço se aproximava de zero. Mesmo assim, informações sobre alguns aspectos importantes, como a ocupação dos pais, freqüentemente não foram encontradas. Parece-nos, no entanto, que melhoria significativa na qualidade e quantidade das informações só será possível mediante intenso e extenso levantamento de obituários em jornais e de material genealógico sobre grupos familiares. Esse levantamento não nos foi possível fazer[15].

Como observação final, algo sobre o problema da periodização. O Império durou 67 anos, período suficientemente longo para permitir mudanças importantes na composição da elite. Daí a necessidade de subdividi-lo a fim de se poder detectar essas modificações. Adotamos subdivisão em cinco períodos, procurando localizar os cortes em momentos politicamente importantes. Alguns desses momentos são mais fáceis de justificar, outros menos. Há divergência entre os autores quanto à periodização, mas o problema não é de importância tão vital para o presente trabalho a ponto de justificar discussão mais profunda. O importante é permitir pela análise diacrônica detectar o aparecimento de possíveis mudanças[16].

A CONSTRUÇÃO DA ORDEM

Assim, definimos como os dois primeiros períodos o Primeiro Reinado (1822-1831) e a Regência (1831-1840). São fases bem marcadas por transformações políticas. O fim do Primeiro Reinado significou o afastamento de muitos políticos ligados a Pedro I e a entrada em cena de nova geração de líderes. Ao final da Regência, a nova geração chegava ao Senado e ao Conselho de Estado, já dividida em conservadores e liberais. Os períodos seguintes são de mais difícil definição. Tomamos dois ministérios geralmente considerados como pontos de inflexão da política imperial e colocamos aí os cortes. O primeiro foi o do marquês do Paraná (1853), conhecido como Ministério da Conciliação. Significou o fim de uma fase de lutas entre liberais e conservadores culminada tragicamente para os primeiros na Revolução Praieira, a última de grande porte do Império. Trouxe também a posições de liderança um grupo de jovens políticos que tiveram grande influência nos anos seguintes. Além disso, o Ministério se beneficiou das transformações econômicas que se processavam desde o final do tráfico de escravos em 1850.

O segundo Ministério foi o de Rio Branco (1871), o mais longo do Império. Rio Branco era um dos jovens políticos chamados ao Ministério por Paraná em 1853. Foi o mais brilhante diplomata do Império e um típico conservador modernizante, cujo plano político era esvaziar o programa liberal realizando suas reformas. De fato, seu gabinete fez aprovar grandes reformas, a maior das quais sem dúvida a Lei do Ventre Livre. Além disso, seu governo presenciou também transformações mais amplas que vieram na esteira do final da Guerra do Paraguai, incluindo a formação do Partido Republicano em 1870. Por essa época, desapareceram de cena os principais líderes formados nas lutas da Regência e nova geração ocupou as posições de poder. Essa geração não tinha passado pelas dramáticas experiências do período regencial e pelas dificuldades iniciais de manter o país unido e organizar um poder civil suficientemente forte para sustentar os interesses dominantes no país e suficientemente legítimo para evitar o militarismo.

Os cinco períodos ficaram, portanto, assim definidos:

1. Primeiro Reinado, 1822-1831;
2. Regência, 1831-1840;
3. Consolidação, 1840-1853;
4. Apogeu, 1853-1871;
5. Declínio e Queda, 1871-1889.

NOTAS

1. O debate deu-se principalmente entre cientistas políticos e sociólogos norte-americanos na década de 60. Alguns textos substantivos e metodológicos que o marcaram: C. Wright Mills, *The Power Elite;* Floyd Hunter, *Community Power Structure*; Robert A. Dahl, *Who Governs?*, e "A Critique of the Ruling Elite Model", *American Political Science Review*, LII (junho, 1958), p. 463-469; John Walton, "Discipline, Method, and Community Power: A Note on the Sociology of Knowledge", *American Sociological Review*, XXXI, 5 (outubro, 1966), p. 684-689; Peter Bachrach e Morton S. Baratz, "Two Faces of Power", *American Political Science Review*, LVI (dezembro, 1962), p. 947-952.

2. Sobre as sociedades do início da Regência, ver Octávio Tarquínio de Souza, *Evaristo Ferreira da Veiga*. Para S. Paulo, existe o estudo de Augustin Wernet, *Sociedades Políticas (1831-1832)*.

3. Sobre a *Sociedade Auxiliadora*, além da coleção de sua revista oficial, *O Auxiliador da Indústria Nacional*, ver Edgard Carone, *O Centro Industrial do Brasil e sua Importante Participação na Economia Nacional (1827-1977)*.

4. Para uma história da *Associação Comercial*, ver Eudes Barros, *A Associação Comercial no Império e na República. Antecedentes Históricos*.

5. Esses dados nos foram gentilmente cedidos por Fernando José Leite Costa, à época aluno do Mestrado de Ciência Política do Instituto Universitário de Pesquisas do Rio de Janeiro. A fonte a que recorreu foi o *Almanak Laemmert*.

6. Ver os comentários de um contemporâneo em J. M. Pereira da Silva, *Memórias do Meu Tempo*, volume I, especialmente p. 283.

7. Eudes Barros, *op. cit.*, p. 32.

8. Sobre as relações entre D. João e os comerciantes do Rio de Janeiro, ver J. F. de Almeida Prado, *D. João e o Início da Classe Dirigente do Brasil*, especialmente p. 134-61. Sobre Pedro II, ver Hélio Vianna, *Vultos do Império*, p. 214-15.

9. Antes da viagem à Europa em 1871, o imperador deixou seus *Conselhos à Regente*, para orientação da filha, nos quais sugere explicitamente o recurso à imprensa como meio de avaliar o estado da opinião pública.

A CONSTRUÇÃO DA ORDEM

10. Para informações sobre o papel da imprensa e sobre a posição dos jornalistas em relação aos partidos políticos, ver Nelson Lage Mascarenhas, *Um Jornalista do Império (Firmino Rodrigues Silva)*. Firmino era um dos mais importantes jornalistas conservadores e tinha relações muito estreitas com o partido. O livro contém cartas de políticos a Firmino que fornecem ricas informações sobre os bastidores da política.

11. A interpretação que alguns autores dão ao episódio da queda de Zacarias em 1868 como uma intervenção militar de Caxias é muito exagerada. Caxias no momento era mais um representante do Partido Conservador do que do Exército. Sobre os militares no Império, ver John Schulz, *The Brazilian Army in Politics, 1850-1894*. Sobre o episódio da queda de Zacarias, ver a bem documentada análise de Wanderley Pinho, *Política e Políticos no Império*.

12. Sobre a formação da contra-elite militar, além do texto já citado de John Schulz, ver Oliveira Vianna, *O Ocaso do Império*, p. 131-178; e José Murilo de Carvalho, "As Forças Armadas na Primeira República: O Poder Desestabilizador", em Boris Fausto, org., *História Geral da Civilização Brasileira, O Brasil Republicano*, tomo III, p. 181-234.

13. Ver Antonio Gontijo de Carvalho, *Um Ministério Visto por Dentro*, *passim*. O livro contém cartas de Calógeras a seus familiares. Em uma delas Calógeras diz que o ministro assinava tudo que lhe apresentava, sem mesmo tomar conhecimento do conteúdo (p. 89). Calógeras exerceu importante papel na crise que levou à interrupção das relações diplomáticas entre Brasil e Inglaterra.

14. Em amostragem de 60 intelectuais que viveram entre 1870 e 1930, L. A. Machado Neto descobriu que 80% eram funcionários públicos, inclusive os filhos de famílias ricas. Os principais romancistas do Império, como Machado de Assis, José de Alencar, Raul Pompéia, assim como o poeta Gonçalves Dias, eram funcionários. Ver L. A. Machado Neto, *Estrutura Social da República das Letras*, especialmente p. 246.

15. O uso de material genealógico para levantar "famílias políticas" foi feito por Cid Rebelo Horta em "Famílias Governamentais de Minas", *Segundo Seminário de Estudos Mineiros*, p. 43-91. Pelo volume de informações que requer e pela dificuldade das fontes, este tipo de estudo tem sido tentado principalmente em nível local ou estadual.

16. A periodização mais conhecida é a de Capistrano de Abreu, que divide o Império da seguinte maneira: Primeiro Reinado (1822-1831); Regência (1831-1840); Bases do Segundo Reinado (1840-1850); Apogeu (1850-1864); Guerra (1864-1870); Crise e Queda (1870-1889). Ver *Ensaios e Estudos*, 3ª Série, p. 115-130. Outra divisão pode ser encontrada em Justiniano José da Rocha, posteriormente complementada por Joaquim Nabuco. Ver "Ação, Reação e Transação", em Raimundo Magalhães Jr. (org.), *Três Panfletários do Segundo Reinado*, p. 161-218; e *Um Estadista do Império*, p. 937.

CAPÍTULO 3 Unificação da elite: uma ilha de letrados

Elemento poderoso de unificação ideológica da elite imperial foi a educação superior. E isto por três razões. Em primeiro lugar, porque quase toda a elite possuía estudos superiores, o que acontecia com pouca gente fora dela: a elite era uma ilha de letrados num mar de analfabetos. Em segundo lugar, porque a educação superior se concentrava na formação jurídica e fornecia, em conseqüência, um núcleo homogêneo de conhecimentos e habilidades. Em terceiro lugar, porque se concentrava, até a Independência, na Universidade de Coimbra e, após a Independência, em quatro capitais provinciais, ou duas, se considerarmos apenas a formação jurídica. A concentração temática e geográfica promovia contatos pessoais entre estudantes das várias capitanias e províncias e incutia neles uma ideologia homogênea dentro do estrito controle a que as escolas superiores eram submetidas pelos governos tanto de Portugal como do Brasil.

Dado que até 1850 a grande maioria dos membros da elite foi educada em Coimbra, será necessária breve notícia sobre essa Universidade e sobre a atmosfera intelectual que lá dominava.

A Universidade foi criada em Lisboa em 1290 e transferida para Coimbra em 1308. Sendo de origem francesa a primeira dinastia portuguesa, predominaram nos primórdios da Universidade as orientações jurídicas francesas e italianas já profundamente marcadas pelo direito romano. Um dos principais centros do ensino desse direito era a Universidade de Bolonha, que forneceu vários romanistas a Coimbra, onde ficaram conhecidos como os "bolônios"[1].

Em 1384, D. João I, O Mestre de Avis, retornou a Universidade a Lisboa, ao mesmo tempo em que estendia sobre ela o controle governamental mediante a nomeação real do Provedor. A partir de D. João II, os reis foram declarados Protetores da Universidade e terminou a livre escolha de reitores e lentes. Como já vimos, foi sob D. João I que se consolidou em Portugal o poder monárquico, tendo grande influência no processo o "bolônio" João das Regras. Como diz Teófilo Braga:

"Os jurisconsultos foram os organizadores teóricos desta ditadura monárquica; a transformação do regime feudal sob D. João I opera-se pela preponderância do chanceler João das Regras, legista da escola de Bolonha"[2].

Os juristas, "almas danadas dos reis", como os chamou Michelet, dominaram até 1537, quando a Universidade voltou a Coimbra. Teve então início um período de dois séculos de controle jesuítico, durante o qual a Universidade se isolou da influência do progresso intelectual e científico europeu. Os jesuítas obtiveram o controle do Colégio das Artes, cuja freqüência se tornou obrigatória para todos os que quisessem cursar leis e cânones. A partir de 1599 implantaram a *Ratio Studiorum* (*Ratio et institutio studiorum Societatis Jesu*), que privilegiava o latim e o grego sobre a língua pátria, a teologia sobre a filosofia, o aristotelismo e o escolasticismo sobre o cartesianismo, numa demonstração da natureza defensiva do ensino religioso após o Concílio de Trento. A luta contra o cartesianismo foi particularmente intensa e culminou com a tentativa dos jesuítas de expulsar de Portugal os padres do Oratório, conhecidos por sua maior abertura às novas idéias. O ensino jurídico permaneceu sob a influência do direito romano mas perdeu parte do prestígio anterior[3].

A situação só se modificou novamente em 1759, quando os jesuítas foram expulsos de Portugal e das colônias pela ação de Sebastião de Carvalho e Melo. À expulsão seguiu-se vasta e profunda reforma da educação portuguesa em todos os níveis. Ainda em 1759 foram criadas aulas régias de latim, grego e retórica; em 1761 surgiu o Colégio dos Nobres; em 1770 foi nomeada a Junta de Providência Literária, que já no ano seguinte apresentava o famoso *Compêndio Histórico*, um libelo contra os "estragos feitos nas ciências, nos professores e diretores" da Universidade de Coimbra pelos jesuítas. Finalmente, em 1772, veio a reforma da Universidade, sob a direção do reitor brasileiro Francisco de Lemos e com total apoio de Pombal nomeado visitador.

Os métodos e o conteúdo da educação jesuítica foram radicalmente reformulados. A ênfase deslocou-se para as ciências físicas e matemáticas. A nova Faculdade de Filosofia concentrou-se nas ciências naturais — a física, a química, a zoologia, a botânica, a mineralogia. O impacto da mudança pode ser observado na matrícula dos alunos nos anos 1772 e 1773.

A CONSTRUÇÃO DA ORDEM

O Iluminismo atingia Portugal, finalmente. E vinha na seqüência, se não na dependência, de novo surto de fortalecimento do poder estatal, agora engajado num grande esforço para soerguer a economia ameaçada pelo início da decadência do ciclo do ouro, pelas flutuações do preço do açúcar e pela sempre presente dominação inglesa. Tratava-se fundamentalmente de colocar a educação em condições de ser útil ao esforço de recuperação econômica. No que se refere a Coimbra, a nova orientação levou à ênfase nas ciências naturais, pois delas, sobretudo da mineralogia e da botânica, se esperavam contribuições no sentido de renovar ou inovar a exploração dos recursos naturais das colônias, especialmente do Brasil[4].

QUADRO 1
Matrícula por Cursos em Coimbra, 1772-1773

Disciplinas	Matrículas	
	1772	1773
Cânones e Leis	360	531
Teologia	14	–
Medicina	14	62
Matemática	5	162
Filosofia	–	78
Total	393	833

Fonte: Teófilo Braga, *História da Universidade de Coimbra*, p. 465, 527. Os dados para 1772 estão incompletos.

Surgindo nesse contexto, o Iluminismo português ficou mais próximo do italiano do que do francês. Preparado pelos padres do Oratório, com Luís Antônio Verney à frente, esse Iluminismo era essencialmente reformismo e pedagogismo. Seu espírito não era revolucionário, nem anti-histórico, nem irreligioso, como o francês; mas essencialmente progressista, reformista, nacionalista e humanista. Era o Iluminismo italiano: um Iluminismo essencialmente cristão e católico[5].

Pombal não queria saber do Iluminismo francês, pois este continha elementos capazes de pôr em perigo a autoridade em geral e a autoridade real em particular. Rousseau e Voltaire continuavam proibidos na nova ordem. Boa parte da motivação do marquês no combate aos jesuítas vinculava-se mesmo à

6 7

posição desses padres com referência à autoridade real, expressa nas palavras do conde de Campomanes, encarregado na Espanha do processo de expulsão:

"[...] eles sustentavam que os homens da Igreja não estavam de fato submetidos aos reis, criando-se, em conseqüência, duas monarquias dentro do Estado, uma temporal e uma espiritual"[6].

Algumas correntes dentro da ordem, lideradas por Suarez, iam mesmo mais longe e diziam que a legitimidade dos governantes vinha do consentimento popular, doutrina tão inaceitável para as monarquias absolutas como a do duplo poder, se não mais[7].

As reformas de Pombal produziram notável grupo de cientistas. Muitos deles eram brasileiros e alguns ainda militavam na política à época da Independência, como Manuel F. da Câmara e José Bonifácio, naturalistas de estatura internacional. Mas, embora comprometidos todos com o objetivo de promover o progresso científico e técnico, em termos políticos o comportamento desses cientistas não se distanciava muito do dos juristas. Certamente se preocupavam menos com a manutenção da ordem e com a centralização do poder. Alguns dos que viviam em Minas, por exemplo, envolveram-se na Inconfidência. Mas no fundo eram frutos do Iluminismo português, politicamente conservador. Além disso, também muito dentro dos objetivos das reformas pombalinas, a maioria deles trabalhava para o governo. Em Minas, ao final do período colonial, havia 34 cientistas em cargos públicos. Muitos haviam sido comissionados pelo governo de Lisboa para levantar as potencialidades econômicas da capitania, sobretudo na área dos recursos minerais e vegetais[8]. Os líderes mais radicais dos movimentos libertários antes da Independência tinham formação francesa ou puramente brasileira.

Além de José Bonifácio e de seu colega de estudos na Europa, Manuel Ferreira da Câmara, o mais influente dos cientistas ilustrados foi o bispo Azeredo Coutinho, um ex-senhor de engenho, formado em cânones e ciências naturais em Coimbra, onde ingressou no ano da reforma. Sua obra mais importante foi o Seminário de Olinda, concebido na melhor tradição do Iluminismo português. O Seminário teve grande impacto na formação do clero nordestino e afetou as idéias e o comportamento político de toda uma geração de padres[9].

Com a morte do rei D. José I em 1777, no entanto, Pombal deixou o governo e teve início a reação contra sua obra. No que se refere à Universidade, muitos professores e estudantes foram processados pelo Santo Ofício e expulsos sob acusações de deísmo, naturalismo, enciclopedismo, heresia[10]. Um dos expulsos pela Viradeira, como ficou conhecida a reação, foi o mineiro Francisco de Melo Franco, que em represália escreveu a sátira *O Reino da Estupidez*, na qual esta senhora aparece sendo recebida triunfalmente na Universidade[11]. A Viradeira teve como conseqüência o abandono da ênfase nas ciências naturais e a volta do direito à antiga predominância. A maior parte dos políticos brasileiros da primeira metade do século XIX estudou em Coimbra após a reação.

Ao lado da Universidade de Coimbra, duas outras instituições de ensino foram importantes para a formação da elite brasileira, a Real Academia de Marinha e o Colégio dos Nobres. Ambas destinavam-se à formação militar dos nobres. O Colégio foi criado por Pombal com a finalidade explícita de dar aos filhos da nobreza uma alternativa para o serviço do Estado que não fossem as carreiras eclesiástica e judiciária. Também ele punha ênfase nas ciências exatas e naturais dentro da perspectiva do serviço público.

No Brasil, a educação, antes de Pombal, estava quase que exclusivamente nas mãos dos jesuítas. Após sua expulsão, o Estado criou as aulas régias, cujos professores nomeava diretamente. As aulas limitavam-se às primeiras noções de latim, grego, filosofia, geografia, gramática, retórica, matemática e deveriam ser custeadas pelo imposto então criado, o subsídio literário. Mas o sistema não funcionou a contento, pois o subsídio ou não era cobrado adequadamente, ou era desviado para Portugal; os melhores professores não permaneciam no posto por causa dos baixos salários; e, de qualquer maneira, o número de aulas era ridiculamente pequeno frente às necessidades da colônia. Logo após a introdução do sistema, o número de aulas régias foi calculado como segue: 17 de ler e escrever, 15 de gramática, seis de retórica, três de grego e três de filosofia. Ao todo 44, para uma população que girava em torno de 1.500.000[12]. O restante da educação formal era dado em escolas religiosas, seminários, aulas particulares.

Foi política sistemática do governo português nunca permitir a instalação de estabelecimentos de ensino superior nas colônias. Quando em 1768 a capitania de Minas Gerais pediu permissão para criar por conta própria uma escola de medicina, o Conselho Ultramarino respondeu que a questão era política, que a decisão favorável poderia enfraquecer a dependência da colônia e que "um dos mais fortes vínculos que sustentava a dependência das

JOSÉ MURILO DE CARVALHO

colônias era a necessidade de vir estudar a Portugal". Aberto o precedente, continuou o Conselho, criar-se-ia uma aula de jurisprudência até o corte do vínculo de dependência. O governo deveria antes fornecer bolsas de estudo para que os alunos pobres pudessem fazer a viagem a Portugal[13].

Em contraste marcante com essa política, a Espanha permitiu desde o início a criação de universidades em suas colônias. Alguns autores sugerem como razão para a diferença a concepção federativa dos Habsburgos, distinta do centralismo dos Bourbons[14]. Seja como for, as conseqüências foram profundas. Os dois modelos de universidades espanholas, a Real Universidade de Salamanca e a confessional e pontifícia Universidade de Alcalá, viram-se reproduzidos em 23 instituições de ensino superior distribuídas pela colônia. De acordo com Arciniegas, a distribuição das universidades era a seguinte[15]:

QUADRO 2

Localização e Número de Universidades na Colônia Espanhola da América

Localização	*Número*
Hispaníola (Santo Domingo)	2
Cuba (Havana)	1
México (México, Guadalajara)	3
Nicarágua (León)	1
Panamá (Panamá)	1
Colômbia (Bogotá)	2
Venezuela (Caracas, Mérida)	2
Equador (Quito)	4
Peru (Lima, Cuzco, Huamanga)	4
Bolívia (Charcas)	1
Chile (Santiago)	2
Argentina (Córdoba)	2
Total	25

Fonte: German Arciniegas, *Latin America, a Cultural History*, p. 151-52.

Já em 1551, foram criadas as primeiras universidades (México e Peru). Solicitações de novas universidades usavam como argumento a dificuldade apresentada pelas viagens ao México e ao Peru e a necessidade de formar quadros religiosos adequados para a defesa e propagação da religião. O último argumento aponta para uma das características básicas dessas universidades

A CONSTRUÇÃO DA ORDEM

— sua forte vinculação com instituições e objetivos religiosos. Conforme observa Steger, as universidades ibéricas já se distinguiam de suas similares européias pela orientação instrumental, pelo comprometimento com o fortalecimento do poder real, ou com a defesa da fé católica contra o islamismo. Nas colônias, sob a influência dos jesuítas, o objetivo da conquista religiosa tornou-se predominante. Mesmo a Real Universidade do México, criada segundo o modelo de Salamanca, mudou a ênfase do direito para a teologia[16].

A predominância de objetivos religiosos revela-se na filiação institucional das universidades. Das 15 menores listadas por Lanning, nove eram controladas pelos jesuítas, quatro pelos dominicanos, uma pelos agostinianos e uma pelos franciscanos. A maior parte das 10 maiores era também controlada por ordens religiosas[17]. A Universidade de Córdoba, criada pelos jesuítas em 1622, só conferiu o primeiro diploma jurídico em 1797. A Real Universidade de San Felipe em Santiago conferiu, entre 1747 e 1810, 166 diplomas em teologia, 18 em direito, cinco em medicina e nenhum em matemática. As duas universidades colombianas estavam sob total controle dos jesuítas e dominicanos, o mesmo acontecendo no Equador[18].

A política educacional da Espanha teve duas conseqüências importantes para a formação de elites. Em primeiro lugar, a ampla distribuição geográfica das universidades permitiu a formação de elites intelectuais praticamente em todas as subdivisões administrativas que posteriormente se transformaram em países independentes. Naturalmente, nas principais universidades coloniais havia contatos entre estudantes de regiões diversas. Vários argentinos, paraguaios e bolivianos, por exemplo, se formaram na Universidade de San Felipe em Santiago. Mas no contexto geral da colônia esses contatos foram pouco significativos e não podem ser comparados com os que a política portuguesa propiciava. Em segundo lugar, a predominância religiosa, sobretudo a jesuítica, dava ao direito um peso muito menor do que tinha em Coimbra. Os jesuítas eram ultramontanos e constitucionalistas, se não favoráveis à idéia do consentimento popular como base da legitimidade do governo. Juntas, essas duas características não favoreceram a criação de uma elite homogênea e possuidora do tipo de treinamento que se pudesse adequar às tarefas de construção do Estado. Quando irromperam as guerras de independência, as elites locais derrotaram as tentativas de manter a unidade da colônia, ou mesmo de algumas de suas partes feitas por homens como Bolívar.

JOSÉ MURILO DE CARVALHO

Em segundo lugar, a política espanhola contribuiu para a difusão da educação superior em grau muito maior que o propiciado por sua congênere portuguesa. Calculou-se que até o final do período colonial umas 150.000 pessoas se tinham formado nas universidades da América espanhola. Só a Universidade do México formou 39.367 estudantes até a independência[19]. Em vivo contraste, apenas 1.242 estudantes brasileiros matricularam-se em Coimbra entre 1772 e 1872. E o número de brasileiros que estudaram na França ou em outro país europeu não era certamente muito grande, embora não possamos citar números. O preço da homogeneidade da elite brasileira foi uma distribuição muito mais elitista da educação e a menor difusão de idéias que os governos da época consideravam perigosas. Apesar do controle religioso, a maior difusão da educação superior nas colônias espanholas contribuiu também para a maior propagação das idéias do Iluminismo francês, sinônimo de oposição ao poder absoluto[20].

O impacto unificador exercido pela centralização em Coimbra pode ser inferido do quadro 3, que também fornece a distribuição da população livre entre as províncias para efeitos comparativos.

O quadro inclui estudantes matriculados até 1872 mas somente 20% se matricularam após a instalação dos cursos de direito no Brasil em 1828. Os dados mostram tanto o reduzido número de estudantes como sua distribuição mais ou menos de acordo com a importância econômica e política de seus lugares de origem. O maior número de estudantes em relação à população é encontrado nas capitanias ou províncias que tinham sido ou eram centros da administração colonial, como Maranhão, Bahia e Rio de Janeiro. As únicas unidades importantes com considerável déficit de estudantes em relação à população são Rio G. do Sul e São Paulo. No caso de São Paulo o fato foi compensado pela proximidade com o Rio de Janeiro e, para efeito de seu comportamento durante o processo de independência, pela presença de figuras dominantes como José Bonifácio. No que se refere ao Rio G. do sul, a relativa ausência de gaúchos em Coimbra foi certamente uma razão adicional para o isolamento da província e seu sempre problemático relacionamento com o governo central[21].

A importância política da concentração é iniludível. Boa parte do impulso autonomista, ou mesmo separatista, de províncias e regiões pôde ser prevenida pela formação comum e pelos laços de amizade criados durante o período escolar. Homens como o visconde do Uruguai e o marquês do Paraná, por

A CONSTRUÇÃO DA ORDEM

exemplo, dois sustentáculos da reação conservadora, o primeiro nascido em Paris, o segundo em Minas Gerais, tornaram-se amigos em Coimbra, o mesmo acontecendo com vários outros. Os políticos que receberam sua formação no Brasil antes da Independência, sobretudo os padres, tendiam a se preocupar muito menos com a unidade do país e com o fortalecimento do poder central.

QUADRO 3
Estudantes Brasileiros Matriculados em Coimbra, por Província, 1772-1872, e Distribuição Provincial da População, 1823.

Capitania/Província	% de Estudantes	% da População
Pará	3,70	3,13
Maranhão	8,78	2,41
Piauí	0,08	2,84
Ceará	0,40	6,40
Rio G. do Norte	0,08	2,01
Paraíba	1,21	3,64
Pernambuco	11,52	11,73
Alagoas	0,08	3,20
Sergipe	0,24	3,13
Bahia	25,93	15,44
E. Santo	0,24	2,13
Rio de Janeiro	26,81	10,70
Minas Gerais	13,61	15,11
São Paulo	3,70	9,21
Santa Catarina	0,00	1,69
Rio G. do Sul	1,53	5,07
Mato Grosso	0,40	0,85
Goiás	1,21	1,31
Cisplatina	0,48	?
Total	100,00	100,00
	(N = 1.242)	(N = 2.813.351)

Fontes: Para o número de estudantes, Francisco Morais, "Estudantes Brasileiros na Universidade de Coimbra (1772-1872)", *Anais da Biblioteca Nacional do Rio de Janeiro*, LXII (1940), p. 137-335. Para a população, "Memória Estatística do Império", autor desconhecido, *Revista do Instituto Histórico e Geográfico do Brasil*, Tomo LVIII, Parte I (1895), p. 91-99.

O quadro da educação superior da colônia só começou a mudar com a chegada da Corte em 1808. Uma Real Academia dos Guardas-Marinhas e uma Academia Real Militar foram logo criadas (1808 e 1810), seguidas pelas

Escolas de Medicina do Rio de Janeiro e de Salvador (1813 e 1815) e, em 1820, pela Academia de Belas-Artes[22]. Mas as escolas dedicadas explicitamente à formação da elite política só surgiram após a Independência. Trata-se dos dois cursos de direito criados em 1827 e iniciados em 1828, um na cidade de São Paulo, outro em Olinda, transferido em 1854 para Recife. Além desses, uma Escola de Farmácia foi criada em Ouro Preto em 1839 e no mesmo local instalou-se uma Escola de Minas em 1876. Em 1858 a engenharia civil foi retirada da Academia Militar e transferida para a Escola Central que, por sua vez, se transformou na Escola Politécnica em 1874, copiando a instituição francesa do mesmo nome.

Após o Ato Adicional de 1834, a educação superior se tornou responsabilidade tanto do governo geral como dos governos provinciais, mas nenhuma escola superior foi criada pelas províncias durante o Império, reproduzindo-se internamente efeito semelhante ao buscado pela política colonial na centralização e homogeneização da formação das elites.

No ensino secundário, a instituição mais importante foi o Colégio de Pedro II criado em 1838 e destinado especialmente aos filhos de famílias ricas, que preparava para as escolas superiores, e também formava bacharéis em letras[23]. Havia ainda no Rio uma Escola de Música, um Instituto Comercial e outras escolas profissionais.

Os filhos de famílias de recursos, que podiam aspirar a uma educação superior, iniciavam a formação com tutores particulares, passavam depois por algum liceu, seminário ou, preferencialmente, pelo Pedro II, e afinal iam para a Europa ou escolhiam entre as quatro escolas de direito e medicina. As quatro cobravam anuidades e seus cursos duravam cinco anos (direito) e seis anos (medicina). Um estudante típico entraria numa dessas escolas na idade de 16 anos e se formaria entre 21 e 22 anos. Outra alternativa para os ricos era a Escola Naval, sucessora da Real Academia de 1808, onde, apesar da gratuidade do ensino, era mantido um recrutamento seletivo baseado em mecanismos discriminatórios, o mais importante dos quais a exigência de custosos enxovais.

De modo geral, os alunos das escolas de direito provinham de famílias de recursos. As duas escolas cobravam taxas de matrícula (que no primeiro ano de funcionamento foi de 51$200 réis). Além disso, os alunos que não eram de São Paulo ou do Recife tinham que se deslocar para essas cidades e manter-se lá por cinco anos. Muitos, para garantir a admissão, faziam cursos preparatórios ou pagavam repetidores particulares. Esses custos eram obstáculos sérios para alunos pobres, embora alguns deles conseguissem passar pelo peneiramento. Menciona-se, por exemplo, a presença de estudantes de cor já nos primeiros anos da Escola de São Paulo, aos quais, por sinal, um dos professores se recusava a cumprimentar alegando que negro não podia ser doutor[24].

As pessoas de menores recursos podiam completar a educação secundária nos seminários ou em escolas públicas. A partir daí a escolha podiam ser os seminários maiores para uma carreira eclesiástica, a Escola Militar, sucessora da Academia de 1810, para uma carreira no exército, a Politécnica ou a Escola de Minas para uma carreira técnica. Nenhuma dessas escolas cobrava anuidade, a Escola de Minas dava bolsas para alunos pobres e a Escola Militar pagava pequeno soldo aos alunos[25]. Alguns dos mais capazes políticos do Império seguiram esse caminho, salientando-se o caso do visconde do Rio Branco, ex-aluno da Academia Militar.

Ao final do Império, a Escola Militar transformara-se num centro de oposição intelectual e política ao regime, tanto pelo tipo de estudante que selecionava como pelo conteúdo da educação que transmitia. Seus alunos vinham em geral de famílias militares ou famílias remediadas, quase nunca de famílias ricas; sua educação era técnica e positivista, em oposição à formação jurídica e eclética da elite civil. Aliás, já em 1854 a oposição dos militares aos "legistas" se manifestara quando do início da publicação de *O Militar*. Nessa folha já estava nítida a percepção das diferentes origens sociais dos militares em relação à elite civil, do contraste entre os dois tipos de carreira e da divergência quanto às soluções para os problemas do país[26].

A educação militar no Império foi a que melhor continuou o espírito da reforma pombalina. Na tradição do Colégio dos Nobres, a Real Academia Militar salientava tanto a formação profissional como a formação técnica. O decreto de criação da Academia já lhe dava como objetivo formar oficiais capazes mas também engenheiros que pudessem construir estradas e pontes. A Academia deveria fornecer

"[...] um curso completo de ciências matemáticas, de ciências de observações, quais a física, química, mineralogia, metalurgia e história natural, que compreenderá o reino vegetal e animal"[27].

Em documento dirigido em 1835 pelos professores da Academia Militar ao ministro da Guerra são mencionados alguns aspectos políticos e sociais que influenciaram a criação da escola:

"A denominação de A. Militar bem que imprópria seja para um estabelecimento cujo objeto principal deverá ser o ensino de ciências inteiramente independentes das doutrinas militares, e sem restrições a classe alguma de cidadãos, é contudo escusável naquela época, em que a necessidade de instituir um gênero de instrução privativo para os militares se tornava mais justificável aos olhos de um governo absoluto, do que a ilustração da massa geral do povo; procurando destarte aquele ministro fazer participante toda a nação do favor aparentemente concedido a uma só classe"[28].

Mesmo após a separação da engenharia civil, a Escola Militar manteve os traços civis de seu ensino técnico e continuou a conceder diplomas de bacharel em matemática e engenharia. Os oficiais eram freqüentemente tratados de doutores: dr. general, dr. capitão, ou, simplesmente, seu doutor, numa clara busca de compensação simbólica pelo *status* inferior da educação técnica e militar, em relação à formação jurídica dos políticos[29].

Mas a formação técnica provavelmente não levaria a uma vigorosa oposição intelectual e política se não fosse pela introdução do positivismo. Foi o positivismo, presente na formação militar desde 1850, que deu aos militares a perspectiva filosófica que lhes permitiu articular intelectualmente sua oposição política à elite civil.

Os cursos de direito foram criados à imagem do predecessor coimbrão. Os primeiros professores eram ex-alunos de Coimbra e alguns dos primeiros alunos vieram de lá transferidos. Mas houve importante adaptação no que se refere ao conteúdo das disciplinas. O direito romano foi abandonado em benefício de matérias mais diretamente relacionadas com as necessidades do novo país, tais como os direitos mercantil e marítimo e a economia política. A idéia dos legisladores brasileiros era a de formar não apenas juristas mas também advogados, deputados, senadores, diplomatas e os mais altos empregados do Estado, como está expresso nos Estatutos feitos pelo visconde de Cachoeira adotados no início dos cursos[30].

A mudança afetou em alguma medida a formação dos bacharéis brasileiros. Segundo depoimento de Joaquim Nabuco, a primeira geração deles, da qual fazia parte seu pai Nabuco de Araújo, aprendeu direito mais na prática do que na escola[31]. E, de fato, os grandes códigos legais do Império foram todos redigidos pela geração de Coimbra. Estão nesse caso o Código Criminal e o Código Comercial, além da própria Constituição e suas reformas.

A educação eclesiástica, quase toda feita no Brasil, longe de Coimbra e com pouco direito romano, foi também um fator condicionante das diferenças do comportamento político dos padres em relação ao dos magistrados e militares. Falaremos sobre isso mais adiante.

Podemos agora dar início à apresentação dos dados sobre educação da elite política imperial. Os problemas apresentados pelas fontes de que nos utilizamos são discutidos no Apêndice. Na classificação das pessoas de acordo com esta dimensão foram adotados os seguintes critérios:

a) Não foi feita distinção entre direito civil e direito canônico. Ambos foram registrados como *Direito*.

b) Formação em ciências físicas e naturais, matemática, engenharia e filosofia, foi codificada como *Ciências Exatas*.

c) Quando alguém tinha mais de um diploma, foi dada preferência ao que com maior probabilidade contribuiu para sua socialização política. À formação em direito foi dada preferência sobre todas as outras.

d) Os que começaram mas não terminaram sua educação superior não foram considerados como possuindo tal educação. Igualmente, supôs-se que os militares sem indicação de terem cursado alguma academia militar ou outra escola superior não tinham educação superior.

e) Quando alguém iniciou em um lugar a educação superior e a terminou em outro, o último lugar foi registrado.

f) Todos os padres foram considerados como possuindo estudos eclesiásticos, a não ser que constasse outro tipo de estudos, como direito canônico.

Começamos por apresentar o nível geral de educação da elite (quadro 4).

QUADRO 4
Nível Educacional dos Ministros, por Períodos, 1822-1889 (%)

| Educação | Períodos | | | | | |
	1822-31	1831-40	1840-53	1853-71	1871-89	Total
Com Educação Superior	86,67	85,72	86,96	96,00	95,46	91,32
Sem Educação Superior	11,11	14,28	13,04	4,00	4,54	8,22
Sem Informação	2,22	–	–	–	–	0,46
Total	100,00	100,00	100,00	100,00	100,00	100,00
	(N = 45)	(N = 35)	(N = 23)	(N = 50)	(N = 66)	(N = 219)

Fonte: A lista, por ordem alfabética e por períodos, de todos os ministros, senadores e conselheiros, com as informações sobre lugar de nascimento, ocupação, local e tipo de educação superior e origem social pode ser encontrada em José Murilo de Carvalho, "A Elite Política Imperial", Instituto Universitário de Pesquisas do Rio de Janeiro, texto mimeografado. Sempre que não indicado, esta lista será a referência básica para os cálculos das tabelas referentes à elite política.

QUADRO 5
Nível Educacional dos Senadores não-Ministros, por Períodos, 1822-1889 (%)

| Educação | Períodos | | | | | |
	1822-31	1831-40	1840-53	1853-71	1871-89	Total
Com Educação Superior	81,82	73,34	57,90	80,00	80,77	76,11
Sem Educação Superior	15,15	26,66	31,58	20,00	19,23	21,24
Sem Informação	3,03	–	10,52	–	–	2,65
Total	100,00	100,00	100,00	100,00	100,00	100,00
	(N = 33)	(N = 15)	(N = 19)	(N = 20)	(N = 26)	(N = 113)

O quadro mostra uma elite altamente educada. Os números mais baixos para os dois primeiros períodos se devem à maior presença aí de militares. Dos 18 ministros sem educação superior nesse grupo, 12 eram

A CONSTRUÇÃO DA ORDEM

militares. Isso significa, por outro lado, que tinham pelo menos o equivalente a uma educação secundária. O panorama geral não se modifica em relação aos senadores, 85% dos quais tiveram educação superior. Mas como entre os senadores estão incluídos vários ministros, separamos no quadro 5 aqueles que foram exclusivamente senadores. Há aí uma queda de uns 10 pontos percentuais, devida principalmente a modificações no segundo e terceiro períodos. O fenômeno explica-se pela possibilidade de chefes provinciais chegarem ao Senado mediante eleição. No primeiro período as listas eleitorais eram manipuladas por Pedro I em benefício de protegidos, em geral burocratas. Após a liberação regencial, as listas se tornaram mais autênticas – até onde o poderiam ser na prática eleitoral da época – e em geral, mesmo durante o Segundo Reinado, o senador mais votado era escolhido. Com isso alguns fazendeiros importantes mas sem formação superior, sobretudo de províncias de menor peso político, conseguiram chegar ao Senado. Mas é sintomático que após 1853, passada a fase de agitação política, volta a seletividade educacional a atingir os níveis iniciais.

Os dados para conselheiros de Estado e deputados também não fogem muito do padrão acima. Os conselheiros eram ainda mais educados do que os ministros: entre os 72 que compuseram o segundo Conselho de Estado (1840-1889), somente dois não tinham educação superior. O nível educacional dos deputados gerais era semelhante ao dos senadores.

No Brasil imperial, como na Turquia de Ataturk, estudada por Frederick W. Frey, a educação era a marca distintiva da elite política[32]. Havia um verdadeiro abismo entre essa elite e o grosso da população em termos educacionais. A plena dimensão do problema pode ser avaliada a partir dos dados de alfabetização mostrados no quadro 6.

Como se vê, um altíssimo índice de analfabetismo. Entre a população escrava o índice atingia 99,9% em 1872. A má qualidade do Censo de 1890 pode ser responsável pelo declínio indicado para esse ano na taxa de alfabetização, mas a taxa real não deveria ser muito mais alta, pois em 1920, 30 anos mais tarde, os analfabetos ainda representavam 76% da população total.

QUADRO 6
Porcentagem da População Alfabetizada, 1872-1890

1872		1890	
Homens	23,43	Homens	19,14
Mulheres	13,43	Mulheres	10,35
Total(1)	18,56	Total	14,80
Total(2)	15,75		

Fontes: Recenseamentos de 1872 e 1890.
O total (1) refere-se à porcentagem de alfabetização na população livre.
O total (2) refere-se à mesma porcentagem no total da população, exceto 181.583 pessoas para as quais o censo não fornece informação.

O número de alunos matriculados em escolas primárias e secundárias era também muito baixo. De acordo com o Censo de 1872, somente 16,85% da população entre seis e 15 anos freqüentava escola. E havia menos de 12.000 alunos matriculados nas escolas secundárias numa população livre de 8.490.910 habitantes. Os dados de ocupação fornecidos pelo Censo de 1872 permitem calcular o número de pessoas com educação superior no país em torno de 8.000. No que se refere à educação não há dúvida de que a elite política não podia ser menos representativa da população em geral.

A homogeneidade gerada pelo nível educacional era reforçada pelo local comum de formação, como indica o quadro 7. A diferença em relação aos quadros anteriores é que houve um corte radical provocado pela Independência, o qual resultou na formação de duas gerações distintas de políticos, uma formada em Portugal (Coimbra), a outra formada no Brasil (São Paulo e Olinda/Recife). A primeira dominou os dois primeiros períodos e ainda era importante no terceiro, mas desapareceu totalmente após 1853, isto é, a geração de Coimbra predominou exatamente durante a fase de consolidação política do sistema imperial. A partir da Conciliação, ou mesmo desde o final da Revolução Praieira, não só houve sua substituição pela geração "brasileira", como também se verificou uma modificação na natureza dos problemas políticos que desafiavam a elite[33].

A situação dos senadores era semelhante, com algumas particularidades. A primeira refere-se à vida mais longa da geração de Coimbra, que no terceiro período representava ainda 62% do total e 9% no quarto

A CONSTRUÇÃO DA ORDEM

período. A vitaliciedade do cargo de senador e a exigência de idade mínima de 40 anos ajudam a explicar essa maior longevidade. A geração que começou a sair das escolas brasileiras no início da década de 1830 só teve acesso ao Senado a partir da metade dos anos 40, depois de já dominar os postos ministeriais onde alguns chegaram com menos de 30 anos. A segunda refere-se ao maior número de senadores formados fora das escolas de direito durante a Regência (28%) e durante o último período (também 28%). Na regência o fato deve-se à entrada de padres no Senado, liderados por Feijó, não nos ocorrendo razão específica para a mudança no último período.

QUADRO 7

Local de Educação Superior dos Ministros, por Períodos, 1822-1889 (%)

Local			Períodos			
	1822-31	1831-40	1840-53	1853-71	1871-89	Total
Coimbra	71,80	66,68	45,00	–	–	28,50
Outro*	28,20	16,67	–	–	–	8,00
Total Portugal	100,00	83,35	45,00	–	–	36,50
São Paulo	–	3,33	30,00	35,42	49,20	27,50
Olinda/Recife	–	–	15,00	39,58	34,92	22,00
Outro*	–	6,66	10,00	20,83	14,28	11,50
Total Brasil	–	9,99	55,00	95,83	98,40	61,00
Outro País	–	6,66	–	4,17	1,60	2,50
Total Geral	100,00	100,00	100,00	100,00	100,00	100,00
	(N = 39)	(N = 30)	(N = 20)	(N = 48)	(N = 63)	(N = 200)

*Indica quase sempre formação em escolas militares, de Portugal ou do Brasil.

Já discutimos a grande importância de Coimbra para a unificação da elite política. Não só se desenvolviam contatos e se formavam amizades entre os brasileiros, como surgiam atritos abertos com os estudantes portugueses, especialmente após a Independência. Os brasileiros chegaram a organizar associações do tipo da que ficou conhecida como a *Jardineira*. A criação das duas escolas jurídicas brasileiras mudou o quadro quanto ao aspecto de unificação. O regionalismo esteve muito presente durante os debates parlamentares sobre a localização e o número das escolas a serem criadas, tanto em 1823 como em 1826. A pressão das grandes províncias não permitiu a criação de uma única escola ou universidade localizada na capital do país. Como já tinham sido criadas escolas de medicina e militar no Rio e uma escola de medicina na Bahia, e grande luta travou-se em torno das estratégicas escolas de direito. Os centralistas conseguiram, então, substituir a rivalidade provincial pela rivalidade regional: foram dadas uma escola para o norte e outra para o sul, a primeira localizada em Pernambuco, a segunda em São Paulo. Minas foi mais tarde compensada com as Escolas de Farmácia e de Engenharia de Minas, o Rio Grande do Sul com uma Escola Militar.

QUADRO 8

Origem Geográfica dos Estudantes de Quatro Escolas, 1854 (%)

Origem	*Escolas*			
	Olinda/Recife	*São Paulo*	*Bahia*	*Rio*
Norte	88,12	6,82	92,08	15,54
Sul	11,88	93,18	7,92	84,46
Total	100,00	100,00	100,00	100,00
	(N = 320)	(N = 264)	(N = 269)	(N = 303)

Fonte: *Relatório do Ministro do Império*, 1855. O norte inclui as províncias do Amazonas até a Bahia, o sul o resto.

As quatro grandes escolas de medicina e direito funcionaram de fato como centros regionais de formação, como o demonstra a origem geográfica de seus estudantes (quadro 8).

O fato de se tratar de uma concentração regional e não provincial é ainda confirmado pela informação do mesmo *Relatório* citado acima de que 70% dos estudantes das duas escolas de direito provinham de fora das províncias em que se localizavam as escolas, porcentagem que se manteve constante ao longo do período.

Mas tendo em vista o tamanho do país e a força das rivalidades provinciais, a bipartição das escolas de direito pode ser considerada antes uma concentração do que o oposto. Além disso, o governo central manteve sempre estrita supervisão das escolas superiores, sobretudo as de direito. Diretores e professores eram nomeados pelo ministro do Império, programas e manuais tinham que ser aprovados pelo Parlamento. Os relatórios ministeriais estão sempre cheios de comentários, críticas e sugestões referentes a essas escolas, donde resultavam freqüentes reformas[34]. Acrescente-se ainda que era fácil e comum a transferência de alunos de uma escola para outra, especialmente dos alunos de direito. As razões para transferência provinham em geral de atritos com professores ou do menor rigor do ensino em Pernambuco: estudantes com dificuldades de aprovação em São Paulo buscavam vida mais fácil em Recife.

A formação de cliques escolares, verificada em Coimbra, também se dava, e em escala maior, em São Paulo e Recife. Nabuco de Araújo, por exemplo, foi colega e amigo, em Olinda, de Araújo Lima, Sinimbu e Ferraz, três futuros chefes partidários e presidentes do Conselho de Ministros. O mesmo se deu com Zacarias e Cotegipe. Na condição de chefes de partidos opostos, os dois envolveram-se mais tarde em ásperas discussões no Parlamento sem, no entanto, quebrar os laços de amizade criados na juventude. A turma de 1866 da escola de São Paulo incluía Castro Alves, o poeta abolicionista e de tendências republicanas; Joaquim Nabuco, futuro deputado, líder abolicionista e monarquista convicto; Afonso Pena, futuro ministro no Império e Presidente da República; Rui Barbosa, futuro deputado no Império, líder liberal e ministro republicano; Rodrigues Alves, futuro deputado no Império e depois Presidente da República, e Bias Fortes, um dos principais políticos de Minas Gerais na República[35].

O efeito homogeneizador da educação foi ainda reforçado pela predominância da formação jurídica, conforme indica o quadro 9. Pode-se ver que os efeitos da reforma pombalina ainda se faziam sentir nos dois períodos iniciais: era significativo o número de políticos formados em ciências exatas. Na realidade, esse número era ainda maior se considerarmos que a educação militar do Colégio dos Nobres era fortemente marcada pelas ciências exatas e naturais. Mas mesmo nesses períodos o direito continuou dominante. E, como já indicamos, a formação científica se destinava também a formar funcionários públicos especializados. De fato, quase todos os elementos com formação em ciências exatas constantes do quadro 9 eram funcionários públicos. Se não tinham o estudo formal dos instrumentos de construção do Estado, tinham a prática de seu exercício e certamente o interesse representado pelos salários. Nos períodos subseqüentes, o domínio dos bacharéis em direito foi esmagador.

Os dados para os senadores não apresentam resultados muito distintos. A predominância do direito é ainda maior do que entre os ministros, sobretudo nos dois primeiros períodos (61% e 71% respectivamente). Salienta-se a grande presença de padres durante a Regência (28%), devida à influência de Feijó, e a menor representação global de militares (8%), devida ao fato de se envolverem menos em política partidária. Vê-se, no entanto, que no último período há uma volta de elementos com formação militar ao Senado (13%), certamente um reflexo da Questão Militar e da subseqüente politização da corporação.

QUADRO 9

Formação dos Ministros, por Períodos, 1822-1889 (%)

Formação			Períodos			
	1822-31	1831-40	1840-53	1853-71	1871-89	Total
Jurídica	51,29	56,67	85,00	77,09	85,73	72,50
C. Exatas	20,51	13,33	5,00	2,08	–	7,00
Militar	28,20	20,01	10,00	18,75	7,93	16,50
Médica	–	6,66	–	2,08	6,34	3,50
Religiosa	–	3,33	–	–	–	0,50
Total	100,00	100,00	100,00	100,00	100,00	100,00
	(N = 39)	(N = 30)	(N = 20)	(N = 48)	(N = 63)	(N = 200)

Fonte: Para as listas de estudantes formados nas duas escolas, ver Spencer Vampré e Clóvis Beviláqua.

O ponto importante a guardar de toda a análise é que a síndrome educação superior/educação jurídica/educação em Coimbra deu à elite política da primeira metade do século aquela homogeneidade ideológica e de treinamento que apontamos como necessária para as tarefas de construção do poder nas circunstâncias históricas em que o Brasil se encontrava.

Coimbra foi particularmente eficaz em evitar contato mais intenso de seus estudantes com o Iluminismo francês, politicamente perigoso. Além do fato já apontado de que o Iluminismo português foi do tipo não libertário, é preciso acrescentar que após a Viradeira o isolacionismo da Universidade em relação ao resto da Europa foi retomado. É revelador o testemunho de Bernardo Pereira de Vasconcelos, formado em Coimbra em 1819, feito durante os debates parlamentares de 1826 sobre a criação dos cursos jurídicos.

A CONSTRUÇÃO DA ORDEM

"O direito de resistência, este baluarte da liberdade, era inteiramente proscrito; e desgraçado de quem dele se lembrasse![...] [A Universidade de Coimbra] está inteiramente incomunicável com o resto do mundo científico. Ali não se admite correspondência com outras academias; ali não se conferem os graus senão àqueles que estudaram o ranço de seus compêndios; ali estava aberta continuamente uma inquisição pronta a chamar às chamas todo aquele que tivesse a desgraça de reconhecer qualquer verdade ou na religião, ou na jurisprudência, ou na política"[36].

O debate de 1823 revelou também nas intervenções de José da Silva Lisboa a natureza politicamente conservadora da própria reforma pombalina. Silva Lisboa freqüentou Coimbra entre 1774 e 1779, em plena reforma, e formou-se em filosofia e direito canônico. Como fruto típico do Iluminismo português, traduziu Adam Smith, defendeu o progresso, o trabalho livre e a indústria, mas traduziu também a obra de Burke sobre a Revolução Francesa. Quando se discutia na Constituinte a liberdade de educação, ele foi enfático: "Absolutamente nenhum governo pode tolerar que em quaisquer aulas se ensinem, por exemplo, as doutrinas do contrato social do sofista de Genebra"[37].

Esse conservadorismo contrasta com o comportamento político dos que se formaram em outros países europeus, sobretudo na França, e dos que se formaram no Brasil, aos quais, estranhamente, parecia ser mais fácil entrar em contato com o Iluminismo francês. As academias, as sociedades literárias, as sociedades secretas, formadas no Brasil, e as próprias rebeliões que precedem a Independência exibem quase que invariavelmente a presença de elementos formados na França ou influenciados por idéias de origem francesa, os primeiros em geral médicos, os segundos, padres. Entre 1777 e 1793, 12 brasileiros se formaram em medicina em Montpellier, dois dos quais se envolveram na Inconfidência Mineira, juntamente com outro formado na Inglaterra e com vários padres, todos leitores de obras francesas e americanas. Dois outros médicos pertenciam à *Sociedade Literária do Rio de Janeiro* e foram presos em 1794 sob a acusação de conspiração e de adotar as "erradíssimas máximas francesas". Ainda outro médico, que era também ex-padre, Manuel de Arruda Câmara, dirigiu o *Areópago de Itambé*, sociedade organizada em Pernambuco para propagar idéias francesas e republicanas. Também médico e padre era Francisco de Arruda Câmara, mestre dos revolucionários de 1817 e 1824.

Padres, médicos e maçons: eis os mais típicos representantes do radicalismo político nas três décadas que precederam a Independência. Muitos deles não diferiam dos magistrados pela origem social: diferiam pela formação e pela carreira. No caso da Conjuração Baiana de 1798, o radicalismo francês revelou-se em suas formas mais agudas e atingiu as camadas inferiores da população: soldados, alfaiates, artesãos em geral, e mesmo escravos. A transmissão das idéias igualitárias fez-se graças à presença em Salvador do comandante Larcher, da fragata francesa *La Preneuse*, que se reunia com letrados formados no Brasil, tais como o padre Francisco Agostinho Gomes, o cirurgião Cipriano José Barata, o professor de retórica Francisco Muniz Barreto, o tenente Hermógenes de Aguilar Pantoja. Esses elementos, por sua vez, as retransmitiram aos soldados e artesãos que tentaram levá-las à prática[38].

O isolamento a que estavam submetidos os alunos de Coimbra foi quebrado nas escolas de direito brasileiras. Mas as idéias radicais continuaram ausentes dos compêndios adotados. Desenvolveu-se uma orientação mais pragmática e eclética sob a influência de Bentham e Victor Cousin, este último talvez o autor de maior influência intelectual sobre a elite brasileira até 1870. Segundo observa Mercadante, o compromisso e a adaptação foram a característica básica da elite política e intelectual, refletindo a situação do país em que um governo constitucional e uma constituição liberal tinham que coexistir com oligarquias rurais e com o trabalho escravo[39].

A vida intelectual do país começou a mudar significativamente no início da década de 1870, com a introdução de outras correntes européias de pensamento, sobretudo o positivismo e o evolucionismo. A essa altura, a sólida homogeneidade da elite política começava a ser minada por vários fatores. O ensino das escolas de direito aprofundou a tendência à maior diversificação e pragmatismo já presentes nos estatutos iniciais. A reforma de 1879 dividiu o curso em ciências jurídicas e ciências sociais, as primeiras para formar magistrados e advogados, as segundas diplomatas, administradores e políticos[40].

A mudança era em parte forçada pelos desequilíbrios entre oferta e demanda de graduados. Já bem cedo começou a haver excesso de bacharéis em relação ao número de empregos abertos na magistratura. Certamente o desenvolvimento do país foi abrindo oportunidade de emprego no campo da advocacia. A própria elite política ao final do período era composta predominantemente de advogados, enquanto no início dominavam os magistrados. Mas o mercado para advogados tendia a concentrar-se nas cidades e em breve haveria também excesso desses profissionais. Segundo o Censo de 1872, havia no país 968 juízes e 1.647 advogados, num total de 2.642 pessoas. Ora, só a escola de Recife formara, entre 1835 e 1872, 2.290 bacharéis, quase cobrindo sozinha o número acima, o que significa que muitos bacharéis não encontravam colocação nas duas ocupações[41]. O problema do excesso de bacharéis gerou o fenômeno repetidas vezes mencionado na época da busca desesperada do emprego público por esses letrados sem ocupação, o que iria reforçar também o caráter clientelístico da burocracia imperial.

Não escapavam aos políticos as possíveis conseqüências políticas do desemprego de bacharéis. Já em 1835 o ministro do Império dizia em seu Relatório:

"A experiência tem demonstrado que a existência de dois Cursos Jurídicos dá um número de pessoas habilitadas muito superior ao que as necessidades do país exigem; o que se deixa bem conhecer pelo fato, já acontecido, de bacharéis formados solicitarem empregos, e bem pequenos, mui diversos de sua profissão, por falta de lugares na magistratura. Dois inconvenientes mui graves resultam da superabundância de concorrentes a estes estudos: o primeiro, o desvio de braços e de talentos das profissões em que poderiam ser mui úteis a si e ao Estado, para se dedicarem a outros onde não são precisos, o que equivale à perda desses braços e talentos; o segundo, o descontentamento que pode vir a ter funestas conseqüências"[42].

Em uma economia monocultora baseada em trabalho escravo, as limitações da estrutura ocupacional atingiam ainda com mais força os elementos formados em áreas mais especializadas. Um bom exemplo é o da Escola de Minas de Ouro Preto, inaugurada em 1876. Embora localizada em região rica em recursos minerais e claramente vocacionada a promover a exploração desses recursos, a falta de mercado para engenheiros de minas forçou a inclusão da engenharia civil no currículo. Mesmo assim, grande parte dos engenheiros civis dependia ainda do Estado para empregar-se[43]. A maior importância política do desemprego de bacharéis, no entanto, vinha do fato de serem mais habilitados a formular suas queixas em termos políticos e a servir de instrumento a grupos de oposição, incluindo os que buscavam a queda da monarquia.

Como observação final, seria interessante comparar a educação da elite brasileira com a da inglesa no século passado. Também na Inglaterra a educação foi fator de coesão e treinamento, mas com características distintas. A elite inglesa era quase toda constituída por membros da aristocracia, o que lhe conferia sólida homogeneidade social. Mesmo assim, era em sua grande maioria encaminhada para um conjunto de escolas que reforçavam sobremodo seus traços distintivos. Salientavam-se as escolas públicas de Eton e Harrow e as universidades de Oxford e Cambridge. Pelas últimas, por exemplo, passaram todos os aristocratas com educação superior que chegaram ao Ministério entre 1868 e 1955[44].

Mas os efeitos homogeneizadores dessas escolas não provinham tanto da transmissão de uma ideologia particular e de um treinamento específico para as funções públicas como nos casos de Portugal e do Brasil. As velhas escolas públicas e o complexo Oxbridge, segundo Guttsman, tinham mais importância pelo aspecto social que intelectual. Sua preocupação era antes a formação do caráter, a veiculação de um estilo de vida aristocrático que distinguisse os alunos do resto da população e reforçasse neles a noção de que eram parte de um grupo destinado naturalmente a governar. Dava-se grande importância ao esporte, sobretudo ao *cricket*, como arma na luta contra os pecados do ócio e do sexo, e também como meio de desenvolver nos futuros líderes ao mesmo tempo o senso da disciplina e do comando. O conteúdo do ensino também não apresentava matérias diretamente vinculadas às tarefas de governo e de administração. Estudava-se pouco e esse pouco se concentrava nos clássicos sem buscar a formação de profissionais. O serviço público era tido como obrigação da nobreza e ela o exercia como a um entre outros *hobbies*. Para o exercer bastava ao político saber comportar-se como cavalheiro autêntico, honrado e cristão.

Pesavam na diferença apontada tanto a composição social das duas elites como a natureza e o peso do Estado nos dois sistemas. Tanto era a elite brasileira menos homogênea socialmente como era o Estado mais ativo relativamente à atuação de grupos sociais. Daí o papel mais importante da educação da elite no Brasil como fator de coesão e de treinamento. Mas daí também a maior vulnerabilidade do sistema brasileiro. O maior peso do Estado aumentava a competição por seu controle e a menor homogeneidade social da elite exigia a atuação de outros fatores que não a educação para mantê-la coesa.

A CONSTRUÇÃO DA ORDEM

NOTAS

1. Para uma história da Universidade de Coimbra, ver Teófilo Braga, *História da Universidade de Coimbra nas suas Relações com a Instrução Pública Portuguesa*, 4 volumes; ver ainda Mário Brandão e M. D'Almeida Lopes, *A Universidade de Coimbra*.
2. Teófilo Braga, *op. cit.*, vol. I, p. 126.
3. *Op. cit.*, vol. II, p. 437-464.
4. Sobre a atuação desses cientistas no Brasil, ver Maria Odila da Silva Dias, "Aspectos da Ilustração no Brasil", *Revista do Instituto Histórico e Geográfico Brasileiro*, nº 278 (1968), p. 116. Sobre a política de Pombal em Portugal e no Brasil, ver Kenneth R. Maxwell, *A Devassa da Devassa. A Inconfidência Mineira: Brasil e Portugal, 1750-1808*, especialmente cap. 1-3.
5. Cabral de Moncada, *Um "Iluminista" Português do Século XVIII: Luís Antônio Verney*, citado em Laerte Ramos de Carvalho, *As Reformas Pombalinas da Instrução Pública*, p. 26-7.
6. Citado em Ricardo Krebs Wickens, "The Victims of a Conflict of Ideas", em Magnus Morner (ed.), *The Expulsion of the Jesuits from Latin America*, p. 47-52.
7. Este argumento foi usado por Guilhermo Furlong ao combater a afirmação de Ingenieros de que a expulsão dos jesuítas favorecera a revolução na Argentina. Ver "The Jesuit Heralds of Democracy and the New Despotism", em Magnus Morner, *op. cit.*, p. 41-46.
8. Informações sobre a ação de cientistas "ilustrados" em Minas Gerais podem ser encontradas em José Ferreira Carrato, *Igreja, Iluminismo e Escolas Mineiras Coloniais*. A lista de cientistas ocupando cargos públicos está nas páginas 240-45. Ver também Kenneth R. Maxwell, "The Generation of the 1790's and the Idea of Luso-Brazilian Empire", em Dauril Alden (ed.), *Colonial Roots of Modern Brazil*, p. 407-44.
9. Ver *Obras Econômicas de J. J. da Cunha Azeredo Coutinho*. Para uma análise dessas obras, ver F. Bradford Burns, "The Role of Azeredo Coutinho in the Enlightenment of Brazil", *Hispanic American Historical Review*, XLIV, 2 (maio, 1964), p. 145-160.
10. Teófilo Braga, *op. cit.*, vol. III, p. 642-45.
11. Ver Francisco de Melo Franco, "Reino da Estupidez", em Mário de Lima (org.), *Coletânea de Autores Mineiros*.

12. Ver José Ferreira Carrato, *op. cit.*, p. 151-52. O cálculo da população foi tirado de Dauril Alden, "The Population of Brazil in the Late Eighteenth Century: A Preliminary Study", *Hispanic American Historical Review*, XLIII, 2 (maio, 1963), p. 191.

13. A citação está em Américo Jacobina Lacombe, "A Igreja no Brasil Colonial", em Sérgio Buarque de Holanda (org.), *História Geral da Civilização Brasileira*, tomo I, vol. II, p. 72.

14. É esta a hipótese de Hans-Albert Steger em *As Universidades no Desenvolvimento Social da América Latina*, p. 100.

15. Arciniegas baseou-se em Pedro Henriquez Urena. Há algumas divergências quanto ao número de universidades. De acordo com John Tate Lanning, elas seriam apenas 23, pois, segundo ele, algumas universidades menores se tornaram maires e foram contadas duas vezes. Ver John Tate Lanning, *Academic Culture in the Spanish Colonies*, p. 3-33.

16. *Ibidem*, p. 18.

17. *Ib.*, p. 33.

18. Sobre a Universidade de Córdoba, ver Bernard Moses, "The Colonial University of Cordova", em Richard D. Greenleaf, *The Roman Catholic Church in Colonial Latin America*; p. 129-37. Sobre a Universidade de San Felipe, Amanda Labarca H., *Historia de la Enseñanza en Chile*; sobre as universidades colombianas, Luís Antonio Bohorquez Casallas, *La Evolución Educativa en Colombia*; para o Equador, Jacques M. P. Wilson, *The Development of Education in Ecuador*. Ver ainda *La Universidad Nacional de Buenos Aires*, sem autor; Daniel Valcarcel, *San Marcos, Universidade Decana de América*; e R. H. W. Benjamin, *La Educación Superior en las Repúblicas Americanas*.

19. Ver. Lanning, *op. cit.*, p. 53.

20. Sobre influência do Iluminismo na América Latina em geral, ver Arthur P. Whitaker (ed.), *Latin America and the Enlightenment*, especialmente os capítulos escritos por Roland D. Hussey, "Traces of French Enlightenment in Colonial Spanish America", p. 23-51, e Alexander Marchant, "Aspects of the Enlightenment in Brazil", p. 95-118.

21. Em trabalho paralelo e independente do nosso, Roderick e Jean Barman utilizaram fontes semelhantes de dados e chegaram a conclusões também freqüentemente semelhantes às nossas. Seu trabalho discrimina os estudantes brasileiros em Coimbra por área de estudos. Quanto à origem geográfica, desdobram o período 1771-1830 em qüinqüênios, o que lhes permite detectar maior

A CONSTRUÇÃO DA ORDEM

participação de mineiros até o final do século XVIII, seguida de um recuo e da ascensão dos baianos. Ver Roderick e Jean Barman, "The Role of the Law Graduate in the Political Elite of Imperial Brazil", *Journal of Interamerican Studies and World Affairs*, vol. 28, nº 4 (novembro, 1976), p. 423-449.

22. Para uma breve descrição da evolução educacional do Brasil no século XIX, ver M. P. de Oliveira Santos, "Instrução Pública", em *Dicionário Histórico, Geográfico e Etnográfico do Brasil*, p. 373-412. Para um tratamento mais extenso do tema, Primitivo Moacyr, *A Instrução e o Império*, em três tomos.

23. Houve na época protestos no Parlamento e na imprensa contra a transformação do antigo Seminário de São Joaquim, que ensinava artes a meninos pobres, em escola de ricos. Ver *Aurora Fluminense*, 08/06/1838, p. 3, e 21/09/38, p. 1-2.

24. Ver Alberto Venâncio Filho, *Das Arcadas ao Bacharelismo*, p. 41.

25. Sobre essas escolas, ver Primitivo Moacyr, *op. cit.*

26. Ver John Henry Schulz, *The Brazilian Army in Politics, 1850-1894*, especialmente p. 69-87.

27. Citado em Cel. Adailton Pirassununga, *O Ensino Militar no Brasil (Colônia)*, p. 60.

28. Citado em Primitivo Moacyr, *op. cit.*, tomo I, p. 611-12. O ministro de que fala o documento era o Conde de Linhares, um entusiasta do progresso científico na melhor tradição pombalina.

29. Ver, por exemplo, Cor. F. de Paula Cidade, "O Exército em 1889. Resumo Histórico", em *A República Brasileira*, p. 249-250.

30. Sobre os cursos de direito, ver Clóvis Beviláqua, *História da Faculdade de Direito do Recife*, Spencer Vampré, *Memórias para a História da Academia de São Paulo* e Almeida Nogueira, *A Academia de São Paulo. Tradições e Reminiscências, Estudantes, Estudantões, Estudantadas*. Ver também Alberto Venâncio Filho, *Das Arcadas ao Bacharelismo*.

31. Joaquim Nabuco, *Um Estadista do Império*, p. 50-52.

32. A elite política turca da primeira metade do século XX apresenta interessantes pontos de comparação com a elite imperial brasileira, como veremos adiante. Ver sobre ela o trabalho de Frederick W. Frey, *The Turkish Political Elite*. A parte referente à educação está nas páginas 29-72.

33. No trabalho já citado, Roderick e Jean Barman subdividem ainda a geração de Coimbra entre os formados antes e depois de 1816, mas não dão nenhuma razão, além da idade e da preferência de Pedro I pelos mais velhos, para a distinção.

34. Sobre as reformas das escolas de direito, ver Primitivo Moacyr, *op. cit.*, vol. II, passim.

35. Para as listas de estudantes formados nas duas escolas, ver Spencer Vampré e Clóvis Beviláqua.

36. *Anais da Câmara dos Deputados*, 1826, tomo IV, p. 64-65.

37. Citado em M. P. de Oliveira Santos, *op. cit.*, p. 384. Sobre José da Silva Lisboa, visconde de Cairu, ver Antônio Paim, *Cairu e o Liberalismo Econômico*.

38. Ver Carlos Rizini, "Dos Clubes Secretos às Lojas Maçônicas", *Revista do Instituto Histórico e Geográfico do Brasil*, 190 (1946), p. 29-44; e Alexander Marchant, *Aspects of the Enlightenment in Brazil*. Sobre o papel dos médicos, Carlos da Silva Araújo, "Médicos Brasileiros Graduados em Montpellier e os Movimentos Políticos da Independência Nacional", *Revista do Instituto Histórico de Minas Gerais*, VIII (1961), p. 125-40. Sobre a Inconfidência Mineira e seus participantes, Lúcio dos Santos, *A Inconfidência Mineira*, e Kenneth R. Maxwell, *A Devassa da Devassa*. Sobre a rebelião de 1817, Francisco Muniz Tavares, *História da Revolução de Pernambuco em 1817*, e Carlos Guilherme Mota, *Nordeste 1817: Estruturas e Argumentos*. A última revolta de maior vulto feita no Império, a Praieira, ainda teve forte influência francesa em seus ideólogos. Ver a respeito Amaro Quintas, *O Sentido Social da Revolução Praieira*, e Gilberto Freyre, *Um Engenheiro Francês no Brasil*. Sobre a Conjuração Baiana, ver Affonso Ruy, *A Primeira Revolução Social Brasileira (1798)*.

39. Ver Paulo Mercadante, *A Consciência Conservadora no Brasil*. Sobre a história intelectual do país, ver Cruz Costa, *Contribuição à História das Idéias no Brasil*. Outras obras de consulta proveitosa são Luís Washington Vita, *Antologia do Pensamento Social e Político no Brasil*; A. L. Machado Neto, *História das Idéias Jurídicas no Brasil*; Vamireh Chacon, *História das Idéias Socialistas no Brasil*; João Camilo de Oliveira Torres, *O Positivismo no Brasil*; Nelson Saldanha, *História das Idéias Políticas no Brasil*.

40. Ver Primitivo Moacyr, *op. cit.*, vol. II, p. 176-77, 215-16.

41. Os dados para os formados pela escola de Recife estão em Clóvis Beviláqua, *op. cit*.

42. Citado em Primitivo Moacyr, op. cit., p. 371-72.

43. Sobre a Escola de Minas, ver José Murilo de Carvalho, *A Escola de Minas de Ouro Preto: O Peso da Glória*. A importância política do excesso de bacharéis é apontada também por Roderick e Jean Barman, *op. cit.*, p. 441-43.

44. Ver W. L. Guttsman, *The British Political Elite*, esp. p. 151-158. Baseamo-nos nesse autor para as observações sobre a elite inglesa.

CAPÍTULO 4 Unificação da elite: o domínio dos magistrados

À educação superior veio somar-se outro fator que contribuiu para dar unidade à elite imperial — a ocupação. A ocupação, principalmente se organizada em profissão, pode constituir importante elemento unificador mediante a transmissão de valores, do treinamento e dos interesses materiais em que se baseia. Na medida em que o recrutamento de uma determinada elite política se limite aos membros de algumas poucas ocupações, aumentarão os índices de homogeneidade ideológica e de habilidades e interesses. Estaremos aqui preocupados sobretudo com o possível impacto da ocupação sobre a orientação da elite com referência ao Estado, assim como fizemos com o exame da educação superior. Essa concepção implica certos critérios de classificação ocupacional que explicaremos adiante.

A ocupação pode ser também vista como um indicador de classe social. Como tal exige critérios distintos de operacionalização que serão também oportunamente expostos.

Os dados de ocupação fornecidos pelas fontes apresentam uma característica que num primeiro momento desanima o analista em busca de categorias bem definidas, mas que a seguir se revela crucial para entender a própria estrutura social da época. Trata-se da freqüente ocorrência do fenômeno da ocupação múltipla, isto é, a mesma pessoa exercendo mais de uma ocupação. Se de um lado o fato requer o estabelecimento de critérios para a escolha de uma ocupação como sendo a mais importante para a análise, de outro revela a estreiteza e relativa simplicidade da estrutura ocupacional. A economia agrário-exportadora-escravista propiciava um sistema bastante simplificado de divisão do trabalho, em que não só as alternativas ocupacionais eram poucas como também insuficientes para, isoladamente, permitir a sobrevivência econômica dos indivíduos.

Será por isso interessante iniciar a discussão pela apresentação de alguns dados sobre a estrutura ocupacional da época. Mencione-se desde logo o enorme peso da população rural em relação à urbana. A população das capitais, onde poderia ser mais complexa a divisão de trabalho, representava 8,49% da população total em 1823, 10,41% em 1872, 9,54% em 1890 e 11,04% em 1900[1]. Além disso, mais ou menos 50% dessa população urbana concentrava-se em três capitais, Rio de Janeiro, Salvador, Recife (59% em 1823, 48% em 1872, 58% em 1890 e 53% em 1900). Os centros urbanos fora das capitais eram geralmente de pequena importância, embora houvesse variações de província para província.

O censo de 1872, reconhecidamente o mais bem-feito do século XIX, permite uma distribuição da população ocupada por setor produtivo. Ver o quadro 10.

A categoria "sem profissão", que constitui 42% do total, corresponde mais ou menos à soma da população com menos de 16 anos de idade com a de mais de 60 anos, cuja porcentagem do total é 41,9%. O serviço doméstico refere-se principalmente ao trabalho feminino exercido fora do mercado. Sem dúvida a classificação adotada pelo Censo não permite uma avaliação precisa do peso do setor rural, uma vez que muitos artistas, muitas costureiras, muitos criados e jornaleiros a ele se achavam vinculados. Sem falar daqueles comerciantes, capitalistas, advogados, médicos, que eram também fazendeiros. Mesmo assim, ficam óbvios o vasto predomínio da economia agropecuária, um setor urbano dominado por atividades terciárias, e um secundário quase inexistente.

O Censo também não permite uma análise em termos de classe social. Para o setor primário, por exemplo, não distingue proprietários de não-proprietários; para o terciário não separa comerciantes de caixeiros e guarda-livros. Apenas no secundário está clara a distinção de classe. Mas o secundário por sua dimensão era literalmente secundário. Além disso, vários elementos do terciário, como os comerciantes, capitalistas e profissionais liberais, eram também proprietários rurais. O caso dos profissionais liberais é particularmente importante porque deles saía boa parte da elite. Pode-se deduzir daí a impossibilidade de estabelecer a origem de classe da elite apenas mediante os dados de ocupação.

A CONSTRUÇÃO DA ORDEM

QUADRO 10
Distribuição Setorial da População Ocupada, 1872

			Excluindo escravos	
Setor Primário	Nº	%	Nº	%
Lavradores	3.037.466			
Criadores	206.132			
Pescadores	17.742			
Subtotal	3.261.340	69,2	2.451.677	66,00
Setor Secundário				
Manufatureiros e fabricantes	19.366			
Operários	262.936			
Artistas	41.203			
Subtotal	323.505	6,9	292.580	7,9
Setor Terciário				
Capitalistas e proprietários	31.863			
Comerciantes, guarda-livros e caixeiros	102.133			
Administração e profissões liberais	56.083			
Marítimos	21.703			
Costureiras	506.450			
Criados e jornaleiros	409.672			
Subtotal	1.127.904	23,9	970.947	26,1
TOTAL	4.712.749	100,0	3.715.204	100,0
Sem profissão	4.172.114		3.814.315	
Serviço doméstico	1.045.615		870.238	
Total da população	9.930.478		8.399.757	

Fonte: Censo de 1872, Quadros Gerais, p. 6.

Nessa estrutura já simplificada, a fonte de recrutamento da elite nacional era ainda mais limitada. Pouquíssimos políticos saíram do setor secundário e poucos eram simplesmente proprietários rurais. O grosso vinha do terciário, particularmente da administração e profissões liberais e, subsidiariamente, dos capitalistas e proprietários. Esses elementos formavam mais ou menos 8% do terciário. Mas, se considerarmos ainda que quase toda a elite possuía educação superior, devemos excluir dos 8% os que não a possuíam. Restavam os advogados, juízes, procuradores, padres, médicos, cirurgiões, professores, homens de letras, oficiais militares, os altos funcionários públicos, além de parte reduzida dos capitalistas e proprietários, isto é, um grupo que não deveria passar de 16.000 pessoas, ou seja, 0,3% da população ativa, ou 0,1% da população total. Desse reduzidíssimo estoque saiu em torno de 95% dos ministros, 90% dos deputados, 85% dos senadores, 100% dos conselheiros de Estado. Acrescente-se ainda, como a enumeração acima já sugere, que boa parte dos elementos com possibilidade de acesso a posições na elite política estava de alguma maneira vinculada à máquina estatal, pois o Estado constituía o maior empregador dos letrados que ele próprio formava. A elite política refletiu, então, essa característica com a profunda conseqüência de tender a fundir-se com a burocracia.

Temos assim que, se a elite era muito pouco representativa da população em geral em termos educacionais, também o era em termos ocupacionais, havendo aí naturalmente grande contaminação mútua dos dois fatores, pois as poucas ocupações de onde saíam os membros da elite eram privativas dos letrados. Essa grande limitação das fontes de recrutamento já era em si um fator de homogeneização da elite na medida em que ficavam de fora vastos setores da população. Mas já vimos que em termos de classe social as coisas não ficam claras e há também problemas mesmo no que se refere à ocupação como indicador de socialização e treinamento. Vamos discutir esses problemas a seguir, iniciando com os últimos.

O problema mais sério das fontes disponíveis de informação é o privilegiamento de ocupações que envolvam a posse de estudos superiores. Assim, por exemplo, um magistrado ou médico que fosse ao mesmo tempo proprietário rural aparece quase sempre classificado nas primeiras ocupações e não na última. Mas mesmo entre ocupações letradas há dificuldades, uma vez que a mesma pessoa podia ser ao mesmo tempo jornalista e advogado, professor e funcionário público, ou professor e advogado. Tornou-se necessário, pois, estabelecer alguns critérios de classificação.

A CONSTRUÇÃO DA ORDEM

Sendo nossa preocupação fundamental o problema do relacionamento da elite com a formação do Estado, o critério tinha que ser deduzido daí. Procuramos então distinguir as ocupações de acordo com o maior ou menor impacto que poderiam ter sobre o indivíduo no que se refere a sua atitude para com o Estado e a sua capacidade para exercer cargos públicos. Tratava-se, então, de decidir que ocupações tenderiam a desenvolver orientações favoráveis ao fortalecimento do Estado, e dar-lhes preferência para a classificação.

Partimos da suposição de que o emprego público era a ocupação que mais favorecia uma orientação estatista e que melhor treinava para as tarefas de construção do Estado na fase inicial de acumulação de poder. A suposição era particularmente válida em se tratando dos magistrados que apresentavam a mais perfeita combinação de elementos intelectuais, ideológicos e práticos favoráveis ao estatismo. Na verdade, foram os mais completos construtores de Estado no Império, especialmente os da geração coimbrã. Além das características de educação discutidas no último capítulo, eles tinham a experiência da aplicação cotidiana da lei e sua carreira lhes fornecia elementos adicionais de treinamento para o exercício do poder público. Além dos magistrados, havia ainda outros empregados públicos como os militares, os diplomatas e, em certa medida, os próprios padres, também ligados pela ideologia e pelos salários aos interesses do Estado.

Dada a estrutura ocupacional da época, no entanto, em que, como vimos, o Estado era o principal empregador do tipo de gente que seria normalmente levada a postos políticos, colocar no mesmo grupo todos os funcionários públicos levaria a perder nuanças da realidade. Assim, classificamos em separado algumas pessoas que a rigor deveriam estar incluídas entre os funcionários, como os padres e vários professores. Os padres no Império eram funcionários da Igreja e do Estado. Essa dubiedade os colocava em situação especial, reforçada ainda pelo tipo de educação que recebiam, distinto do da elite civil, e que refletia em seu comportamento político. Sobre os professores falaremos adiante.

Com essas exceções, todos os indivíduos mencionados nas fontes como sendo empregados públicos foram classificados como tais, independentemente da possibilidade de possuírem outra profissão, como advogado ou proprietário rural. Mas isso apenas se o emprego público fosse algo estável e não transitório. Os magistrados, por exemplo, só foram como tais classificados se já tivessem chegado a juiz de direito, pois só então entravam formalmente na carreira e adquiriam estabilidade. Igualmente, ninguém foi classificado como militar ou diplomata se não tivesse carreira regular. Oficiais de ordenanças ou da Guarda Nacional não foram considerados empregados públicos.

Incluímos no grupo de funcionários públicos alguns indivíduos a que chamamos "políticos", entendendo-se como tais pessoas marcadas por sua intensa e longa experiência política. Em geral estão nessa situação alguns proprietários rurais envolvidos na política de maneira mais ou menos permanente. As condições para uma classificação como "político" foram: educação superior, sobretudo em direito; nomeação vitalícia, seja para o Senado, seja para o Conselho de Estado, ou para os dois; ausência de outra ocupação, como advogado, jornalista etc.

O principal objetivo dessa categoria especial é distinguir donos de terras sem educação superior envolvidos apenas esporadicamente na política nacional, de outros com educação superior e uma longa vivência política. A suposição foi, naturalmente, a de que os últimos teriam uma atitude muito mais favorável ao poder público do que os primeiros. Um exemplo de "político" seria Araújo Lima, marquês de Olinda, formado em direito canônico em Coimbra, que foi deputado, várias vezes ministro, regente, senador, Conselheiro de Estado e várias vezes presidente do Conselho de Ministros, além de senhor de engenho. Carreira bastante diferente da de José Rodrigues Jardim, proprietário rural, sem educação superior, que nunca foi ministro e raramente aparecia para as sessões do Senado.

Aos empregados públicos e "políticos" chamaremos de grupo *Governo*.

O próximo grupo ocupacional em termos de proximidade do Estado eram os profissionais liberais. Incluímos aí advogados, médicos, engenheiros, professores de ensino superior, jornalistas. Vários desses profissionais eram ao mesmo tempo funcionários públicos. Eram-no, como já mencionamos, quase todos os professores. Decidimos fazer uma exceção e classificá-los em grupo distinto por várias razões, a mais importante sendo o fato de que esses elementos constituíam o que mais se aproximava na época de uma elite intelectual, ou mesmo do que Mannheim chamou de *intelligentsia*, capaz de crítica dos valores e instituições vigentes. Quase a metade dos escritores brasileiros que viveram entre 1870 e 1930, por exemplo, foram professores de escolas públicas[2]. Além disso, como professores, não se envolviam em tarefas de governo em sentido estrito. Mas não há dúvida de que pelo lado dos interesses materiais, representados pelos salários, eles se prendiam ao Estado tanto quanto os outros funcionários.

O grosso dos profissionais liberais era formado de advogados. Havia duas razões principais para distingui-los dos magistrados com relação à capacidade e orientação políticas. A primeira é que foram quase todos educados no Brasil e não em Coimbra como os magistrados, e já vimos as diferenças entre as duas formações. A segunda é que o advogado tem uma relação com o Estado muito distinta da do magistrado. O último é um empregado público, encarregado de aplicar a lei e defender os interesses da ordem. O advogado é um instrumento de interesses individuais ou de grupos, e como tal pode tornar-se porta-voz de oposições tanto quanto do poder público. Seu papel se tornaria mais importante em relação à construção do Estado em uma fase posterior, quando a participação se tornasse um problema mais básico do que a concentração de poder.

Outros profissionais liberais estavam mais longe do Estado do que os advogados. Tais eram, por exemplo, os médicos, jornalistas e engenheiros. Os médicos tinham na prática profissional um meio de vida que os podia manter independentes dos cargos públicos. Os jornalistas se aproximavam, como os professores, do que se poderia chamar de intelectuais. A mesma fonte citada acima indica que 41% dos intelectuais entre 1870 e 1930 foram também jornalistas.

Dentro do grupo de profissionais liberais, de acordo com nosso critério, se um indivíduo tinha mais de uma ocupação era classificado na que fosse mais próxima à experiência de governo. Quem fosse professor de direito e ao mesmo tempo advogado era codificado como professor; quem fosse advogado e jornalista, como advogado etc. Ao grupo como um todo chamamos *Profissões*.

O último grupo ocupacional nós o chamamos de grupo *Economia* e nele incluímos proprietários rurais, comerciantes, banqueiros, industriais. Seu número é muito pequeno. E é também o grupo menos preparado politicamente em termos de socialização e treinamento. Excluídos os que chamamos de "políticos", os restantes raramente ocupavam cargos públicos não eletivos, com exceção apenas para alguns financistas que costumavam ser indicados para cargos de direção no Banco do Brasil. Embora muitos deles, especialmente os grandes negociantes, tivessem grande interesse na implantação da ordem, não tinham a capacidade de realizá-la. Como conseqüência, proprietários de terra e homens de negócio foram classificados como tais apenas se não possuíssem outra ocupação.

Finalmente, no caso dos deputados, tivemos que nos defrontar com um grupo de pessoas para as quais havia apenas a indicação de serem bacharéis. No final do período o grupo se tornava bastante grande, razão pela qual teve que ser considerado separadamente, embora na maioria dos casos esses bacharéis fossem, provavelmente, advogados, podendo ser classificados no grupo Profissões. Outra dificuldade provinha da indicação de "doutor", que podia referir-se tanto a médicos como a doutores em direito. Foram classificados como professores, adotando a última possibilidade. Seu número era muito pequeno e os possíveis erros acarretados pela decisão não afetariam o resultado final.

Nossa classificação aproxima-se bastante da que foi utilizada por Frey em seu estudo da elite turca. As diferenças estão no grupo de professores que ele incluiu na categoria de governo e no fato de ter tratado os jornalistas separadamente. São pequenas variações que não impedem comparações entre as duas elites.

Podemos agora dar início à apresentação dos dados de ocupação da elite. A ocupação dos ministros é fornecida no quadro 11. Há tendências muito nítidas na distribuição ocupacional. Em linhas gerais, pode-se dizer que houve uma clara passagem de um domínio de funcionários públicos no início para um domínio de profissionais liberais no final, crescendo o ritmo da mudança após 1853. A transformação é constante, mas sem quebras abruptas, mantida portanto certa continuidade na socialização da elite. A continuidade se torna mais nítida se examinarmos as mudanças dentro de cada grupo ocupacional. Tomando-se os dois grupos mais significativos, magistrados e advogados, veremos que os magistrados ainda tinham presença significativa no quarto período, mas, como indicado no capítulo anterior, os que se formaram em Coimbra já desapareciam por volta da metade do século. As principais mudanças foram então dos magistrados de Coimbra para os magistrados formados nas escolas brasileiras, e desses para os advogados também formados no Brasil. Houve sem dúvida ao longo do processo uma redução da orientação estatizante e da capacidade para a construção do poder. Mas não foi mudança radical na medida em que permaneceu até o final a formação jurídica, além de outros traços que veremos no capítulo seguinte.

QUADRO 11

Ocupação dos Ministros, por Períodos, 1822-1889 (%)

| Ocupação | Períodos | | | | | Total |
	1822-31	1831-40	1840-53	1853-71	1871-89	
Magistrados	33,33	45,73	47,83	30,00	12,13	26,69
Militares	46,66	31,41	13,05	20,00	6,06	22,38
Func. Públicos	6,67	5,72	–	2,00	1,52	0,46
Diplomatas	–	–	–	2,00	–	0,46
"Políticos"	6,67	–	8,69	4,00	3,03	4,10
Total Governo	93,33	82,86	69,57	58,00	22,74	59,83
Professores	4,44	5,72	8,69	14,00	7,57	8,21
Advogados	2,23	2,85	17,39	20,00	46,96	21,46
Jornalistas	–	–	–	4,00	3,03	1,82
Médicos	–	5,72	–	–	4,55	2,28
Engenheiros	–	–	–	2,00	3,03	1,37
Total Profissões	6,67	14,29	26,08	40,00	65,09	35,14
Fazendeiros	–	–	4,35	–	9,09	3,20
Comerciantes	–	–	–	2,00	3,03	1,37
Total Economia	–	–	4,35	2,00	12,12	4,57
Padres	–	2,85	–	–	–	0,46
Total	100,00	100,00	100,00	100,00	100,00	100,00
	(N = 45)	(N = 35)	(N = 23)	(N = 50)	(N = 66)	(N = 219)

Fonte: Como no quadro 4.

Outra mudança importante deu-se em relação à presença dos militares, que foi substancial no Primeiro Reinado e na Regência, mas reduziu-se depois rapidamente, para ressurgir de leve no período que abrange a Guerra do Paraguai. Sua quase exclusão no último período, quando teve início a série de atritos que ficou conhecida como a Questão Militar, indica provavelmente o crescente alheamento da corporação em relação ao sistema político.

O ponto que nos parece mais importante no quadro 11 se refere à predominância quase absoluta de burocratas no governo durante os anos cruciais de formação do Estado. A predominância foi maior durante o Primeiro

Reinado, quando havia também grande número de ministros nascidos em Portugal, o que dá a medida da homogeneidade da elite nesse período e da continuidade em relação à fase pré-independência. As mudanças havidas durante a Regência se devem mais à nacionalização da elite do que a seu treinamento e socialização. A acreditar em nossas fontes, nem mesmo houve a substituição de burocratas por donos de terra afirmada por vários autores, segundo veremos adiante. Entre os conselheiros de Estado, a participação de magistrados, e de funcionários públicos em geral, era ainda maior do que entre os ministros. Dos 72 conselheiros do segundo Conselho de Estado (1840-1889), não havia um único que fosse apenas fazendeiro, de acordo com nossa primeira classificação, e apenas dois eram capitalistas. O resto era funcionário público ou profissional liberal, além de um padre.

Há algumas diferenças para os senadores, mas não dramáticas, como pode ser visto no quadro 12. Vemos que as tendências são idênticas às que encontramos para os ministros. A diferença está no maior número de fazendeiros e de padres e no menor número de militares e profissionais liberais. A diferença aumenta se considerarmos apenas os senadores que não foram ministros. Nesse caso a porcentagem do grupo Economia chega a atingir 45% no período 1853-1871, a mais alta encontrada para toda a elite, o que combina com a maior incidência de pessoas sem educação superior nesse grupo indicada no capítulo anterior.

Já demos algumas razões para a especificidade do Senado. A maior presença de fazendeiros sem instrução superior nessa instituição e o fato de que mais ou menos a metade dos senadores não chegou ao posto de ministro davam a essa instituição um caráter menos homogêneo que o Conselho de Estado e que o Conselho de Ministros. Pode-se dizer que os senadores tomados englobadamente possuíam em grau menor do que conselheiros e ministros aquelas características de treinamento e socialização que viemos apontando como favoráveis à atividade de construção do poder. E, de fato, o Senado caracterizou-se por um comportamento político mais rígido e mais conservador do que o Conselho e o Ministério. A explicação poderia estar no fato de ser órgão vitalício e renovar-se muito lentamente. Mas o Conselho de Estado também era vitalício e, no entanto, de lá saíam os projetos para várias reformas, salientando-se a Lei de Terras e a Lei do Ventre Livre. Parece-nos que foi uma combinação da vitaliciedade com o tipo de políticos que o compunham que tornou o Senado, passada a fase inicial de consolidação do poder, fator de bloqueio de reformas e de desgaste do próprio sistema político[3].

A CONSTRUÇÃO DA ORDEM

Resta examinar os deputados gerais. Devido à dimensão desse grupo de elite, não foi possível fazer para ele o mesmo esforço de coleta de informações que fizemos para os outros grupos. De qualquer modo, os resultados seriam fatalmente desapontadores, uma vez que boa parte das informações simplesmente não seria encontrada. Assim, limitamo-nos a duas fontes principais, o barão de Javari e Manuel Antônio Galvão (ver Apêndice), e acrescentamos as informações coletadas em outras fontes para os deputados que foram também ministros, senadores e conselheiros. A análise de origem social não foi possível.

QUADRO 12
Ocupação dos Senadores, por Períodos, 1822-1889 (%)

| Ocupação | Períodos | | | | | Total |
	1822-31	1831-40	1840-53	1853-71	1871-89	
Magistrados	41,66	52,76	43,24	35,41	14,81	36,17
Militares	16,66	8,33	8,10	4,16	7,41	9,36
Func. Públicos	5,00	5,56	2,71	2,09	3,70	3,83
Diplomatas	1,67	–	2,71	–	–	0,86
"Políticos"	5,00	–	5,40	4,16	3,70	3,82
Total Governo	69,99	66,65	62,16	45,82	29,62	54,05
Professores	–	5,56	5,40	12,50	1,86	4,68
Advogados	5,00	5,56	8,10	16,66	31,48	14,04
Jornalistas	–	–	–	2,09	–	0,43
Médicos	3,34	–	2,71	–	11,11	3,13
Engenheiros	–	–	–	–	7,41	1,71
Total Profissões	8,34	11,12	16,21	31,25	51,86	24,69
Fazendeiros	10,00	2,78	16,21	14,58	9,25	10,63
Comerciantes	1,67	2,78	2,71	6,26	7,41	4,25
Total Economia	11,67	5,56	18,92	20,84	16,66	14,88
Padres	10,00	16,67	2,71	2,09	1,86	6,38
Total	100,00	100,00	100,00	100,00	100,00	100,00
	(N = 60)	(N = 36)	(N = 37)	(N = 48)	(N = 54)	(N = 235)

Houve 20 legislaturas durante o Império, excluindo a constituinte de 1823 e as legislaturas de 1842 e 1889 que não chegaram a instalar-se oficialmente. Selecionamos uma amostra dessas legislaturas, procurando cobrir os cinco períodos em que dividimos a análise da elite, e ter ao mesmo tempo uma representação equilibrada de legislaturas conservadoras e liberais. Os dados estão no quadro 13. Para efeito de simplificação, apresentamos apenas os grupos mais significativos dentro de cada uma das categorias classificatórias.

O grande problema está no grupo caracterizado simplesmente como "bacharéis". Um bacharel é simplesmente alguém com diploma em direito, embora alguns pudessem ser bacharéis em matemática ou em letras. De qualquer modo, o progressivo aumento do número de pessoas cuja única qualificação era bacharel parece indicar com clareza o problema já apontado do crescente excedente de formados em direito em relação às posições na magistratura. No início, os jovens graduados podiam conseguir rapidamente um cargo de promotor ou juiz municipal ou juiz de órfãos. Posteriormente, isso se tornou cada vez mais difícil e os jovens deputados sem emprego público e ainda não estabelecidos como advogados seriam classificados pelo secretário da Câmara, ou eles próprios se classificariam, simplesmente, como bacharéis, o que lhes dava pelo menos o prestígio do título. De qualquer maneira, o grupo se aproxima mais da categoria de profissionais liberais.

Os deputados para os quais não havia informação não são muitos e se concentram nas três primeiras legislaturas da amostra. É razoável supor que a maioria deles era composta de fazendeiros sem educação superior. Tivessem eles essa educação e dificilmente o fato deixaria de ser registrado.

Esses problemas à parte, a primeira informação importante que podemos tirar do quadro 13 é o alto nível educacional dos deputados. Embora os dados se refiram à ocupação e não à educação, em muitos casos a inferência é imediata. Todos os profissionais liberais, bacharéis, magistrados, padres, tinham formação superior. Parte dos militares também a tinham e é possível que o mesmo acontecesse com uns poucos fazendeiros. Isto significa que na legislatura de 1826 70% dos deputados tinham educação superior, subindo a porcentagem para 90% na última legislatura. Tanto no nível como no conteúdo da educação os deputados não se diferenciavam muito dos outros grupos de elite em sua homogeneidade e em sua distância do grosso da população.

A CONSTRUÇÃO DA ORDEM

Um segundo ponto refere-se à evolução da curva de freqüência dos magistrados, militares e padres. Para os magistrados a curva é semelhante à que encontramos entre os ministros. Ambas sobem até atingir o ponto máximo em torno de 1850, começando então uma descida até o desaparecimento quase total em 1886. Os militares estão menos presentes entre os deputados do que entre os ministros, o que reduz o peso do grupo Governo. Em compensação, há maior presença de padres nos períodos iniciais, repetindo-se o fenômeno observado entre os senadores. Seu desaparecimento é também rápido a partir do fim da Regência. Ver quadro 13.

O aumento dos magistrados e a redução dos padres coincidiram com o Regresso conservador iniciado com a renúncia de Feijó em 1837. A legislatura de 1838, eleita sob o signo desse movimento, mostra claramente a mudança. O Regresso teve sem dúvida a apoiá-lo fortes interesses econômicos do grande comércio urbano e da grande agricultura de exportação. Mas os instrumentos de formulação e execução das reformas foram os magistrados, com Vasconcelos e o futuro Uruguai à frente. Os magistrados, aliás, estão sempre presentes em maior número nas legislaturas dominadas pelo Partido Conservador (1838, 1850, 1869, 1886).

É interessante observar que as variações na distribuição ocupacional dos deputados imperiais são muito semelhantes às que Frederick Frey encontrou entre os deputados turcos, apesar da distância no tempo de quase 100 anos. Para facilitar a comparação adaptamos a classificação de Frey, incluindo professores e jornalistas na categoria dos profissionais[4]. Os resultados da nova classificação estão no quadro 14.

A principal semelhança entre os dois casos reside na evolução dos grupos de governo e de profissionais liberais. Em ambos, o primeiro grupo atingiu o ponto alto quando os sistemas também se achavam em seu apogeu e começou a declinar a partir daí, ao mesmo tempo em que o segundo iniciava sua ascensão. Os padres também apresentam evolução semelhante, embora sua presença tenha significado distinto. O grupo Economia tem mais peso no caso turco, provavelmente devido às diferenças nos critérios de classificação.

A semelhança entre a composição das elites dos dois sistemas, tão afastados no tempo e no espaço, merece atenção. Voltaremos a ela no final do presente capítulo.

QUADRO 13
Ocupação dos Deputados, por Legislaturas, 1822-1886 (%)

Ocupação	Legislaturas									
	1826	1834	1838	1845	1850	1857	1867	1869	1878	1886
Magistrados	27,00	24,04	38,62	30,10	38,74	26,49	10,35	22,95	8,20	6,40
Militares	9,00	11,54	7,92	14,57	7,21	9,41	5,17	4,10	1,64	1,60
Governo	39,00	37,50	47,53	46,61	47,75	37,61	17,24	28,69	11,48	0,00
Advogados	1,00	2,88	0,99	3,88	2,70	7,70	12,17	10,65	21,31	12,09
Profissões	6,00	13,46	11,88	15,52	15,31	25,64	40,52	23,77	52,46	35,20
Fazendeiros	10,00	5,77	4,95	4,85	6,31	8,55	6,90	8,20	8,20	7,20
Economia	10,00	5,77	5,94	5,82	7,21	14,53	7,76	11,48	8,20	7,20
Bacharéis	8,00	3,85	8,91	16,51	18,02	14,53	31,04	30,32	27,86	46,40
Padres	23,00	23,08	11,88	7,77	7,21	5,13	1,72	3,28	0,00	3,20
Sem informação	14,00	16,34	13,86	7,77	4,50	2,56	1,72	2,46	0,00	0,00
Total	100,00	100,00	100,00	100,00	100,00	100,00	100,00	100,00	100,00	100,00
	(N = 100)	(N = 104)	(N = 101)	(N = 103)	(N = 111)	(N = 117)	(N = 122)	(N = 122)	(N = 122)	(N = 125)

Fonte: Ver Apêndice.

A CONSTRUÇÃO DA ORDEM

Antes, seria interessante acrescentar à análise da elite em termos puramente ocupacionais um exame de sua composição social. Os estudos de origem de classe são, aliás, os mais comuns em se tratando de elites políticas e em geral partem da problemática suposição de que a origem social da elite política determina a natureza classista do Estado. Para o Império, é comum a afirmação de que a elite era controlada pelos donos de terra, e portanto, também o era o Estado. Embora discordemos do simplismo da dedução, seria útil verificar pelo menos a verdade da premissa. Ver quadro 14.

Como já sugerido, as dificuldades com os dados são grandes e a tentativa terá caráter apenas exploratório. As fontes são particularmente falhas em se tratando dos proprietários rurais. Raramente são eles descritos como tais se possuem outra ocupação de magistrado, advogado, médico etc. Até mesmo publicações recentes, como a que foi feita pelo Senado, são decepcionantes a esse respeito[5]. A situação chega ao ponto de biografias extensas, publicadas em livros, não mencionarem a origem social dos biografados. Daí que usar só dados de ocupação para inferir a origem de classe redundaria em grosseira sub-representação dos proprietários de terra.

Em conseqüência, tivemos que buscar alguns indicadores adicionais. Em primeiro lugar, consideramos donos de terra todos os oficiais de ordenança, capitães-mores, sargentos-mores, morgados, barões e oficiais da Guarda Nacional. É sabido que essas posições eram geralmente ocupadas por fazendeiros e, secundariamente, por comerciantes. Na impossibilidade de escolher entre os dois, optamos pelos fazendeiros. Além disso, consideramos proprietários de terra ou comerciantes todos os filhos ou genros de quem o fosse. O resultado foi uma codificação distinta da primeira, com a preferência agora dada ao indicador de classe e não de socialização. Pareceu-nos que, embora sem dúvida ainda incompletos, os dados mereciam ser apresentados e discutidos. Constituem pelo menos uma tentativa de dar base mais sólida às afirmações que se fazem sobre o assunto.

As informações referentes aos ministros encontram-se no quadro 15. Vemos uma situação algo surpreendente, mesmo levando-se em conta o problema da precariedade dos dados (que se revela especialmente no tamanho da categoria dos sem informação). Os ministros ligados à propriedade da terra não excederam os 50% do total durante todo o período. E não houve também mudanças drásticas ao longo do tempo, nem mesmo entre o Primeiro Reinado e a Regência, quando saíram muitos dos militares ligados a Pedro I. A mudança maior foi entre os comerciantes cujo número caiu substancialmente com a Abdicação e

QUADRO 14
Ocupação dos Deputados Turcos, por Legislaturas, 1920-1954 (%)

Ocupação*	Legislaturas									
	1920	1923	1927	1931	1935	1939	1943	1946	1950	1954
Governo	38	45	44	36	37	34	33	25	16	13
Profissões	25	33	37	38	40	45	48	49	55	56
Economia	19	14	16	22	19	19	16	24	29	29
Religiosos	17	7	4	3	3	2	1	1	1	1
Outra	2	–	–	–	–	–	–	–	–	–
Total	100	100	100	100	100	100	100	100	100	100
	(N = 437)	(N = 333)	(N = 333)	(N = 348)	(N = 444)	(N = 470)	(N = 492)	(N = 499)	(N = 494)	(N = 573)

Fonte: Frederick W. Frey. *The Turkish Political Elite*, p. 181. Os arredondamentos feitos por Frey fazem com que as porcentagens às vezes somem 99% e 101%.
*Exclui ocupação desconhecida.

nunca mais atingiu os 20% do Primeiro Reinado. Como o comércio estava principalmente nas mãos dos portugueses, a mudança significou antes de tudo uma nacionalização da elite. A maioria dos ministros do Primeiro Reinado classificados como comerciantes eram ou filhos ou genros de comerciantes portugueses.

Como um todo, a categoria Economia — fazendeiros, capitalistas, comerciantes — manteve uma participação estável em torno dos 50% dos ministros. Tendo em vista os critérios generosos de classificação adotados, os resultados no mínimo aconselham alguma cautela em relação à afirmação do predomínio inconteste dos fazendeiros na elite. Mesmo se considerarmos que a metade dos elementos para os quais não foi possível obter informações também tivesse alguma ligação com a propriedade da terra, mesmo assim o resultado ainda estaria longe de autorizar afirmações rotundas sobre o domínio dos donos de terras. Isto sem discutir o problema mais complexo da validade de se tirar conclusões sobre o comportamento com base na origem social. Voltaremos a esse ponto mais adiante.

Não apresentamos as informações sobre a origem social dos senadores, pois os dados são aí por demais incompletos, chegando a categoria "sem informação" a atingir 40% para os senadores não-ministros. Seria, no entanto, de esperar que a porcentagem de senadores proprietários rurais fosse mais alta do que a de ministros[6]. Igualmente, não foi possível levantar as informações referentes aos deputados.

QUADRO 15

Ministros Vinculados à Propriedade da Terra e ao Comércio,
por Períodos, 1822-1889 (%)

| | Períodos | | | | | |
Vinculação	1822-31	1831-40	1840-53	1853-71	1871-89	Total
Prop. da Terra	33,33	37,14	43,48	40,00	48,48	41,10
Comércio	20,00	8,57	13,04	8,00	7,58	10,96
Outra	17,78	25,72	21,74	40,00	15,15	23,74
Sem informação	28,89	28,57	21,74	12,00	28,79	24,20
Total	100	100	100	100	100	100
	(N = 45)	(N = 35)	(N = 23)	(N = 50)	(N = 66)	(N = 219)

QUADRO 16
Ocupação e Origem Social dos Ministros, 1822-1889 (%)

| | Ocupação | | | | |
Origem Social	Magistrados	Militares	Advogados	Outras	Total
Prop. Rural	47,69	20,41	44,68	48,28	41,10
Comércio e Finanças	13,85	4,08	6,38	17,24	10,96
Outra	9,23	55,10	21,28	15,52	23,74
Sem informação	29,23	20,41	27,66	18,96	24,20
Total	100	100	100	100	100
	(N = 65)	(N = 49)	(N = 47)	(N = 58)	(N = 219)

Outro ponto que os dados acima permitem esclarecer é a relação entre alguns dos principais grupos ocupacionais discutidos na primeira parte deste capítulo e a propriedade rural e o comércio. Os resultados estão no quadro 16. Mostram que em torno de 50% dos magistrados e advogados tinham ligação direta ou indireta com a propriedade rural e uma porcentagem muito menor a tinha com o comércio. O mesmo não é verdade para os militares. Após o Primeiro Reinado, são raros os ministros militares ligados à propriedade da terra, ou ao grande comércio. Esta característica é de particular importância pois, aliada ao tipo distinto de educação que recebiam os militares e a outros fatores de natureza organizacional, tornaria possível o desenvolvimento de uma contra-elite dentro da própria burocracia estatal.

Além da pequena ligação dos militares com a posse da terra, é preciso observar que o fato de um magistrado ser filho ou genro de um senhor de engenho não implicava necessariamente um comportamento totalmente dependente dos interesses da classe. A má situação da economia açucareira do Nordeste, por exemplo, deixara muitos senhores de engenho em precárias condições financeiras e mesmo econômicas[7]. A abolição do morgadio em 1835 contribuiu ainda mais para o declínio de grandes famílias. De acordo com Joaquim Nabuco, produto ele próprio da aristocracia pernambucana,

"Os engenhos do Norte eram pela maior parte pobres explorações industriais, existiam apenas para a conservação do estado do senhor, cuja importância e posição avalia-se pelo número de seus escravos"[8].

A CONSTRUÇÃO DA ORDEM

O próprio pai de Nabuco, como já observamos, embora casado com representante de uma das mais importantes famílias de Pernambuco, sobrevivia graças a seus vencimentos de magistrado e seus honorários de advogado. Para esses indivíduos o cargo público não era apenas um serviço como o era para um político inglês, ou para os que classificamos como "políticos". Muitos filhos de fazendeiros dependiam dos vencimentos para sobreviver: viviam para a política mas também da política. O visconde de Sinimbu, líder liberal, filho de senhor de engenho e senhor de engenho ele próprio, vivia ao final do Império apenas de seus vencimentos de magistrado aposentado e de senador vitalício, o que levou o novo governo republicano a conceder-lhe uma pensão.

Por causa de sua dependência financeira em relação ao emprego público, essas pessoas tinham também um interesse material muito concreto na manutenção e expansão da burocracia. Daí não terem sido raros os casos de traição ao que se poderia definir como o interesse de sua classe de origem. O próprio Joaquim Nabuco é um exemplo dessa traição ao tornar-se, sob a influência de idéias e ideais bebidos em fontes francesas e inglesas, campeão do abolicionismo[9]. A dependência financeira era em parte responsável pelo fato de que os parlamentares magistrados freqüentemente votassem a favor dos projetos do governo, mesmo quando prejudiciais aos interesses rurais. O mesmo podia acontecer quando desempenhavam outros tipos de atividade pública, como afirma Gilberto Freyre, carregando um pouco nas cores:

"O bacharel — magistrado, presidente de província, ministro, chefe de polícia — seria na luta quase de morte entre a justiça imperial e a do *pater familias* o aliado do imperador contra o próprio pai ou o próprio avô"[10].

As informações disponíveis sobre a ocupação das elites políticas de outros países latino-americanos não permitem uma comparação com o caso brasileiro. Mas as guerras de independência em que se envolveram quase todos esses países tornavam muito pouco provável a manutenção de uma elite burocrática de magistrados e militares ligada à metrópole. No caso da Argentina, por exemplo, a luta pela independência teve como uma das primeiras conseqüências a eliminação dos peninsulares que controlavam boa parte dos cargos públicos. Além disso, a necessidade de mobilizar a população para fins militares permitia a ascensão a importantes posições de governo a indivíduos sem treinamento especial. A ascensão fazia-se particularmente pelos canais militares, razão pela qual a burocracia fardada veio a predominar sobre

113

a burocracia civil *criolla*. Mas muitos dos militares assim promovidos não pertenciam aos quadros profissionais, como foi o caso brasileiro. Eram indivíduos que se tinham alistado durante as lutas e subido na hierarquia por seu desempenho militar[11]. Sua capacidade como políticos era muito distinta da dos militares brasileiros e mais ainda da dos burocratas civis do Império.

Algo semelhante aconteceu na maioria dos outros países. Na Venezuela, as guerras de independência desorganizaram totalmente o governo nacional. Permaneceu intacto apenas o governo local sob o controle dos *gamonales* e *caciques*. Com o desaparecimento dos militares profissionais de tradição bolivariana, a liderança do exército caiu nas mãos de líderes improvisados que marcaram a história daquele país com o fenômeno do caudilhismo. A única exceção entre os países de maior projeção foi, como vimos, o Chile, onde, após as guerras de independência e da subseqüente guerra civil, foi possível implantar um sólido governo central com base no grupo militar de Concepción e nos proprietários rurais do rico Vale Central em torno de Santiago. Esse arranjo tornou mais fácil impor a ordem à aristocracia rural mas ao mesmo tempo fez o governo muito mais dependente dela do que no caso brasileiro. A situação seria comparável a um Brasil hipotético que se limitasse ao Rio de Janeiro e ao Espírito Santo. Os problemas de construção do estado teriam sido nesse caso muito mais simples e a ação de alguns fazendeiros ou comerciantes razoavelmente educados e politicamente hábeis teria sido suficiente para estabelecer um governo central mais ou menos legítimo.

Nenhum dos outros países latino-americanos com problemas de formação de Estado comparáveis aos brasileiros parece ter contado com uma elite tão homogênea em termos de socialização e treinamento nem tão distante do grosso da população.

Como vimos, a semelhança na composição e modificação da elite deu-se em relação a um país aparentemente tão díspar como a Turquia. O fato em si já é uma chamada de atenção para os adeptos de estudos comparativos: a comparação teoricamente mais interessante às vezes se dá com sistemas que à primeira vista não pareceriam ser comparáveis.

Nos dois casos, a consolidação, o apogeu e o declínio dos sistemas foram acompanhados, no que se refere à elite política, pela gradual mas constante substituição do grupo Governo pelo grupo das Profissões. Isto é, ambos os sistemas foram montados a partir de uma elite predominantemente burocrática e decaíram paralelamente à ascensão de uma elite de profissionais liberais. Dentro dos termos de nossa discussão no capítulo I, a semelhança entre os dois países se deu também em termos da formação do Estado. A predominância da elite burocrática coincidiu com o que chamamos de fase de acumulação primitiva de poder, equivalente à fase de concentração, na terminologia de Frey[12]. A Turquia passara por uma derrota frente aos aliados na Primeira Guerra e vira-se ameaçada de desmembramento. Fora ainda invadida pela Grécia em 1919, o que deu origem a uma guerra de libertação nacional, terminada com o estabelecimento da República em 1923, sob a égide da Grande Assembléia Nacional e a liderança de Mustafá Kemal, que permaneceu na presidência até 1938, quando morreu. A luta de independência, a abolição do sultanato, as tentativas de vastas reformas no país representaram um processo de formação do Estado semelhante em suas linhas gerais ao que se deu na América Latina por ocasião da independência. A fase posterior à vitória sobre o invasor foi particularmente difícil uma vez que as facções nacionais unidas contra o inimigo externo tendiam a dividir-se e pôr em perigo a tarefa de construir o novo Estado e mesmo a nação.

No Brasil, a fase de acumulação de poder durou até mais ou menos 1850, quando o problema da unidade nacional passou a segundo plano e começaram a surgir pressões no sentido de ampliar a participação. Na Turquia ela vai até a formação de um partido de oposição em 1946 e sua chegada ao poder em 1950. Terminou o processo no Brasil com o golpe militar de 1889, na Turquia com o golpe militar de 1960.

O predomínio da elite burocrática na fase inicial em ambos os casos reduziu o conflito intra-elite, deu coesão ao grupo governante e colocou no poder pessoas comprometidas com a visão nacional e possuidoras das habilidades necessárias para organizar o poder em novas bases. Houve, naturalmente, diferenças importantes, pois a elite turca que surgiu após a revolução se envolveu num processo de reformas profundas que não estavam nos desígnios da elite brasileira. O regime turco foi uma autêntica modernização conservadora, difícil como vimos de dar-se no Brasil do início do século XIX. Mas a tarefa de manutenção da unidade nacional era também muito mais difícil no Brasil, e sua consecução, juntamente com o estabelecimento de um governo legítimo, embora pouco democrático, pode perfeitamente ser comparada ao que foi conseguido pelo regime revolucionário turco.

JOSÉ MURILO DE CARVALHO

Um ponto crucial nesses regimes e nesse tipo de elite é a absorção de maior participação política. Mesmo a elite turca, que era modernizadora, teve problemas em fazer essa absorção. Ela se modificou lentamente e quando a oposição chegou ao poder a própria obra modernizadora gerara mobilização social e conflitos que dividiram a nova elite e acabaram por levar ao golpe de 1960. A composição da elite brasileira também se foi transformando lentamente em função de vários fatores, entre os quais se salientavam o próprio crescimento do estoque de elementos elegíveis para a elite e a crescente diversificação das tarefas políticas e administrativas. O problema que se colocaria então seria a adequação entre as modificações na elite e os problemas emergentes de participação.

De qualquer modo, cremos ter ficado demonstrado que, ao lado da educação, a ocupação constituiu um importante fator de unificação da elite imperial, embora ao custo de sua representatividade. O domínio de funcionários públicos na elite política significava na verdade que os representantes da sociedade eram ao mesmo tempo representantes do Estado. Exatamente por isso tiveram êxito na tarefa de construção do poder nacional, embora tivessem fracassado na tarefa de ampliar as bases do poder.

NOTAS

1. A população total das capitais para esses anos era, respectivamente, 354.396; 1.083.039; 1.398.097; 1.912.336. As fontes são, para 1823, "Memória Estatística do Império", *Revista do Instituto Histórico e Geográfico do Brasil*, LVIII, parte I (1859), p. 91-99; para 1872, 1890, 1900, *Anuário Estatístico do Brasil*, 1931, p. 46. A população de Ouro Preto foi estimada por nós em 30.000 para os anos de 1872 e 1890, por não constar da fonte.

2. Para a análise de Mannheim ver *Ideología y Utopía*, p. 222-34. A estatística sobre escritores pode ser encontrada em A. L. Machado Neto, *Estrutura Social da República das Letras*, p. 84.

3. Para um estudo recente do Senado Imperial, ver Beatriz Westin de Cerqueira Leite, *O Senado nos Anos Finais do Império (1870-1889)*.

A CONSTRUÇÃO DA ORDEM

4. O fato de termos privilegiado o elemento de socialização em detrimento da origem de classe em nossa classificação não invalida a comparação com os dados de Frey, pois esse autor adotou uma definição muito restrita de proprietário rural. Ele definiu como proprietários rurais aqueles que não possuíam outra ocupação, o que vem a ser mais ou menos o critério que adotamos. Pode-se supor, no entanto, que em geral seu procedimento tenha favorecido um pouco mais do que o nosso a presença dos proprietários nos dados.

5. Ver Octaviano Nogueira e João Sereno Firmo, *Parlamentares do Império*, que nada acrescenta em termos de informações novas.

6. No estudo já citado de Beatriz Cerqueira Leite, escrito depois do nosso, a autora se viu a braços com o mesmo problema dos dados. As informações que conseguiu indicam 32,7% dos senadores como sendo fazendeiros ou senhores de engenho, no período de 1870 a 1889. Como ela mesma reconhece, o número real deveria ser bem mais alto. Ver *O Senado nos Anos Finais do Império*, p. 45.

7. Para uma análise da decadência da economia nordestina no período, ver Celso Furtado, *Formação Econômica do Brasil*, p. 115.

8. Joaquim Nabuco, *Minha Formação*, p. 183.

9. Essa influência em seu pensamento e ação é admitida com orgulho em sua autobiografia, *Minha Formação*.

10. Citado em Raymundo Faoro, *Os Donos do Poder*, p. 226.

11. Ver Tulio Halperin-Donghi, *Revolución y Guerra: Formación de una Elite Dirigente en la Argentina Criolla*, especialmente, p. 189-247.

12. Ver *The Turkish Political Elite*, esp. p. 406-419.

CAPÍTULO 5 Unificação da elite: a caminho do clube

Em parte como conseqüência da própria estabilidade do sistema político imperial, outras características vieram reforçar os efeitos da educação e da ocupação. A estabilidade permitia a construção de longas carreiras políticas, fazendo com que a elite como um todo pudesse acumular vasta experiência de governo. O Império reviveu a velha prática portuguesa de fazer circular seus administradores por vários postos e regiões. No caso de Portugal essa política visava, além do treinamento, evitar que os funcionários se identificassem demasiadamente com os interesses das colônias e desenvolvessem idéias subversivas.

No Brasil a circulação era geográfica e por cargos. A elite circulava pelo país e por postos no Judiciário, no Legislativo, no Executivo. Discutiremos aqui os principais canais de circulação e seus efeitos para o treinamento da elite, assim como alguns mecanismos que atuavam na direção oposta, frutos dos desequilíbrios e rivalidades regionais.

A circulação geográfica era parte essencial da carreira de magistrados e militares. Como a magistratura ligava-se estreitamente à elite, o fato tinha clara conotação política. Essa conotação era ainda mais nítida na circulação geográfica exigida dos presidentes de província. Vários políticos nacionais foram nomeados presidentes de províncias com o objetivo explícito de lhes permitir ganhar experiência. Começaremos por discutir a circulação dos magistrados.

Uma carreira típica para o político cuja família não possuía influência bastante para levá-lo diretamente à Câmara começava pela magistratura. Como o sistema judicial era centralizado, todos os juízes eram nomeados pelo ministro da Justiça. Logo após a formatura, o candidato à carreira política tentava conseguir uma nomeação de promotor ou juiz municipal em localidade eleitoralmente promissora ou pelo menos num município rico[1]. Na impossibilidade de conseguir boa localização, a solução era aguardar a oportunidade de ser transferido. A oportunidade vinha em geral graças ao auxílio de amigos ou de correligionários políticos já bem colocados. As mudanças de ministérios, que eram constantes, constituíam ocasiões propícias para grandes remanejamentos de funcionários, inclusive magistrados, tanto para garantir resultados eleitorais favoráveis, nos casos em que as mudanças fossem também de partido, como para premiar amigos pessoais e políticos, e para cooptar aliados promissores. Às vezes, as transferências se davam mesmo em anos comuns. Em 1888, por exemplo, que não foi ano de mudança de partido, nem eleitoral, houve 418 atos governamentais nomeando, transferindo, aposentando magistrados. Essa movimentação atingiu 26,5% dos magistrados então em exercício[2].

Entre transferências e promoções várias coisas podiam acontecer. O candidato a político podia conseguir eleger-se para a Câmara, às vezes depois de prévia eleição para alguma assembléia provincial, e abandonar logo a carreira judiciária. Ou podia preferir, como muitos o faziam, se eleito, continuar como magistrado como garantia de futuras eleições ou simplesmente como fonte alternativa e segura de rendimento. Uma terceira possibilidade era a de que nunca se conseguisse eleger e tivesse que se contentar com a carreira de magistrado. Este foi, por exemplo, o caso de Albino Barbosa de Oliveira, cujas memórias contêm rica informação sobre o funcionamento dos mecanismos de recrutamento político. O ponto importante aqui é que desde o início o futuro político era levado a conhecer outras províncias além da sua. Para muitos, a primeira nomeação já significava a segunda província a conhecer, pois já tinham sido obrigados a sair de casa para estudar direito em Pernambuco ou São Paulo. Alguns certamente conseguiam ser nomeados para suas próprias províncias e, se abandonavam a carreira muito cedo, não tinham a oportunidade de servir em outra província nessa fase da carreira. As fontes às vezes não indicam o local de serviço, razão pela qual os dados de circulação estarão subestimados. Mas podem dar uma idéia da importância do fenômeno.

Segundo os dados, nos dois períodos iniciais a quase totalidade dos magistrados para os quais há informação (90% e 85%, respectivamente) serviu fora de suas províncias, alguns serviram mesmo no exterior (Portugal e África). Após o terceiro período há uma redução da circulação para 50%,

A CONSTRUÇÃO DA ORDEM

certamente devida ao crescimento do número de magistrados. Repete-se aqui o mesmo fenômeno de redução da homogeneidade e treinamento da elite a partir da metade do século. Desaparece a geração de Coimbra, há menos ministros magistrados e há menos magistrados servindo fora das províncias.

Em momento posterior da carreira era dada ao político nova oportunidade de circular. Em geral após ser eleito para a Câmara, ou mesmo após exercer cargo ministerial, ele poderia ser nomeado presidente de uma das 19 províncias. Era um cargo importante, uma vez que dele dependia a vitória do governo nas eleições. Mas mesmo em períodos não eleitorais o presidente conservava atribuições relevantes, uma vez que controlava nomeações estratégicas como a dos promotores, delegados e subdelegados de polícia e oficiais inferiores da Guarda Nacional. Indicava ainda os oficiais do recrutamento militar, reconhecia a validade de eleições municipais e encaminhava ao ministro do Império, com parecer pessoal anexo, os pedidos de concessão de títulos honoríficos, a começar pelos de nobreza[3].

Havia uma preocupação explícita com o treinamento de presidentes de província. O imperador sempre insistiu na profissionalização da carreira e houve mesmo um projeto de lei em 1860 que propunha medidas nessa direção[4]. Alguns políticos foram de fato quase que administradores profissionais de províncias. Herculano Ferreira Pena, por exemplo, administrou oito províncias diferentes. O projeto de 1860 dividia as províncias de acordo com sua importância, colocando como requisito para quem quisesse administrar as mais importantes ter primeiro passado pelas de menor peso. A justificativa era a necessidade de treinamento.

Além da experiência administrativa e dos bons salários, o político tinha ainda, como presidente, a oportunidade, raramente desperdiçada, de acelerar a carreira, especialmente pela garantia de uma eleição para o Senado, precedida ou não por eleição para a Câmara. Era um dos poucos mecanismos que lhe permitia conseguir uma senatoria por província que não a sua própria. Na realidade, a presidência de província, apesar dos esforços do imperador em contrário, era cargo muito mais político do que administrativo, como o indica a grande mobilidade de presidentes e o pouco tempo que permaneciam nos postos (quadro 17).

QUADRO 17
Número de Presidentes de Província e Tempo Médio no Cargo,
por Períodos, 1824-1889

	Períodos		
	1824-31	*1831-40*	*1840-89*
Número de Presidentes Efetivos	60	114	748
Tempo Médio no Cargo (anos)	2,0	1,3	1,2

Fontes: Barão de Javari, *Organizações e Programas Ministeriais*, e Manuel Antonio Galvão, *Relação dos Cidadãos que Tomaram Parte no Governo do Brasil no Período de 1808 a 15 de novembro de 1889*. Os presidentes começaram a ser nomeados em 1824, exceto os do Rio de Janeiro (1834), Paraná (1853) e Amazonas (1852). As frações correspondem a meses.

O número real de presidentes é menor do que o que consta no quadro 17 porque vários serviram em mais de uma província. Em contrapartida, o quadro computa apenas os que serviram como efetivos. Se acrescentássemos os interinos, o número poderia ser acrescido em pelo menos 50%. Vê-se que era muito grande a mobilidade e que ela tendia a aumentar ao longo do período. Isto prejudicava o lado administrativo, mas sem dúvida contribuía para fornecer experiência política a um grande número de pessoas, além de lhes dar oportunidade de conhecer melhor o país e desenvolver perspectiva menos provinciana. Outra função importante cumprida pela grande mobilidade de presidentes era dar aos ministros a oportunidade de premiar os amigos.

Os políticos militares tinham ainda a possibilidade de circulação própria da carreira. Assim, um ministro de Estado tinha a possibilidade de circular como magistrado, como presidente e como militar. Somando os três mecanismos, vemos que no período 1831-40 71% dos ministros serviram fora de sua província de origem, 87% o fizeram entre 1840-53, 90% entre 1853-71 e 51% entre 1871-89. No total, 71% dos ministros serviram fora como magistrados, presidentes e comandantes militares, sem contar a permanência na capital do Império exigida pelo exercício de funções legislativas e executivas. Num país geograficamente tão diversificado e tão pouco integrado, onde pressões regionalistas se faziam sentir com freqüência, a ampla circulação geográfica da liderança tinha um efeito unificador poderoso.

A CONSTRUÇÃO DA ORDEM

Além da mobilidade geográfica, a própria carreira política servia como mecanismo de treinamento graças à alta circulação entre cargos e à baixa circulação para fora do círculo da elite. Vejamos como isso se dava.

A carreira política era unilinear apenas em seus passos iniciais. Uma vez cruzados os portais da política nacional, geralmente através de uma cadeira na Câmara, os caminhos assumiam o formato mais próximo do de um círculo do que de uma linha reta. O processo poderia ser representado como aparece no gráfico 3.

O mais difícil era entrar. Um diploma de estudos superiores, sobretudo em direito, era condição quase *sine qua non* para os que pretendessem chegar até os postos mais altos. A partir daí vários caminhos podiam ser tomados, o mais importante e seguro sendo a magistratura, secundariamente a imprensa, a advocacia, a medicina, o sacerdócio. Em alguns casos, a influência familiar era suficientemente forte para levar o jovem bacharel diretamente à Câmara. O apoio familiar e dos amigos e o patronato dos líderes já estabelecidos era, aliás, presença constante em todos os passos da carreira. Correndo um pouco por fora havia apenas os militares que em geral não passavam pela Câmara: entravam diretamente para o Ministério ou para a presidência de províncias.

Uma vez dentro da Câmara, estava-se a um passo do círculo interno da elite, ao qual se tinha acesso por uma combinação de capacidade e patronato, exercendo o imperador papel ativo na seleção. A entrada no clube se dava pela nomeação para um posto ministerial ou uma presidência de província. A partir daí havia intensa mobilidade e acumulação de cargos. Um ministro podia exercer ao mesmo tempo seu mandato de senador, sem renunciar ao posto de conselheiro (apenas suspendia o exercício). O Senado era o único posto do qual não se podia voltar à Câmara e só em casos especiais era um senador nomeado presidente de província.

Havia, no entanto, algumas regras não escritas para a mobilidade dentro do clube. Uma delas era utilizar o Ministério da Marinha como treinamento para outros Ministérios. O fato pode indicar pouco apreço pelo posto, mas pode também mostrar o bom relacionamento da elite civil com esse ramo das forças armadas. Outra regra já mencionada era utilizar províncias menos importantes como treinamento de presidentes. Esses cuidados se justificavam porque o estilo de carreira que vimos descrevendo podia começar muito

GRÁFICO 3
Trajetória Política

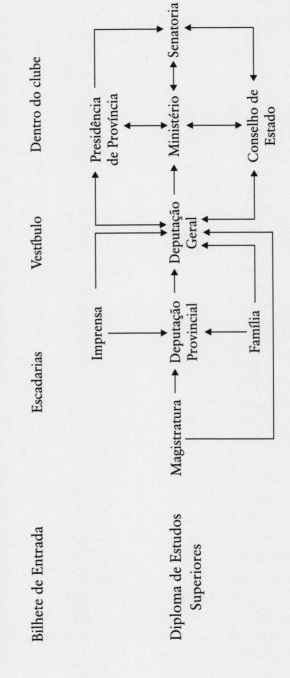

A CONSTRUÇÃO DA ORDEM

cedo, embora tivesse depois longa duração. A idade média com que um político atingia o posto de ministro era em torno de 44 anos, mas muitos o conseguiram nos trinta e alguns nos vinte, dando motivos a que Joaquim Nabuco falasse de uma neocracia. O visconde do Uruguai, por exemplo, um dos mais brilhantes políticos do Império, recebeu a primeira oferta de um Ministério aos 27 anos, aceitou o primeiro aos 33, elegeu-se senador aos 42 e foi nomeado conselheiro aos 46. Ao completar 50 anos começou a retirar-se da política, considerando-se um homem já velho, e dedicou-se a escrever seus dois livros tornados clássicos. Morreu aos 59 anos[5]. Daí que nos Ministérios havia em geral uma combinação de novos políticos com outros mais experientes. Houve apenas uma exceção com Martinho Campos em 1882, em cujo Ministério nenhum dos membros tinha experiência prévia. Ficou conhecido como o Ministério do Jardim-de-Infância.

Para se ter uma idéia da seletividade do clube e da mobilidade interna, basta dizer que durante os 67 anos que durou o Império elegeram-se 235 senadores e foram nomeados 219 ministros e 72 conselheiros de Estado (contando apenas o segundo Conselho), num total de 526 posições, que foram preenchidas por apenas 342 pessoas. O quadro 18 esclarece melhor a acumulação.

Fica evidente a variedade de posições por que passava o político nacional. No Segundo Reinado apenas sete ministros não ocuparam uma ou outra das posições listadas no quadro 18. O fenômeno era ainda mais acentuado entre os conselheiros de Estado, sem dúvida os elementos com maior tirocínio político do Império. Basta dizer que 71% dos conselheiros foram também ministros, senadores e deputados gerais. O Conselho era a coroação da carreira e rarissimamente lá se chegava sem prévia e longa experiência em variados cargos políticos.

O grupo com menor diversidade de experiência e, portanto, supostamente com menor treinamento, era novamente o dos senadores que não foram ministros. Mesmo assim, 75% deles foram também deputados gerais e 22% foram deputados provinciais. Sua carreira limitava-se então à eleição para deputado geral e daí para o Senado de onde não saíam (apenas 10% foram presidentes de província e 5% conselheiros). Encravavam no Senado que se tornava para eles uma espécie de Sibéria, na expressão de Joaquim Nabuco. Eram em geral proprietários rurais sem educação superior, mas com influência política suficiente para se elegerem nas listas tríplices. Como a senatoria era vitalícia, lá ficavam sem conseguir convocação para outros cargos, mas também sem deixar o lugar para outros mais capazes ou mais jovens. O Senado, então, acabava constituindo um bloqueio à circulação das elites, principalmente à circulação para fora do núcleo central, o que veio a ter efeitos negativos para o sistema como um todo.

QUADRO 18
Posições Políticas Ocupadas pelos Ministros, 1822-1889 (%)

| | Períodos | | |
Posições	1822-40	1840-89	Total
Senador	54,23	58,75	57,53
Conselheiro	30,50	35,62	34,24
Deputado Geral	37,28	67,50	58,36
Presidente de Província	13,55	21,87	19,63
Deputado Provincial	3,38	31,25	23,74
Nenhuma dessas	13,55	4,37	6,84
	(N = 59)	(N = 160)	(N = 219)

Obs.: No período 1840-89 estão incluídos também os políticos que atingiram posições ministeriais pela primeira vez no período anterior.

A circulação para fora do sistema, que é o sentido original da expressão como usada por Pareto, pode ser observada por meio da análise de coorte[6]. Esse tipo de análise revela a maior ou menor renovação das elites. Uma elite que se renova muito rápido tem a vantagem de abrir oportunidades para novos talentos e novas forças que surgem no sistema político, mas pode também perder em experiência política e capacidade administrativa. Por outro lado, a elite que se renova muito lentamente apresenta as vantagens e desvantagens opostas. Treina melhor seus membros mas pode perder em representatividade, ter reduzida a capacidade de percepção de novos problemas e novas forças políticas emergentes e, conseqüentemente, favorecer a formação de contra-elites que eventualmente as substituirão por um processo revolucionário de tomada de poder. Apresentamos no quadro 19 a análise de coorte para os ministros, considerando cada um dos cinco períodos e o período inicial da República como sendo cada um uma coorte.

QUADRO 19

Porcentagem de Coorte Remanescente em Períodos Sucessivos

Período do primeiro cargo ministerial	Nº total de ministros no período	Número da coorte	Porcentagem remanescente depois de N períodos				
			1	2	3	4	5
1822-31	45	45	27	15	7	–	–
1831-40	47	35	43	14	–	–	–
1840-53	45	23	48	–	–	–	–
1853-71	69	50	28	–	–	–	–
1871-89	80	66	3	–	–	–	–
1889-1910	90	88	–	–	–	–	–

A primeira revelação do quadro 19 refere-se à surpreendente longa vida dos ministros do Primeiro Reinado. Eles sofreram severo corte durante a Regência, quando apenas 27% sobreviveram, mas os que ficaram resistiram por muito tempo à marginalização. Alguns ainda atuavam entre 1853 e 1871. A segunda revelação refere-se à alta sobrevivência, a médio prazo, das segunda e terceira coortes. Mais de 40% dos ministros dos períodos de 1831-40 e 1840-53 permaneceram em postos ministeriais nos períodos subseqüentes. Os dois fatos confirmam a importância política da geração de Coimbra e a maior homogeneidade da elite até a metade do século, que vimos consistentemente encontrando nos dados. Em termos de coortes, essa homogeneidade vai até 1871, quando se verifica um aumento acentuado na circulação da elite. No período 1871-89 não encontramos um só ministro remanescente dos três primeiros períodos e somente 28% dos do período anterior ainda estão presentes. As mudanças na educação, ocupação e mobilidade geográfica são acompanhadas pelo aumento na circulação à medida que o Império se vai aproximando do final. Menos magistrados, menos militares, mais advogados, mais profissionais liberais, menos treinamento, mais circulação: o sistema político estava dando sinais de mudança. A mudança completou-se com a total renovação do núcleo da elite: somente dois ministros do Império ocuparam postos ministeriais durante a República.

A aguda renovação verificada em torno de 1871 reflete-se nas queixas de Caxias quando da morte do visconde de Itaboraí em 1872:

"Seu vácuo não será preenchido, como não foi o de Eusébio, Paraná, Uruguai e Manoel Felizardo e muitos outros que nos ajudaram a sustentar esta *igrejinha*, desmoronada ou quase desmoronada em 7 de abril de 1831"[7].

Estão aí mencionados os políticos que formaram o núcleo principal do Partido Conservador. Acrescentando à lista Vasconcelos, Calmon e alguns outros, teríamos os principais artífices do Regresso que culminou com a proclamação da maioridade e o início do Segundo Reinado, após os anos turbulentos da Regência. A geração que estava no poder quando Caxias fez a observação acima, além de todas as diferenças que já mencionamos, apresentava ainda outra muito importante. Ela não passara pela dramática experiência das revoltas regenciais, quando o sistema imperial esteve próximo da derrocada. A experiência foi marcante tanto para conservadores como para liberais, na medida em que estes, em sua maioria esmagadora, também não apoiavam mudanças radicais, políticas, econômicas ou sociais. Ela constituiu outro elemento de socialização da elite da primeira metade do século. A geração do final do Império não tinha visto o sistema em perigo e, conseqüentemente, não estava muito preocupada com sua manutenção e consolidação. A grande ameaça que turvava os horizontes da geração da Regência, a fragmentação do país, não era mais percebida como perigo sério. O outro grande perigo, a rebelião escrava, estava também desaparecendo lentamente pela abolição gradual. O caminho para a República foi tranqüilo e o seria mais ainda se não fosse a intervenção da contra-elite militar gerada por circunstâncias específicas.

Não fizemos análise de coorte para os senadores. Mas, como a senatoria era vitalícia, podemos esperar aí maior permanência no cargo. De fato, a longevidade dos senadores pode ser avaliada dividindo-se o número de anos que durou o Senado (63) pelo número total de senadores (235) e multiplicando o resultado pelo número legal de senadores em cada momento (em torno de 55). A operação nos dá uma vida média no cargo de 15 anos. Em 1889, a permanência média no cargo dos 53 senadores em exercício era de 13 anos. Um deles estava no Senado há 41 anos. Diferentemente do Conselho de Ministros, o Senado apresentava baixa circulação e os velhos senadores tendiam a isolar-se mais e mais das tendências da época, com exceção de

A CONSTRUÇÃO DA ORDEM

uns poucos que eram ainda chamados para o Ministério, ou que pertenciam ao Conselho de Estado. Muitos podiam ser bem treinados, mas, dadas as mudanças nos problemas a serem enfrentados, seu treinamento se tornava inadequado: eram treinados para tarefas erradas.

O perigo de permanência excessiva no cargo não era muito grande entre os conselheiros. Havia 12 conselheiros ordinários e 12 extraordinários. Os ordinários podiam ser demitidos *ad nutum* do imperador, convocando-se um extraordinário. Em 1889 havia 12 ordinários e 11 extraordinários. O tempo médio no cargo era de oito anos e nenhum dos extraordinários tinha sido nomeado há mais de dois anos. O Conselho era então uma instituição mais equilibrada do que o Senado em termos de treinamento e circulação de seus membros.

Entre os deputados, a circulação era muito alta, como indica a análise de coorte das 23 legislaturas do Império. A composição da Câmara se renovava em mais ou menos 50% a cada nova legislatura. Essa taxa é muito mais alta do que as encontradas por Frey na Turquia e por David Fleischer em seu estudo dos deputados mineiros durante a Primeira República[8]. A ausência de eleitorado independente tornava possível o fenômeno das câmaras unânimes: a uma câmara totalmente conservadora podia suceder a outra totalmente liberal e vice-versa.

O fenômeno fica mais fácil de perceber se utilizarmos outra técnica de análise (quadro 20), que consiste em calcular o tempo de duração de frações de um nono, um terço e metade das coortes. Vemos aí que as coortes perdiam rapidamente metade de seus membros e em três anos ficavam reduzidas a um terço de seu número inicial. Mas a vida de um nono era bastante alongada, o que sugere a eliminação rápida do grosso da coorte (alguns sem dúvida promovidos ao Senado), e a permanência por período longo de um grupo pequeno. Salientam-se como exceção a legislatura conservadora de 1843 e a liberal de 1864, que levaram 14 e 15 anos respectivamente para serem reduzidas a um terço. Na análise de coorte as duas também apresentam longa duração ao lado de suas congêneres, a conservadora de 1838 e a liberal de 1861. Isso vem indicar uma mudança de gerações também na Câmara, com a predominância de uma geração da ordem no início e uma geração das reformas ao final. Ver quadro 20.

131

QUADRO 20
Permanência de Grupos de Coortes na Câmara (em anos)

								Legislaturas															
Vida	I	II	III	IV	V	VI	VII	VIII	IX	X	XI	XII	XIII	XIV	XV	XVI	XVII	XVIII	XIX	XX	XXI	XXII	XXIII
de um nono	11,2	8,5	7,1	8,2	12,7	19,0	11,1	17,7	5,6	13,1	19,6	18,0	14,6	17,9	17,5	16,0	–	–	–	–	–	–	–
de um terço	2,8	2,6	2,6	3,6	2,8	2,7	2,8	14,1	3,4	2,6	3,9	3,0	3,9	3,0	15,0	2,1	6,4	4,2	2,6	2,9	–	–	–
de um meio	2,1	1,9	1,9	2,4	2,1	2,0	2,1	1,8	2,4	1,9	2,6	2,2	2,4	2,2	2,4	1,6	2,6	3,2	1,9	2,2	3,2	2,2	–

Fonte: Barão de Javari, *Organizações e Programas Ministeriais*, p. 267-401.

Podemos concluir que a grande maioria dos políticos que atingiam o topo da carreira era submetida a uma intensa circulação geográfica como magistrados, como presidentes de província ou como comandantes militares. Essa circulação não poderia deixar de afetar poderosamente sua visão e comportamento com referência aos interesses nacionais. A circulação entre cargos e para fora apresentava aspectos mistos. A carreira extensa e diversificada sem dúvida permitia a aquisição de experiência administrativa e política. Também, um pouco surpreendentemente, não era muito limitada a circulação para fora, com exceção do Senado que constituía claro bloqueio à entrada de novos elementos. Mas o número limitadíssimo de pessoas que atingiram o topo da elite mostra que, mesmo com a acentuação da circulação para fora nos períodos finais, o círculo interno do poder se tornava cada vez mais restrito relativamente ao constante aumento de aspirantes, provocado pelo crescimento da oferta de bacharéis, pela inquietação militar e pelo aumento da riqueza fora da província do Rio de Janeiro.

A importância da nacionalização da elite para a manutenção da unidade do país pode ser avaliada pelo fato de que, apesar dela, as tendências centrífugas, provinciais e regionais, se fizeram sentir durante todo o período, e de maneira violenta até 1850. Mesmo após o fim das rebeliões e após a consolidação do sistema centralizado, a rivalidade provincial e regional permanecem como dado constante da política imperial. A desigualdade das províncias em termos populacionais e de riqueza levava ao maior favorecimento de umas em relação às outras, gerando ressentimentos sobretudo nas que perdiam influência devido à decadência econômica. É importante salientar esses aspectos para que não fique a impressão falsa de uma unidade perfeita da elite. Exatamente porque não correspondia à realidade social e econômica do país, exatamente por ter sido politicamente criada, é que a unidade foi importante para evitar que forças centrífugas levassem o País ao mesmo destino da América Espanhola.

O peso de fatores provinciais pode ser avaliado por uma série de indicadores. Um deles é a origem provincial dos ministros. Basta examiná-lo para se ter uma idéia da predominância de um grupo de províncias sobre as outras (quadro 21)[9].

QUADRO 21
Origem Provincial dos Ministros, por Períodos, 1822-1889 (%)

| | | | Períodos | | | |
Províncias	1822-31	31-40	40-53	53-71	71-89	Total
Bahia	17,78	22,86	26,09	20,00	15,16	19,18
Rio/Corte	13,34	17,15	17,39	26,00	16,66	18,27
Minas Gerais	15,56	11,43	21,75	8,00	13,63	13,25
Pernambuco	6,66	14,29	4,34	6,00	15,16	10,05
São Paulo	6,66	8,57	21,75	10,00	9,09	10,04
Rio G. do Sul	0,00	11,42	0,00	4,00	12,12	6,39
Subtotal	60,00	85,72	91,32	74,00	81,82	77,18
Outras Províncias	6,66	8,57	8,68	20,00	18,18	13,69
Outro País	33,34	5,71	–	6,00	–	9,13
Total	100,00	100,00	100,00	100,00	100,00	100,00
	(N = 47)	(N = 35)	(N = 23)	(N = 50)	(N = 66)	(N = 29)

Mais ou menos 80% dos ministros em todo o período provinham de seis províncias entre as 19 que então existiam. Apesar de ter havido nos dois períodos finais aumento na representação das províncias menores, a concentração ainda permaneceu alta. A avaliação do desequilíbrio adquire ainda maior sentido quando introduzimos dados de população e riqueza das diversas províncias (quadros 22 e 23).

Não foi possível encontrar dados sobre o valor da produção para 1845, daí termos utilizado as receitas provinciais como indicador de riqueza. Minas Gerais fica prejudicada por essa decisão, de vez que boa parte das receitas provinha de impostos de exportação e a província exportava pelo porto do Rio de Janeiro. De qualquer modo, fica claro que as diferenças na representação se prendiam em grande parte às desigualdades em população e em riqueza. Há, entre as grandes províncias, alguns casos desviantes no que se refere ao número de ministros e à riqueza. São principalmente os de São Paulo, Minas Gerais e Pernambuco. O fato se explica, além da ressalva já feita para Minas, por ter sido a década de 1840 dominada pelos liberais, mais fortes em São Paulo e Minas. O aspecto mais marcante dos dados, no entanto, continua sendo o desequilíbrio em favor das grandes províncias.

QUADRO 22
População, Riqueza e Representação Política das Províncias no Início do Segundo Reinado (%)

Províncias	População*	Riqueza**	N^o Ministros***	N^o Deputados
Bahia	14,33	17,42	26,09	13,33
Rio/Corte	15,63	17,76	17,39	9,52
Minas Gerais	16,93	8,91	21,75	19,05
Pernambuco	12,37	14,34	4,34	12,38
São Paulo	6,51	5,83	21,75	8,57
Rio G. do Sul	2,62	4,57	0,00	2,85
Subtotal	68,39	68,83	91,32	65,70
Outras Províncias	31,61	31,17	8,68	34,30
Total	100,00	100,00	100,00	100,00
	(N = 7.677.800)	(N = Rs 4.980.895)	(N = 23)	(N = 105)

*Estimada para 1854 pelo ministro do Império, no Relatório de 1856, p. 409.
**Indicada pela receita provincial de 1840-41. Amaro Cavalcanti, *Resenha Financeira do Ex-Império do Brasil em 1889*, p. 280.
***Período de 1840-53.

Os mesmos dados para 1885 apresentam resultados semelhantes. A representação de deputados continua mais ou menos proporcional à população, com sub-representação nítida apenas para Minas Gerais. A representação ministerial continua muito desigual em favor das grandes províncias. Entre essas, continua uma super-representação da Bahia e invertem-se as situações de São Paulo e Pernambuco. Ver quadro 23.

Introduzindo-se outro indicador de riqueza, as diferenças entre as grandes províncias se acentuam. No quadro 23 colocamos entre parênteses o valor oficial da produção agrícola exportada no período de cinco anos que vai de 1881-2 a 1885-6. Este indicador subestima muito a parte de Minas e superestima a do Rio de Janeiro, devido à exportação do café mineiro pelo porto do Rio. Mas, fora isto, dá melhor idéia da riqueza das grandes províncias, uma vez que a exportação agrícola era na época a base do comércio internacional do país, garantia das importações e de mais da metade dos impostos do governo geral. Com o novo indicador acentua-se a super-representação ministerial da Bahia, mantém-se a de Pernambuco e agrava-se muito a sub-representação de São Paulo. Há aí o esboço de um nítido quadro de descompasso entre a economia e a política que estava por trás do movimento republicano e federalista e que já foi explorado como fator de explicação da política nacional ao final do Império e durante a República[10].

QUADRO 23
População, Riqueza e Representação Política das Províncias no Final do Império (%)

Províncias	População*	Riqueza**		Nº Ministros***	Nº Deputados
Bahia	13,39	9,70	(0,28)	15,16	11,20
Rio/D. Federal	9,76	13,28	(29,31)	16,66	9,60
Minas Gerais	22,21	10,49	(10,79)	13,63	16,00
Pernambuco	7,19	8,52	(8,39)	15,16	10,40
São Paulo	9,66	12,53	(22,08)	9,09	7,20
Rio G. do Sul	6,26	8,55	(8,02)	12,12	4,80
Subtotal	68,47	63,07	(78,87)	81,82	59,20
Outras Províncias	31,53	36,93	(21,13)	18,18	40,80
Total	100,00	100,00	(100,00)	100,00	100,00
	(N = 14.333.910)	(N = Rs 33.110.876)		(N = 66)	(N = 125)

*Censo de 1890.
**Indicada pela receita provincial de 1888-89. Amaro Cavalcanti, *Resenha Financeira*, p. 281. Entre parênteses está o valor oficial da produção agrícola exportada, de 1881-82 a 1885-86, mesma fonte, p. 293.
***Período de 1871-89.

Outro indicador da força dos laços provinciais é o fato de que os políticos raramente conseguiam eleger-se fora de suas províncias para a Câmara e mesmo para o Senado, apesar da circulação geográfica a que eram submetidos. O caso do carioca Firmino Rodrigues Silva é revelador. Depois de servir como juiz de direito em Minas Gerais por sete anos e depois de casar em importante família local, ainda assim enfrentou sólida oposição quando tentou candidatar-se a deputado geral. A resistência só foi quebrada pela interferência de líderes nacionais do Partido Conservador. A mesma dificuldade teve seu colega de jornalismo, Justiniano José da Rocha, também carioca, que viu até mesmo sua condição de mulato ser utilizada como argumento

A CONSTRUÇÃO DA ORDEM

para dificultar sua eleição por Minas, que afinal se deu[11]. No que se refere ao Senado, apenas para o primeiro grupo de 50 senadores houve muitos eleitores fora da própria província (34%), devido à aberta interferência de Pedro I no processo eleitoral. Entre os 178 que se elegeram após 1831, apenas 37 (19%) o foram em província que não a sua. E destes, 26 tinham sido presidentes dessas províncias ou as tinham representado na Câmara. Os eleitos que não tinham vinculação alguma eram em geral figuras nacionais cuja candidatura era imposta às pequenas províncias, como foi o caso de Miguel Calmon, Rio Branco, Torres Homem e outros. Províncias como o Amazonas, o Espírito Santo e Mato Grosso nunca conseguiram eleger um de seus filhos para as oito vagas que tiveram no Senado. E nenhum político de província menor conseguiu eleger-se em província maior.

Mesmo a circulação geográfica de magistrados era em boa parte limitada às grandes províncias. Entre 1849 e 1889, por exemplo, 76% das nomeações de magistrados que posteriormente se tornariam ministros se deram para as grandes províncias. Só uma dessas, o Rio Grande do Sul, não teve nenhuma das nomeações. Aliás, essa província não teve nenhum ministro que tivesse sido magistrado de carreira. Houve dois que iniciaram a carreira no Rio mas logo a abandonaram. Já observamos que o Rio Grande do Sul mandava poucos estudantes a Coimbra. A nova informação sobre magistrados vem reforçar a idéia da menor integração da província na vida nacional no que se refere à formação da elite política.

A desigualdade das províncias foi oficialmente reconhecida num projeto enviado à Câmara em 1860. Nele se propunha a divisão das províncias em três classes: a primeira incluiria São Paulo, Minas Gerais, Pernambuco, Bahia, Rio Grande do Sul, Rio de Janeiro, Maranhão e Pará; a segunda, Sergipe, Goiás, Mato Grosso, Alagoas, Paraíba e Ceará; a terceira, Santa Catarina, Paraná, Espírito Santo, Rio Grande do Norte, Amazonas e Piauí. Até mesmo os salários dos presidentes variariam de acordo com a classificação[12].

Outro indicador da importância política das grandes províncias apareceu na discussão da Lei dos Círculos em 1855. Uma das motivações do projeto apresentado pelo governo era quebrar a unidade das grandes bancadas, evitando assim que elas bloqueassem a ação do Executivo. Esperava-se que deputados eleitos por distritos, ou círculos, fossem menos afetados pelo provincialismo. A oposição ao projeto foi grande, embora a Câmara fosse unanimemente conservadora e governista. Argüiu-se que o projeto apenas substituía o provincialismo pelo localismo, sendo este pior do que aquele. As províncias, foi dito, serviam como importantes intermediárias políticas entre os governos central e local[13]. O governo do marquês do Paraná teve que transformar a discussão do projeto em questão de gabinete para vê-lo aprovado. E o irônico da história é que a aprovação se deveu em boa parte ao apoio maciço da bancada mineira, a maior da Câmara, ao mineiro Paraná. E a principal oposição veio também das bancadas do Ceará e de Pernambuco, em atritos com o gabinete desde seu início[14].

Podemos concluir a análise do processo de socialização e de treinamento da elite imperial. Os dados apresentados sobre educação, ocupação e carreira permitem-nos concluir que existiu no Brasil um grupo especial de políticos distinto do que se formou nos outros países da América Latina. A especificidade desse grupo não era devida à origem social. Ela se prendia à socialização e treinamento deliberadamente introduzidos para garantir determinada concepção de Estado e capacidade de governo. Tanto liberais como conservadores, nos períodos turbulentos de consolidação do poder, quando várias alternativas se colocavam como viáveis politicamente, concordavam em alguns pontos básicos referentes à manutenção da unidade do país, à condenação de governos militares de estilo caudilhesco ou absolutista, à defesa do sistema representativo, à manutenção da monarquia e, sem dúvida, também à necessidade de preservar a escravidão.

Houve divergências, e algumas importantes, mas em geral referentes a concepções distintas sobre que modelo de organização do Estado liberal deveria ser adotado no Brasil. Dividiram-se os conservadores, mais favoráveis à centralização do tipo francês, dos liberais entusiasmados com os modelos inglês e americano, mas sem se arriscarem ao salto republicano. Essas divergências não eram acadêmicas, pois continham elementos concretos de interesses econômicos divergentes, assim como, sem dúvida, parte do consenso da elite como um todo se devia a condicionamentos de classe. O ponto não é negar a base classista da elite brasileira, ou de qualquer elite. O núcleo da questão é afirmar exatamente que origem de classe, mesmo quando razoavelmente homogênea, pode deixar em aberto uma série de cursos alternativos de ação sobre os quais a elite como um todo, e portanto o Estado, tem poder de decisão. E seria ilusório dizer que, por ser limitado pela estrutura

A CONSTRUÇÃO DA ORDEM

de classe, esse poder seria de menor importância para o entendimento da evolução política de um país. Se essas elites não podem fazer revoluções, elas podem, por sua ação, afetar decisivamente as possibilidades de uma revolução. A análise de decisões sobre grandes problemas do Império, a ser feita em *Teatro de Sombras*, deixará esse ponto mais explícito.

Os dados mostraram também que a homogeneidade da elite variou ao longo do período. Na segunda metade do século, sobretudo após 1871, houve mudanças significativas que afetaram a homogeneidade de treinamento e socialização. Profissionais liberais passaram a predominar, cresceu a mobilidade, a carreira foi reduzida. As desigualdades provinciais também se faziam presentes, apesar de toda a ênfase na desprovincialização, e não somente por pura competição por prestígio, mas com base em reais divergências de interesses econômicos. Esses pontos são importantes a fim de não se exagerar o aspecto de monolitismo da elite a ponto de torná-lo obstáculo em vez de auxílio à compreensão do sistema imperial.

A discussão é pertinente em face de um estudo interessante que compara a elite imperial com os mandarins chineses[15]. Trata-se de outro estudo elaborado paralela e independentemente do nosso e que no geral chegou a algumas conclusões semelhantes. Mas a comparação com os mandarins, que também nos ocorrera em estágios iniciais do trabalho, pode ser facilmente exagerada, uma vez que ao lado de semelhanças havia importantes diferenças a separar as duas elites e naturalmente os dois sistemas políticos. Os mandarins chineses, os *literati*, passavam por um sistema muito mais elaborado de treinamento que durou mais de mil anos. Passavam 35 anos estudando para os exames que eram forçados a fazer e nos quais gastavam 160 dias. O conteúdo, a forma e os procedimentos que regulavam os exames eram totalmente controlados pelo governo imperial, que também impunha uma ideologia oficial, o confucionismo. Os funcionários públicos eram escolhidos entre os que fossem aprovados nos exames[16].

Este processo rigoroso de treinamento e recrutamento era fruto de um Estado muito mais centralizado e muito mais poderoso do que o Estado imperial brasileiro. Na China até mesmo os administradores locais eram nomeados pelo governo imperial dentre os mandarins. Eles representavam o imperador no nível local e não podiam servir na terra natal nem permanecer por muito tempo no mesmo lugar (em geral não mais de três anos)[17]. Na sociedade agroadministrativa chinesa, para usar a expressão de Wittfogel, havia um verdadeiro Estado de aparato, e a principal estratificação era a que se dava entre governados e governantes. A maior parte do excedente agrícola era apropriada pela administração e o poder dos proprietários rurais era incomparavelmente inferior ao dos congêneres brasileiros. Muitos deles eram impedidos de ter acesso a cargos públicos por terem fracassado nos exames. Um simples indicador do maior poder do Estado em relação aos proprietários rurais está no fato de que na China a fonte mais importante de rendas públicas era o imposto territorial, ao passo que no Brasil imperial todas as tentativas de introduzi-lo se revelaram infrutíferas[18].

No Brasil nem era a elite tão homogênea nem o Estado tão forte. Dito de outro modo, no Brasil não havia, como na China, uma integração quase perfeita entre elite política ou classe governante e burocracia. Daí que o sentido da homogeneidade da elite brasileira era também distinto, na medida em que essa elite se dividia muito mais que a chinesa entre a representação dos interesses do Estado e a representação dos interesses de classes. Na ausência da sociedade hidráulica administrada pela burocracia estatal, o choque de interesses privados e as alternativas que se abriam para a própria organização ou desorganização do poder davam ao treinamento e socialização da elite brasileira talvez até uma importância maior do que no caso chinês, na medida em que podia pesar mais nas opções a serem tomadas. Esse fato se torna nítido se observarmos que o Império durou 67 anos, ao passo que só a dinastia Ch'ing durou mais de 250; e o sistema chinês de exames sobreviveu em torno de 1.300 anos. Daí que o peso da tradição desse sistema tornava a curto e médio prazos o impacto do treinamento da elite menos dramático do que no caso brasileiro.

De qualquer modo, não há dúvida de que a nobreza regular chinesa foi um dos exemplos mais típicos de formação sistemática de elites antes do advento do Estado moderno. Como diz Wittfogel,

"O sistema competitivo de exames era um meio excelente para doutrinar os plebeus ambiciosos e obrigar os filhos talentosos de funcionários e famílias burocráticas nobres a submeterem-se a uma formação ideológica profissional extraordinariamente completa"[19].

A CONSTRUÇÃO DA ORDEM

Mas, por tratar-se de sociedade radicalmente distinta da brasileira, na medida em que precedeu à própria formação do Estado moderno do Ocidente, que nos vem servindo de ponto de referência, a comparação corre o risco de cair no formalismo, isto é, pode haver aspectos semelhantes no treinamento da elite, mas o sentido político da elite dentro das respectivas sociedades e o sentido do próprio Estado são radicalmente distintos[20].

NOTAS

1. Albino José Barbosa de Oliveira, por exemplo, escolheu São João del-Rei porque Minas possuía a maior bancada no Congresso, o que aumentava as possibilidades eleitorais. Ver suas *Memórias de um Magistrado do Império*.
2. Ver *Relatório do Ministro da Justiça*, 1889.
3. Para uma descrição das atribuições legais dos presidentes de província, ver Caetano José de Andrade Pinto, *Atribuições dos Presidentes de Província*.
4. Andrade Pinto, *op. cit.*, p. 22.
5. A melhor fonte de informação sobre o visconde do Uruguai é José Antônio Soares de Sousa, *A Vida do Visconde do Uruguai (1807-1866)*.
6. Sobre a análise de coorte ver, entre outros, Norman B. Ryder, "The Cohort as a Concept in the Study of Social Change", *American Sociological Review*, XXX (1965), p. 843-61. As idéias de Pareto sobre circulação das elites podem ser encontradas em S. E. Finer, "Introduction", em Vilfredo Pareto, *Sociological Writings*, p. 51-71.
7. Citado em Nelson Lage Mascarenhas, *Um Jornalista do Império*, p. 243.
8. Ver Frederick Frey, *op. cit.*, p. 213; e David V. Fleischer, *O Recrutamento Político em Minas, 1890-1918*, p. 49-50.
9. Os critérios para escolha das seis províncias como mais importantes foram demográficos, econômicos e políticos. O critério político foi aplicado ao caso do Rio Grande do Sul, que era menos populoso que o Ceará e menos rico que o Pará, pelo menos no início do período. Mas a produção do charque e os problemas de fronteira o tornavam mais importante do que as duas outras províncias.

Para definir a origem provincial dos ministros adotamos os seguintes critérios: a) em princípio a província de nascimento foi considerada província de origem; b) nos casos em que foi muito curta a permanência na província de nascimento, a província de origem foi considerada aquela em que o político viveu e fez sua carreira política (assim, Vergueiro, nascido em Portugal, foi considerado paulista; Uruguai, nascido na França, fluminense etc.); c) uns poucos nascidos na Cisplatina foram considerados gaúchos.

10. Ver Simon Schwartzman, *São Paulo e o Estado Nacional*.

11. Ver Nelson Mascarenhas Lage, *op. cit.*, p. 65, e o jornal *O Brasil* de 23 de março de 1843.

12. Andrade Pinto, *op. cit.*, p. 22.

13. Ver os debates nos *Anais da Câmara dos Deputados*, Tomo IV, 1855, especialmente os discursos de Zacarias de Góes e Vasconcellos, Carrão, e Bandeira de Melo, em 28 e 29 de agosto.

14. Sobre esses atritos e o gabinete Paraná em geral, ver Wanderley Pinho, *Cotegipe e seu Tempo. Primeira Fase, 1815-1867*, p. 386. O projeto do governo e o debate envolviam outros problemas além do da influência das grandes bancadas, como veremos no capítulo 7.

15. Ver Eul-Soo Pang e Ron L. Seckinger, "The Mandarins of Imperial Brazil", *Comparative Studies in Society and History*, IX, 2 (inverno, 1971), p. 215-244.

16. Sobre a nobreza chinesa e sobre o sistema de exames, ver o trabalho de Chung-li Chang, *The Chinese Gentry. Studies in their Role in Nineteenth Century Chinese Society*.

17. Sobre a administração local na China, ver John R. Watt, *The District Magistrate in Late Imperial China*.

18. Ver Karl A. Wittfogel, *Despotismo Oriental*, p. 26 e *passim*, e Chang, *op. cit.*, p. 38.

19. *Despotismo Oriental*, p. 396.

20. Ver a respeito das sociedades burocráticas históricas do tipo da chinesa o clássico texto de S. N. Eisenstadt, *The Political Systems of Empires*.

CAPÍTULO 6   A burocracia, vocação de todos[1]

Vimos até aqui que uma das principais características da elite política imperial, à semelhança de outras elites de países de capitalismo retardatário ou frustrado, era seu estreito relacionamento com a burocracia estatal. Embora houvesse distinção formal e institucional entre as tarefas judiciárias, executivas e legislativas, elas muitas vezes se confundiam na pessoa dos executantes, e a carreira judiciária se tornava parte integrante do itinerário que levava ao Congresso e aos conselhos de governo. Daí ser necessário dedicar algum espaço à análise da burocracia como um todo.

A decisão justifica-se, além do mais, pelas afirmações contraditórias registradas na literatura sobre a burocracia e que refletem as mesmas contradições já mencionadas a propósito da natureza do Estado imperial. Assim é que, num dos melhores textos de sociologia política produzidos durante o Império, Joaquim Nabuco desenvolve o argumento de que a escravidão, ao fechar alternativas econômicas para grande parte da população livre, fazia com que o funcionalismo público se tornasse a vocação de todos. Daí o número excessivo de funcionários que com seus magros vencimentos se tornavam os servos da gleba do governo, vivendo em terras do Estado, numa dependência que só aos mais fortes não quebrava o caráter. Escrevendo 85 anos mais tarde, Raymundo Faoro apresenta visão radicalmente distinta da burocracia imperial. Em sua ótica, tratava-se de um grupo que constituía estamento e se tornara árbitro da nação e das classes sociais, regulador da economia e proprietário da soberania nacional[2]. A visão de Nabuco vincula-se à corrente que vê o Estado imperial submetido à propriedade da terra, representada pelos latifundiários em geral, pelas oligarquias regionais, ou pelos clãs locais. Com Faoro (ou este com eles) estão os que vêem no mesmo Estado um Leviatã presidindo aos destinos de uma sociedade inerte. A análise da burocracia, juntamente com a da elite, poderá permitir a superação do estilo dicotômico de análise mediante uma interpretação mais abrangente e mais dialética.

O estudo da burocracia justifica-se ainda por uma razão adicional. É de estranhar, por exemplo, o fato de um leitor atento e competente chegar ao final das 750 páginas da segunda edição do livro de Faoro com dúvidas sobre a que corresponderia na realidade o estamento burocrático de que fala o autor[3]. Tentaremos aqui, dentro das conhecidas limitações dos dados disponíveis, aliar ao esforço interpretativo esforço igual no sentido de embasamento empírico.

A burocracia imperial eram várias. Dividia-se tanto verticalmente, por funções, como horizontalmente, por estratificação salarial, hierárquica e social. Seus vários setores distinguiam-se pelas respectivas histórias; pelo maior ou menor grau de profissionalização, de estruturação e de coesão; pelo recrutamento e treinamento de seus membros; pela localização no organograma do Estado; pela natureza mais ou menos política de suas tarefas. As divisões eram importantes porque redundavam em conflitos, quase sempre com conseqüências políticas. Pode-se mesmo dizer que a cada fase da política imperial correspondia, dentro da burocracia, a vitória de um setor sobre o outro, ou outros.

O quadro 24 tenta fornecer imagem simplificada das divisões verticais e horizontais. Na vertical, no setor civil, poderia ainda ser distinguida a burocracia fiscal que era bem estruturada e mais bem paga do que outros subsetores, mas sua importância política direta era menor. Na divisão horizontal, foi utilizada uma classificação de Guerreiro Ramos, com a exclusão do estrato que esse autor chama de burocracia técnica e profissional, por ser praticamente inexistente[4]. Trata-se, é claro, de uma aproximação, sobretudo porque a estratificação não se aplica da mesma maneira aos vários setores. O que seria, por exemplo, o setor proletário do clero? Embora se igualassem em termos de salário, um pároco certamente não poderia ser colocado no mesmo nível de um servente. Além disso, as linhas divisórias têm significado distinto. As burocracias profissionalizadas, como a militar, a eclesiástica e a judiciária, definiam com maior rigidez suas fronteiras, mas para quem conseguisse entrar a subida até o topo era sempre possível. Já os setores menos profissionalizados não definiam com precisão as fronteiras, mas, em compensação, a promoção aos postos mais altos era mais difícil. Por essas razões, tome-se o quadro como um primeiro esboço de classificação, sujeito a correções e aperfeiçoamentos.

QUADRO 24
Burocracia Imperial, por Setores, Níveis e Salários, 1877

| Níveis | Setores e Salários (em Mil-réis) | | | | |
| | Civil | | Eclesiástico | Militar | |
	Judiciário	Outros		Exército	Marinha
Burocracia Política	Juiz do STJ 9:000$ Desembargador 6:000$	Ministro de Estado 12:000$ Cons. de Pres. de Estado 4:000$ + Província 8:000$ Professor Catedrático 4:800$ Chefe de Polícia 5:000$	Arcebispo 4:800$ Bispo 3:600$	Marechal 10:000$ Brigadeiro 6:698$	Almirante 6:000$ Chefe de divisão 2:880$
Burocracia Diretorial	Juiz de Direito 3:600$ Juiz Municipal 1:600$ Promotor 1:800$	Dir. EF PII 18:000$ Diretor* 8:000$ Ch. Seção* 5:000$ Oficial* 4:000$	Cônego 1:200$ Monsenhor 2:000$ Pároco 600$	Coronel 4:408$ Capitão 3:177$ 2º Tenente 1:205$	Cap. MG. 3:600$ Cap. Ten. 2:000$ 1º Tenente 1:200$
Burocracia Auxiliar		Amanuense* 2:400$ Contínuo* 1:500$ Praticante 960$		1º Sargento 438$** Forriel 219$**	1º Sargento 240$** Forriel –
Burocracia Proletária		Servente* 600$ Operário* 700$		Cabo 197$** Soldado 190**	Marinheiro – Grumete 60$**

Fontes: Manoel Francisco Correia, *Relatório e Trabalhos Estatísticos; Orçamento da Receita e Despesa do Império para o Exercício de 1877/78*.
Obs.: *Refere-se a funcionários do Ministério do Império. Para 1º Sargento da Marinha e Grumete, dados de 1889.
**Não estão incluídos prêmios e gratificações.
+Trata-se de gratificação.
Nota: Utilizamos o trabalho de Manoel Francisco Correia que, por sua vez, usou como fonte o *Orçamento da Receita e Despesa* para 1877/78. Em alguns casos foi necessário recorrer à fonte original. Não estão incluídos todos os cargos em cada estrato. Os salários às vezes variam de ministério para ministério, ou de acordo com o local de serviço, como no caso dos presidentes de província.

Comecemos pela divisão vertical. Os setores mais importantes aí são, sem dúvida, o judiciário e o militar. Magistrados e militares, ao lado dos agentes do fisco, estiveram entre os primeiros funcionários do Estado moderno a se organizarem em moldes profissionais. E foram as duas burocracias mais desenvolvidas que herdamos de Portugal. Acrescente-se aí o clero que, embora tivesse uma situação especial por pertencer simultaneamente a duas burocracias, foi também importante recurso administrativo, além de ter tido relevante participação política.

Esses três setores burocráticos foram também os que mais elementos forneceram para a elite política. Mas não só daí provinha sua importância. O fato de constituírem corporações mais ou menos estruturadas, com maior grau de coesão interna do que os outros setores, fez com que se tornassem atores políticos coletivos com muito maior poder de barganha. Além disso, e aí está o ponto mais importante para nossa análise, embora fossem setores da mesma burocracia estatal, havia entre eles diferenças marcantes que os colocavam freqüentemente em campos políticos distintos, se não opostos. Por essas razões, decidimos dedicar um capítulo à parte para seu exame (capítulo 7) e para ele remetemos o leitor.

Restam os outros setores civis da burocracia. Eram os mais numerosos e ao mesmo tempo os mais heterogêneos e mais difíceis de caracterizar. Não havia aí um corpo razoavelmente profissionalizado, com exceção talvez para a burocracia fiscal. Havia, é certo, um órgão de enorme peso administrativo que era o Conselho de Estado. Mas o Conselho era a culminância de uma carreira antes política que propriamente administrativa.

Em termos de origem social, eram também os setores mais heterogêneos. Alguns de seus segmentos, como o dos professores de ensino superior, assemelhavam-se ao dos magistrados, ao qual freqüentemente se superpunham. Outros eram hierarquizados: ao topo da carreira chegavam em geral pessoas com curso superior, mas nos escalões inferiores e intermediários podiam ingressar pessoas de menores recursos, embora quase sempre com o auxílio dos empenhos.

Mas é grande aqui a falta de informação, sobretudo para os escalões intermediários, como o dos chefes de seção e oficiais, que na prática suportavam o maior peso das tarefas administrativas. O setor fiscal, particularmente, mereceria estudo mais aprofundado, inclusive para melhor avaliação da possível influência dos escalões intermediários e dos diretores na formulação de políticas financeiras.

A CONSTRUÇÃO DA ORDEM

Além das divisões verticais, havia ainda importantes clivagens horizontais, já indicadas no quadro 24. Retomamos a mesma divisão desse quadro e tentamos estabelecer a distribuição númerica dos funcionários pelos vários estratos no quadro 25.

A primeira observação que salta aos olhos é o grande peso da burocracia proletária, sobretudo no setor militar. Ela está aí um tanto inflacionada por termos usado divisão dicotômica devido às dificuldades encontradas em separar sargentos e forriéis de cabos, soldados e marinheiros. Mas a dicotomia não faz violência à realidade em termos de diferenças hierárquicas e sociais. De qualquer modo, vê-se que o proletariado formava 89% da burocracia militar e pouco menos de 50% da burocracia civil. A metade do proletariado civil se encontrava nos arsenais da Marinha e do Exército.

O estrato proletário se dividia em serventes e operários. As barreiras para ascensão eram semelhantes nos dois casos, mas os operários se aproximavam mais de uma configuração de classe e tinham melhores condições de reivindicação, sobretudo os dos arsenais da Marinha e da Estrada de Ferro D. Pedro II. Esses trabalhadores iriam ter, na República, grande importância para o movimento operário do Rio de Janeiro, dando origem aos chamados sindicatos amarelos, estreitamente ligados ao Estado e à política[5]. Não se têm notícias de greves ou movimentos reivindicatórios organizados por eles durante o Império.

No setor militar, houve as rebeliões do início da Regência em que povo e tropa (do Exército) constituíam o principal núcleo insurgente, e que contribuíram, juntamente com a divisão do oficialato entre brasileiros e portugueses, para a desmobilização de grande parte do Exército e para sua exclusão do jogo político por largo período. Na Marinha, a rebelião veio ainda com mais violência, mas muito mais tarde, já na República. Fora esses casos, a massa proletária militar permanecia submetida a rigorosa disciplina, que por muito tempo incluía até mesmo o castigo físico.

Logo acima do proletariado, na parte civil, estava a burocracia auxiliar que ocupava em torno de 39% dos funcionários. Os salários eram aí mais altos e já havia exigências de alguma qualificação para os postulantes. Alguns Ministérios, como o da Fazenda, ensaiavam mesmo um sistema de concursos para o preenchimento dos cargos. Além disso, em princípio, o limite superior desse estrato não era intransponível e alguns tinham a possibilidade,

QUADRO 25

Funcionários do Governo Central, por Setores e Níveis

Níveis	Setores									
	Civil				Eclesiástico		Militar		Total	
	Judiciário		Outros							
	Nº	%	Nº	%	Nº	%	Nº	%	Nº	%
Burocracia Política	118	8,5	178	0,8	12	0,5	44	0,2	352	0,6
Burocracia Diretorial	1.259	91,5	1.214	5,2	2.414	99,5	2.880	10,6	7.767	14,3
Burocracia Auxiliar	–	–	9.222	39,3	–	–	–	–	9.222	17,0
Burocracia Proletária	–	–	12.821	54,7	–	–	24.210	89,2	37.031	68,1
Total	1.377	100,0	23.435	100,0	2.426	100,0	27.134	100,0	54.372	100,0

Fontes: Manoel Francisco Correia, *Relatório e Trabalhos Estatísticos; Orçamento da Receita e Despesa do Império para o Exercício de 1877/78; Coleção das Leis do Império do Brasil de 1877*, vol. I.

Nota: Seguimos aqui Manoel Francisco Correia, exceto quanto ao número de praças do Exército. O número que ele fornece, 25.494, está muito acima do fixado na Lei 2.706 para o exercício de 1877/78 que é de 16.000 e que é também o que encontramos na própria fonte de Correia. Adotamos esse último número.

A CONSTRUÇÃO DA ORDEM

e muitos certamente a esperança, de chegar algum dia a uma chefia de seção. Mas na prática poucos poderiam passar pelo filtro, pois a burocracia diretorial, excluídos os ramos do judiciário e do clero, pouco passava dos 5% do total. Essa última burocracia era a que se salientava pela competência técnica, o que se refletia em parte em seus salários, em muitos casos mais altos dos que os do estrato superior. O diretor da Estrada de Ferro D. Pedro II, por exemplo, tinha o maior salário do funcionalismo imperial, superior ao dos ministros de Estado: 18 contos.

A burocracia diretorial era a antecâmara do topo da pirâmide, e isso valia especialmente para o setor dos magistrados. Daí, a grande busca da carreira judiciária nas fases iniciais do Império como trampolim para os postos mais altos, administrativos e políticos. O setor civil não judiciário tinha menores oportunidades de chegar ao topo, pois a educação superior era aí atributo de minoria. A preocupação em conquistar ou manter posições resultava em intensa competição e em generalizado servilismo. A chegada ao topo era possível, mas a luta era árdua e maior a necessidade do patronato e dos empenhos. Daí, também, a menor coesão desse estrato e ausência de atuação política própria[6].

Por fim, havia o topo da pirâmide que não chegava a 1% de todo o funcionalismo, ao todo umas 350 pessoas. Mas nesse ponto já se torna muito difícil separar a administração da política. O topo da administração era, ao mesmo tempo, parte substancial da elite política. O exemplo máximo da fusão estava no Conselho de Estado, que era órgão administrativo e, ao mesmo tempo, profundamente político. Conselheiros, desembargadores, presidentes de província, professores, generais elegiam-se deputados e senadores e ocupavam cargos ministeriais, muitas vezes cumulativamente. É nessa cúpula que Faoro estava provavelmente pensando quando falou em estamento burocrático controlador do Estado.

Não se tratava, no entanto, de um estamento, mas de uma elite política formada em processo bastante elaborado de treinamento, a cujo seio se chegava por vários caminhos, os principais sendo alguns setores da burocracia, como a magistratura. Ao longo do período imperial outros caminhos se abriram além da burocracia, como as profissões liberais — advocacia e medicina —, o jornalismo, o magistério, quando não o simples favor imperial. O segredo da duração dessa elite estava, em parte, exatamente no fato de não ter a estrutura rígida de um estamento, de dar a ilusão de acessibilidade, isto é, estava em sua capacidade de cooptação de inimigos potenciais.

Além da divisão interna, outra característica da burocracia imperial contribuía para reduzir seu poder de controle e de direção da sociedade. Trata-se da distribuição dos funcionários pelos vários níveis de poder — central, provincial e local. Essa distribuição acompanhava a própria estrutura do aparato estatal e revelava, ao mesmo tempo, aspectos da natureza do Estado. As reformas de 1840-41 levaram à exagerada centralização política e administrativa, que faria um de seus autores dizer mais tarde das administrações imperiais que "têm cabeças enormes, quase não têm braços e pernas", ou ainda: "são corpos cuja circulação não chega às suas extremidades"[7]. A conseqüência dessa estrutura centralizada era o acúmulo de funcionários e atividades administrativas no nível do governo central, sua reduzida presença no nível provincial e quase ausência no nível local.

A concentração era um fato. Mas há aí também algumas distinções importantes a fazer. A macrocefalia variava de acordo com as tarefas a serem executadas. Simplificando, pode-se dizer que ela era menor no que dizia respeito às tarefas de controle e de extração de recursos, era maior no que se referia às tarefas que alguns chamam de redistribuição e que outros talvez preferissem chamar de reprodução. As primeiras se concentravam nos Ministérios da Justiça e do Império, as segundas no da Fazenda, as terceiras nos do Império e Agricultura, Comércio e Obras Públicas. Esquematicamente, a situação se apresentava mais ou menos como indicam os quadros 26 e 27.

Vê-se pelo quadro 26 que a ação coercitiva do governo central, de um modo ou de outro, podia estender-se até o quarteirão, que era a menor divisão judiciária correspondente a um conjunto mínimo de 25 casas. Recorde-se que isso se tornou possível após a famosa — segundo os liberais famigerada — lei de 3 de dezembro de 1841, que reformou o Código de Processo Criminal de 1832. A lei foi um dos pontos culminantes do Regresso e seu item mais polêmico foi a retirada da maior parte dos poderes do juiz de paz eleito e passá-la para os delegados e subdelegados de polícia nomeados pelo ministro do Império. Os delegados e subdelegados, criados pela reforma, tinham poder para dar buscas, prender, formar culpa, pronunciar e conceder fiança. Eram eles que dividiam os distritos de paz em quarteirões, nomeavam os inspetores de quarteirão e os escrivães de paz e ainda faziam as listas dos jurados. Essa situação durou em sua plenitude até 1871, quando a lei de 1841 foi modificada no sentido de tirar dos delegados as atribuições judiciárias, permanecendo, porém, as policiais.

QUADRO 26

Distribuição das Burocracias Coercitiva e Extrativa, por Níveis de Governo, 1877

Níveis	Burocracia Coercitiva				Burocracia Extrativa
	Judiciária	*Policial*		*Militar*	*Extrativa*
Nacional	Ministro da Justiça → 17 Ministros do STJ		Ministro do Império	Ministro da Guerra	Ministro da Fazenda → Diretor do Tesouro Nacional
Provincial	91 Desembargadores · Comandantes da G. Nacional	20 Chefes de Polícia	20 Pres. de Prov.	20 Comandantes de Armas · Oficiais de Recrutamento	19 Inspetores do Tesouro · 21 Inspetores de Alfândegas
Comarcas	433 Juízes de Direito e Substituto · Oficiais da G. Nacional			Colônias Militares	56 Mesas de Renda
Municípios / Termos (Local)	460 Juízes Munic. e de Órfãos		366 Promotores · Delegados	Quartéis	516 Coletores
Distritos de Paz / Quarteirões	Juízes de Paz	Carcereiros	Jurados · Subdelegados	Inspetores de Quarteirão	

Obs.: O traço contínuo significa poder de nomeação; o interrompido, poder de indicação.

Nota: Os juízes de paz eram eleitos. Os oficiais da GN também o eram antes de 1850. Juízes municipais e de órfãos, chefes de polícia, promotores, carcereiros, inspetores de quarteirão e, às vezes, até mesmo juízes de direito eram nomeados por autoridades provinciais e locais antes das reformas de 1840-41.

JOSÉ MURILO DE CARVALHO

Foi acrescentada ao quadro a participação do Exército. Após as rebeliões internas que terminaram em 1849, no entanto, seu papel na manutenção cotidiana da ordem interna foi reduzido. Os oficiais de recrutamento tinham pouco poder, pois quem realmente decidia eram as juntas paroquiais que faziam o alistamento e o sorteio[8]. O Exército se ocupava mais da guarda de fronteiras e das colônias militares.

A Guarda Nacional, sim, teve papel de primeiro plano no controle da população e na cooptação dos senhores de terra. Mas ela não era parte da burocracia propriamente dita e será tratada na próxima seção.

Razoavelmente desenvolvida era a rede de captação de recursos fiscais, a que correspondia maior desenvolvimento profissional dos funcionários do Ministério da Fazenda. Naturalmente, a simples presença no interior de funcionários do fisco não significava melhor distribuição da carga fiscal. As receitas gerais provinham em mais de 70% dos impostos indiretos de importação e exportação, arrecadados nas alfândegas. Mas a presença desses funcionários e sua atividade, embora discreta, constituía sinal importante da presença do poder público na periferia do sistema político.

As afirmações de Uruguai têm validade plena no que se refere às tarefas distributivas ligadas ao desenvolvimento social, à promoção da educação e da saúde, e ao desenvolvimento econômico, como a construção de obras públicas, a assistência técnica e creditícia etc. (quadro 27). Para tais tarefas, a ação do governo central parava nas capitais das províncias, com as únicas exceções dos serviços de correios e das incipientes estradas de ferro. Os únicos agentes do governo central no nível local eram os párocos que, no entanto, se limitavam às tarefas de registro de nascimentos, casamentos e óbitos. A ação dos párocos era mais importante na área político-eleitoral do que na administrativa. Os próprios municípios, aliás, não possuíam um Executivo independente do Legislativo. Daí ficar a ação distributiva na dependência da iniciativa dos poderosos locais.

A predominância das atividades de controle e extração, que se reproduziam também nas províncias, correspondia à fase do processo de construção do Estado que vimos chamando de acumulação primitiva de poder, e que no Brasil se estendeu até em torno de 1850, quando novos problemas passaram ao primeiro plano.

QUADRO 27

Distribuição da Burocracia Distributiva, por Níveis de Governo, 1877

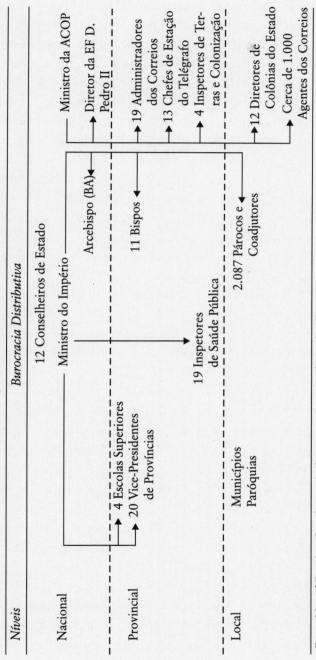

Fonte: Manoel Francisco Correia, op. cit. O traço contínuo significa poder de nomeação.

Nota: Os conselheiros de Estado eram nomeados pelo imperador e o aconselhavam no exercício do Poder Moderador. Em matéria de educação, o governo geral cuidava apenas dos cursos superiores, dos seminários e da educação primária e secundária da Corte, além de bibliotecas, arquivos e institutos, também na Corte.

Os Estudos Práticos sobre a Administração das Províncias no Brasil, escritos em 1865 pelo visconde do Uruguai, e que Tavares Bastos chamou de protesto da reação contra si mesma, já indicavam percepção clara das mudanças em andamento. A criação do Ministério da Agricultura, Comércio e Obras Públicas em 1860 refletia o mesmo fenômeno. A própria estrutura de gastos orçamentários modificou-se substantivamente de 1842 até 1889. Os gastos administrativos passaram de 96% do total no início do período para 58% no final, ao passo que os gastos econômicos e sociais passaram de 4% para 41%[9].

A mudança no conteúdo de ação estatal exigia também transformações na estrutura do Estado, com expansão de sua capacidade de atuação para a periferia do sistema. O federalismo republicano traduziu um aspecto dessa exigência porque, no Império, além de o funcionalismo central se concentrar no topo da administração, o funcionalismo público como um todo também se concentrava no governo central. Esse aspecto é revelador da natureza do sistema político brasileiro. Para melhor esclarecer o ponto, fornecemos no quadro 28 os dados para o Brasil e para os Estados Unidos referentes à distribuição do funcionalismo público pelos níveis do governo.

Não possuímos para os Estados Unidos informações referentes ao século XIX. Mas, dada a história daquele país e sua tradição de ênfase no governo local, é de supor que, se alguma diferença havia, era no sentido de aumentar o contraste com o Brasil. E o contraste era enorme, mesmo em 1920, quando o Brasil já copiava há 31 anos o mesmo sistema federal americano. A burocracia brasileira continuava vítima da macrocefalia que em 1877 era verdadeiramente patológica. Se Uruguai se queixava de que o governo central não possuía braços e pernas, os governos provinciais e municipais estavam em situação pior ainda.

Tem-se então um quadro curioso. A concentração política e administrativa, acompanhada da concentração de funcionários, fazia com que se acentuasse a visibilidade do Estado no Brasil, ao passo que um processo inverso se dava nos Estados Unidos. No entanto, a concentração era produto da própria incapacidade do Estado brasileiro de estender sua ação até a periferia do sistema, ao mesmo tempo que a descentralização americana indicava maior poder de controle, embora não necessariamente por parte do governo federal.

QUADRO 28

Número de Empregados Públicos por Níveis de Governo, Brasil e Estados Unidos

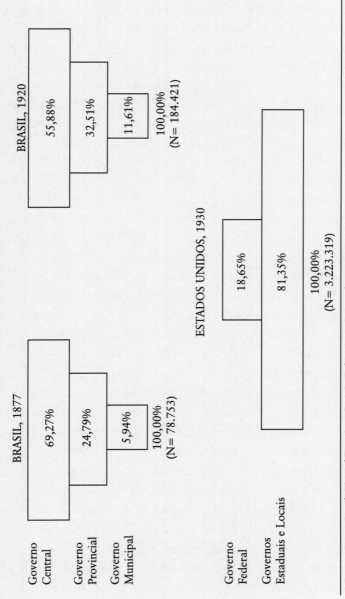

Fontes: Para o Brasil, Manoel Francisco Correia, Relatório, e Censos de 1872 e 1920.
Para os Estados Unidos, *Historical Statistics of The United States, Colonial Times to 1957*.

JOSÉ MURILO DE CARVALHO

A incapacidade do Estado brasileiro em chegar à periferia é bem ilustrada pelos compromissos que se via forçado a fazer com os poderes locais. No Brasil, como nos exemplos históricos descritos por Weber, o patrimonialismo combinava-se com tipos de administração chamados litúrgicos[10]. Na ausência de suficiente capacidade controladora própria, os governos recorriam ao serviço gratuito de indivíduos ou grupos, em geral proprietários rurais, em troca da confirmação ou concessão de privilégios.

No caso brasileiro, a associação litúrgica por excelência foi a Guarda Nacional. Não é preciso repetir aqui o que já foi dito a respeito dessa instituição[11]. Basta lembrar que seu oficialato era retirado das notabilidades locais, fazendeiros, comerciantes e capitalistas, e o contingente se compunha de quase toda a população masculina adulta livre. De 1831 a 1873, a Guarda Nacional tinha a seu cargo quase todo o policiamento local além de constituir poderoso instrumento de controle da população livre e pobre pelos chefes locais. Se todo o funcionalismo público do Império não chegava, em 1877, a 80.000 pessoas, a Guarda Nacional tinha, em 1873, 604.080 homens na ativa e 129.884 na reserva, o que correspondia a 17% da população masculina livre. Mesmo descontando a parte de ficção que certamente existe nesses números, será difícil exagerar a importância da Guarda para a manutenção da ordem local.

Mas o compromisso entre governo e donos de terra no que se refere à administração local não parava na Guarda Nacional. Serviço litúrgico era também desempenhado pelos delegados e subdelegados de polícia e inspetores de quarteirão de que já falamos. Embora de nomeação do governo central (delegados e subdelegados), eram remunerados apenas pelas diligências feitas. Não é de surpreender que a nomeação do governo recaísse no mesmo tipo de gente que era eleita para juiz de paz, de quem os novos funcionários herdaram as principais atribuições[12]. Esse fato introduz importante nuança no que foi dito antes sobre a capacidade de controle do governo central no nível local. O que houve em 1841 não foi simplesmente o esmagamento do poder local, como clamavam os liberais. Foi antes a instauração do governo como administrador do conflito local, sobretudo do conflito entre poderosos. O juiz de paz eleito, representante de algum poderoso, tendia a entrar em constantes atritos, não só com os funcionários públicos (juízes, párocos, oficiais de justiça), mas também com outras autoridades eletivas e também representantes de poderosos locais, como os oficiais da Guarda Nacional e os vereadores[13]. A nomeação pelo governo dos delegados e subdelegados, assim como dos oficiais da Guarda Nacional a partir de 1850, não só não violava a hierarquia local de poder, como até mesmo a protegia ao poupar aos poderosos os riscos de uma eleição. O governo trazia para a esfera pública a administração do conflito privado mas ao preço de manter privado o conteúdo do poder. Os elementos não pertencentes à camada dirigente local eram excluídos da distribuição dos bens públicos, inclusive da justiça. O arranjo deu estabilidade ao Império, mas significou, ao mesmo tempo, uma séria restrição à extensão da cidadania e, portanto, ao conteúdo público do poder. O governo se afirmava pelo reconhecimento de limites estreitos ao poder do Estado.

Vários aspectos mencionados anteriormente já sugerem que, se a burocracia imperial não constituía estamento, também não se pode dizer que se adequasse ao modelo de burocracia moderna como definida por Weber. A definição, no que se refere aos funcionários, inclui nomeação por contrato com base em qualificações técnicas; lealdade aferida pela fiel execução dos deveres, com base em regras impessoais; e perspectiva de carreira. A ação desses funcionários, ainda segundo Weber, se assemelharia à de uma máquina em precisão, regularidade, eficácia, impessoalidade e predizibilidade[14]. A administração imperial estava longe desse modelo ou tipo ideal. Vamos aqui apenas estender mais um pouco a argumentação.

Apesar das variações entre os diversos setores, salientando-se a maior burocracia dos setores clássicos do judiciário, do militar e do fiscal, pode-se dizer que, em geral, a classificação de cargos era precária, a divisão de atribuições pouco nítida, os salários variáveis de Ministério para Ministério; não havia sido institucionalizado o sistema do mérito, e as nomeações e promoções eram muitas vezes feitas à base do apadrinhamento ou, como se dizia na época, do empenho e do patronato, e não da competência técnica; as carreiras eram mal estruturadas e a aposentadoria não era generalizada[15].

Testemunho precioso sobre o funcionamento de uma repartição na época pode ser encontrado nas cartas de um dos mais cultos e competentes funcionários públicos do Império, João Batista Calógeras. Calógeras entrou para o serviço público em 1859 como primeiro oficial do Ministério dos Negócios

Estrangeiros e terminou a carreira como chefe de seção do Ministério do Império, 15 anos depois. Suas cartas são testemunho das intrincadas manipulações que se faziam para se conseguirem nomeações, promoções, comissões e licenças envolvendo superiores hierárquicos, políticos, amigos e até mesmo o Imperador. A bajulação dos superiores e os ciúmes dos colegas de trabalho eram traços constantes do comportamento nas repartições. As relações com os ministros eram quase familiares. Costumava Calógeras trabalhar na casa de um deles[16].

Outro testemunho importante é o de Albino José Barbosa de Oliveira, magistrado de carreira que chegou ao Supremo Tribunal de Justiça. Diferentemente de Calógeras, que era estrangeiro e impôs-se pelos méritos pessoais, Albino, brasileiro de origens modestas, chegou ao topo da carreira à sombra de um casamento que o ligou às mais ricas famílias e aos mais importantes políticos do Rio de Janeiro e de São Paulo, tanto liberais como conservadores. O casamento não só o fez dono de fazendas de café, como também lhe facilitou promoções e transferências vantajosas[17].

A troca de favores não abrangia apenas nomeações e promoções. Os funcionários envolviam-se em práticas que hoje seriam consideradas corruptas, embora continuem freqüentes. Calógeras, por exemplo, comenta candidamente em suas cartas o fato de seu filho ter ganho alguns milhares de francos de comissão do governo por ter agenciado a compra de algumas canhoneiras para o Ministério da Marinha, cujo ministro era seu amigo[18].

Há aqui dois pontos interessantes a examinar. O primeiro refere-se aos aspectos patrimoniais em si, isto é, à indistinção entre a administração e a política, entre o particular e o público. O segundo refere-se ao sentido que essa indistinção possa ter para a burocracia, para o Estado e para a sociedade. Quanto ao primeiro, o Brasil não era na época caso excepcional, mesmo em comparação com países tão diferentes como a Inglaterra e os Estados Unidos. Foi nesse último país que se cunhou a expressão "sistema de espólios", para indicar as derrubadas de funcionários que se seguiam às mudanças de presidentes. Um inquérito do Congresso americano, feito em 1885, mostrou que a maioria dos funcionários era desqualificada e que existiam "tantos

A CONSTRUÇÃO DA ORDEM

ladrões nos serviços públicos que a honestidade era a exceção". Na Inglaterra, no começo do século XIX, "a patronagem era um método aceito de brindar conhecidos, amigos, correligionários e dependentes com um meio de vida"[19].

Mas eram diferentes o ritmo de mudança e o peso social e político do sistema de patronagem. A Inglaterra iniciou, já em 1853, o esforço de implantação do sistema do mérito. Os Estados Unidos o fizeram em 1883 com o Civil Service Act. Mais ainda, em ambos os casos os esforços de reformas se fizeram por pressão de grupos de cidadãos que para tal fim se organizaram. Nos Estados Unidos, a reforma começou pelos municípios e só mais tarde atingiu os níveis estadual e federal e, em boa parte, refletia o que já estava sendo feito na administração privada graças às experiências de Taylor, isto é, a racionalidade da sociedade industrial competitiva estava sendo levada para dentro do Estado por pressão da própria sociedade. Além disso, embora o emprego público fosse usado como recurso político e certamente houvesse pretendentes para esses empregos (o presidente Garfield foi morto por um "disappointed office-seeker"), o dinamismo da economia americana oferecia muitas outras alternativas ocupacionais mais atraentes em termos salariais. As pessoas de maior iniciativa e potencialmente mais rebeldes canalizavam suas energias para o setor privado, reduzindo a pressão sobre o emprego público e, portanto, diminuindo o peso que esse emprego poderia ter como recurso político.

No Brasil, devido ao limitado leque ocupacional, a pressão era muito maior e provinha de elementos dinâmicos que procuravam escapar às limitações do mundo escravista. Isto redundava em número de funcionários excessivo em relação às tarefas deles exigidas, dando origem às queixas sobre o parasitismo e o custo exagerado do funcionalismo. As queixas existiam, mas é sintomático que muitos dos que denunciavam o mal ou eram funcionários eles mesmos, como Uruguai, ou tinham sido demitidos, como Tavares Bastos, ou provavelmente estavam à espera de uma oportunidade. Esforços sérios para introduzir o sistema do mérito e racionalizar a administração só foram feitos a partir de 1936 e com êxitos muito relativos.

Mantendo a comparação com os Estados Unidos, damos no quadro 29 a proporção de funcionários públicos em relação à população.

JOSÉ MURILO DE CARVALHO

QUADRO 29
Empregados Públicos do Governo Central por Mil Habitantes,
Brasil e Estados Unidos

Empregados Públicos	País					
	Brasil (1877)	EUA (1871)	Brasil (1895)	EUA (1891)	Brasil (1920)	EUA (1925)
Civis	2,6	1,3	2,2	2,5	1,5	5,3
Militares	2,8	1,1	2,7	0,6	1,8	2,4
TOTAL	5,4	2,4	4,9	3,1	3,3	7,7
	(N = 54.372)	(N = 93.225)	(N = 76.716)	(N = 195.310)	(N = 103.049)	(N = 804.801)

Fontes: Brasil, Manoel Francisco Correia, *op. cit*; para 1877, *Balanço da Receita e Despesa da União*; para 1920, Censo desse ano. Estados Unidos, *Historical Statistics of the United States*. Para população, Censos de 1872, 1890, 1900, 1920, para o Brasil; 1870, 1890, 1920, para os Estados Unidos.
Nota: O número de funcionários em 1895 deve estar subestimado porque o Balanço nem sempre dá o número de trabalhadores do serviço manual e mecânico. Para cálculo da relação funcionário-população nesse ano usamos o Censo populacional de 1900, dividindo ao meio a diferença de população em relação ao Censo de 1890.

O quadro mostra que, no que se refere ao funcionalismo geral e federal, o Brasil tinha, até o final do século, mais empregados relativamente à população do que os Estados Unidos. Levando-se em conta que as tarefas do governo seriam muito provavelmente mais simples no Brasil, pode-se concluir pela natureza menos instrumental da burocracia brasileira, isto é, ela seria determinada em boa parte por outras exigências que não as estritamente vinculadas às necessidades do serviço.

A importância do emprego público como oportunidade ocupacional era naturalmente maior nos centros urbanos, sobretudo nas capitais do Império e das províncias, onde, em 1872, se encontravam 10% da população, cerca de 1 milhão de pessoas. Era também aí que a busca do emprego se dava com maior vigor, sobretudo no Rio de Janeiro, onde boa parte das oportunidades no comércio era tomada por estrangeiros. Se calcularmos que em torno de um terço do funcionalismo geral estava no Rio (cerca de 15.000 pessoas), e que, segundo o Censo de 1872, a população masculina livre ocupada desta cidade era de cerca de 85.000, veremos que o emprego público correspondia a mais de 15% do total de empregos, um número certamente muito alto.

Outra indicação do excesso de funcionários era a porcentagem dos gastos com pessoal nos orçamentos. Esse cálculo é difícil, mas os dados do quadro 30 não devem estar muito longe da realidade, pois, embora frutos de tentativas independentes, se mostram bastante consistentes.

QUADRO 30
Gastos de Pessoal como Porcentagem dos Gastos Totais do Governo Central/Federal, por Ministério, 1889 e 1907

| | Anos | |
Ministérios	1889	1907
Império-Interior	65	83
Fazenda	16	33
ACOP-Viação	37	57
Marinha	61	79
Guerra	77	79
Estrangeiros — Relações Exteriores	85	64
Justiça	84	–
TOTAL	60	65

Fontes: Para 1889, *Balanço da Receita e Despesa do Império*; para 1907, Tobias Monteiro, *Funcionários e Doutores*, p. 114.
Nota: A dificuldade maior com o cálculo que fizemos, com base no Balanço de 1889, é que a verba utilizada para pagar os empregados manuais e mecânicos está incluída em despesas de material. Os números são, portanto, apenas aproximados. É provável que as porcentagens reais sejam mais altas.

Eliminando-se o Ministério da Fazenda, cujos gastos principais eram com o pagamento de juros e amortizações da dívida externa, as porcentagens totais sobem para 68% e 72%. Diante desses números, podem-se entender melhor observações como as do visconde do Uruguai, segundo as quais a centralização aumentava a "chega do *funcionalismo*", tanto no nível central como no provincial, devorando a maior parte das rendas. Ao final do Império, Castro Carreira repetia a mesma idéia: "O funcionalismo é um cancro que devora e aniquila as forças do país, prejudicial não só no aumento das despesas, como pela desorganização do serviço". Tobias Monteiro, já na República, continuou na mesma veia protestando contra o que chamava de casta que sugava os cofres da nação[20].

O que esses críticos não viam era o que Guerreiro Ramos chamou de funções latentes da burocracia. Eles pensavam num modelo de burocracia instrumental, semelhante à máquina de que falava Weber. Não viam que o funcionalismo atendia também necessidades que eram de natureza política e social. A burocracia era importante para prover ocupação para os setores médios urbanos e mesmo para setores proletários; era também poderoso elemento de cooptação dos potenciais opositores, oriundos dos setores médios urbanos e das alas decadentes da grande propriedade rural. A esses elementos se refere Sylvio Romero como sendo a mendicidade envergonhada por ser portadora de diplomas e vestir casacas: são os médicos sem clínica, os advogados sem clientela, os padres sem vigararias, os engenheiros sem empresas, os professores sem discípulos, os escritores sem leitores, os artistas sem públicos, os magistrados sem juizados[21].

A burocracia imperial não era estamento. Não estávamos num Estado feudal, nem mercantilista. Mas também não era máquina moderna de administrar, pois o sistema industrial de produção que levou a racionalização administrativa para dentro dos modernos Estados capitalistas ainda não se estabelecera entre nós. Mas ela possuía racionalidade própria, cujo sentido era relevante, menos para a administração como tal do que para o sistema político como um todo.

Podemos, a essa altura, reconstituir num quadro mais amplo o problema da burocracia imperial, tentando integrar as posições divergentes de alguns autores que sobre ela escreveram.

Já em 1843, o jornal *O Brasil* falava da "grande classe dos empregados públicos e dos aspirantes a empregos", e das dificuldades em reduzi-la pela falta de oportunidades ocupacionais na agricultura, pela falta de capitais, e no comércio, pelo monopólio que sobre ele exerciam os estrangeiros[22]. Mais tarde, Nabuco feria a mesma tecla, atribuindo o fenômeno diretamente à escravidão, e Rebouças, indo além, dava como causa principal da grande demanda por empregos a própria estrutura agrária monopolista[23]. Nessas circunstâncias, quem procuraria o emprego público? Segundo Nabuco, o número dos pretendentes podia ser calculado "pelo recenseamento dos que sabem ler e escrever", mas apontava principalmente os ex-ricos, isto é, os descendentes de famílias fidalgas decadentes e os pobres inteligentes que constituíam a grande maioria dos homens de merecimento. Sylvio Romero e Tobias Monteiro davam ênfase à classe média desempregada, sobretudo profissionais liberais, os "bacharéis", como chamou ao grupo todo Gilberto Freyre. Azevedo Amaral falava em grupos intermediários dominados por mestiços[24]. O traço comum dessas caracterizações é o de pessoas em mobilidade social descendente ou ascendente, as primeiras excedentes do latifúndio escravista, as segundas que nele não puderam entrar, isto é: de modo geral, os marginais do sistema e seus mais prováveis e capazes opositores.

Nossa análise mostrou que a percepção acima é plausível. O funcionalismo não era a vocação de todos, como exagerou Nabuco, mas sim das minorias urbanas, sobretudo de seus elementos mais educados e mais agressivos. Para esses, os setores da burocracia de mais difícil acesso eram o oficialato da Marinha e a magistratura. Mesmo assim, neles entravam os filhos da agricultura decadente e na magistratura se esgueiravam alguns dos "pobres inteligentes". Os outros setores eram mais abertos e alguns deles, o clero e o Exército, podiam levar os pobres inteligentes até o topo da carreira. O que não se mencionava no Império era o serviço público como fonte de emprego para a população pobre urbana, em parte talvez por não se considerarem empregados públicos os operários do Estado (os próprios serventes eram pagos com verba de material), em parte pela pequena agressividade desses grupos na época. A importância da burocracia proletária só se tornou evidente mais tarde, quando o proletariado em geral surgiu na cena política.

Os dados também dão fundamento à idéia de que o funcionalismo resultante da situação descrita era desproporcional às tarefas administrativas que tinham de executar, justificando as acusações de parasitismo, ociosidade e custo excessivo para o erário.

As divergências surgem na caracterização da burocracia e de seu poder. Num extremo está Nabuco, para quem os funcionários apenas mudavam de senhor: escapavam de ser servos da gleba do latifúndio para o ser do governo, permanecendo em situação de dependência. Em posição intermediária, Azevedo Amaral vê a burocracia desenvolvendo poder próprio por via do que chama de Estado Político, em oposição ao Estado Econômico em que o grupo dirigente seria o que controlasse o setor dinâmico do processo produtivo. O Estado Político imperial, por estar desvinculado desse processo, ou a ele ligado apenas pelo setor acanhado da propriedade agrícola, bloqueava o desenvolvimento da sociedade industrial[25]. Extremando a posição, Faoro vê a burocracia constituindo um estamento e dominando por meio do Estado a nação e as classes sociais.

Vimos que não há base empírica para se falar em estamento burocrático. O corpo de funcionários se dividia vertical e horizontalmente, não possuía estilo próprio de vida, não tinha privilégios legais, não desenvolveu mecanismos de proteção de sua homogeneidade e autonomia. Não se estamentalizou a burocracia como um todo, não se estamentalizou a Igreja, não se estamentalizaram os militares. Havia, sim, setores mais ou menos burocratizados, mais ou menos coesos, como os magistrados, os militares, o clero, que disputavam entre si, e em alianças com setores externos a eles, maior peso nas decisões políticas e maior parcela dos benefícios do poder.

A diferenciação interna da burocracia adquiria importância política especial devido à fusão parcial com a elite política. Vimos em capítulo anterior que na própria Câmara havia 60% de funcionários públicos em 1834, 55% em 1850, 32% em 1869, caindo para 11% em 1886. Por várias vezes discutiu-se no Congresso e na imprensa da época a excessiva participação de empregados públicos em cargos legislativos. Além de distorcer o sistema representativo, essa participação levava a uma ambigüidade básica da burocracia. O emprego público constituía a principal alternativa para os enjeitados do latifúndio escravista, mas, uma vez no governo, os funcionários e a elite em geral não podiam matar a galinha dos ovos de ouro que era a própria agricultura de exportação baseada no trabalho escravo, fonte da maior parte das rendas públicas.

A burocracia era assim marcada pelo que Guerreiro Ramos chamou de dialética da ambigüidade, já percebida também por Joaquim Nabuco quando via o governo, ao mesmo tempo, como sombra da escravidão e como única força capaz de destruí-la[26]. Essa ambigüidade marcava também a elite política e atingia o coração do próprio Estado imperial, não podendo ser entendida apenas nos limites da burocracia.

NOTAS

1. Uma versão modificada deste capítulo foi publicada na revista *Dados*, 21 (1979), p. 7-31.
2. Ver Joaquim Nabuco, *O Abolicionismo*, p. 164; Raymundo Faoro, *Os Donos do Poder*, p. 262.
3. Ver Francisco Iglésias, "Revisão de Raymundo Faoro", *Cadernos DCP* (março, 1976), p. 136.

A CONSTRUÇÃO DA ORDEM

4. Ver Guerreiro Ramos, *Administração e Estratégia do Desenvolvimento*, p. 300-308.

5. Não conhecemos nenhum estudo sobre o operariado do Estado durante o Império. Os positivistas foram talvez os primeiros a se ocupar do problema. Em 1889, Teixeira Mendes entregou a Benjamin Constant um documento aprovado em reuniões de operários do Estado, que estabelecia, entre outras coisas, jornada de 7 horas, descanso semanal, férias, aposentadoria etc. Ver R. Teixeira Mendes, "A Incorporação do Proletariado na Sociedade Moderna", *Igreja e Apostolado Positivista do Brasil*, nº 77 (julho, 1908). Pandiá Calógeras reclamou em 1918 do que achava ser um excesso de vantagens dos operários do Estado e se referiu a um "mal entendido socialismo de Estado". Ver Pandiá Calógeras, *Problemas de Administração*, p. 47.

6. Para uma visão de quem viveu essas intrigas de repartição, ver Antônio Gontijo de Carvalho, *Um Ministério Visto por Dentro. Cartas Inéditas de João Batista Calógeras, Alto Funcionário do Império, passim*.

7. Ver visconde do Uruguai, *Ensaio sobre o Direito Administrativo*, p. 119 e 133.

8. O recrutamento militar seria melhor analisado como poder extrativo do Estado. Mostramos em outro lugar como esse poder era pequeno durante o Império. Ver, a respeito, *Teatro de Sombras*, primeiro capítulo.

9. *Ibidem*, segundo capítulo.

10. Ver Reinhard Bendix, *Max Weber. An Intellectual Portrait*, esp. p. 348-60.

11. Fernando Uricoechea, em seu livro sobre o Estado imperial, prefere referir-se à Guarda Nacional como burocracia patrimonial. Parece-nos que ela seria melhor caracterizada como associação litúrgica, deixando-se o patrimonial para a administração estatal propriamente dita. Ver Fernando Uricoechea, *O Minotauro Imperial*, esp. caps. IV e V. Sobre a Guarda Nacional ver também Jeanne Berrance de Castro, *O Povo em Armas: A Guarda Nacional, 1831-1850*; e Maria Auxiliadora Faria, *A Guarda Nacional em Minas, 1831-1873*.

12. Exemplo típico é o de Vassouras em 1850 onde o presidente da Câmara, os 12 juízes de paz, os três delegados e três subdelegados, o substituto do juiz municipal, o comandante e quatro oficiais da Guarda Nacional eram todos ou capitalistas ou fazendeiros de café. Ver *Almanack Laemmert*, 1850, p. 200-208.

13. Sobre o assunto, ver Thomas Holmes Flory, *Judge and Jury in Imperial Brazil. The Social and Political Dimensions of Judicial Reforms, 1822-1848*, esp. cap. VI.

14. Ver Reinhard Bendix, *Max Weber*, p. 423-30.

15. Em 1831 já havia lei que exigia concurso para ingresso de funcionários no Ministério da Fazenda. A lei foi modificada várias vezes — provável indício das dificuldades de aplicação. Ver Murilo Braga, "Problemas de Seleção de Pessoal", *Revista do Serviço Público*, Ano IV, vol. II (maio, 1941), p. 102-113. Sobre o assunto ver também J. Guilherme de Aragão, "O Cargo Público no Século XIX e o Sistema do Mérito", em *Administração e Cultura*, p. 169-73.

16. Ver Antônio Gontijo de Carvalho, *op. cit.*, *passim*.

17. Ver Albino José Barbosa de Oliveira, *Memórias de um Magistrado do Império*, *passim*.

18. Antônio Gontijo de Carvalho, *op. cit.*, p. 173, 186, 232.

19. Ver Guerreiro Ramos, *Uma Introdução ao Histórico da Organização Racional do Trabalho*, p. 120; e Gilbert B. Siegel, "Administration, Values and the Merit System in Brazil", em Robert T. Daland (ed.), *Perspectives of Brazilian Administration*, vol. I, p. 3.

20. Visconde do Uruguai, *Ensaio sobre o Direito Administrativo*, p. 358. Liberato de Castro Carreira, *História Financeira e Orçamentária do Império do Brasil*, p. 615; Tobias Monteiro, *Funcionários e Doutores*, p. 5.

21. Ver Sylvio Romero, *Doutrina contra Doutrina*, p. XXXVIII.

22. Ver *O Brasil*, de 23 a 26 de setembro de 1843.

23. Ver André Rebouças, *Agricultura Nacional. Estudos Econômicos*, p. 369.

24. Ver Azevedo Amaral, *A Aventura Política do Brasil*, cap. VII.

25. *Ibidem*.

26. Sobre o conceito de dialética da ambiguidade aplicado à burocracia imperial, ver Guerreiro Ramos, *Administração e Estratégia do Desenvolvimento*, p. 369; Joaquim Nabuco, *O Abolicionismo*, p. 184.

CAPÍTULO 7 Juízes, padres e soldados:
os matizes da ordem

Os capítulos anteriores tentaram demonstrar a tese da unidade básica da elite política imperial efetivada por fatores de socialização e treinamento. Mas foram apontados também alguns fatores de cisão interna da elite, como o regionalismo e a competição entre setores da burocracia. O capítulo anterior já deu indicações sobre as fraturas dentro da burocracia e sugeriu as conseqüências políticas daí advindas. O ponto é importante para entender a dinâmica do sistema político como um todo, razão pela qual dedicaremos aqui algumas páginas ao exame dos três principais setores burocráticos, o judiciário, o eclesiástico e o militar.

Dois pontos serão ressaltados nesse exame. O primeiro refere-se à renovada influência de fatores de socialização no comportamento político exercida agora também por via de mecanismos organizacionais, mas temperada pela influência da origem social, sobretudo no que se refere aos militares. O segundo e mais importante diz respeito ao tipo de conflito resultante da divisão do setor burocrático. A interseção de parte da burocracia com a elite política fazia com que os conflitos em nível nacional freqüentemente se materializassem mediante alianças entre grupos políticos e alguns desses setores, o que colocava um limite no escopo da contestação, de vez que ela já estaria de início parcialmente circunscrita ao âmbito estatal.

Os conflitos de natureza mais radical, seja política, seja socialmente, encontravam o grosso da burocracia e da elite unido no campo oposto. Para tentar entender melhor o fenômeno, vamos examinar mais de perto a formação e o comportamento dos magistrados, padres e soldados, sempre que possível recorrendo à apreciação que de seu papel se fazia na própria época. Por ter sido o grupo mais importante nas primeiras três décadas após a Independência, daremos mais atenção aos magistrados.

A magistratura portuguesa, de cujo seio brotou a brasileira, era um grupo surpreendentemente moderno em termos profissionais num país por muitos julgado patrimonial. Espinha dorsal do governo, como os chama Schwartz, os magistrados começaram a predominar na burocracia portuguesa já no século XIV[1]. Saídos principalmente da pequena nobreza e do próprio funcionalismo, candidatavam-se à carreira com um diploma em direito civil ou canônico pela Universidade de Coimbra. Passavam, a seguir, pelo crivo do Desembargo do Paço em Lisboa, que examinava sua pureza de sangue (oficialmente judeus, mulatos e mouros não podiam ser magistrados) e as possíveis ligações de suas famílias com o comércio e artesanato (restrição que parece ter sido freqüentemente desconsiderada na prática). Se aprovados, os candidatos submetiam-se a exame de matérias jurídicas, a *leitura*, feito somente após dois anos de prática forense. Se novamente aprovados, entravam numa lista à espera de abertura de vagas na carreira.

O primeiro cargo era geralmente o de juiz de fora, exercido em Portugal ou nas colônias, vindo a seguir o de ouvidor ou corregedor. Após mais ou menos 15 anos de experiência o magistrado poderia ser promovido a desembargador, o posto mais alto na carreira, exercido em uma das três relações, a do Porto, a de Goa ou a de Salvador. Como desembargadores, ainda podiam ser promovidos para a Casa da Suplicação ou para o Desembargo do Paço em Lisboa. O Desembargo era a mais alta Corte de Justiça do Reino e cabia-lhe nomear e fiscalizar os juízes.

A carreira dos magistrados incluía o serviço na Metrópole e nas colônias, fazendo com que eles circulassem e se mantivessem ligados a todo o sistema burocrático. A única limitação à circulação provinha do fato de ser a magistratura dividida em dois corpos, o do Oceano Atlântico e o do Oceano Índico, divisão inexistente para os cargos executivos. Na Relação da Bahia, criada em 1609, a experiência colonial prévia dos desembargadores, segundo dados de Schwartz, não era grande durante o século XVII: apenas 9% tinham. Mas de 1690 a 1758, 43% dos desembargadores já tinham ocupado cargos em colônias e 23% o tinham feito no próprio Brasil[2].

Outro ponto importante era a discriminação relativamente pequena contra brasileiros. Brasileiros serviram como desembargadores tanto em Portugal como no Brasil e nas outras colônias. No caso da Bahia, houve problemas com desembargadores brasileiros por causa de conflitos entre eles e a câmara

A CONSTRUÇÃO DA ORDEM

local, o que acarretou sua exclusão, por algum tempo, da Relação. Não obstante este fato, os brasileiros estavam em geral integrados no ramo mais profissionalizado da burocracia portuguesa e podiam beneficiar-se do mesmo treinamento que os portugueses.

As normas que regiam a carreira judicial procuravam reduzir os contatos dos magistrados com a vida local, na suposição de que eles os afastariam do cumprimento de sua missão que era o serviço do rei. Assim, os desembargadores eram nomeados por apenas seis anos para o mesmo lugar; eram proibidos de casar sem licença especial; eram proibidos de exercer o comércio ou possuir terras dentro da área de sua jurisdição. Na prática, como seria de esperar, essas normas não eram sempre seguidas. Na Relação da Bahia havia tendência a violá-las, sobretudo por parte de desembargadores brasileiros ou de portugueses que planejavam permanecer no Brasil. Mas os que consideravam o serviço no Brasil como apenas um degrau na carreira — e eles eram a maioria — tendiam a obedecer a fim de não pôr em risco futuras promoções. Mais da metade dos desembargadores que serviram na Bahia seguiu para a Relação do Porto e muitos chegaram até a Casa da Suplicação.

No Brasil houve, antes da chegada do príncipe D. João, algumas importantes alterações no papel da magistratura. Com o estabelecimento do primeiro governo-geral em 1549, foi também criado o cargo de ouvidor-geral, independente do governador-geral. À medida que crescia a população, a administração da justiça no interior se tornava difícil. Os juízes ordinários, ou da terra, eram eleitos pelos "homens bons" e não tinham forças para eliminar o arbítrio de seus eleitores e dos próprios capitães-mores. Daí que em 1696 foram enviados juízes da Coroa ao interior do país. Os mais importantes deles foram os juízes de fora, nomeados por períodos de três anos e com as mesmas proibições relativas a casamentos e negócios aplicadas aos desembargadores. O número de ouvidores foi também aumentado de modo a que todas as capitanias e mesmo algumas comarcas os pudessem ter. Foi dada aos juízes de fora a atribuição crucial de presidir às câmaras municipais, o que lhes permitia controlar o processo eleitoral e influenciar toda a política local. Na Bahia, como o demonstra Schwartz, os conflitos entre a Relação e a Câmara quase desaparecem após a chegada dos juízes de fora[3].

Por ocasião da chegada da Corte, a estrutura judicial da Colônia compunha-se da Relação da Bahia, que abrangia as comarcas do norte; a Relação

173

do Rio de Janeiro, criada em 1751, a que se subordinavam as comarcas do sul; os ouvidores-gerais das capitanias; os juízes de fora e os ouvidores de comarcas. Nos municípios havia os juízes ordinários eleitos. À exceção dos últimos, todos os outros eram letrados, isto é, formados em Coimbra, e membros da magistratura portuguesa. Como tais, eram submetidos ao mecanismo de circulação que mencionamos. Alguns juízes de fora e ouvidores que serviram no Brasil foram promovidos a desembargadores sem terem antes passado por período intermediário em Portugal ou em outra colônia. Mas isso não era a regra.

Os magistrados envolviam-se freqüentemente em tarefas de natureza política e administrativa. Ouvidores dublavam de provedores da Fazenda, desembargadores visitavam as capitanias e tomavam decisões quanto a obras públicas, impostos e outros assuntos. Depois de 1652 os desembargadores da Bahia opinavam inclusive sobre a fixação dos preços do açúcar[4]. O exercício dessas tarefas administrativas era um elemento adicional no treinamento dos magistrados para tarefas de governo.

D. João criou no Brasil os equivalentes da Casa da Suplicação e do Desembargo do Paço. Mas as principais mudanças no sistema judiciário e na magistratura vieram com a criação dos juízes de paz em 1828; com o Código de Processo Criminal de 1832, que ampliou as atribuições dos juízes de paz; com o Ato Adicional de 1834; e com a reviravolta conservadora que interpretou o Ato em 1840 e reformou o Código de Processo Criminal em 1841. As lutas que se desenrolaram nesse período, e seu sentido político, serão discutidos na segunda parte deste trabalho. Basta dizer aqui que, no que se refere à magistratura, representaram uma tentativa dos liberais de introduzir o princípio eletivo, isto é, a intervenção popular, em sua constituição, em reação à antiga magistratura considerada representativa do velho estilo absolutista[5].

Após 1841 definiu-se o sistema judiciário que duraria, com pequenas modificações, até o final do Império. Permaneceu o juiz de paz eleito, mas com atribuições muito reduzidas. A magistratura togada abrangia desde os juízes municipais até os ministros do Supremo Tribunal de Justiça. Os juízes municipais e de órfãos eram nomeados entre bacharéis com um mínimo de um ano de prática forense para períodos de quatro anos. Podiam então ser promovidos a juiz de direito, ou ser nomeados para outro quadriênio, ou

A CONSTRUÇÃO DA ORDEM

mesmo abandonar a carreira, pois não tinham estabilidade. Já os juízes de direito possuíam estabilidade e só perdiam o cargo por processo legal, embora pudessem ser removidos de um lugar para outro.

A seguir vinham os desembargadores, cujo número ao final do Império era de onze, e funcionavam nas capitais provinciais. O degrau mais alto da carreira era o Supremo Tribunal de Justiça no Rio de Janeiro, cujos membros tinham honras de ministros. Ao todo havia, em 1889, 1.576 promotores e juízes distribuídos pela Corte e pelas 20 províncias do Império.

Outros membros da magistratura incluíam os juízes substitutos, criados em 1871, e os promotores que serviam nas comarcas e em geral não eram juízes de direito. A última grande reforma judiciária do Império deu-se em 1871 e seu principal objetivo foi separar as funções policiais e judiciárias misturadas em 1841 nas atribuições dos delegados e subdelegados de polícia. Quanto à carreira judiciária propriamente dita, a reforma levou adiante o esforço que já há algum tempo vinha sendo tentado de profissionalizar mais os magistrados aumentando as restrições ao exercício de cargos políticos. Esse esforço refletia o fenômeno já apontado da abundância de bacharéis e da pressão cada vez maior por participação nos cargos políticos de elementos não ligados à burocracia estatal. Além disso, a participação dos magistrados em cargos eletivos causava grandes inconvenientes à administração da Justiça, pois várias comarcas ficavam às vezes por longo período sem seus juízes. Como vimos, os magistrados desapareceram quase por completo da elite política e dedicaram-se apenas a suas atribuições profissionais.

O peso da presença dos magistrados na política pode ser aferido pelas reações que despertava entre os contemporâneos no Congresso e na imprensa, sobretudo a partir da Abdicação. Já em 1833, por exemplo, O Sentinela da Liberdade do Rio transcrevia apelo de seu homônimo da Guarda do Quartel-General de Pirajá à população no sentido de que não votasse em padres e médicos e "ainda mais se deve fugir de magistrados (mil vezes o recomendamos) porque estes querem dominar o Corpo Legislativo". E prosseguia dizendo que os magistrados possuíam "espírito de classe e corporação" e queriam pôr tudo a favor de sua ordem[6]. Essa posição liberal — o Sentinela de Pirajá era redigido por Cipriano Barata — refletia a reação à magistratura tradicional vinculada ao antigo regime e preservada sob Pedro I. Contra ela tinham sido criados os juízes eleitos, esperança das forças liberais para a democratização da Justiça, assim como a Guarda Nacional deveria democratizar o Exército. Mas as decepções com a instituição dos juízes de paz e do júri logo se fizeram sentir e não demorou que vozes surgissem em defesa dos novos magistrados togados, continuadores da magistratura antiga.

Assim é que o conservador *O Chronista* em 1837 mencionava três coisas no Brasil "cuja força é incalculável bem que pouco sentida e pouco analisada". Essas forças eram a magistratura, a câmara temporária e a imprensa periódica. A magistratura, continuava *O Chronista*, era todo-poderosa antes da revolução (Abdicação), e "tamanho poder excitou oposição, as injúrias revolucionárias choveram contra ela; juízos populares foram criados para cercear-lhe a ação". E mais:

"Ao lado da antiga magistratura das relações criou-se a nova dos juízes de direito que, filhos de academias diferentes, deveriam neutralizar-lhe a ação. Eis que passa o furacão revolucionário, as magistraturas antiga e moderna se coligam, se amalgamam, em vez de hostilizarem-se fraternizam-se, caem em descrédito (bem merecido descrédito) os juízos populares, e o corpo dos magistrados reassume sua ação e poder, introduz-se por toda a parte, forma os conselhos executivos e dá-lhes agentes, toma conta das negociações diplomáticas, ora nas tribunas parlamentares, ocupa um e outro ramo do Poder Legislativo"[7].

Tais afirmações conflitantes foram repetidas freqüentemente no Legislativo[8]. Em 1885, o projeto do marquês do Paraná introduzindo os círculos eleitorais e restringindo a participação de funcionários públicos no processo eleitoral deu margem a uma discussão sistemática sobre o sentido da participação política dos magistrados, que resume o debate.

Os funcionários públicos visados pelo projeto eram os presidentes de província, os comandantes de armas, os chefes de polícia e os magistrados. O projeto proibia-lhes concorrer a eleições legislativas nas áreas de sua jurisdição. A proibição já havia sido proposta mais de uma vez, a última em 1845 sob um ministério liberal, mas nenhuma decisão fora tomada. Em 1855, houve novamente forte oposição dos magistrados às medidas propostas, e as discussões concentraram-se quase que exclusivamente sobre esse ramo do funcionalismo. O debate foi longo, sobretudo no Senado, e tocou pontos centrais de nossos argumentos referentes ao treinamento dos magistrados e a seu papel político desde a Independência. Vamos segui-lo.

A CONSTRUÇÃO DA ORDEM

Começaremos por examinar o peso dos magistrados na política, medido pela presença numérica. Em nossa análise classificamos como magistrados apenas os políticos que tinham sido juízes de direito (no caso dos deputados seguimos a classificação do secretário da Câmara). O debate tocou nesse ponto e pode dar-nos uma idéia de como na época os próprios políticos tendiam a identificar-se profissionalmente.

A declaração mais dramática a respeito da excessiva presença de magistrados na representação nacional foi feita na Câmara por Eduardo França, um médico:

"Olhemos para os bancos desta câmara e veremos que todos, ou quase todos, são ocupados por empregados públicos (apoiados). Não há aqui um negociante, não há um lavrador, todos são empregados públicos por assim dizer"[9].

A que tipo de empregado público ele se referia já ficara claro numa declaração anterior do senador Silveira da Motta, um professor de direito:

"Sr. Presidente, a classe preponderante na nossa câmara temporária qual é? É a classe legista... Ora, pode-se dizer que uma câmara temporária representa fielmente os interesses de todas as classes da sociedade quando, consistindo em 113 membros, conta 82 legistas, e tem apenas 30 e tantos membros para representarem todas as outras classes da sociedade? Onde ficam, senhores, as representações das classes industriais, dos lavradores, dos capitalistas, dos negociantes, que têm interesses muito representáveis, e que a classe legista não representa?"[10].

Houve durante as discussões discordância sobre quem poderia ser considerado magistrado. Os defensores dos magistrados, com Euzébio de Queiroz à frente, excluíam os juízes municipais por não terem ainda estabilidade. Os defensores do projeto, como Silveira da Motta, incluíam esses juízes. Na contagem de Silveira da Motta, a Câmara de 1855 possuía 44 magistrados, além de oito advogados, sete professores de direito e 21 bacharéis-funcionários públicos, num total de 80 legistas, dois a menos do que afirmara pouco antes[11]. Nosso cálculo, baseado nas informações da Câmara, dá 43 magistrados, 21 bacharéis, seis advogados e sete professores, isto é, uma coincidência quase total. O senador Montezuma também contou 42 magistrados na Câmara e 22 no Senado (entre 55 senadores). Euzébio contou apenas os juízes de direito e chegou ao número de 27 para a Câmara. Mesmo por esta contagem os magistrados continuavam sendo o mais numeroso grupo ocupacional na Câmara.

Outro ponto importante na discussão foi a resistência generalizada de todos em se identificarem como fazendeiros. Mesmo os que queriam reduzir o número de magistrados, como Euzébio, jamais alegavam o fato de que alguns dos magistrados eram também fazendeiros, tais como Sinimbu, Wanderley, Paes Barreto. A impressão que se tem é a de que ser fazendeiro era algo que envergonhava. O senador Gonçalvez Martins, magistrado e senhor de engenho, falou apenas como magistrado e se opôs ao projeto. O único proprietário que falou abertamente em defesa de sua classe foi o pitoresco visconde de Albuquerque, representante da oligarquia rural pernambucana. Seu discurso foi uma dura crítica à predominância dos magistrados na política desde os tempos coloniais. Segundo ele, a predominância foi absoluta durante o Primeiro Reinado. O movimento da Maioridade, do qual participou, teria sido uma tentativa de "colocar as coisas no seu lugar, procurar uma garantia na sociedade contra uma associação oligárquica"[12]. A tentativa falhou e os juízes mantiveram-se no controle.

A impressão geral que fica dos debates de 1855 e das manifestações anteriores no Congresso e na imprensa é a de que havia um consenso sobre a forte presença dos empregados públicos, sobretudo dos magistrados, na política. A influência dos magistrados era certamente exagerada pela oposição, geralmente advogados, fazendeiros e médicos, mas não era negada nem mesmo pelos próprios magistrados. Alguns destes a justificavam abertamente pela superioridade intelectual. Daí que a discussão girou mais em torno da natureza e conseqüências da presença dos magistrados do que de sua predominância.

Outro ponto de discussão foi a socialização e o treinamento dos magistrados e as conseqüências daí advindas para seu comportamento político. A peça central aqui foi o discurso de Euzébio, magistrado de enorme prestígio, chefe conservador, autor da lei de abolição do tráfico de escravos. Seu argumento pode ser resumido da seguinte maneira: a educação e a experiência de carreira dão aos magistrados grande competência para as funções legislativas, motivam-nos para se envolverem na política e lhes fornecem os necessários recursos de poder.

A CONSTRUÇÃO DA ORDEM

Segundo Euzébio, a educação do magistrado o levava a estudar línguas (francês, inglês e latim); filosofia; vários ramos do direito (natural, romano, público, civil, criminal, administrativo e comercial); diplomacia e economia política. Era suplementada pelo contato freqüente nos tribunais com outras pessoas cultas[13]. E citou Jeremy Bentham e Macauley para apoiar a idéia de que, por acompanhar de perto a implementação e os efeitos das leis, os magistrados eram os mais indicados para participar na sua feitura.

Para evitar que o magistrado se tornasse político ter-se-ia que "alterar inteiramente a sua educação", não lhe permitindo tomar conhecimento das Filípicas de Demóstenes, das Catilinárias de Cícero e dos exemplos de pessoas como Fabrício, Cipião, Cincinato, Fábio. Nas circunstâncias do Brasil, impedir os magistrados de ingressar na política pelos caminhos institucionalizados teria apenas como conseqüência levá-los a fazê-lo por outros caminhos potencialmente perigosos para o sistema.

Finalmente, argumentou que a influência dos magistrados era conseqüência necessária de sua posição e educação:

"Os magistrados, Sr. Presidente, tiram a influência que têm da sua inteligência e da natureza das suas funções: não a deduzem do Poder Legislativo".

E terminou acautelando os senadores para os perigos de uma lei que prejudicasse os interesses do grupo, fazendo com que o visconde de Jequitinhonha exclamasse: "É uma verdadeira agitação!".

O discurso de Euzébio estabeleceu os parâmetros para toda a discussão das incompatibilidades. Fazendeiros, em geral, sobretudo aqueles sem curso superior, reagiram à excessiva importância dada por Euzébio à educação. O visconde de Albuquerque ridicularizou a exigência do conhecimento de retórica e filosofia para ser deputado, dizendo que para isso bastava "ser proprietário e ter a confiança dos seus concidadãos. Mais sabe o tolo no seu, do que o avisado no alheio". Vergueiro, outro fazendeiro, disse que as influências locais seriam bem-vindas na Câmara, pois caráter e bom senso eram suficientes para a função de legislador. Essas influências locais representavam melhor o espírito do país do que os letrados[14].

Mas os fazendeiros estavam sozinhos em minimizar a importância da educação. Todos os outros, magistrados ou não, rejeitavam a idéia de uma Câmara composta de notabilidades de aldeia, como então se dizia. Zacarias de Góes, um professor de direito, observou que essas notabilidades discutiriam na Câmara assuntos de que entendessem — tamanduás, por exemplo. E perguntou o que teriam a dizer sobre temas como as relações do Império com o Paraguai[15].

Os argumentos de Euzébio para justificar a preparação dos magistrados para ocupar cargos públicos — tipo de educação, experiência de carreira, familiaridade com a aplicação da lei, conhecimento do país — referem-se à socialização e ao treinamento. De modo geral, esse ponto era consensual. As críticas dirigiam-se mais ao tema da representatividade do que à capacidade de governar. Fazendeiros e não magistrados em geral sentiam que, apesar de sua capacidade, os magistrados não podiam representar os interesses de todos os grupos da sociedade. Havia também concordância quanto a certas características da ação política dos magistrados, um ponto não desenvolvido por Euzébio. Críticos e defensores concordavam em que o grupo teve papel importante em manter a monarquia e evitar o caos político, discordando apenas quanto ao grau de influência exercida.

As afirmações mais explícitas quanto a este ponto vieram do senador Cruz Jobim:

"Estou persuadido de que se na época da Independência do Brasil não existisse uma classe tão inteligente, tão ilustrada e prestigiosa como a classe dos legistas, na qual se compreendem os magistrados, que naquela época tiveram tão grande parte na administração pública; se não existisse, digo, essa classe, sem dúvida outras, provavelmente com grande detrimento do país, teriam predominado na administração; talvez a classe militar predominasse e viéssemos a cair nas mesmas desgraças em que tem andado a América espanhola, onde vemos constantemente a guerra civil em movimento, sendo apenas excetuado um único Estado pelo prestígio de algumas famílias; o único que apresenta estabilidade e acha-se livre da anarquia geral que grassa por aqueles Estados americanos é o Chile... estou convencido de que o nosso país não seria tão feliz como com os esforços que esta classe tem feito para perpetuar entre nós o regime legal, já que o regime legal, o estudo das leis, o respeito a elas, o seu ídolo, é o objeto exclusivo de seus estudos"[16].

Vários outros fizeram observações semelhantes. S. Queiroz, um advogado, afirmou que eliminar da Câmara os funcionários públicos, sobretudo os magistrados, seria eliminar um dos suportes da monarquia e da ordem[17].

A CONSTRUÇÃO DA ORDEM

O apoio dos magistrados ao governo era explicado pelos fazendeiros com um argumento baseado no interesse material. O visconde de Albuquerque e o barão de Pindaré salientaram que os magistrados dependiam do governo para o progresso na carreira e melhores salários. Pindaré comparou-os com os magistrados ingleses, que eram pessoas de posses e, portanto, financeiramente independentes, podendo ser também politicamente independentes. Os brasileiros eram dependentes nos dois sentidos[18].

O debate confirma a tendência estatista e corporativa dos magistrados, devida a sua formação e treinamento, e ao interesse material. Tendência que fazia com que seus adversários não os reconhecessem como legítimos representantes dos proprietários rurais, comerciantes ou capitalistas.

A votação final confirmou a oposição dos magistrados ao projeto: 61% deles votaram contra e apenas 39% votaram a favor, ao passo que entre os não-magistrados as porcentagens se invertiam: 74% votaram a favor e 25% votaram contra. Mas foram derrotados por sua posição ambígua: opunham-se ao projeto por ser contrário a seu interesse mas, por serem empregados públicos, temiam votar contra o seu governo. Muitos deles, sobretudo os juízes municipais, à espera de uma nomeação para juiz de direito, dificilmente arriscariam as possibilidades de progredir na carreira indispondo-se com o Executivo. O resultado final da votação apresentou 53 votos a favor do projeto e 36 contra.

A aprovação do projeto foi o primeiro grande golpe no poder dos magistrados. A reforma judiciária de 1871 continuou o esforço profissionalizante afastando os juízes mais e mais de tarefas não diretamente vinculadas ao cargo. A abundância de bacharéis também pressionava nessa direção, de vez que a acumulação de cargos políticos e judiciários reduzia as oportunidades de emprego para os novos. A eliminação dos magistrados e empregados públicos em geral da representação nacional reduziu o peso do Executivo, tornou o Legislativo mais representativo, ao mesmo tempo em que enfraquecia a posição estatizante entre os políticos e dava margens a um aumento da representação dos interesses de grupos.

Nítido contraste com a formação e atuação política dos magistrados nos é fornecido por outro ramo da burocracia imperial, o clero. Não localizamos nenhuma discussão sobre seu papel político tão elaborada como a relativa aos magistrados. Mas as informações existentes são suficientes para estabelecer o contraste.

181

Em primeiro lugar, a situação do clero em relação ao Estado era ambígua. Se por efeito da união Igreja-Estado o padre era um funcionário público, pago pelos cofres do governo geral, não deixava também de pertencer a uma burocracia paralela, uma organização que ao longo da história se tinha empenhado em longas batalhas contra o mesmo Estado pelo controle do poder político. No caso de Portugal, a vitória do Estado se consolidara com a expulsão dos jesuítas em 1759 e com o triunfo do regalismo, já antes reconhecido por Roma quando aceitou o Padroado. Mas a Igreja conservava sua identidade e o sistema de dupla lealdade era fonte potencial e permanente de conflitos.

Em segundo lugar, a educação do clero distinguia-se muito da dos magistrados, como já observamos, tanto em termos de localização como de controle e de conteúdo. Até a expulsão dos jesuítas ela era quase totalmente executada no Brasil por essa Ordem. Os seminários episcopais, isto é, dependentes dos bispos, só surgiram a partir de 1747 e mesmo assim sob os cuidados dos jesuítas. Com a expulsão da Ordem, vários deles foram fechados temporária ou permanentemente, tal sendo o caso dos seminários episcopais da Bahia, Paraíba, Maranhão, Mariana, São Paulo, Pará. O único mais estável foi o do Rio de Janeiro, criado em 1739, independente dos jesuítas. Após a expulsão, o único seminário episcopal a ser criado foi o de Olinda, em 1800. "Com a expulsão dos jesuítas, houve uma crise geral nos seminários, perdurando apenas alguns estabelecimentos, assim mesmo com vida precária"[19].

Como conseqüência, o clero ao final do século XVIII era em todo o Brasil reconhecidamente malformado e de costumes pouco acordes com a disciplina eclesiástica. Excetuava-se apenas uma minoria do chamado alto clero, formada em Coimbra como os magistrados. Muitos clérigos se envolviam em negócios comprando fazendas e escravos, vivendo em concubinato e participando ativamente da política[20]. Quer isto dizer que boa parte do clero era formada de elementos locais, com educação precária, embora sem dúvida acima da média. Dispunha, como recurso de poder, dessa educação, além do prestígio da religião e da Igreja e às vezes do próprio poder econômico. Um quadro totalmente distinto do que era apresentado pela magistratura real.

Não são muitas as informações sobre a origem social do clero. Havia, sem dúvida, restrições a pessoas vinculadas a ofícios mecânicos, a filhos ilegítimos, a mulatos. E muitos filhos de famílias ricas eram destinados por elas ao sacerdócio como carreira de prestígio. É possível, no entanto, que a precária situação dos seminários tenha levado a relaxamento nessas limitações, de modo a permitir acesso a pessoas não qualificadas de acordo com a lei. Assim, o desembargador José João Teixeira Coelho denuncia a ordenação em Mariana, em três anos, de "cento e um pretendentes, dispensando sem necessidade em mulatismos e ilegitimidades". O bispo seguinte ordenou 84 em menos de sete meses, "entre eles um que era devedor da fazenda real"[21]. É provável que essas violações tenham tornado o recrutamento do clero mais democrático do que o dos magistrados, sobretudo pelo fato de que a ida a Coimbra colocava séria limitação à entrada de pessoas de poucos recursos na magistratura durante a Colônia. Mas a diferença dificilmente seria de molde a dar ao clero característica predominantemente popular. Vários dos padres envolvidos em atividades revolucionárias eram fazendeiros, agiotas ou senhores de engenho.

De qualquer modo, como membros de uma burocracia ou como indivíduos, os padres se distinguiam dos magistrados. Apesar do Padroado, a burocracia eclesiástica era fonte constante de conflitos potenciais com o Estado; a formação da maioria do clero era menos nacional e menos estatista em seu conteúdo; a origem social do grupo como um todo era provavelmente mais democrática; as menores possibilidades de ascensão na carreira tornavam o grupo eclesiástico menos coeso do que o dos magistrados, e, finalmente, a atuação da maioria dos padres era muito próxima da população, tornando-os líderes populares em potencial, em contraste com os juízes encarregados da guarda da lei e que permaneciam pouco tempo em seus postos.

O contraste revela-se também no comportamento dos dois grupos: os padres envolveram-se em praticamente todos os movimentos de rebelião desde 1789 até 1842. A tônica geral da participação dos padres, sobretudo dos mais ilustrados, era dada pelo ideário das revoluções Francesa e Americana, notadamente no que dizia respeito ao combate ao absolutismo, à defesa das liberdades políticas e da democracia. Essas idéias que não atingiam Coimbra conseguiam chegar aos seminários brasileiros apesar da precariedade de seu ensino.

Assim é que na Inconfidência Mineira envolveram-se nove padres, cinco dos quais foram condenados, num total de 24 condenações. As análises feitas por Eduardo Frieiro e A. Marchant das listas de livros confiscados aos inconfidentes mostram resultados interessantes. A biblioteca do cônego Vieira, o mais ilustrado dos padres inconfidentes, continha 270 títulos e mais de 800 volumes. Lá estavam algumas das mais importantes obras e autores do Iluminismo francês, como a Encyclopédie, Diderot, D'Alembert, Voltaire, Montesquieu, Condillac, Verney, Malby e outros[22]. O cônego estudou no Seminário de Mariana, onde era também professor, não tendo nunca saído do Brasil.

Já mencionamos a presença constante de padres, ao lado de médicos, nas sociedades secretas e academias do final do século XVIII e início do século XIX. Nelas predominavam as idéias francesas, ou como magnificamente se exprimiu um padre, fazendo paralelo com as primitivas comunidades cristãs, seus membros eram todos iniciados nos "segredos dos mistérios democráticos"[23].

Significativamente, porém, a presença de padres na Conjuração Baiana de 1798 foi quase nula. Mencionam-se apenas dois frades carmelitas que teriam traduzido do francês obras de Rousseau e Volney e os discursos de Boissy d'Anglas, além do padre Francisco Agostinho Gomes, considerado o espírito mais ilustrado de Salvador. Mas a participação desses padres parece ter-se limitado à divulgação das idéias francesas dentro da sociedade secreta Cavalheiros da Luz, que contava com a participação de elementos importantes da cidade. Nenhum dos três aparece na lista de acusados e nenhum deles foi punido. A prática revolucionária ficou nas mãos de soldados, artesãos e escravos, e deu ênfase a reivindicações igualitárias ausentes da Inconfidência Mineira. As proclamações revolucionárias continham mesmo rasgos anticlericais ao ameaçar com a pena de morte todo padre, secular ou regular, que pregasse contra a liberdade popular[24].

Os padres voltaram com toda a força nas rebeliões pernambucanas de 1817 e 1824. O padre Muniz Tavares foi "capitão de guerrilha" em 1817 e posteriormente historiador da rebelião. Em sua história há uma lista de 310 acusados pelo governo, com informação sobre a ocupação de 160. Damos essa informação no quadro 31, comparando-a com a Conjuração Baiana e a Inconfidência Mineira. Vê-se, em primeiro lugar, a quase ausência de magistrados nas três rebeliões. Em segundo lugar, a grande presença de padres na mineira e na pernambucana. Em terceiro lugar, a grande presença de militares em todas elas, com a diferença de que todos os militares da mineira eram oficiais, ao passo que somente dois o eram na baiana, sendo misto o quadro na pernambucana. Em quarto lugar, a rebelião mineira apresenta-se como sendo de ricos, a baiana de pobres e a pernambucana de ambos.

QUADRO 31
Ocupação dos Acusados em Três Rebeliões, 1789, 1798, 1817
(Números Absolutos)

Ocupação	Rebeliões		
	1789*	1798**	1817***
Padres	5	–	45
Magistrados	1	–	3
Militares			
Linha	9	11	45
Milícia	1	3	29
Ordenança	1	–	12
	11	14	86
Advogados, médicos-cirurgiões	3	2	–
Artesãos	–	6	–
Escravos	–	10	–
Outros	4	2	26
Sem informação	–	–	150
Total	24	34	310
(Pardos e Pretos)	–	24	15

*Inclui só os condenados. Houve 34 indiciados.
**Inclui também os indiciados. Outros 16 suspeitos não foram a julgamento.
***Inclui também os indiciados não-condenados.
Fontes: Lúcio José dos Santos. *A Inconfidência Mineira*, p. 114-116; Francisco Muniz Tavares, *História da Revolução de Pernambuco em 1817*, p. 330-390; Afonso Ruy. *A Primeira Revolução Social Brasileira (1798)*, p. 114-117.

Alguns padres que se envolveram na Revolução de 1817 (e que escaparam ao fuzilamento) voltaram a rebelar-se em 1824 na Confederação do Equador. Suas inspirações eram as mesmas dos padres mineiros, indo alguns deles um pouco além no fervor revolucionário devido à maior presença das idéias francesas e ao maior envolvimento de camadas mais pobres da população. Mas, no geral, o inimigo comum era o absolutismo e suas práticas. A tônica da obra de Frei Caneca, por exemplo, é colocada na soberania popular, na separação dos poderes, na independência nacional, na autonomia das províncias. Não chegavam os padres ao ponto de propor reformas sociais radicais como a abolição da escravidão e a reforma da estrutura da propriedade rural, os dois esteios da fábrica social da época[25]. Sintomaticamente, a

Conjuração Baiana, em que se envolveram vários escravos, propunha a abolição da escravidão e o fim das discriminações contra pessoas de cor. Quer dizer, o radicalismo dos padres era de natureza antes política que social, e se mantinha dentro dos limites do liberalismo. Opunha-se à concentração do poder, em Portugal ou no Rio de Janeiro. Sua proposta mais radical foi a implantação de repúblicas separadas do Império. Tal foi a posição de Frei Caneca após a outorga da Constituição de 1824, e que a Confederação do Equador tentou implementar.

Após 1824 os padres ainda voltaram a ter posição saliente na política nacional. O ponto mais alto foram os períodos em que Feijó foi ministro da Justiça (1831-32) e Regente (1835-37). Único padre a atingir posição ministerial no Império, Feijó foi apoiado fielmente por outros padres liberais, salientando-se os mineiros José Bento e José Custódio e o cearense José de Alencar. Em 1832 ele tentou, com o apoio de José Bento e José Custódio, levar a efeito o que ficou conhecido como Golpe dos Três Padres contra a resistência do Senado às reformas descentralizadoras. Em 1842 liderou em São Paulo uma revolução armada contra a aprovação das leis centralizadoras, ao mesmo tempo em que Marinho, outro padre, figurava entre os líderes de revolução semelhante em Minas Gerais. Após essas duas rebeliões os padres desapareceram do primeiro plano da política nacional[26].

As rebeliões de 1842 provocaram propostas na Câmara conservadora no sentido de se proibir a participação política dos padres. O jornal *O Brasil* falou do "divórcio que se há notado na província de Minas entre o clero e as doutrinas da ordem e paz dos defensores da Constituição e do trono". E atribuía esse divórcio à decadência do clero, devida por sua vez à decadência do Seminário de Mariana, sem bispo há sete anos[27]. O tema da deterioração do ensino religioso e do clero tornou-se recorrente e provocou a intervenção do governo em 1855, quando Nabuco de Araújo ocupava o Ministério da Justiça. A crise era mais óbvia entre as ordens religiosas, fato reconhecido pelos próprios bispos que aplaudiram a decisão do governo de proibir a admissão de noviços até que se reformassem os conventos. Mas os próprios seminários episcopais sobreviviam penosamente e se viram obrigados a recorrer a padres estrangeiros para dirigi-los e encarregar-se do ensino na falta de elementos nacionais adequados. Em 1855 o Seminário de Mariana já estava entregue aos lazaristas franceses e Nabuco falava da necessidade de se colocar um muro de bronze que separasse o clero presente do futuro.

Também financeiramente iam mal os seminários maiores, tendo os bispos que aceitar subvenção oficial, concordando em troca com a exigência de aprovação pelo governo dos lentes e dos compêndios. Chegou-se a pensar na criação de faculdades teológicas para a formação do clero, não indo adiante o projeto por questões de recursos e de falta de entendimento sobre o grau de controle que o governo devia ter[28].

A Igreja reapareceu na política quando surgiu em seu próprio seio o movimento de reforma inspirado no reacionarismo das orientações do pontificado de Pio IX. Mas então sua participação já tinha sentido totalmente diverso, pois baseava-se na reação corporativa e ultramontana ao regalismo da política imperial. Não se tratava mais da participação de padres na política mas de tentativa da hierarquia de definir uma política da Igreja perante o Estado. A tentativa levou ao choque da Questão Religiosa e à prisão dos bispos. A ênfase na lealdade eclesiástica levava necessariamente ao conflito com a lealdade ao Estado. Durante o Império o governo insistiu em não abrir mão do controle da Igreja, pois além de ser ela um recurso administrativo barato (os párocos recebiam na década de 1870 um salário equivalente ao do proletariado burocrático), possuía grande poder sobre a população, de que o governo indiretamente se beneficiava. Ao ser proclamada a República, foi eliminado o clero da burocracia mediante a separação da Igreja e do Estado.

Eliminado o clero da política e da própria burocracia, reduzidos os magistrados a suas funções específicas, resta perguntar pela trajetória dos militares. Já discutimos no capítulo 3 a educação dos militares e algumas das conseqüências que ela gerou para seu comportamento político. Veremos agora alguns aspectos referentes à composição do Exército e da Marinha e ao relacionamento das duas corporações com a elite.

Os exércitos permanentes dos regimes absolutistas europeus do início do século XIX, com algumas ressalvas para o caso francês, tinham sua oficialidade recrutada entre membros da nobreza e os soldados entre os camponeses. Esse arranjo favorecia a lealdade dos oficiais à elite dirigente e evitava a solidariedade entre oficiais e tropa[29].

O Exército português não fugia a essa tradição. A grande maioria dos oficiais portugueses no Brasil à época da Independência passara ou pelo

Colégio dos Nobres ou pela Academia de Marinha ou tinham sido cadetes. Todas essas instituições exigiam qualidades de nobre para o ingresso. O cadetismo, criado em 1757, possibilitava ao nobre ingressar no Exército já como oficial com todos os privilégios inerentes ao posto[30].

O fato de ter sido a independência brasileira conseguida sem lutas prolongadas, ao contrário do que se deu nos países da América espanhola, teve como conseqüência a preservação no Brasil dessa estrutura. Graças ao cadetismo, mantido no Brasil, e à instituição dos soldados particulares, destinada aos filhos da "nobreza civil" — bacharéis, comerciantes ricos etc. —, a primeira geração de oficiais brasileiros da tropa de linha também provinha da classe dominante, ao passo que as praças eram recrutadas entre a população pobre das cidades e do campo.

Com o passar do tempo, no entanto, houve importantes transformações nesse padrão no que se refere ao Exército. Embora mantido durante o Império, o cadetismo perdeu seu rigor original e já antes da Independência podiam alistar-se cadetes os filhos de oficiais de milícias e ordenanças, privilégio estendido em 1853 aos filhos de oficiais da Guarda Nacional. O resultado final foi que a composição do oficialato em termos de origem social modificou-se radicalmente. Ao final do Império, os oficiais provinham sobretudo de famílias militares e de famílias de rendas modestas. Os soldados particulares tinham quase desaparecido[31]. Já em 1855, o jornal *O Militar* dizia que os alunos da Escola Militar, com poucas exceções, provinham de famílias com poucos recursos e pouca influência. Quando aparecia alguém com sobrenome importante, continuava o jornal, podia-se dizer de antemão que se tratava de algum bastardo ou sobrinho pobre. No ano anterior o mesmo jornal afirmara que o Exército brasileiro era formado de elementos muito diferentes dos que compunham os exércitos de outros países[32].

A situação na Marinha foi distinta, na medida em que não houve mudança significativa no recrutamento. Seu caráter discriminatório foi mesmo acentuado com a absorção de oficiais ingleses nos primeiros anos após a Independência, todos eles de origem nobre. Mediante a exigência de enxovais caros, a Marinha fechou suas fileiras a candidatos de menores recursos e manteve o padrão aristocrático de recrutamento durante todo o período. Chegou-se à situação em que ser oficial da Marinha podia ser aspiração dos filhos da aristocracia cabocla, que, no entanto, passaram a evitar carreira semelhante no Exército[33].

A CONSTRUÇÃO DA ORDEM

O recrutamento das praças permaneceu o mesmo durante o período: recrutavam-se os pobres, os desprotegidos, os desocupados, os criminosos, quase sempre pela força, ou a laço, como se dizia na época. E isto tanto para o Exército como para a Marinha. Nesta última a manutenção do recrutamento aristocrático para os oficiais levou à consolidação da enorme distância entre estes e as praças que culminaria nas violentas rebeliões de marinheiros durante a República. No Exército pode-se dizer que a distância se reduziu um pouco, inclusive pelas promoções de subalternos feitas durante as guerras externas. No final do Império, outro jornal, publicado por um alferes e um major honorários, considerava o povo e os militares como camaradas de infortúnio. Em um artigo intitulado "O Soldado ao Povo", apelava para que ambos se unissem contra a aristocracia do dinheiro e do pergaminho e terminava: "Sejamos companheiros: soldado e povo. A causa é comum, batalhemos unidos"[34].

O Exército teve acidentada participação política na primeira década do Império. Militares, sobretudo da tropa de linha, estiveram entre os principais envolvidos, ao lado dos padres, nas rebeliões que precederam a Independência. Tratava-se, evidentemente, de oficiais brasileiros, sobretudo soldados, lutando por duas reivindicações distintas, temporariamente aliadas — a nativista e a social — contra o oficialato português e contra o comércio português. A aliança quebrou-se com a Abdicação: eliminado o imperador português, a agitação de soldados no Rio e em várias outras capitais passou a colocar em perigo a integridade do Estado que se tentava consolidar. Os liberais do 7 de abril, Feijó à frente, licenciaram e transferiram grande parte da tropa e criaram a Guarda Nacional, politicamente mais confiável. Sintomaticamente, poucos oficiais foram atingidos pela reação, o que lhes permitiu formar um batalhão de oficiais-soldados, cujo comandante foi o sempre leal e sempre bem comportado Luís Alves de Lima.

A ojeriza dos liberais por exércitos permanentes prendia-se a três argumentos. O primeiro dizia respeito ao papel desses exércitos na sustentação dos regimes absolutistas europeus. Na situação americana, diziam os liberais, exércitos fortes levariam ao surgimento de pequenos Bonapartes, como já acontecia em outros países, como a Argentina (Rosas) e o México (Santa Anna). O segundo era de que um grande exército retiraria da produção numeroso contingente de mão-de-obra. Para ter um exército proporcionalmente semelhante ao francês, o Brasil deveria ter em armas 40.000 homens, em vez dos 4.000 que efetivamente tinha. Em terceiro lugar, em função "dos elementos mesmos de que é composta", a tropa tendia a ser antes fator de anarquia do que de ordem pois tendia a unir-se à população[35]. Na prática, após a Abdicação, o último argumento era o que mais pesava e foi ele que justificou a quase extinção da tropa de linha.

A hostilidade dos liberais gerou mágoas na tropa e entre os oficiais. O *Sentinela da Liberdade*, redigido por um mulato, dizia em 1832 que os mulatos tinham predominado entre os militares que participaram da rebelião do 7 de abril e, no entanto, logo depois tinham sido perseguidos pelos líderes liberais, seus aliados da véspera. Em 1849, O *Soldado Brasileiro*, aparentemente redigido por um oficial, e falando em nome da corporação, atacava os já então chamados luzias por terem enganado o Exército em 1831 e o terem perseguido durante os anos que estiveram no poder. Elogiava os saquaremas que, sobretudo a partir da atuação de José Clemente Pereira no Ministério da Guerra (1841-43), teriam iniciado a reconstrução do Exército[36].

O Exército só voltou a agir politicamente na Questão Militar após a Guerra do Paraguai. Durante quase todo o período sofreu o que Edmundo Campos, usando expressão de Samuel P. Huntington, chamou de política de erradicação por parte da elite civil[37]. Mas desde a década de 1850 já se formava entre os jovens oficiais uma mentalidade que entrava em aberto conflito com a elite dos bacharéis. Além de reclamações contra as discriminações que sofriam os militares, havia divergências relativas à política geral do governo. Os jovens militares pregavam a ênfase na educação, na industrialização, na construção de estradas de ferro, na abolição da escravidão. Após a guerra, essas queixas e reivindicações aumentaram, como aumentou o envolvimento político dos militares, já agora sob a racionalização de uma ideologia específica, o positivismo. Nesse ínterim, a organização crescera, aperfeiçoara sua estrutura interna, elevara o nível de educação de seus membros e adquirira maior clareza na definição de seus interesses e maior sentido de identidade corporativa[38]. Diferentemente do que aconteceu com magistrados e padres, o setor militar da burocracia não só não pôde ser absorvido e eliminado como constituiu o principal elemento da destruição do sistema imperial, agindo de dentro do próprio Estado.

A CONSTRUÇÃO DA ORDEM

O comportamento político dos padres se distinguia, portanto, do dos magistrados. Enquanto os últimos se colocavam quase sistematicamente ao lado da monarquia, da ordem, da unidade nacional, os primeiros, ou pelo menos alguns deles, se encontravam quase sempre entre os participantes de movimentos rebeldes e entre a oposição liberal, combatendo o absolutismo, a centralização do poder, e mesmo a unidade nacional. O conflito adquiriu caráter quase pessoal na luta entre o padre Feijó e o magistrado Vasconcelos. Feijó como ministro ou regente criticava insistentemente os magistrados, ao passo que os jornais de Vasconcelos falavam na Sacra Camarilha ao se referirem a Feijó e seus amigos padres. Vasconcelos foi um dos principais arquitetos da queda do Regente Feijó e foi também o principal inspirador das reformas centralizadoras que serviram de pretexto para as rebeliões de São Paulo e Minas Gerais. Os dois inimigos já quase inválidos enfrentaram-se no Senado para a última batalha após a derrota do movimento rebelde. Vasconcelos foi implacável na exigência de punição para o vencido[39]. A cena simbolizava bem o final da luta: a vitória do magistrado sobre o padre, da ordem sobre a rebeldia, da centralização sobre a descentralização.

O comportamento dos militares tinha características próprias e apresentava complicação adicional proveniente da divisão da corporação entre oficiais e praças. As praças distinguiram-se nos últimos anos da colônia e primeiros do Império pela adesão a movimentos rebeldes de natureza nitidamente popular. Os oficiais de início não se distinguiam muito da elite, mas aos poucos foram desenvolvendo identidade própria e se opondo à elite civil em geral, sobretudo aos que chamavam pejorativamente de bacharéis.

Essas diferenças entre setores da burocracia mostram, de um lado, o peso do fator socialização que vimos apontando como responsável principal pela unidade da elite política e, de outro, fontes potenciais de clivagem provenientes de outros fatores. O efeito cumulativo da socialização e treinamento dava-se principalmente entre os magistrados. Local e tipo de educação, carreira, emprego público, certo espírito corporativo, tudo contribuía para fazer dos magistrados um bloco coeso ideologicamente em torno do objetivo de fortalecer o Estado. Os padres não se formavam em Coimbra, com exceção de uns poucos, não estudavam direito romano, não se envolviam nos altos escalões da administração e não formavam um grupo muito coeso devido a sua grande dispersão geográfica e à menor circulação a que eram submetidos.

Pode-se perguntar se outros fatores não seriam responsáveis pelas diferenças de comportamento. A explicação alternativa mais óbvia seria pela origem social: os padres proviriam de famílias mais pobres do que os magistrados. Vimos que, em princípio, pode-se supor que tal diferença existisse, embora seja difícil avaliar sua magnitude. Mas há considerações que nos levam a ter cautela em relação a esse tipo de explicação. Sabe-se que ter um filho padre era aspiração de famílias ricas quase tanto quanto ter um filho bacharel ou médico. Antes da abolição do morgadio, em 1835, mandar um filho para o seminário era inclusive uma solução cômoda para o problema dos filhos mais jovens. Mandava-se o mais talentoso para Coimbra, os mais novos para o seminário, enquanto o mais velho herdava a propriedade. Os padres assim formados eram parte integrante da aristocracia rural, muitos deles possuidores de fazendas e engenhos, vivendo tranqüilamente com suas amantes.

A grande maioria dos padres envolvidos nos movimentos rebeldes era rica. Na Inconfidência Mineira só o cônego Vieira não possuía riqueza, embora o fato de ser cônego já indicasse não ser desprovido de recursos e amigos poderosos. Padre Rolim era rico agiota; Pe. Carlos também era rico; Pe. M. Rodrigues era fazendeiro; Pe. José Lopes, capelão de fazenda. O único padre secular envolvido na Conjuração Baiana, Pe. Francisco A. Gomes, era "homem riquíssimo". Vários dos revolucionários de 1817 provinham de famílias abastadas, inclusive o radical Pe. Roma. Dois deles eram senhores de engenho. Dos amigos de Feijó, somente o cônego Marinho era de origem modesta e mulato, embora tenha terminado a vida muito bem como dono de famoso colégio no Rio. José Custódio era filho de fazendeiro e José Bento era ele próprio fazendeiro. José de Alencar era filho de comerciante e fazendeiro de importante família cearense.

Pode-se, portanto, concluir que, embora pudesse haver mais padres de origem social modesta do que magistrados, não estava aí a principal causa de seu comportamento diferente. O comportamento dos padres políticos de Minas Gerais, São Paulo e Ceará estava mais próximo do dos fazendeiros dessas áreas e se aproximava do liberalismo que os caracterizava — funda-

A CONSTRUÇÃO DA ORDEM

mentalmente de oposição à interferência do governo central em seus domínios. Os de Pernambuco, pelo maior contato com a sociedade urbana, se aproximavam mais de um liberalismo democratizado, sem avançar muito no campo da reforma social.

Por outro lado, embora a posição centralista dos magistrados coincidisse com os interesses do grande comércio e da grande agricultura de exportação, ela decorria antes de sua formação e posição dentro do Estado do que do fato de se vincularem socialmente a esses setores. Os magistrados comportavam-se de maneira mais homogênea do que os padres, independentemente de sua origem. Tanto era centralista e conservador o magistrado do Rio de Janeiro, terra dos grandes cafeicultores, como o era o de Minas, terra de padres libertários. Além disso, a coincidência dos interesses dos magistrados com os dos proprietários e comerciantes não se dava sempre. O debate de 1855 deixou claro que os donos de terra no Congresso não reconheciam nos magistrados os legítimos representantes de seus interesses.

A situação dos militares era mais complexa. Não há dúvida de que havia grande diferença de origem social entre a elite política em geral e as praças. Daí que os conflitos em que se aliavam povo e tropa eram potencialmente perigosos e acabavam provocando a oposição não só de magistrados mas também de padres e da oficialidade. Mas tratando-se da elite interessa-nos aqui discutir apenas o setor militar que podia ter acesso a ela, isto é, a oficialidade. Vimos que ela passou por uma transformação que envolvia ao mesmo tempo o tipo de recrutamento, a formação e a carreira. O oficialato do Exército tornou-se menos aristocrático, mais educado, imbuiu-se de positivismo, teve a carreira aperfeiçoada e desenvolveu maior espírito corporativo. Essa combinação de fatores levou-o a um conflito com a elite política em geral, embora não particularmente com os magistrados, pois sua ascensão coincidiu com o declínio dos magistrados dentro da elite. Seu inimigo era antes o bacharel em geral, o casaca, a aristocracia do pergaminho, o representante dos senhores de terra.

Se após a consolidação monárquica os magistrados se viam às vezes em conflito com os proprietários rurais, os militares se viam sistematicamente nessa posição, e aqui sem dúvida entrava o fator de origem social. Mas mesmo assim é preciso não esquecer que o que dava aos militares a condição de constituírem uma contra-elite era o fato de pertencerem a uma corporação que lhes proporcionava os recursos de poder necessários para uma ação política eficaz.

Pode-se dizer que os militares foram os substitutos dos magistrados no final do Império e início da República. A mesma preocupação centralizadora os dominava, a mesma oposição à fragmentação privatista do poder. A diferença estava no sentido político da centralização. Os magistrados, mesmo que o quisessem, tinham poucas condições de atacar os baluartes da grande propriedade. A centralização que promoviam, para ser viável, tinha que conciliar com a grande propriedade. Os militares começaram a agir em tempos novos e com novas forças. Deram à centralização um conteúdo muito mais urbano e burguês, na medida em que combatiam a escravidão e propunham a libertação do país da economia agrícola de exportação. Seu inimigo na República era o bacharel representante do café, embora por razões táticas com ele às vezes se aliassem.

Resumindo, a unidade geral da elite política, melhor caracterizada pelos magistrados, não eliminava focos de cisão interna. Devido ao peso do Estado no sistema político, esses focos podiam localizar-se dentro da própria burocracia, inclusive na parte dela que se confundia com a elite. Daí que parte da dinâmica do sistema passava pelas cisões da burocracia e se concretizava em alianças e coalizões tácitas ou explícitas com setores externos à máquina do Estado. As coalizões eram freqüentemente táticas, de vez que na maioria das vezes não implicavam total coincidência de interesses entre os aliados. Tal foi o caso já mencionado da consolidação do Império que envolveu a aliança de magistrados com grandes proprietários e comerciantes, mas que se desfez mais tarde. E foi também o caso da aliança que mais tarde os militares fizeram com os paulistas para a consolidação da República.

Apesar das divergências, os vários setores da burocracia possuíam em comum o compromisso com o fortalecimento do Estado, a visão nacional, a oposição ao localismo, ao predomínio excessivo de grupos ou setores de classe. Se isto implicava a possibilidade de representação virtual de setores excluídos do processo político pelos mecanismos formais de representação, significava também o balizamento do conflito dentro de parâmetros que garantiam a manutenção dos alicerces do Estado. Daí que, embora permitissem mudança, as variações de orientação constituíam antes matizes da ordem.

A CONSTRUÇÃO DA ORDEM

NOTAS

1. Ver a respeito o trabalho de Stuart B. Schwartz, *Sovereignty and Society in Colonial Brazil*, p. 68-91. Será nossa fonte básica para a análise da burocracia judiciária portuguesa. Ver também, do mesmo autor, "Magistracy and Society in Colonial Brazil", *The Hispanic American Historical Review*, L, 4 (novembro, 1970), p. 715-30.

2. *Sovereignty and Society*, p. 297.

3. *Ibidem*, p. 268-69. Sobre os magistrados e a organização judiciária da Colônia, ver também Enéas Galvão, "Juízes e Tribunais no Período Colonial", *Revista do Instituto Histórico e Geográfico do Brasil*, Tomo Especial, Parte III (1916), p. 319-39; Alfredo Pinto Vieira de Mello, "O Poder Judiciário no Brasil (1532-1817)", *Anais do 1º Congresso de História Nacional*, IV (1916), p. 97-148; e Diogo de Vasconcellos, "Linhas Gerais da Administração Colonial", *Revista do Instituto Histórico e Geográfico do Brasil*, Tomo Especial, Parte III (1916), p. 281-98.

4. Schwartz, *Sovereignty and Society*, p. 170-253.

5. O melhor estudo sobre a justiça eletiva dos juízes de paz, que discute inclusive seus conflitos com a magistratura de carreira, é o de Thomas Holmes Flory, *Judge and Jury in Imperial Brazil, The Social and Political Dimensions of Judicial Reform, 1822-1848*. Um resumo desta tese se encontra em "Judicial Politics in Nineteenth Century Brazil", *Hispanic American Historical Review*, 55, 4 (novembro, 1975), p. 663-92.

6. *O Sentinela da Liberdade*, 10/01/1833, p. 4.

7. *O Chronista*, 26/09/1937, p. 399.

8. Durante a discussão do Ato Adicional de 1834 foi proposta a proibição aos funcionários públicos de exercerem mandatos legislativos. Evaristo da Veiga, no entanto, justificou a predominância dos magistrados pelo fato de existirem poucos elementos educados entre os industriais, fazendeiros e comerciantes (*Anais da Câmara dos Deputados*, 1834, tomo II, p. 51-2). Igualmente, durante a discussão da Lei de Terras em 1843, o deputado Ferraz, um funcionário público, observou que deveria haver mais proprietários na Câmara. "Se houvesse", disse ele, "seus interesses seriam bem defendidos; quando nossos interesses de empregados públicos são discutidos então todos saltam, todos gritam...". Citado em Warren Dean, "Latifundia and Land Policy in Nineteenth Century Brazil", *The Hispanic American Historical Review*, LI, 4 (novembro, 1971), p. 616.

9. *Anais da Câmara dos Deputados*, 1855, tomo IV, p. 225.

10. *Jornal do Commercio*, 26/07/1855. *Os Anais do Senado* de 1855 não foram publicados. Usamos aqui o texto que saiu no *Jornal do Commercio*.

11. *Ibidem*.

12. *Jornal do Commercio*, 03/08/1855.

13. *Jornal do Commercio*, 19/07/1855.

14. *Jornal do Commercio*, 22/07/1855.

15. *Anais da Câmara dos Deputados*, 1855, tomo IV, p. 271.

16. *Jornal do Commercio*, 03/08/1855.

17. *Anais da Câmara*, 1855, tomo IV, p. 237.

18. *Jornal do Commercio*, 23/07/1855.

19. Ver a breve descrição da formação do clero na Colônia em Eduardo Hoornaert, Riolando Azzi, Klaus van der Grijp e Benno Brod, *História da Igreja no Brasil*, Primeira Época, p. 192-200. A citação está à p. 200.

20. *Ibidem*, p. 183-90.

21. *Ib.*, p. 190.

22. Ver Eduardo Frieiro, *O Diabo na Livraria do Cônego*, p. 9-82; e Alexander Marchant, "Aspects of the Enlightenment in Brazil", em Arthur P. Whitaker (ed.), *Latin America and the Enlightenment*, p. 95-118. Para uma lista dos nomes dos envolvidos, ver Lúcio José dos Santos, *A Inconfidência Mineira*, p. 114-328. Importantes bibliotecas foram também confiscadas a Cláudio Manuel da Costa, Alvarenga Peixoto e José de Resende Costa.

23. Ver D. Duarte Leopoldo, "História Religiosa. O Clero Nacional e a Independência", em *Dicionário Histórico, Geográfico e Etnográfico do Brasil*, vol. I, p. 1265.

24. Sobre a Conjuração Baiana, ver Affonso Ruy, *A Primeira Revolução Social Brasileira (1798)*. Sobre a participação dos padres, ver p. 55, 57, 68, 70.

25. Uma boa análise das tendências ideológicas predominantes entre os líderes da Revolução de 1817 pode ser encontrada em Carlos Guilherme Mota, *Nordeste, 1817: Estruturas e Argumentos*. Sobre a grande importação de livros franceses em Recife, inclusive para o seminário de Olinda, veja a nota de Oliveira Lima na *Hitória da Revolução*, de Muniz Tavares, p. 40-42. Veja ainda Frei Caneca, *Ensaios políticos, passim*.

26. Sobre a rebelião de 1842 em Minas Gerais, ver a história algo apaixonada de um dos padres que a lideraram: José Antônio Marinho, *História do Movimento Político no Ano de 1842 em Minas*. Ver ainda *Autos dos Inquéritos da Revolução de 1842 em Minas Gerais*.

Sobre a rebelião em São Paulo, ver Vilhena de Morais, *Caxias em São Paulo. A Revolução de Sorocaba*. Tentativa inovadora de interpretar as duas revoluções pode ser encontrada em Victor Morris Filler, *Liberalism in Imperial Brazil: The Regional Rebellions of 1842*.

27. Ver *O Brasil*, edições de 25/08 e 29/11/1842.

28. Ver Joaquim Nabuco, *Um Estadista do Império*, p. 247-48. Ver ainda Maria de Lourdes Mariotto Haidar, *O Ensino Secundário no Império Brasileiro*, p. 76-80.

29. Sobre essa tese, ver Gaetano Mosca, *The Ruling Class*, p. 229. Para uma história da evolução dos exércitos modernos, ver Alfred Vagts, *A History of Militarism*.

30. Sobre o cadetismo, ver Rui Vieira da Cunha, *Estudos da Nobreza Brasileira. I — Cadetes*, e Gen. Francisco de Paula Cidade, *Cadetes e Alunos Militares Através dos Tempos*. Para uma história do Exército brasileiro, ver Nelson Werneck Sodré, *História Militar do Brasil*.

31. Sobre essas mudanças, ver o trabalho de John Henry Schulz, *The Brazilian Army in Politics, 1850-1894*, esp. p. 282-86. Resultados semelhantes foram obtidos por José Murilo de Carvalho, "As Forças Armadas na Primeira República: O Poder Desestabilizador", *História Geral da Civilização Brasileira, O Brasil Republicano*, tomo III, vol. 2º, p. 181-234.

32. Citado em John H. Schulz, *op. cit.*, p. 72-80.

33. Sobre a Marinha, ver Prado Maia, *A Marinha de Guerra do Brasil na Colônia e no Império*, e também Um Oficial da Marinha, *Política Versus Marinha*.

34. Ver *O Soldado*, 22/03/1881, p. 1.

35. Essa era a opinião expressa na *Aurora Fluminense*, o influente jornal liberal dirigido por Evaristo da Veiga. Ver edição de 11/03/1835, p. 1-2.

36. Ver *O Sentinela da Liberdade*, edição de 20/12/1832, p. 1-3; e *O Soldado Brasileiro*, edição de 22/02/1849, p. 1-3.

37. Edmundo Campo Coelho, *Em Busca de Identidade: O Exército e a Política na Sociedade Brasileira*, p. 34-58.

38. Sobre a educação e carreira dos militares no Império, ver John H. Schulz, *op. cit.*, p. 261-88.

39. Sobre o episódio, ver Octávio Tarquínio de Souza, *História dos Fundadores do Império do Brasil. Diogo Antônio Feijó*, p. 354-60.

CAPÍTULO 8 Os partidos políticos imperiais: composição e ideologia[1]

Acrescentamos ao estudo da elite política imperial esta análise dos partidos políticos porque ele nos permite explorar um pouco mais as clivagens internas da elite, complementando a discussão dos dois últimos capítulos. Na medida em que for possível relacionar a composição social dos partidos com diferenças programáticas, estaremos também em condições de esclarecer melhor as hipóteses que vimos desenvolvendo com relação aos efeitos sobre o comportamento político dos fatores de socialização, treinamento e origem social.

Assim, por exemplo, se pudermos estabelecer que os partidos diferiam em termos de filiação de magistrados, proprietários e profissionais liberais, e se esta diferença estiver relacionada com posições partidárias em relação a temas centrais da política imperial, sobretudo aos que diziam respeito de modo direto à formação do Estado, estaremos testando, pelo menos em parte, nossas hipóteses.

Outra razão para estudar os partidos imperiais prende-se a algo já observado em relação à burocracia: foram feitas as afirmações mais contraditórias sobre sua composição e sua ideologia, sem que até agora nenhum dos autores que trataram do assunto se tenha dado ao trabalho de sustentar as afirmações com dados mais sólidos. Na ausência de pesquisa, as afirmações não passam de simples deduções feitas a partir da concepção geral do autor a respeito da natureza da sociedade e da política imperial, quando não de sua visão da natureza e evolução das sociedades em geral. Isto é, atribuem-se aos partidos aquela composição e aquela ideologia que venham confirmar a visão preconcebida da sociedade. Embora não se negue que daí possam surgir hipóteses interessantes, já é tempo de ir um pouco além em termos de conhecimento da realidade.

Mesmo sem fazer um levantamento exaustivo das várias teses a respeito da origem social e da ideologia dos partidos imperiais, podemos relacionar três posições radicalmente distintas. Há os que negam qualquer diferença entre os partidos, principalmente o Conservador e o Liberal; há os que os distinguem em termos de classe social; há os que os distinguem por outras características, como a origem regional ou a origem rural ou urbana. Damos a seguir um resumo dessas posições.

Entre os autores que negam qualquer diferença substancial entre os partidos imperiais podemos citar Caio Prado Júnior, Nelson Werneck Sodré, Nestor Duarte, Maria Isaura Pereira de Queiroz, Vicente Licínio Cardoso[2]. Caio Prado Júnior admite certo conflito entre o que ele chama de burguesia reacionária, representada pelos donos de terra e senhores de escravo, e a burguesia progressista representada pelo comércio e pela finança. Mas, segundo ele, esta divergência não se manifestava nos partidos. As duas correntes se misturavam nos dois partidos apesar de certa preferência dos retrógrados pelo Partido Conservador[3]. Nestor Duarte e Maria Isaura consideram os partidos Conservador e Liberal como simples representantes de interesses agrários que, segundo eles, dominavam a política imperial. Nestor Duarte chega a admitir certa diferença entre liberais e conservadores, mas apenas na ideologia, querendo dizer com isto que a diferença e os eventuais conflitos eram puramente retóricos, sem vinculação com problemas concretos[4]. Vicente Licínio Cardoso critica Rio Branco e Joaquim Nabuco por terem interpretado a histórica política do Segundo Reinado apenas em termos da luta entre os partidos Liberal e Conservador. Para ele este conflito era falso, pois ambos os partidos representavam os interesses da escravidão sem que os separasse divergência real. Somente com o surgimento do Partido Republicano, segundo Vicente Licínio Cardoso, o povo passou a ser representado no Parlamento[5].

Entre os que admitem diferença na origem social dos membros dos partidos imperiais, podemos citar Raymundo Faoro, Azevedo Amaral e Afonso Arinos de Melo Franco. Mas a diferença não é a mesma para os três autores. Faoro vê no Partido Conservador o representante do estamento burocrático já por nós comentado. Os liberais representariam os interesses agrários, opostos aos avanços do poder central promovido pela burocracia[6]. Já Azevedo Amaral vê nos conservadores os representantes dos interesses rurais e nos liberais a voz de grupos intelectuais e de outros grupos marginais ao processo produtivo, tais como os mestiços urbanos[7]. Por fim, Afonso Arinos considera os liberais como representantes da burguesia urbana, dos comerciantes, dos intelectuais e dos magistrados. O Partido Conservador representaria os interesses agrários, principalmente os interesses cafeeiros do Rio de Janeiro[8].

Próxima da posição de Azevedo Amaral está a formulação anterior de Oliveira Vianna que, embora não distinga socialmente os dois partidos monárquicos, vê certa distinção ideológica entre ambos. O "idealismo utópico" de que fala este autor, de acordo com seus próprios exemplos, seria mais próprio dos liberais, posteriormente dos republicanos. Como exemplos de idealismo utópico, Oliveira Vianna cita Tavares Bastos, Teófilo Ottoni, Tito Franco, Joaquim Nabuco, Rui Barbosa e outros, todos corifeus do liberalismo. O "idealismo orgânico", por outro lado, seria representado por Vasconcelos, o fundador do Partido Conservador. Mas Oliveira Vianna não formulou esta diferença claramente em termos de partidos políticos. E as diferenças ideológicas, segundo ele, não se prenderiam também a diferenças de origem social[9].

Finalmente, Fernando de Azevedo e João Camilo de Oliveira Torres vêem uma distinção de tipo rural/urbano nos partidos Conservador e Liberal. Para ambos, o Partido Liberal representaria grupos urbanos e o Partido Conservador grupos rurais, algo à maneira de Azevedo Amaral[10]. Por grupos urbanos, Fernando de Azevedo entende bacharéis, intelectuais, pequena burguesia, padres, militares, mestiços. A alta burguesia urbana estaria aliada aos grupos rurais. Em termos de ideologia, estes grupos urbanos se caracterizariam por um pensamento alienado, importado, do tipo utópico de que fala Oliveira Vianna. O pensamento adaptado e flexível viria do lado conservador e rural.

Além de variarem radicalmente as afirmações sobre a composição social dos partidos, esta variação tem por base concepções totalmente diversas sobre a estrutura social e o sistema de poder vigentes no Império. Estas concepções vão desde o império burguês de Caio Prado, incluindo setores reacionários e progressistas, à sociedade patriarcal de Nestor Duarte, ao domínio do latifúndio de Maria Isaura, à predominância do estamento burocrático de Faoro, à sociedade escravista de Vicente Licínio Cardoso, à sociedade quase feudal de Oliveira Vianna. Os partidos são forçados a refletir estas variadas concepções assumindo também as mais diversas fisionomias, como acabamos de ver.

Parece-nos que a divergência de opiniões provém em parte de premissas teóricas inadequadas, em parte de falta de maior preocupação com o embasamento empírico das afirmações. Não pretendemos aqui solucionar definitivamente as divergências, mas fornecer indicações mais fundamentadas sobre o que nos parece ter sido a real configuração dos partidos imperiais e a natureza do sistema político.

As limitações de nosso trabalho provêm do tipo de dados disponíveis, tanto sobre a origem social dos políticos imperiais como sobre sua ideologia. A qualidade dos dados de origem social e ocupação já foi discutida. Quanto ao problema da ideologia, seu estudo mais acurado exigiria extensa análise de discursos e escritos, o que excede as pretensões do presente trabalho. Limitar-nos-emos aos programas oficiais dos partidos e à posição manifesta dos principais líderes partidários.

Antes de iniciar a análise dos dados, porém, será útil proceder a uma breve descrição da evolução do sistema partidário durante o Império[11].

Até 1837, não se pode falar em partidos políticos no Brasil. As organizações políticas ou parapolíticas que existiram antes da Independência eram do tipo sociedade secreta, a maioria sob influência maçônica. Logo após a Abdicação, formaram-se sociedades mais abertas, tais como a Sociedade Defensora, a Sociedade Conservadora e a Sociedade Militar. Mas todas elas foram organizações *ad hoc*, girando em torno do problema político criado pela Abdicação. Uma vez morto o ex-imperador e reformulado o arranjo constitucional pelo Ato Adicional, deixaram de existir.

As conseqüências da descentralização produzida pelo Código de Processo Criminal de 1832 e pelo Ato Adicional de 1834 e as rebeliões provinciais da Regência é que iriam, ao final da década, possibilitar a formação dos dois grandes partidos que, com altos e baixos, dominaram a vida política do Império até o final. O Partido Conservador surgiu de uma coalizão de ex-moderados e ex-restauradores sob a liderança do ex-campeão liberal Bernardo Pereira de Vasconcelos e propunha a reforma das leis de descentralização, num movimento chamado pelo próprio Vasconcelos de Regresso. Os defensores das leis descentralizadoras se organizaram então no que passou a ser chamado Partido Liberal.

A CONSTRUÇÃO DA ORDEM

As únicas modificações importantes no sistema partidário, do ponto de vista formal, se deram com o surgimento dos partidos Progressista, de curta duração, e Republicano. O Partido Progressista surgiu da Liga Progressista, em torno de 1864, sendo ambos produto do movimento de Conciliação iniciado em 1853 pelos conservadores. Compunha-se de conservadores dissidentes e liberais históricos. O Partido dissolveu-se em 1868 com a queda de Zacarias. Parte dos progressistas formou o novo Partido Liberal, parte ingressou no Partido Republicano fundado em 1870. Até o fim do Império o sistema partidário permaneceu tripartite, tendo, de um lado, os dois partidos monárquicos e, de outro, o Partido Republicano. A evolução do sistema partidário poderia ser representada da seguinte forma:

GRÁFICO 4
Evolução do Sistema Partidário do Império,
1831-1889

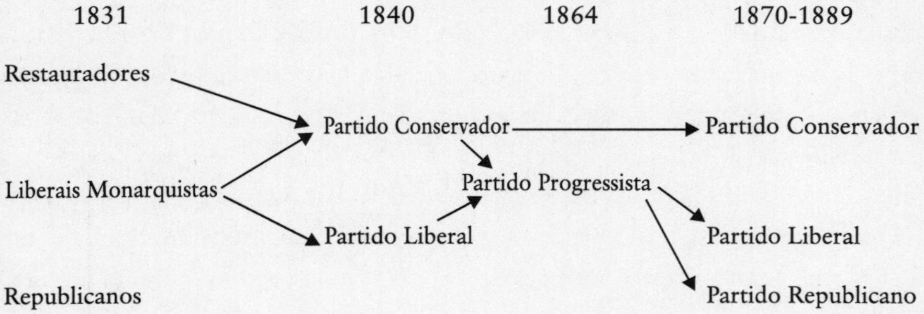

1831	1840	1864	1870-1889

Restauradores

Liberais Monarquistas

Republicanos

Partido Conservador → Partido Conservador

Partido Progressista

Partido Liberal

Partido Liberal

Partido Republicano

Quanto a programas partidários, somente em 1864 foi elaborado o primeiro deles pelo Partido Progressista. A década de 60 foi fértil em programas, culminando com o do Partido Republicano de 1870. O Partido Conservador, no entanto, nunca apresentou qualquer programa escrito. Os programas de conservadores e liberais antes de 1864 devem ser inferidos de afirmações dos líderes, de programas governamentais, dos escritos teóricos e dos grandes debates parlamentares em torno de problemas-chave como a reforma das leis de descentralização, a restauração do Conselho de Estado, a abolição do tráfico, as leis de terras[12].

Até a publicação do programa do Partido Progressista em 1864, as divergências entre liberais e conservadores se prenderam quase que totalmente aos conflitos regenciais entre as tendências de centralização e descentralização do poder, corporificadas nas leis descentralizadoras de 1832 e 1834 e nas leis do Regresso de 1840 e 1841. Os liberais eram por maior autonomia provincial, pela Justiça eletiva, pela separação da polícia e da Justiça, pela redução das atribuições do poder moderador. Os conservadores defendiam fortalecimento do poder central, o controle centralizado da magistratura e da polícia, o fortalecimento do poder moderador. Os principais teóricos nesta fase, do lado conservador, foram dois magistrados, Bernardo Pereira de Vasconcelos e seu discípulo político, Paulino José Soares de Sousa, futuro visconde do Uruguai. Todas as leis do Regresso tiveram a marca desses dois líderes. Do lado liberal, os principais teóricos foram Teófilo Ottoni, Paula Souza e Vergueiro, o primeiro comerciante, depois industrial, os dois últimos fazendeiros em São Paulo.

Já o programa do Partido Progressista foi grandemente influenciado pelo principal líder do partido, o conservador dissidente Nabuco de Araújo. A ênfase principal do programa, refletindo as preocupações do magistrado Nabuco, estava em problemas de organização e processos judiciários. Nabuco percebia, com outros conservadores, que o rigor da Lei de 1841 já se tornara desnecessário e que ela deveria ser reformada no sentido de separar as funções judiciais das policiais e de dar maior autonomia e profissionalização aos magistrados. Segundo ele, estas reformas proporcionariam maior garantia e proteção aos direitos individuais. O programa repetia também as velhas demandas liberais por maior descentralização, mas sem sugerir mudanças importantes no sistema político.

Os próximos programas surgiram em 1868, 1869 e 1870. O Partido Progressista foi aos poucos minado internamente pela divisão entre liberais históricos e conservadores dissidentes que o formavam. Desde 1866, os históricos começaram a se organizar e a elaborar um programa mais radical. Em 1868 criaram o Clube Radical e publicaram seu programa. O programa pedia a abolição do Conselho de Estado, a abolição da Guarda Nacional, a eliminação da vitaliciedade do Senado, a eleição dos presidentes de província, o voto direto e universal, a abolição da escravidão. Foi este, sem dúvida, o programa mais radical proposto oficialmente durante o Império.

A CONSTRUÇÃO DA ORDEM

A queda de Zacarias em 1868 deu o golpe final na coalizão progressista. Em seu lugar organizaram-se em 1869 o novo Partido Liberal e, em 1870, com os elementos mais radicais, o Partido Republicano. O programa do novo Partido Liberal incluía como pontos principais a eleição direta nas cidades maiores (mas não o voto universal); Senado temporário; Conselho de Estado apenas administrativo (não a abolição do Conselho); a abolição da Guarda Nacional; as clássicas liberdades de consciência, de educação, de comércio, de indústria; as reformas judiciárias do programa progressista; e a abolição gradual da escravidão, a iniciar-se com a libertação do ventre. Como se vê, o programa liberal era um compromisso entre as teses radicais e progressistas. O novo partido incluía entre seus líderes os conservadores dissidentes que tinham formado o progressismo, com Nabuco e Zacarias à frente, e alguns dos liberais históricos, luzias e praieiros, tais como Teófilo Ottoni e Chichorro. O compromisso não agradou aos mais radicais que se alistaram no programa republicano de 1870.

Pode-se notar que os programas liberais da década de 1860 indicam clara mudança em relação ao debate dos anos 1830 e início dos anos 1840. As velhas demandas liberais por maior descentralização foram mantidas, mas introduziram-se reivindicações novas referentes às liberdades civis, participação política e reforma social. As novas reivindicações atingiram seu ponto culminante no programa radical de 1868. O melhor representante das novas demandas foi talvez Silveira da Motta, professor de direito, advogado e típico representante do liberalismo doutrinário extraído diretamente de autores ingleses e americanos. Grande opositor do predomínio dos magistrados na política, Silveira da Motta deu início em 1870, juntamente com outros companheiros, a uma série de conferências públicas sobre Direito Constitucional, numa iniciativa inédita no país, com o objetivo de iniciar um movimento em favor de uma prática autêntica do governo representativo. Além de propor as reformas radicais, Silveira da Motta achava que estas reformas deviam originar-se da opinião pública e não do governo, como era a praxe no país[13].

Essa concepção do liberalismo foi claramente expressa num manifesto publicado em 1869 pelo recém-criado *Correio Nacional*. Nele a doutrina do Estado-gendarme é explicitamente defendida. O Estado, segundo os redatores do manifesto, não deveria "ir além dos limites naturais; não deveria substituir-se à sociedade", antes, devia limitar-se a cuidar da justiça, da polícia,

207

da ordem e dos impostos[14]. Tal posição representava agora as reivindicações de profissionais liberais, de intelectuais e de alguns industriais, todos vinculados à economia e modos de vida urbanos. Autonomias provincial e local eram menos importantes para este grupo do que liberdade individual e participação política. Esse tipo de demanda não estava ausente nos anos 1830. Seu grande precursor fora Teófilo Ottoni, o defensor da "democracia da classe média, da democracia da gravata lavada", inimigo tanto da tirania de um só como do despotismo das turbas[15]. Mas na década de 1830 tal problemática ficava em segundo plano face à poderosa pressão de donos de terra por maiores autonomias regionais. Os dois tipos de demanda podiam coincidir em determinados momentos, mas provinham de motivações e interesses diversos. O próprio Teófilo Ottoni, depois de intensa atividade política desde a Abdicação, depois de se unir aos proprietários rurais na rebelião de 1842, abandonou desgostoso a política quando os liberais chegaram ao poder e não se dispuseram a implementar as reformas que ele defendia. A distinção entre os dois tipos de liberalismo, o dos proprietários rurais e o dos profissionais liberais urbanos, é, a nosso ver, fundamental. Só na década de 1860, com o maior desenvolvimento urbano e o aumento do número de pessoas com educação superior, é que o liberalismo clássico dos direitos individuais teve melhores condições de se desenvolver. Foi quando o próprio Ottoni voltou à atividade política.

O Manifesto Republicano de 1870, publicado no Rio de Janeiro, refletia o pensamento liberal clássico mais do que qualquer outra coisa. Sem dúvida, o Manifesto também pedia o federalismo, como claramente o indica sua famosa dicotomia: "centralização-fragmentação; descentralização-unidade". Mas quase todo o Manifesto era dedicado ao ataque aos desvios do governo representativo por parte do sistema político brasileiro. Verdade democrática, representação, direitos e liberdades individuais eram os pontos fundamentais do Manifesto. O fato não surpreende, pois muitos dos signatários do Manifesto vinham das fileiras radicais, inclusive Cristiano Ottoni, irmão de Teófilo Ottoni.

Bem distinta era a situação do Partido Republicano paulista criado em 1873. Em São Paulo houve também a transformação de clubes radicais em republicanos em 1870. Mas o desenvolvimento do partido paulista se deu em bases muito mais pragmáticas. Os paulistas não se deram ao trabalho de

A CONSTRUÇÃO DA ORDEM

publicar manifestos, dedicando-se antes a criar uma sólida estrutura organizacional com base em células municipais. Na primeira convenção do partido, realizada em Itu em 1873, 17 municípios se achavam representados, e no primeiro congresso, reunido neste mesmo ano na capital, o número de municípios que enviaram delegações subiu a 29. Nesse congresso foi eleito um Comitê Executivo permanente para coordenar as atividades das células municipais. A conseqüência de tudo isto foi que, ao final do Império, os republicanos paulistas constituíam o único grupo político civil organizado, num claro contraste com os republicanos do Rio de Janeiro, que nunca conseguiram formar um partido sólido[16].

A diferença entre os dois grupos torna-se mais clara se notarmos que os paulistas produziram apenas dois documentos doutrinários importantes. O primeiro destinava-se a fixar a posição do partido em relação ao problema da escravidão. O segundo foi um projeto de constituição republicana para São Paulo. Em relação ao problema da escravidão, o partido tomou uma posição sibilina. Reconhecia, de um lado, a importância do problema, mas, de outro lado, declarava se tratar de uma questão social cuja solução era de responsabilidade dos partidos monárquicos e não deles, republicanos. Na realidade, a decisão correspondia a uma negativa em tomar posição a favor da abolição. O projeto de constituição era um documento pragmático que tratava da organização de um governo republicano na província sem discutir princípios de doutrina.

Os republicanos de São Paulo e do Rio de Janeiro representavam preocupações totalmente distintas. Enquanto os republicanos da capital, ou melhor, os que assinaram o Manifesto de 1870, refletiam as preocupações de intelectuais e profissionais liberais urbanos, os paulistas refletiam preocupações de setores cafeicultores de sua província. Como veremos adiante, a composição social dos dois grupos aponta claramente nesta direção. A principal preocupação dos paulistas não era o governo representativo ou direitos individuais, mas simplesmente a federação, isto é, a autonomia provincial. Eles pediam o que fora a prática do liberalismo no século XVII na Inglaterra, isto é, não a ausência do governo mas o governo a serviço de seus interesses. E isto seria melhor conseguido mediante o fortalecimento e o controle pleno do governo estadual. A centralização imperial impedia esse controle, além de drenar os recursos dos cofres provinciais para a Corte e para outras províncias.

O que afastava os dois grupos, assim como o que afastava os republicanos paulistas dos liberais radicais, não era só a questão da escravidão, apontada por Wanderley Guilherme dos Santos. Era também o fato de que o liberalismo dos radicais e dos republicanos do Rio já vinha vestido da roupagem democrática que lhe dera Stuart Mill. Zacarias de Góes já citava esse autor para afirmar que a participação política era o problema fundamental da época. A versão democratizada do liberalismo não interessava aos paulistas. Eles ainda brigavam pelo controle do poder para si próprios e não lhes passava pela cabeça distribuí-lo. Seu liberalismo era ainda do tipo pré-democrático[17].

Após esta breve introdução, podemos dar início à apresentação dos dados sobre a composição social dos partidos. A distribuição dos ministérios do Segundo Reinado por partidos é dada no quadro 32[18].

QUADRO 32
Duração e Filiação Partidária dos Ministérios, 1840-1889

Partido	N^o de Ministérios	Duração (em anos)	Duração (em meses)	Duração Média (em meses)
Liberal	15	13,4	161	10,3
Conservador	14 (10)	26,0	313 (253)	22,3 (25,3)
Progressista	6	6,1	74	12,3
Conciliação	1 (5)	3,5 (8,5)	43 (103)	43,0 (20,6)
Total	36	49,0	591	16,4

Fonte: Barão de Javari. *Organizações e Programas Ministeriais*. As frações de anos são meses, as frações de meses, dias. Para maiores explicações, veja nota 18.

Podemos ver que, apesar da aparente estabilidade do sistema político imperial, houve grande instabilidade de governos. A duração média dos 36 ministérios foi de menos de ano e meio. Mas há clara diferença entre a duração dos ministérios conservadores e a dos ministérios liberais. Os conservadores duravam em média duas vezes mais que os liberais. O mesmo pode ser dito dos ministérios da Conciliação e dos progressistas. Os primeiros, que eram mais próximos dos conservadores, duraram mais do que os segundos, mais próximos dos liberais.

Nossa análise se limitará aos dois partidos principais, o Conservador e o Liberal. A Conciliação foi mais uma orientação política do que um grupo definido, e a Liga, depois Partido Progressista, foi a seqüência desta orientação

A CONSTRUÇÃO DA ORDEM

organizada em grupo político, mas transitório e instável. Todos os membros do Partido Progressista se filiaram, após 1868, seja ao novo Partido Liberal, seja ao Partido Republicano[19].

Os dados aqui apresentados se limitarão aos ministros e deixarão de lado os dois primeiros períodos. As definições de ocupação como socialização e como origem social serão as mesmas do capítulo 4.

No que diz respeito às relações entre ocupação e filiação partidária, os dado mostram a tendência nítida de se concentrarem os funcionários públicos no Partido Conservador e os profissionais liberais no Partido Liberal. Este achado é consistente com a idéia de que os conservadores foram os principais suportes da centralização e do fortalecimento do Estado. É também consistente com a hipótese de Faoro de que os burocratas se concentravam no Partido Conservador e em parte com a suposição de Azevedo Amaral de que os liberais provinham das profissões liberais e de grupos intelectuais. Mas o quadro 33 não pode testar as idéias de Faoro e Azevedo Amaral no que diz respeito à filiação partidária dos donos da terra. O último estava certamente equivocado em considerar os liberais e intelectuais como os principais defensores do poder estatal.

QUADRO 33
Ocupação e Filiação Partidária dos Ministros, 1840-1889 (%)

| Filiação Partidária | Ocupação | | | |
	Governo	Prof. Liberais	Economia	Total
Conservador	50,82	36,76	50,00	43,89
Liberal	36,07	61,77	50,00	49,64
Sem Partido	13,11	1,47	–	6,47
Total	100,00	100,00	100,00	100,00
	(N = 61)	(N = 68)	(N = 10)	(N = 139)

A composição interna de ambos os partidos pode ser mais bem avaliada se tomarmos a filiação partidária como variável independente no cálculo das porcentagens e eliminarmos as categorias "sem partido" e "economia". Aparece, então, que o Partido Conservador era composto de 55% de funcionários públicos (o Partido Liberal tinha 34%) e de 45% de profissionais liberais (contra 66% do Partido Liberal), o que redunda na significativa diferença percentual de 21%.

QUADRO 34
Filiação Partidária e Origem Social dos Ministros, 1840-1889 (%)

| Origem Social | Filiação Partidária | | | |
	Conservador	Liberal	Sem Partido	Total
Propriedade rural	47,54	47,83	–	44,60
Comércio	13,12	8,69	–	10,07
Outra	18,03	26,09	88,89	26,62
Sem informação	21,31	17,39	11,11	18,71
Total	100,00	100,00	100,00	100,00
	(N = 61)	(N = 69)	(N = 9)	(N = 139)

Pode-se ver que estavam equivocados Azevedo Amaral, Faoro, João Camilo e Fernando de Azevedo. Os elementos vinculados à posse da terra não se filiavam predominantemente a um ou outro partido monárquico, mas se distribuíam quase que igualmente entre eles. Não parece também que a "burguesia progressista", de Caio Prado, isto é, os comerciantes, se concentrasse mais no Partido Liberal. Se os dados indicam alguma coisa é o oposto.

Uma vez que tanto magistrados como profissionais liberais se vinculavam em proporções mais ou menos iguais à posse da terra, podemos deduzir, conforme o quadro 34, que o grosso do Partido Conservador se compunha de uma coalizão de burocratas e donos de terra, ao passo que o grosso do Partido Liberal se compunha de uma coalizão de profissionais liberais e de donos de terra. Este resultado é muito consistente com nossa tese sobre a duplicidade do liberalismo e esclarece também as dificuldades do processo de formação do Estado durante o Império. Dentro do Partido Liberal, as posições doutrinárias do liberalismo clássico eram representadas no início pelos padres e mais tarde, no período abrangido pelos dados, pelos profissionais liberais e uns poucos industriais. Mas ao lado deste grupo, que crescia com o passar do tempo, estava outro, no início mais poderoso, de proprietários rurais. Este último se compunha de elementos que se consideravam liberais por defenderem a descentralização do poder em benefício de interesses locais ou provinciais, isto é, em benefício deles mesmos. Dentro do Partido Conservador estavam os burocratas, defensores constantes do fortalecimento do poder central, esteios da formação do Estado Imperial. Mas ao lado dos

A CONSTRUÇÃO DA ORDEM

burocratas estavam também grupos de proprietários rurais cujos interesses podiam coincidir ou não com as necessidades da centralização. Como veremos adiante, os donos de terra que se ligavam ao Partido Conservador tendiam a pertencer a áreas de produção agrícola voltadas para exportação e de colonização mais antiga, como Pernambuco, Bahia e, sobretudo, Rio de Janeiro. Esses grupos tinham mais interesses na política nacional e na estabilidade do sistema. Daí se disporem mais facilmente a apoiar medidas favoráveis ao fortalecimento do poder central. Os donos de terra filiados ao Partido Liberal provinham mais de áreas como Minas Gerais, São Paulo e Rio Grande do Sul, com menos interesses na centralização e na ordem ao nível nacional.

As diferenças de composição social podem ser observadas também no exame dos núcleos carioca e paulista do Partido Republicano. As diferenças ideológicas observadas entre estes núcleos adquirem luz nova se as relacionarmos com os dados de ocupação apresentados no quadro 35.

QUADRO 35

Ocupação dos Republicanos do Rio de Janeiro e de São Paulo, 1870 e 1878

Ocupação	Rio (1870)	São Paulo (1878)
Funcionários Públicos	5,26	2,78
Governo	5,26	2,78
Advogados	21,05	36,11
Advogados-Jornalistas	8,77	–
Jornalistas	8,77	8,33
Professores	3,51	–
Médicos	15,79	8,33
Engenheiros	8,77	2,78
Profissionais Liberais	63,15	55,55
Proprietários Rurais	1,76	30,56
Comerciantes	14,04	11,11
Economia	15,80	41,67
Sem informação	15,79	–
Total	100,00 (N = 57)	100,00 (N = 36)

Fontes: A. Brasiliense, *Os Programas dos Partidos e o 2º Império*, p. 86-87, 177-79. Para os republicanos do Rio de Janeiro, tomamos os signatários do Manifesto de 1870; para os de São Paulo, os participantes do Congresso Republicano provincial de 1878. Não foi feita aqui a distinção entre ocupação e origem social. Tomamos as informações como aparecem em A. Brasiliense.

A primeira observação a ser feita é que os funcionários públicos, uma presença conspícua entre os partidos monárquicos, estão aqui quase totalmente ausentes. Naturalmente, esta ausência tem a ver com outros fatores que não a simples origem social ou a socialização. Ser republicano na época era equivalente a ser subversivo. Apesar da grande tolerância do governo imperial em relação às atividades do Partido Republicano, os empregados públicos deviam certamente considerar prejudicial a seu emprego ou a sua carreira a adesão aberta ao movimento. No entanto, o fato da ausência de funcionários públicos nas fileiras republicanas organizadas dava a este grupo de oposição um caráter distinto de qualquer outro grupo político da época.

A segunda observação refere-se à diferente composição dos dois núcleos partidários. O grupo do Rio de Janeiro — para lembrar de novo, aqui chamado do Rio não por terem seus membros nascido nessa cidade mas porque o Manifesto foi lá assinado e porque a maioria dos signatários lá vivia e trabalhava — compunha-se principalmente de profissionais liberais e de homens de negócio. Entre os primeiros predominavam os advogados e jornalistas que formavam quase 40% do número total de signatários. Advogados e jornalistas formavam também o núcleo do radicalismo dentro do partido. Entre eles estavam os abolicionistas Limpo de Abreu, Saldanha Marinho, Aristides Lobo, Rangel Pestana e um dos líderes da campanha abolicionista, Lopes Trovão, que era jornalista e médico. Mais tarde o melhor representante desse grupo seria o advogado e jornalista Silva Jardim, também abolicionista e talvez o mais radical dos propagandistas da República.

O grupo paulista também possuía bom número de advogados mas, no todo, tinha menos profissionais liberais e, o que é mais importante, incluía um grande número de proprietários rurais. Além disto, é quase certo, embora não disponhamos de dados para confirmar a hipótese, que vários dos advogados republicanos paulistas eram também proprietários rurais, como era o caso de Campos Sales, futuro Presidente da República, advogado e importante cafeicultor. O fato de que quase todos os participantes do Congresso provinham de municípios do interior e neles residiam reforça a suposição. É verdade que o grupo paulista incluía elementos provenientes do

A CONSTRUÇÃO DA ORDEM

radicalismo liberal. Alguns destes elementos tinham mesmo assinado o Manifesto de 1870. Mas a posição da grande maioria se afastava do radicalismo como ficou claro já no Congresso de 1873, quando o Comitê Executivo tornou pública a declaração na qual evitava definir-se contra a escravidão. A declaração provocou a ira de Luiz Gama, o advogado negro, que protestou veementemente. Mas sua voz foi a única a levantar-se em favor de uma clara condenação da escravidão[20]. O PRP só apoiou abertamente a abolição um ano antes de sua efetivação, na mesma época em que o Partido Conservador de São Paulo, liderado por Antônio Prado, tomou decisão semelhante.

Portanto, quando Oliveira Vianna afirma que o Partido Republicano se baseava em áreas urbanas, que recrutava seus membros principalmente entre estudantes e intelectuais e que se dedicava à política silogística e à construção no vácuo, ele certamente tomava a parte pelo todo, e a parte menos importante no caso. Sua caracterização é correta se aplicada aos republicanos do Rio de Janeiro, mas totalmente inadequada em relação aos paulistas ou aos mineiros[21]. Os republicanos paulistas estavam solidamente vinculados às transformações socioeconômicas por que passava sua província e sabiam muito bem o que queriam. Seu pragmatismo ia ao ponto de fazerem alianças com conservadores e liberais de acordo com seus melhores interesses. No que diz respeito à abolição, por exemplo, a maioria dos paulistas — conservadores, liberais ou republicanos — tinha "os mesmos ares de família", na maliciosa expressão de Martinho Campos, o líder liberal e antiabolicionista[22].

Os dados para senadores indicam tendência semelhante à encontrada para os ministros, isto é, funcionários públicos mais concentrados no Partido Conservador e profissionais liberais no Partido Liberal. A única diferença notável é o predomínio de conservadores entre os senadores, sobretudo entre os senadores não-ministros. De um total de 65 senadores não-ministros, 66,16% pertenciam ao Partido Conservador e apenas 24,6% ao Partido Liberal.

Além da composição social dos partidos imperiais, a origem regional de seus membros também foi alvo de hipóteses conflitantes. Mas as caracterizações regionais podem ser freqüentemente reduzidas às sociais. Diferenças regionais são muitas vezes atribuídas a diferentes situações econômicas e sociais que, por sua vez, gerariam diferentes elites políticas com ideologias e filiações partidárias distintas. A diferenciação mais comumente feita é a que separa norte e sul, caracterizando o norte como dominado pelas velhas e decadentes economias do açúcar e do algodão, às quais corresponderia uma elite escravista e conservadora, e o sul como controlado pela dinâmica economia cafeeira que em alguns setores já dispensava o trabalho escravo, e à qual corresponderia uma elite mais liberal e progressista. Os políticos nortistas seriam os responsáveis pelo travamento das políticas reformistas propostas pelos sulistas[23]. Além dessas formulações mais gerais, alguns autores alegam ainda a existência de oligarquias provinciais que seriam responsáveis pelo atraso da evolução política imperial. Este é o caso, por exemplo, de José Honório Rodrigues, que atribuiu ao que ele chama de oligarquias mineira e baiana a principal responsabilidade pela política conservadora do Império, sem levar em conta o fato de que as bases econômicas das duas províncias eram bastante distintas[24].

Formulação mais elaborada destas diferenças provinciais apareceu recentemente em tese de doutoramento de Simon Schwartzman. Adotando a hipótese que atribui comportamento político conservador a regiões economicamente estagnadas, Schwartzman tenta contrastar Minas Gerais e São Paulo ao final do Império e durante a Primeira República. Minas representaria a região economicamente estagnada e de comportamento político conservador, São Paulo a região dinâmica de comportamento político mais moderno. Schwartzman compara Minas Gerais ao sul dos Estados Unidos, como descrito por V. O. Key em *Southern Politics*. Tanto Minas Gerais como o sul americano se caracterizariam por "sistema unipartidário, controle oligárquico da máquina política do Estado, pequena participação popular, grandes propriedades rurais em uma economia em decadência"[25]. Como conseqüência desta situação, ter-se-ia desenvolvido em Minas um estilo cooptativo de participação política, com alta saliência do setor burocrático, enquanto que em São Paulo a política se caracterizaria mais por um estilo representativo de participação. Daí também o predomínio de Minas na política nacional, enquanto São Paulo predominava economicamente.

A CONSTRUÇÃO DA ORDEM

Essas formulações nem sempre mencionam explicitamente os partidos políticos. É possível que, para alguns dos autores, conservador e progressista não signifique necessariamente filiação aos partidos Conservador e Liberal, respectivamente. Com essa ressalva, apresentamos no quadro 36 as relações entre filiação partidária e origem provincial dos ministros.

QUADRO 36

Filiação Partidária e Origem Provincial dos Ministros, 1840-1889
(Números Absolutos)

Filiação Partidária	Origem Provincial								
	Bahia	RJ-Corte	Minas	Pern.	S. Paulo	RS	Outras	Port.	Total
Conservador	12	19	5	8	4	1	7	1	57
Liberal	13	5	13	6	11	9	16	–	73
Sem Partido	1	4	–	–	1	–	1	2	9
Total	26	28	18	14	16	10	24	3	139

Algumas tendências muito claras aparecem no quadro. Os conservadores se concentram em três províncias, Rio de Janeiro, Bahia e Pernambuco, enquanto os liberais predominam no resto do país. Em outros termos, essas três províncias tinham 57% de conservadores e apenas 35% de liberais, ao passo que Minas, São Paulo e Rio Grande do Sul invertiam a proporção, com 75% de liberais e 23% de conservadores, o mesmo acontecendo com as outras províncias.

Em termos de filiação partidária, está claro que a divisão regional não se dava entre o norte e o sul, ou entre Minas e São Paulo, ou entre Minas-Bahia e o resto. Os dados mostram que: a) o Rio de Janeiro era predominantemente conservador; b) Bahia e Pernambuco dividiam-se mais ou menos igualmente entre os dois partidos; c) Minas, São Paulo e Rio Grande do Sul e as outras províncias eram predominantemente liberais. Este tipo de divisão permanece ao longo de todo o Segundo Reinado, mantendo-se aparentemente imune às transformações econômicas e sociais por que passaram algumas das províncias.

O impacto provincial nos partidos ganha ainda maior clareza com as informações fornecidas pelo quadro 37. Pode-se verificar, por exemplo, que os políticos baianos eram o substrato de quase todos os ministérios do Segundo Reinado, tanto liberais como conservadores.

JOSÉ MURILO DE CARVALHO

QUADRO 37
Origem Provincial dos Ministros na Formação do Ministério, 1840-1889

Ministérios			Origem Provincial								
Data	Partido	Origem do Presidente	BA	RJ	MG	PE	SP	RS	Outras	Total	Províncias Representadas
1840	L	–	–	1	1	2	2	–	–	6	4
1841	C	–	1	3	1	–	–	–	1	6	4
1843	C	–	–	3	1	–	–	–	2	6	4
1844	L	–	4	–	–	1	–	–	1	6	3
1845	L	–	2	–	1	1	–	–	–	4	3
1846	L	–	2	1	1	2	–	–	–	6	4
1847	L	BA	1	1	–	–	3	1	–	6	4
1848	L	BA	1	1	3	–	1	–	–	6	4
1848	L	SP	–	1	2	–	2	–	1	6	4
1848	C	PE	2	3	–	1	–	–	–	6	3
1852	C	RJ	2	3	1	–	–	–	–	6	3
1853	Conc.	MG	2	2	2	–	–	–	–	6	3
1857	C	PE	1	–	1	2	–	–	2	6	3
1858	C	MG	2	3	1	–	–	–	–	6	3
1859	C	BA	1	1	–	2	–	–	2	6	5
1861	C	RJ	2	3	–	1	–	–	1	7	4
1862	P	BA	2	–	1	1	1	1	1	7	6
1862	P	PE	1	3	–	3	–	–	–	7	3
1864	P	BA	1	1	2	1	1	1	–	7	6
1864	P	PI	2	1	–	–	–	–	4	7	6
1865	P	PE	3	–	1	1	2	–	–	7	4
1866	P	BA	3	–	2	–	1	–	1	7	4
1868	C	RJ	3	2	1	–	–	–	1	7	4
1870	C	SP	1	2	1	1	1	–	1	7	6
1871	C	BA	1	2	–	2	–	–	2	7	5
1875	C	RJ	3	2	–	–	–	–	1	6	3
1878	L	AL	–	1	1	1	1	2	1	7	6
1880	L	BA	2	1	1	1	1	1	–	7	6
1882	L	MG	1	–	2	–	1	–	3	7	6
1882	L	PI	2	–	1	1	–	–	3	7	6
1883	L	MG	1	–	2	1	–	1	2	7	6
1884	L	BA	3	1	2	–	–	–	1	7	4
1885	L	BA	2	–	1	1	–	1	2	7	6
1885	C	BA	2	2	–	1	1	–	1	7	5
1888	C	PE	–	2	–	1	2	1	1	7	5
1889	L	MG	1	1	2	1	–	1	1	7	6

Partidos: L = Liberal   C = Conservador
            Conc. = Conciliação   P = Progressista

2 1 8

A CONSTRUÇÃO DA ORDEM

A Bahia esteve ausente de apenas cinco ministérios num total de 36. A presença do Rio de Janeiro variou intensamente de acordo com a cor partidária dos ministérios, o mesmo acontecendo com Minas Gerais e São Paulo. O Rio teve três representantes em cada um dos sete ministérios conservadores antes de 1868 e dois representantes em cada ministério conservador após esta data. São Paulo e sobretudo Minas Gerais tiveram presença mais marcante durante os períodos liberais de 1844-48 e 1878-85, e durante o período progressista. As pequenas províncias apareceram muito pouco no início. Somente após 1868, sobretudo no período liberal, é que se fizeram mais presentes. O Rio Grande do Sul foi marginal durante quase todo o 2º Reinado, com exceção do último período liberal. O papel dominante da Bahia é ainda ressaltado pelo número de presidentes do Conselho de Ministros de origem baiana. A Presidência do Conselho foi criada em 1847 e 30 presidentes foram escolhidos até o fim do Império. Destes, 11 vieram da Bahia, cinco de Minas Gerais, cinco de Pernambuco, quatro do Rio de Janeiro, dois de São Paulo, dois do Piauí e um de Alagoas.

Se combinarmos as informações aqui fornecidas sobre programas e ideologias partidárias e sobre a composição social e regional dos partidos, relacionando-as com os debates em torno de problemas como a centralização política e a abolição da escravidão, poderemos tentar formular uma visão mais ampla da natureza e do sentido do sistema partidário imperial.

Os partidos imperiais, em sua liderança nacional, compunham-se de intrincada combinação de grupos diversos em termos de ocupação e de origem social e provincial. Não cabem a seu respeito divisões e classificações simplificadas. A complexidade dos partidos se refletia naturalmente na ideologia e no comportamento político de seus membros, dando às vezes ao observador desatento a impressão de ausência de distinção entre eles. Um exame, embora sumário, de alguns problemas cruciais enfrentados pelos políticos do Império pode, no entanto, mostrar tanto as divergências interpartidárias como intrapartidárias.

Se tomarmos, por exemplo, o tema da formação do Estado imperial ou, simplificadamente, o tema da centralização política, veremos que o apoio básico para este processo veio do Partido Conservador, mas com importantes distinções. O núcleo dos construtores do Estado imperial nas décadas decisivas de 1830 e 1840 era formado por uma coalizão de burocratas,

219

sobretudo magistrados, e setores de proprietários rurais, sobretudo do Rio de Janeiro, Bahia e Pernambuco, além de comerciantes das grandes cidades. Os burocratas, formados na longa tradição absolutista portuguesa, foram os principais teóricos e os implementadores da política centralizadora. A eles se uniram, pelo final da década de 1830, após a frustrada experiência republicana da Regência, setores de proprietários rurais mais interessados na ordem ao nível nacional e comerciantes prejudicados pela agitação urbana. As três províncias acima mencionadas tinham várias razões para fornecer o principal contingente destes grupos. Em primeiro lugar, sua posição privilegiada em termos econômicos, políticos e administrativos durante o período colonial lhes propiciara maior número de pessoas com educação superior, adquirida em Portugal, e com treinamento em administração pública, adquirido tanto em Portugal como no Brasil. Em segundo lugar, ao maior envolvimento destas províncias no comércio internacional, havia nelas poderosos grupos de comerciantes com visão política menos provinciana. Em terceiro lugar, seu maior desenvolvimento urbano fez com que nelas se localizassem várias das rebeliões socialmente perigosas da Regência, o que gerou entre seus dirigentes, sobretudo do grande comércio, maior preocupação com a ordem pública.

Mas somente no Rio de Janeiro esta combinação de burocratas, comerciantes e proprietários rurais se realizou plenamente. O grande desenvolvimento da economia cafeeira no Rio de Janeiro e a proximidade física da sede do governo tornaram mais viável esta combinação de capacidades e interesses na formação do Estado. A cúpula do Partido Conservador incluía sempre um bom número de fluminenses, enquanto que os pernambucanos se dividiam devido às tendências regionalistas de alguns de seus grupos latifundiários que tendiam para o lado liberal. Os baianos apoiavam consistentemente a centralização embora fossem mais flexíveis que os fluminenses em termos de reformas sociais e políticas.

A oposição à centralização durante o período de 1831 a 1850 proveio em grande parte de São Paulo, Minas Gerais e Rio Grande do Sul. Tratava-se de áreas menos ligadas ao comércio externo e com menos pessoas com educação superior. Minas e São Paulo também se caracterizavam por economias estagnadas ou atrasadas. A oposição destas três províncias à centralização ficou patente nas rebeliões de 1835 no Rio Grande do Sul e de 1842 em São Paulo e Minas, todas elas lideradas por donos de terra. O Rio Grande do Sul

A CONSTRUÇÃO DA ORDEM

provavelmente não se separou da União apenas porque fortes laços econômicos a ela o ligavam. Sua rebelião deveu-se em parte à tentativa de modificar a política tarifária do governo central em relação ao charque. Apesar de sua especificidade em termos sociais, políticos e culturais, em relação ao resto do país, o Rio Grande do Sul precisava do mercado imperial para seu produto básico, uma vez que não conseguia competir com os países do Prata. Não fosse isto, sua separação seria quase inevitável[26]. A oposição paulista se baseava mais numa tradição de domínio local por donos de terra, de vez que por esta época não havia na província pólo econômico de importância. A oposição mineira provinha tanto da grande propriedade rural como da tradição de liberalismo de seus velhos núcleos urbanos gerados pela economia mineradora. Até o desenvolvimento maior da economia cafeeira em Minas, a corrente política dominante no estado foi o liberalismo destas velhas cidades, cuja expressão máxima foi Teófilo Ottoni. As duas correntes se uniram na revolução de 1842, mas seus interesses coincidiam apenas quando se tratava de combater a centralização do poder.

Com o desenvolvimento do café em Minas e São Paulo e do charque no Rio Grande do Sul, estas três províncias evoluíram para uma posição mais complexa em relação ao poder do Estado. Permaneceu a resistência ao poder central, agora representada pelos grupos republicanos emergentes que tiveram nestas províncias seus principais núcleos. Mas, além disto, surgiu a necessidade de fortalecer o poder estadual para melhor proteção dos interesses dos grupos econômicos que surgiam ou se fortaleciam. Já discutimos a natureza pragmática e federalista do republicanismo paulista. O mineiro não era muito diferente e se localizou sobretudo na região cafeeira da província. O gaúcho foi algo peculiar, como tudo naquela província. O republicanismo gaúcho combinava uma orientação rigidamente ideológica com uma base econômica mais ligada ao litoral do que aos estancieiros da campanha. Mas a tendência ao fortalecimento do poder estadual entre os republicanos dessa província foi ainda mais forte do que entre os das outras duas, por influência doutrinária do positivismo[27].

A transformação mais interessante se deu em Minas Gerais. O liberalismo político de tipo clássico predominou na província enquanto esta permaneceu economicamente estagnada e enquanto seus principais líderes políticos provinham das regiões auríferas decadentes. Com o rápido desenvolvimento da economia cafeeira nas zonas sul e da Mata, o outro estilo de liberalismo, baseado na reivindicação de autonomia estadual, passou a predominar, com efeitos negativos sobre a participação política. O conflito corporificou-se na luta pela transferência da capital do estado. A velha capital da área mineradora representava o poder da antiga elite liberal que os republicanos da região cafeeira queriam eliminar. A luta foi intensa, chegando-se a uma solução de compromisso com a localização da nova capital em terreno neutro[28]. A República caracterizou-se em Minas Gerais por um sólido sistema unipartidário, enquanto um sólido bipartidarismo predominou durante o Império. Parece-nos que, diferentemente do que pensa Schwartzman, a política oligárquica em Minas se liga mais a uma situação de dinamismo econômico, ao passo que a fase de estagnação econômica estava mais próxima de uma política mais pluralista.

A complexidade da composição partidária imperial pode ser verificada também no que diz respeito a reformas sociais, sobretudo ao problema da escravidão. Muitos defensores de um governo central forte eram também defensores de reformas sociais, o melhor exemplo sendo o de José Bonifácio. Em geral, dentro do Partido Conservador, o elemento burocrático, sobretudo os magistrados, tendia a favorecer a centralização e as reformas sociais. Homens como Uruguai, Euzébio, Pimenta Bueno, Nabuco de Araújo (em sua fase conservadora) são exemplos desta tendência. Todos estes eram magistrados, a maioria tinha ligações com proprietários rurais, mas todos favoreciam, de um modo ou de outro, o fim da escravidão e contribuíam efetivamente para a aprovação de medidas antiescravistas. A combinação de estatismo e reformismo era mais fácil para os magistrados nordestinos, sobretudo para os que provinham de províncias onde o problema da mão-de-obra escrava não era tão sério, como o Ceará. Estes elementos constituíram o principal apoio de Rio Branco na passagem da Lei do Ventre Livre. Muitos dos funcionários públicos nordestinos tinham no Estado sua principal fonte de renda dada a má situação econômica de suas províncias. Daí optarem freqüentemente por votar com o governo, seu empregador, mesmo em questões que não beneficiavam os interesses de sua classe de origem. O maior apoio ao projeto do Ventre Livre veio dos deputados do norte, sobretudo dos magistrados nortistas. O menor apoio veio do sul, sobretudo dos profissionais liberais sulistas. Muitos destes profissionais tinham provavelmente ligações com proprietários rurais, se não eram eles mesmos proprietários. Como dependiam menos do governo do que os funcionários públicos, podiam

A CONSTRUÇÃO DA ORDEM

mais facilmente votar contra os ministérios. Os funcionários públicos do sul votaram em sua maioria pela lei, mas em proporção muito menor do que os do norte. A grande façanha de Rio Branco foi conseguir uma coalizão de funcionários públicos e proprietários nordestinos contra os proprietários e profissionais liberais do sul, sobretudo do Rio de Janeiro, Minas Gerais e São Paulo, as três principais províncias cafeeiras.

Estes dados contradizem as versões sobre a resistência nortista à renovação, em contraste com o apoio sulista, especialmente de São Paulo, à mesma. Pelo menos no que se refere ao problema da abolição — e as posições sobre a questão não mudaram muito até o final — esta visão é equivocada. A resistência à abolição foi forte no sul, inclusive em São Paulo, até menos de um ano antes da Lei Áurea. Os políticos do norte foram muito mais flexíveis nesta questão. Não fosse seu apoio, as medidas abolicionistas teriam certamente sido retardadas.

A natureza complexa do Partido Conservador ficou patente na forte reação de alguns setores do partido à passagem da Lei do Ventre Livre. Rio Branco foi violentamente acusado de dividir o partido. Fluminenses, seguidos por mineiros e paulistas, se destacaram nesta reação. O único deputado fluminense que apoiou a medida, o banqueiro e industrial visconde do Cruzeiro, genro do marquês do Paraná, teve seu nome vetado pela liderança conservadora para as próximas eleições na famosa "circular do castigo", que o acusava de traição aos interesses da província. É sintomático o fato de que a Lei do Ventre Livre foi um dos principais impulsos dados ao movimento republicano. No mínimo, ela representou um sério baque na legitimidade do sistema imperial, pois o próprio imperador foi acusado de subverter a ordem. A lei foi chamada de "loucura dinástica, sacrilégio histórico, suicídio nacional"[29].

No que se refere ao Partido Liberal, o apoio a reformas sociais, que no início provinha principalmente de padres, passou, com o desaparecimento destes da política nacional, a originar-se em primeiro lugar de profissionais liberais, em particular de advogados e jornalistas. Em segundo lugar, este apoio provinha de magistrados que se tinham tornado liberais após filiação inicial ao Partido Conservador. Entre os primeiros, as figuras mais típicas são as de Silveira da Motta, Tavares Bastos, Joaquim Nabuco, Francisco José Furtado. Entre os últimos, Nabuco de Araújo, Saraiva, Dantas. Além destes, podem-se mencionar alguns raros industriais como Teófilo Ottoni e Mauá.

Em oposição a estes reformistas, que em boa parte vinham de províncias do norte e da cidade do Rio de Janeiro, o Partido Liberal contava com a presença de proprietários, ou advogados/proprietários e médicos/proprietários, sobretudo do sul (Minas, São Paulo, Rio Grande do Sul). Um conflito típico entre estes dois grupos se deu em 1884 e 1885 quando o Ministério Liberal de Dantas tentou passar a Lei dos Sexagenários. Dantas, baiano como Rio Branco, apresentou o projeto em 1884, mas uma forte reação de grupos liberais levou-o a dissolver a Câmara e marcar novas eleições. A nova Câmara, no entanto, manteve a oposição e Dantas teve que abandonar o poder. A oposição a Dantas foi comandada pelos liberais de Minas e São Paulo, salientando-se o mineiro João Nogueira Penido e o paulista Antônio Moreira de Barros, presidente da Câmara.

Esta profunda divisão dentro do Partido Liberal o impedia de passar reformas incluídas em seu programa pelo setor progressista. A única contribuição deste partido, enquanto no poder, à abolição da escravidão foi a passagem da Lei dos Sexagenários na Câmara. E isto só foi possível sob a liderança do ex-conservador, o baiano Saraiva, que mediante concessões conseguiu o apoio de conservadores para a aprovação. Todas as principais leis de reforma social, tais como a abolição do tráfico de escravos, a Lei do Ventre Livre, a Lei de Abolição, a Lei de Terras, foram aprovadas por Ministérios e Câmaras conservadores. Freqüentemente, os liberais reformistas propunham as reformas e os conservadores as implementavam. Rio Branco colocou como objetivo explícito de seu governo (1871-75) esvaziar o programa liberal pela implementação de suas principais reformas. Resultava daí uma fragilidade básica do sistema político imperial: os liberais não conseguiam implementar as medidas que sua ala reformista propunha; ao passo que os conservadores as implementavam, mas à custa da unidade partidária.

O estudo da composição e da ideologia dos partidos imperiais veio assim mostrar a incorreção de várias das teorias sobre eles formuladas e esclarecer um pouco mais a dinâmica do sistema imperial. O tema dos matizes da ordem discutido no capítulo anterior com referência a setores da burocracia ganhou aqui maior amplitude ao ser estendido à elite como um todo. A diversificação apareceu também na estrutura partidária, aliada a novas clivagens provenientes da elite não-burocrática. Tentemos resumir os pontos principais do capítulo.

A CONSTRUÇÃO DA ORDEM

A análise dos partidos confirmou a posição típica dos magistrados como os principais construtores do Estado por via do Partido Conservador, e confirmou também a posição divergente do clero, engajado sobretudo no Partido Liberal. Os militares como grupo não se envolviam nas lutas partidárias e vários de seus representantes no Ministério eram partidariamente neutros. Apareceu como novidade a divisão em proporções iguais dos donos de terra entre os dois partidos monárquicos, mas com importantes distinções. O Partido Conservador abrigava principalmente os representantes da grande agricultura de exportação, enquanto o Partido Liberal era dominado pelos produtores para o mercado interno. E surgiram também os profissionais liberais como grupo ascendente formando a ala ideológica do Partido Liberal e o núcleo do Partido Republicano do Rio de Janeiro.

Passada a fase de consolidação do sistema mediante a aliança entre magistrados e agricultura de exportação, enfraqueceu-se a unidade da elite pela entrada de novos elementos e pela diversificação da agenda política. O lento afastamento dos burocratas do seio da elite e a entrada de profissionais liberais levaram à maior representação dos grupos e setores de classe mais dinâmicos, como ficou claro na distinção que encontramos entre os setores carioca e paulista do Partido Republicano, isto é, de um lado o liberalismo democratizante urbano, e de outro o liberalismo pré-democrático dos cafeicultores paulistas. O velho Partido Conservador perdera força com o alijamento dos magistrados e com o enfraquecimento das antigas regiões de agricultura de exportação. O Partido Liberal perdera igualmente substância com a debandada para o Partido Republicano dos líderes das antigas regiões marginais, agora colocadas na ponta da nova agricultura de exportação, e dos liberais urbanos. De certo modo, os Partidos Republicanos de São Paulo e Minas vinham constituir o novo Partido Conservador ao mesmo tempo que se tornava inviável a manutenção de algo semelhante ao antigo Partido Liberal, exceto nas circunstâncias especiais do Rio Grande do Sul.

Mas correndo por fora vinha o setor militar da burocracia que não se identificava com nenhum dos grupos civis em ascensão. Sua aliança tática com o novo Partido Conservador consolidaria a República, mas as divergências latentes fariam dos militares um elemento de instabilidade política durante toda a República Velha. O burocrata armado seria parceiro menos cômodo para os novos donos da economia do que o magistrado o fora na consolidação do Segundo Reinado.

225

Longe de não se distinguirem em termos de composição e ideologia, os partidos se revelaram instrumentos úteis para entender as fissuras da elite, mesmo que essas fissuras fossem de natureza a provocar apenas reajustes no sistema. Mais do que isto, no entanto, seria irrealista esperar.

NOTAS

1. Versão ligeiramente modificada deste capítulo foi publicada em *Cadernos DCP*, 2 (dezembro, 1974), p. 1-34.
2. Ver principalmente as seguintes obras: Caio Prado Júnior, *Evolução Política do Brasil*; Nelson Werneck Sodré, *História da Burguesia Brasileira*; Nestor Duarte, *A Ordem Privada e a Organização Política Nacional*; Maria Isaura Pereira de Queiroz, "O Mandonismo Local na Vida Política Brasileira". *Anhembi*, vol. 24-26 (1956-1957); Vicente Licínio Cardoso, *À Margem da História do Brasil*.
3. Ver *A Evolução Política do Brasil*, especialmente p. 82.
4. *A Ordem Privada*, p. 183.
5. *À Margem da História*, p. 125-128.
6. Ver *Os Donos do Poder. Formação do Patronato Político Brasileiro*, 1ª ed., p. 231-235.
7. Azevedo Amaral, *O Estado Autoritário e a Realidade Nacional*, p. 33.
8. Ver Afonso Arinos de Melo Franco, *História e Teoria do Partido Político no Direito Constitucional Brasileiro*, p. 35.
9. Sobre os conceitos de idealismo utópico e idealismo orgânico aplicados à elite política brasileira, ver Oliveira Vianna, *Instituições Políticas Brasileiras*, 2º vol., p. 411-432.
10. Ver Fernando de Azevedo, *Canaviais e Engenhos na Vida Política do Brasil*, p. 127-134; e João Camilo de Oliveira Torres, *Os Construtores do Império*, p. 131-34.
11. Há poucos estudos sobre os partidos políticos durante o Império. Boa documentação sobre os programas partidários pode ser encontrada em A. Brasiliense, *Os Programas dos Partidos e o 2º Império*. Um estudo jurídico dos partidos foi feito por Afonso Arinos de Melo Franco, *op. cit.* Uma boa história do Partido Republicano é a de George C. A. Boehrer, *Da Monarquia à República. História do Partido Republicano no Brasil (1870-1889)*.

A CONSTRUÇÃO DA ORDEM

12. Para os programas partidários valemo-nos principalmente da obra de A. Brasiliense, já citada.

13. Ver o *Jornal das Conferências Radicais do Senador Silveira da Motta*, p. 5.

14. A. Brasiliense, *op. cit.*, p. 31.

15. Ver Teófilo Benedito Ottoni, *Circular Dedicada aos Srs. Eleitores de Senadores pela Província de Minas Gerais*, p. 17.

16. A denominação de "republicanos do Rio de Janeiro" não deve ser tomada ao pé da letra como significando indivíduos nascidos no Rio. Muitos vinham das províncias. A expressão indica apenas que constituíam um grupo mais ou menos homogêneo de profissionais liberais, a maioria residindo e exercendo suas atividades no Rio.

17. Ver Wanderley Guilherme dos Santos, *Ordem Burguesa e Liberalismo Político*, p. 89-91. Sobre liberalismo e democracia, ver C. B. Macpherson, *The Real World of Democracy*, esp. cap. 1.

18. Há alguma divergência entre os autores em relação ao número de ministérios. O Ministério Liberal de 1845, por exemplo, é considerado por Manuel Antônio Galvão como simples reorganização do Ministério anterior. O Ministério Conservador de 1848 é dividido em dois por Austricliano de Carvalho por causa da mudança do presidente do Conselho em 1849. Seguimos aqui a contagem do Barão de Javari que considera o ministério de 1845 como novo ministério e não subdivide o Ministério de 1848. Ver Manuel Antônio Galvão, *Relação dos Cidadãos que Tomaram Parte no Governo do Brasil no Período de Março de 1808 a 15 de Novembro de 1889;* Barão de Javari, *Organizações e Programas Ministeriais;* Austricliano de Carvalho, *Brasil Colônia e Brasil Império.*

Divergências mais sérias surgem na classificação dos ministérios de acordo com sua natureza partidária, principalmente durante o período algo confuso entre 1853 e 1868. Joaquim Nabuco, por exemplo, não atribui ministério algum ao Partido Progressista, ao passo que atribui dois ao período da Conciliação. João Camilo considera como conservador o Ministério Conciliador de 1853. A maior dificuldade está nos ministérios de 1853 a 1861 que tanto podem ser considerados como de Conciliação como conservadores. A classificação adotada por nós pode ser vista no quadro 32 e considera de Conciliação apenas o Ministério Paraná de 1853. Entre parênteses no quadro 32 damos a classificação alternativa que considera todos os ministérios do período como de Conciliação. Ver Joaquim Nabuco, *Um Estadista do Império*, vol. IV, p. 205-217; João Camilo de Oliveira Torres, *Os Construtores do Império*, p. 215-221. Para informações muito úteis sobre a política da época, fornecidas por um participante ativo, veja J. M. Pereira da Silva, *Memórias do Meu Tempo*, *passim*.

19. A confusão partidária da época torna um pouco difícil classificar os políticos em termos de filiação partidária. No decorrer do período, alguns conservadores se tornaram liberais e alguns liberais se tornaram conservadores, criando o problema de como classificá-los. Como os dados aqui utilizados se referem apenas aos ministros, decidimos classificá-los de acordo com a filiação partidária que possuíam quando pela primeira vez chegaram ao Ministério. As possíveis distorções que esta decisão possa ter causado não serão sérias de vez que o número de pessoas nesta situação é pequeno. Todos os que chegaram ao Ministério pela primeira vez como progressistas foram classificados como liberais.

20. O episódio é relatado por José Maria dos Santos, *A Política Geral do Brasil*, p. 207-209.

21. Ver, a respeito, Oliveira Vianna, *O Ocaso do Império*, 3ª parte.

22. Citado por José Maria dos Santos, *A Política Geral do Brasil*, p. 211.

23. Esta visão ainda é repetida em estudos recentes como o de Eul-Soo Pang e Ron L. Seckinger, "The Mandarins of Imperial Brazil", *Comparative Studies in Society and History*, IX, 2 (inverno, 1972), p. 240.

24. Ver José Honório Rodrigues, *Aspirações Nacionais*, p. 123-26.

25. Ver Simon Schwartzman, *São Paulo e o Estado Nacional*, p. 48.

26. Sobre o Rio Grande do Sul, ver o trabalho de Fernando Henrique Cardoso, *Capitalismo e Escravidão no Brasil Meridional*.

27. Consultem-se, para o Rio Grande do Sul, Joseph L. Love, *Rio Grande do Sul and Brazilian Regionalism, 1882-1930*; para São Paulo, José Maria dos Santos, *Bernardino de Campos e o Partido Republicano Paulista*; para Minas Gerais, John D. Wirth, *Minas Gerais in the Brazilian Federation, 1889-1973*.

28. Para uma descrição desta luta, ver Maria Efigênia Lage de Resende, "Uma Interpretação sobre a Fundação de Belo Horizonte", *Revista Brasileira de Estudos Políticos*, 39 (julho, 1974), p. 129-161.

29. Sobre a reação à lei e os ataques ao imperador, ver Joaquim Nabuco, *Um Estadista do Império*, 2º vol., p. 373-75.

Conclusão
A dialética da ambigüidade

Propusemo-nos no início do trabalho explorar a possibilidade de atribuir em parte à diferença na composição das elites políticas a trajetória peculiar da ex-colônia portuguesa da América. Mais especificamente, sugerimos a hipótese de que a manutenção da unidade nacional, a consolidação de um governo civil, a redução do conflito nacional, como também a limitação da mobilidade social e da mobilização política no Brasil, em contraste com a fragmentação, o caudilhismo, a instabilidade política e a maior mobilização nos outros países da América Latina, se deviam em parte à maior unidade ideológica da elite política brasileira em comparação com suas congêneres dos outros países.

Mostramos que o estudo de elites é particularmente relevante em situações em que são maiores os obstáculos à formação e consolidação do poder nacional. Historicamente, essas situações se deram de maneira típica em países de capitalismo frustrado ou retardatário, incluindo ex-colônias, e em países que passaram por mudanças revolucionárias de natureza socialista. Nos primeiros casos, que são os que nos interessam aqui, a importância da elite se vincula ao peso maior que cabia à iniciativa do próprio Estado em forjar a nação. Na ausência de poderosa classe burguesa capaz ela própria de regular as relações sociais por meio dos mecanismos do mercado, caberia ao Estado, como coube nos primeiros passos das próprias sociedades burguesas de êxito, tomar a iniciativa de medidas de unificação de mercados, de destruição de privilégios feudais, de consolidação de um comando nacional, de protecionismo econômico. O Estado agiria principalmente por meio da burocracia que ele treinava para as tarefas de administração e governo. Essa burocracia podia ter composição social variada, mas era sempre homogênea em termos de ideologia e treinamento. Pelo menos o era seu núcleo principal. O predomínio do Estado refletia, naturalmente, certa debilidade das classes ou setores de classe em disputa pelo poder, e certa fraqueza dos órgãos de representação política. Daí que havia freqüentemente fusão parcial entre os altos escalões da burocracia e a elite política, o que resultava em maior unidade da elite e em peso redobrado do Estado, de vez que, de certo modo, era ele próprio que se representava perante si mesmo.

Falamos da unidade ideológica da elite e não da unidade social. A unidade social da elite, no sentido de ser ela recrutada em uma só classe, pode ser fator importante para a unidade de sua ação. Mas foram raras as situações, no tipo de país acima mencionado, em que existiram classes sociais tão bem delimitadas e com interesses tão homogêneos que não transmitissem às elites nelas recrutadas divergências às vezes fatais. Essa não era sem dúvida a situação em que se achavam as colônias da América Latina às vésperas da independência. Mesmo que suas elites políticas tivessem sido todas recrutadas entre as classes dominantes, isto não seria garantia de comportamento uniforme. Não parece, pelas informações disponíveis, que tenha havido diferenças radicais com relação à origem social das elites políticas do Brasil e dos outros países. Sem dúvida, o grosso delas era recrutado entre elementos vinculados à propriedade da terra, do comércio e da mineração. Mas não havia necessariamente identidade de interesses entre esses setores da classe proprietária. Mesmo entre os senhores da terra, certamente o setor mais importante na maioria dos países, havia, se não conflito aberto de interesses, pelo menos ausência de motivação para uma ação coordenada. Daí que, independentemente de ser a elite recrutada na classe dominante, colocava-se com toda a força o problema de sua unidade ideológica e de seu treinamento para as tarefas de construção do novo Estado a partir das ruínas da administração colonial. Dessa unidade podia depender em boa parte, como sustentamos que dependeu, a manutenção da unidade do país e a natureza do próprio Estado a ser criado.

Ao longo de três capítulos procuramos demonstrar que a elite política que tomou o poder no Brasil após a Independência apresentava características básicas de unidade ideológica e de treinamento que, pelas informações disponíveis, não estavam presentes nas elites dos outros países. Atribuímos o fato principalmente à política de formação de elites do Estado português, típica de um país de desenvolvimento capitalista frustrado. O núcleo da elite brasileira, pelo menos até um pouco além da metade do século, era formado de burocratas — sobretudo de magistrados — treinados nas tradições do

A CONSTRUÇÃO DA ORDEM

mercantilismo e absolutismo portugueses. A educação em Coimbra, a influência do direito romano, a ocupação burocrática, os mecanismos de treinamento, tudo contribuía para dar à elite que presidiu à consolidação do Estado imperial um consenso básico em torno de algumas opções políticas fundamentais. Por sua educação, pela ocupação, pelo treinamento, a elite brasileira era totalmente não-representativa da população do país. Era mesmo não-representativa das divergências ou da ausência de articulação dos diversos setores da classe dominante, embora não representasse interesses que fossem a eles radicalmente opostos.

Mas vimos também que a unidade da elite não era monolítica. Em primeiro lugar, houve transformações importantes ao longo do período. Inicialmente dominada por magistrados e militares (Primeiro Reinado), saíram muitos militares em 1831 e entraram vários padres. Posteriormente, foram eliminados os padres e aos poucos os magistrados também foram sendo substituídos. Assim, o setor burocrático, principal responsável pela unidade e pela orientação estatizante, foi sendo lentamente substituído por profissionais liberais, sobretudo advogados. Em segundo lugar, mesmo dentro do setor burocrático havia tensões e divergências corporificadas na atuação dos magistrados, padres e militares. No caso dos militares brasileiros, a divergência devia-se à socialização combinada com a origem social. Em terceiro lugar, a parte não-burocrática da elite, principalmente a de proprietários rurais, tendia a dividir-se ao longo de linhas de interesses provinciais e econômicos, em geral combinados. Assim, representantes de setores ligados à grande agricultura de exportação e dependentes de mão-de-obra escrava tendiam a divergir em pontos específicos de representantes de áreas produtoras para o mercado interno sem grande dependência do escravo.

As divergências intra-elite eram fontes de conflitos potenciais que se manifestavam em rebeliões e na constituição e ideologia dos partidos. A dinâmica política nacional do sistema passou por sucessivas coalizões efetuadas entre setores da elite e setores de classe. No entanto, pelo próprio fato de parte da elite estar vinculada ao Estado e pelo fato de que em sua maioria provinha de setores da classe dominante, os conflitos a que davam margem as divergências eram de natureza limitada. Os conflitos que apontavam na direção de um confronto aberto interclasse passavam à margem da elite nacional e circunscreviam-se a lideranças regionais ou locais.

Cabe nesta conclusão retornar e expandir um pouco o tema central do dinamismo com ordem, ou do *progresso na ordem* de que já falava o jornal *O Sete de Abril*, em 1838.

O ponto crucial da questão era o relacionamento do Estado imperial com a agricultura de exportação de base escravista. Esse relacionamento caracterizava-se pelo que chamamos de dialética da ambiguidade, usando uma expressão de Guerreiro Ramos. Independentemente da elite política, o Estado não podia sustentar-se sem a agricultura de exportação, pois era ela que gerava 70% das rendas do governo-geral via impostos de exportação e importação. Não cabe, assim, falar de um Estado separado e dominando a nação como queriam os liberais da época (quando fora do poder) e como repete hoje Faoro. "A sociedade está inerte e morta e só o governo vive", dizia em 1869 Saldanha Marinho; "o Estado era tudo e a nação quase nada", repetiria em 1958 Faoro. Igualmente, a manutenção da ordem no interior não poderia ter sido conseguida sem a colaboração dos senhores de terra. Gostando ou não, e muitos não gostavam, a elite política, sobretudo os magistrados, tinha que compactuar com os proprietários a fim de chegar a um arranjo, senão satisfatório, que pelo menos possibilitasse uma aparência de ordem, embora profundamente injusta. A criação da Guarda Nacional e de outros serviços litúrgicos teve esse sentido de barganha. O Brasil não era uma economia mercantil, como a portuguesa, que pudesse ser governada pela aliança de um estamento burocrático com comerciantes. Era uma economia de produtores agrícolas com mão-de-obra escrava e de criadores de gado com ou sem escravos. As bases do poder tinham que ser aqui redefinidas.

Mas, de outro lado, a escravidão, como bem demonstrou Fernando Uricoechea, também impedia a estamentalização dos proprietários rurais. Não podiam viver eles de rendas e serviços prestados por camponeses, disponíveis no ócio para os serviços militares e administrativos do Estado, como acontecia com a elite inglesa. Os proprietários brasileiros eram produtores e homens de negócio que não podiam dedicar-se em tempo integral às tarefas de governo[1]. A falta de estamentalização reduzia sua coesão que também não era favorecida pela dependência do mercado externo. Só nos raros momentos em que eram postos em jogo alguns de seus interesses básicos, como a propriedade da terra e de escravos, é que eles se uniam em frente única. A raridade desses momentos pode ser aferida pelo fato de que nenhuma das

A CONSTRUÇÃO DA ORDEM

rebeliões da Regência, à exceção da revolta dos malês na Bahia, pregou a abolição da escravidão ou a desapropriação dos latifúndios.

Some-se à desunião dos proprietários o fato de que o Estado, por seu lado, seguindo a tradição do antecessor português, constituíra-se em fonte de poder em si mesmo, seja como grande empregador de letrados e de proletários, seja como regulador da sociedade e da economia, seja como produtor. Isto sem falar na base de legitimidade que adquirira ao longo do período, em parte em função do próprio compromisso com os proprietários de terra. Acresce ainda o fato de que grande parte da burocracia, inclusive da que se fundia com a elite política, era constituída de elementos marginais à economia escravista de exportação por terem sido dela expulsos ou por não terem tido dentro dela oportunidade de emprego. O fenômeno se dava também com os membros não-burocráticos da elite e tinha como conseqüência a desvinculação parcial de seus interesses dos interesses da grande propriedade escravista ou, nos casos mais extremos, da grande propriedade em si.

Vimos ao longo do texto, por exemplo, que os magistrados, embora muitos fossem vinculados à propriedade da terra e fossem reconhecidos em geral como sustentáculos da ordem, não eram reconhecidos como legítimos representantes dos proprietários rurais. A situação do setor militar da burocracia era ainda mais nítida de vez que, com o correr do tempo, nem pela origem social ele se ligava aos interesses dos proprietários. Na elite não-burocrática, sobretudo entre os profissionais liberais que substituíram em massa os magistrados, havia igualmente uma facção que se desvinculava dos interesses da grande propriedade, escravista ou não. Seriam eles os radicais urbanos do Partido Liberal e do Partido Republicano do Rio de Janeiro, cujo mais típico representante foi André Rebouças[2].

Da conjunção desses fatores resultava que o Estado e a elite que o dirigia não podiam, de um lado, prescindir do apoio político e das rendas propiciadas pela grande agricultura de exportação, mas, de outro, viam-se relativamente livres para contrariar os interesses dessa mesma agricultura quando se tornasse possível alguma coalizão com outros setores agrários. O caso mais claro se deu com a Lei do Ventre Livre, viabilizada pela coalizão parlamentar de magistrados com proprietários rurais do Norte[3]. A lei irritou profundamente os proprietários do sul do país e contribuiu poderosamente para o início da perda de legitimidade do regime imperial.

O fato ilustra a idéia da dialética da ambigüidade, já expressa por Joaquim Nabuco quando disse que se o governo era uma sombra da escravidão, era também a única força capaz de acabar com ela: "Essa é a força capaz de destruir a escravidão, da qual aliás dimana, ainda que, talvez, venham a morrer juntas"[4]. O Estado imperial se tornava, por sua elite, instrumento ao mesmo tempo de manutenção e de transformação das estruturas sociais.

Daí também a posição ambígua que perante ele assumiam todos os reformistas políticos, econômicos ou sociais. Exigia-se a liberalização do Estado pela redução do controle sobre a economia, pela redução da centralização, pela abolição do Poder Moderador, mas recorria-se a ele para resolver os problemas da escravidão, da imigração, dos contratos de trabalho, do crédito agrícola, da proteção à indústria. A intervenção iria naturalmente redundar em posterior aumento do poder do Estado e, portanto, em novas e mais enfáticas críticas a sua natureza não-liberal. Foi constante no Império a dubiedade: para cada Tavares Bastos que clamava contra o poder excessivo do Estado em defesa de reformas liberais, haveria um Rio Branco que usaria o mesmo poder para realizar as reformas, embora talvez não exatamente as mesmas. Era a conhecida ironia: os liberais propunham as reformas que os conservadores realizavam.

Tratava-se, como se vê, de liberalizar a sociedade por meio da política, fenômeno já percebido à época pelo senador Vergueiro ao afirmar que o Brasil antecipara a organização política à social[5]. Esta temática mais ampla das relações entre a ação do Estado e a criação de uma sociedade liberal no Império, recentemente retomada por vários autores[6], merece tratamento mais aprofundado que reservamos para a segunda parte deste trabalho.

Interessa-nos aqui, concluindo essa parte, sublinhar de novo os aspectos que dizem respeito à participação da elite no processo. A idéia de Mosca do surgimento e desaparecimento de elites de acordo com a demanda social por suas habilidades nos parece excessivamente organicista. Vimos a existência no Brasil de uma elite deliberadamente treinada para as tarefas do governo. Essa elite pesou fortemente na opção política adotada pelo novo país, que não era a que se poderia chamar de mais provável. O mais provável seria o destino seguido pelas ex-colônias espanholas: intenso conflito intra-elite levando tanto à fragmentação territorial como à nacionalização dos conflitos locais e à maior dificuldade de organizar governos civis legítimos. A unidade básica da elite formada na colônia portuguesa, no entanto, evitou conflitos mais sérios entre seus próprios membros, estabeleceu um cordão sanitário que mantinha localizados

A CONSTRUÇÃO DA ORDEM

nos municípios ou nas províncias os principais movimentos contestatórios, resguardou a integridade do país e a estabilidade do governo central.

Mais fecundo do que afirmar que em última análise essa elite favorecia os interesses da classe dominante (a última análise é a morte da análise), seria salientar seu caráter não-representativo, não só, como é evidente, das classes dominadas, como também dos setores dominantes. Como já observava, surpreso, na época um visitante estrangeiro, no Brasil os representantes da nação eram ao mesmo tempo representantes do Estado e os fiscais do governo eram seus próprios funcionários[7]. A defesa de um Estado centralizado e forte, se beneficiava os setores dominantes na medida em que reduzia a probabilidade de conflitos mais profundos, fortalecia também as bases de poder da elite.

Sintomaticamente, seriam as pressões por representação mais autêntica e direta de interesses que iriam tornar cada vez mais difícil a reprodução da elite imperial. O governo do país pelo país, pedido por liberais como Zacarias, implicava destruir alguns dos sustentáculos da elite, como sejam a centralização, o Poder Moderador, o Conselho de Estado, o Senado vitalício. A artificialidade da elite, como a do sistema como um todo, tornou-se cada vez mais evidente, até que ambos caíram como um fruto maduro.

A nova elite republicana era mais representativa do que a imperial. E, tipicamente, compor-se-ia quase só de advogados, uma vez passados os anos iniciais em que foi substancial a presença de militares. Era ela também muito mais provinciana, pois o federalismo impedia a circulação geográfica existente no Império. As mais bem treinadas eram aquelas dos estados que contavam com estruturas partidárias mais sólidas, como Minas, São Paulo e Rio Grande do Sul. Mas a visão nacional estava comprometida. Os interesses regionais e de classes tinham acesso muito mais direto ao centro do poder. Em conseqüência, o Estado republicano seria também mais liberal do que o imperial, embora não mais democrático, pois a maior representatividade da elite faria com que a dominação social se refletisse com mais crueza na esfera política. Os netos do imperador publicavam um jornal abolicionista dentro do palácio de São Cristóvão. Seria inimaginável pensar num jornal anarquista saindo de dentro do Palácio do Catete.

A propaganda republicana usava como um dos argumentos em favor do novo regime a integração do Brasil no modelo adotado por todos os outros países da América. Com a República, realmente, o Brasil deixou de se distinguir dos países latino-americanos em termos de elite política. Passada a fase de acumulação primitiva de poder, para a qual se revelara particularmente adequada a elite imperial, tivera início na República a fase em que a participação se tornava um problema maior e novas elites teriam que ser forjadas mediante mecanismos distintos. Os novos tempos aproximaram o Brasil dos outros países também nas lutas políticas. O cheiro de pólvora, que tanto aborrecia os políticos imperiais, passou também a marcar nossa vida política.

Por mais que decepcionasse os idealistas republicanos, a nova cara da política era mais parecida com a cara real do país e era por ela que se tinha que dar início à nova jornada. Uma das fraquezas das elites vitoriosas é sua incapacidade de reproduzir novas elites adequadas para novas tarefas. Elas são as primeiras vítimas de seu próprio êxito.

NOTAS

1. Ver Fernando Uricoechea, *O Minotauro Imperial*, p. 203.
2. Ver, de André Rebouças, *Agricultura Nacional. Estudos Econômicos*.
3. A análise de decisões sobre alguns temas fundamentais da política imperial, como a abolição e a lei de terras, é feita em *Teatro de Sombras: a Política Imperial*, segunda parte deste livro.
4. Ver *O Abolicionismo*, p. 184.
5. "Todos sabemos bem que as agitações que têm havido entre nós [...] procedem de havermos *antecipado a nossa organização política à social*", dissera Vergueiro, segundo citação em visconde do Uruguai, *Ensaio sobre o Direito Administrativo*, p. 504. Grifado no original.
6. Ver Fernando Henrique Cardoso, "Estado e Sociedade no Brasil", em *Autoritarismo e Democratização*, p. 165-186; Simon Schwartzman, "Representação e Cooptação Política no Brasil", *Dados*, 7 (1970), p. 9-41; Fábio Wanderley Reis, "Brasil: 'Estado e Sociedade' em Perspectiva", *Cadernos do Departamento de Ciência Política*, 2 (dezembro, 1974), p. 35-74; Wanderley Guilherme dos Santos, "A Práxis Liberal no Brasil: Propostas para Reflexão e Pesquisa", em *Ordem Burguesa e Liberalismo Político*, p. 65-117.
7. A observação é do financista belga, Conde de Straten-Ponthos, citado por Sérgio Buarque de Holanda, *História Geral da Civilização Brasileira*, tomo IV, vol. 5, p. 83.

Apêndice
Notas sobre fontes de dados biográficos

Os dados biográficos utilizados nesta parte foram coletados de grande número de fontes. Para evitar referências constantes e para fornecer a outros pesquisadores algumas indicações úteis, decidimos discutir as fontes globalmente nesta nota especial.

Algumas das fontes tratam diretamente do tipo de pessoas em que estamos interessados, isto é, ministros, senadores etc. Outras são mais gerais, do tipo *Quem é Quem*. Uma terceira categoria trata de grupos ocupacionais e profissionais, como militares, médicos, padres, ou se limitam a uma ou outra província. Finalmente, há as biografias individuais de que não falaremos aqui.

Problema comum a quase todas as fontes é a má organização e a falta de indicação das próprias fontes, de modo que o pesquisador é forçado a duplicar um trabalho já feito. A única exceção é o *Índice de Biobibliografia Brasileira*, publicado em 1963, de J. Galante de Sousa, que é um guia para a informação biográfica contida em 29 livros. Mas é apenas um índice e não fornece a informação substantiva. Assim, tivemos que compulsar quase todas as fontes disponíveis num trabalho que consumiu muito tempo e cujos resultados foram muitas vezes frustrantes. Começaremos pelo primeiro tipo de fonte mencionado acima.

1. FONTES ESPECÍFICAS

a) Ministros

O ponto de partida aqui é "Os Ministros de Estado da Independência à República", de A. Tavares de Lyra, publicado na *Revista do Instituto Histórico e Geográfico do Brasil*, em 1946. É o melhor trabalho, tanto em termos de organização como da relevância da informação apresentada. O único problema é que Tavares de Lyra não menciona suas fontes, de modo que, tendo iniciado a pesquisa com seu texto, passamos a consultar outras fontes que ele certamente já havia explorado. Tavares de Lyra publicou na mesma *Revista*, em 1923, outro trabalho de igual qualidade, "A Presidência e os Presidentes do Conselho de Ministros no Segundo Reinado". Essas e outras obras de Tavares de Lyra foram reeditadas em 1979 pelo Senado Federal, sob o título de *Instituições Políticas do Império*.

De qualidade variável, embora sempre inferiores aos trabalhos de Tavares de Lyra, são as obras sobre ministros de algumas pastas. As mais importantes são as de Lucas Alexandre Boiteux, *Ministros da Marinha* (*Notas Biográficas, 1808-1840*), 1933; J. A. Pinto Carmo, *Ministros da Fazenda* (*1822-1930*), 1944; D'Almeida Guerra Filho e Xavier Placer, *Ministérios e Ministros da Agricultura* (*1860-1966*), 1966; Ministério da Viação e Obras Públicas, *Dados Biográficos dos Ministros* (*1861-1961*), 1961; José A. Vieira (org.), *1º Centenário do Ministério da Agricultura* (*1860-1960*), 1960; Ministério das Relações Exteriores, *Ministros e Altos Funcionários da Antiga Repartição dos Negócios Estrangeiros, depois Ministério das Relações Exteriores, e Membros do Extinto Conselho de Estado*, 1939; Theodorico Lopes e Gentil Torres, *Ministros da Guerra do Brasil* (*1808-1948*), 1949.

b) Senadores

A melhor fonte para nomes, datas e números de votos recebidos é o livro publicado em 1886 pelo Senado durante a presidência do conde de Baependi, *Notícia dos Senadores do Império do Brasil*. A *Notícia* abrange também os incluídos nas listas tríplices não-escolhidos. Mas no que se refere a dados biográficos, a *Notícia* só fornece as datas de nascimento e morte e a ocupação. Afonso E. Taunay utilizou-se fartamente dos dados da *Notícia* em seu *O Senado do Império*, publicado em 1941, completando a lista até 1889, mas sem acrescentar muito em termos de informação. Mais útil é novamente a obra de Tavares de Lyra, publicada na *Revista do IHGB* em 1926, "O Centenário do Senado Brasileiro", que contém informações para os 50 primeiros senadores.

A CONSTRUÇÃO DA ORDEM

c) Conselheiros de Estado

Uma vez que poucos conselheiros não foram também ministros e/ou senadores, as fontes mencionadas acima cobrem quase todos eles. Ligeiras informações são fornecidas por Tavares de Lyra em "O Conselho de Estado", publicado nos *Anais do 2º Congresso de História Nacional*, em 1934. João Camillo de O. Torres repete sem nada acrescentar as informações de Tavares de Lyra no seu *O Conselho de Estado*, de 1965.

d) Deputados

A primeira fonte útil sobre os deputados imperiais é o *Catálogo da Exposição de História do Brasil*, organizado por B. F. Ramiz Galvão e publicado em 1881 pela Biblioteca Nacional do Rio de Janeiro. Galvão fornece as fontes de informação sobre vários deputados, mas pouca informação substantiva.

A seguir vem a lista organizada pelo secretário da Câmara dos Deputados, barão de Javari (Jorge João Dodsworth), publicada em 1889 em *Organizações e Programas Ministeriais*. Mas também só fornece dados sobre a província de representação e às vezes educação e ocupação. Outra lista, mais cuidadosa mas com o mesmo tipo de informação, pode ser encontrada em Manuel Arcanjo Galvão, *Relação dos Cidadãos que Tomaram Parte no Governo do Brasil no Período de Março de 1808 a 15 de Novembro de 1889*.

Quando nossa pesquisa estava concluída, o Senado Federal publicou em 1973 novo trabalho sobre senadores e deputados do Império, organizado por Octaciano Nogueira e João Sereno Firmo, *Parlamentares do Império*. A obra traz um pequeno ensaio bibliográfico e indica as fontes de informação para cada parlamentar. Mas em termos de informação substantiva é decepcionante. Com as vantagens e recursos atualmente disponíveis, os autores poderiam certamente ter produzido algo mais completo. Em parte, a pobreza de informação pode derivar das estranhas idéias dos autores a respeito da relevância dos dados. Fornecem, por exemplo, informação sobre uma ocupação apenas porque, segundo eles, "pouco importa que tenha desempenhado outra atividade. E isto porque ou se trata de um caso notório, ou o dado se torna irrelevante" (p. 23). Perdeu-se assim uma excelente oportunidade de fornecer aos estudiosos dados confiáveis sobre a elite política do Império.

2. FONTES GERAIS

De qualquer modo, como nossa análise se concentrava nos ministros, conselheiros e senadores, não foi feito esforço muito grande para completar os dados para os deputados, exceto nos casos de análise de votações nominais.

2. FONTES GERAIS

Há vários trabalhos disponíveis sob essa categoria, embora de qualidade variável. A dificuldade mais freqüente com esse tipo de obra é o tom laudatório, ingênuo e às vezes mistificador e a falta de bons índices alfabéticos. Os mais úteis são certamente os que se seguem, a começar por Sebastião Augusto Sisson, *Galeria dos Brasileiros Ilustres*, publicado entre 1859 e 1861 e reeditado em 1948. Trata-se de uma coletânea de biografias escritas por diferentes autores. Inclui 90 nomes e é a única que traz retratos dos biografados. Por ter sido terminada em 1861 não inclui vários nomes importantes. É algo laudatória mas traz as informações básicas. Sisson não menciona os nomes dos autores das biografias, o que levou Tancredo de Barros Paiva a tentar identificá-los em seu *Dicionário de Pseudônimos*, publicado em 1929. Mais completa é a obra de Augusto Victorino Alves Sacramento Blake, *Dicionário Bibliográfico Brasileiro*, em sete volumes, publicado entre 1883 e 1902. Um índice alfabético dos nomes foi organizado por Jango Fisher, *Índice Alfabético do Dicionário Bibliográfico Brasileiro de Sacramento Blake*, 1937, que tornou a consulta muito mais fácil. Sacramento Blake dá atenção especial à produção literária dos biografados, pois não teve muito êxito em colher outros dados: dos quase 2.000 questionários que enviou, recebeu 10 de volta. De qualquer modo, é a melhor fonte geral. Também útil é a obra de Joaquim Manoel de Macedo, *Ano Biográfico Brasileiro*, em três volumes, publicado em 1876. Macedo não tem índice alfabético.

De leitura menos compensadora, mas ainda útil, são as obras de Argeu Guimarães, *Dicionário Biobibliográfico Brasileiro de Diplomacia, Política Externa e Direito Internacional*, 1938; J. F. Velho Sobrinho, *Dicionário Biobibliográfico Brasileiro*, do qual apenas dois volumes foram publicados, um em 1937, outro em 1940, e que vão somente até a letra B; Alarico Silveira, *Enciclopédia Brasileira*, da qual apenas o primeiro volume foi publicado em 1958; Rafael Maria Galanti, *Biografias de Brasileiros Ilustres*, 1911; Manoel

A CONSTRUÇÃO DA ORDEM

Francisco Dias da Silva, *Dicionário Biográfico de Brasileiros Célebres*, 1871; Hélio Vianna, *Vultos do Império*, 1968; Pinheiro Chagas, *Brasileiros Ilustres*, 1909, com apenas 65 nomes; Edmundo da Luz Pinto, *Principais Estadistas do Segundo Reinado*, 1943, de má qualidade.

3. OUTRAS FONTES

a) Militares

Além das obras já mencionadas sobre os ministros militares, boas informações adicionais podem ser encontradas em Alexandre Boiteux, *A Marinha de Guerra Brasileira nos Reinados de D. João VI e D. Pedro I*, 1913; Alfredo Pretextato Maciel da Silva, *Os Generais do Exército Brasileiro, de 1822 a 1889 (Traços Biográficos)*, dois volumes, 1906-1907 (um terceiro volume foi escrito por Laurênio Lago, com o mesmo título, e publicado em 1942); Laurênio Lago, "Brigadeiros e Generais de D. João VI e D. Pedro I no Brasil", publicado nos *Anais* do 3° Congresso de História Nacional, 1942; e Henrique Boiteux, *Os Nossos Almirantes*, em três volumes, 1915-1920.

b) Nobreza

Para os políticos menos conhecidos, sobretudo senadores não-ministros, são bastante úteis as obras sobre titulares. A referência básica aqui é a obra dos Barões de Vasconcellos e Smith de Vasconcellos, *Arquivo Nobiliárquico Brasileiro*, publicada em Lausanne em 1918. Essa obra foi revista e completada por Carlos G. Rheingantz, *Titulares do Império*, 1960, e por Laurênio Lago, "Acréscimos e Retificações ao Arquivo Nobiliárquico", artigo publicado no *Anuário do Museu Imperial*, em 1954. O Grupo de Pesquisa Histórica do Arquivo Nacional completou um trabalho que provavelmente será definitivo sobre a nobiliarquia imperial. Alguma informação adicional pode ser encontrada em Mário Teixeira de Carvalho, *Nobiliário Sul-Rio-Grandense*, 1937.

JOSÉ MURILO DE CARVALHO

c) Estudantes

As informações sobre os estudantes das escolas de direito (Coimbra, São Paulo, Olinda-Recife) foram às vezes úteis, de vez que a maior parte da elite passou por essas escolas. As fontes foram indicadas no capítulo 3.

d) Outras

Sobre os presidentes de províncias há a excelente obra de Arnold Wilberger, *Os Presidentes da Província da Bahia, Efetivos e Interinos, 1824-1889*, publicada em 1949. É uma obra feita com seriedade e inclui vários ministros e senadores. De qualidade inferior é o trabalho de Eugênio Egas, *Galeria dos Presidentes de São Paulo*, em três volumes, 1926.

Para os que chegaram ao Supremo Tribunal de Justiça, há informações em Laurênio Lago, *Supremo Tribunal de Justiça e Supremo Tribunal Federal. Dados Biográficos (1828-1939)*, publicado em 1940.

Outro tipo de fonte que pode ser útil para as figuras menos importantes são os *Quem é Quem* provinciais, embora o vírus laudatório tenha aí presença ainda mais marcante. Algumas dessas obras: Guilherme Studart, *Dicionário Biobibliográfico Cearense*, bastante útil, publicado entre 1910 e 1915, para o qual Regina Lopes Teixeira organizou um índice publicado no *Boletim Bibliográfico*, 1949; Antônio Loureiro de Souza, *Bahianos Ilustres, 1564-1925*; Múcio Teixeira, *Os Gaúchos*, dois volumes, 1920-1921, com muitas observações pessoais irrelevantes; João Dornas Filho, *Figuras da Província*, 1949, com muito poucos nomes; Furtado de Menezes, *Clero Mineiro (1553-1889)*, 1933 (seguido por um segundo volume abrangendo o período 1889-1934, publicado em 1936), em que são mencionados todos os padres que ocuparam cargos políticos mas com informações biográficas muito precárias; Francisco Augusto Pereira da Costa, *Dicionário Biográfico de Pernambucanos Célebres*, 1882; Joaquim Dias Martins, *Os Mártires Pernambucanos*, 1853, que inclui os participantes das rebeliões de 1810 e 1817, mas cuja parte biográfica é muito fraca; Armindo Guaraná, *Dicionário Biobibliográfico Sergipano*, 1925, sem índice mas útil; Antônio Henrique Leal, *Panteon Maranhense. Ensaios Biográficos dos Maranhenses Ilustres já Falecidos*, em quatro volumes, publicados entre 1873 e 1875, muito laudatório; Lery Santos,

Panteon Fluminense, 1880, também laudatório mas mais útil do que o antecedente; Luís Correia Melo, *Dicionário de Autores Paulistas*, 1954, sem índice e de pouca utilidade; Sebastião Paraná de Sá Sottomaior, *Galeria Paranaense*, 1922, também de muito pouca utilidade.

Finalmente, há o livro de Dunshee de Abranches, *Governos e Congressos da República dos Estados Unidos do Brasil, 1889-1917*, em dois volumes, 1918, e o artigo de Augusto Tavares de Lyra, "O Senado da República, 1890-1930", publicado na *Revista do IHGB*, em 1951, que, embora tratem do período republicano, possuem alguma informação sobre políticos que vieram do Império.

As biografias individuais na maioria são laudatórias e de má qualidade. Algumas vão listadas na bibliografia final.

Lista de quadros e gráficos

A CONSTRUÇÃO DA ORDEM

QUADROS

1. Matrícula por cursos em Coimbra, 1772-1773   67
2. Localização e Número de Universidades nas Colônias Espanholas da América   70
3. Estudantes Brasileiros Matriculados em Coimbra, por Província, 1772-1872 e Distribuição Provincial da População, 1823   73
4. Nível Educacional dos Ministros, por Períodos, 1822-1889 (%)   78
5. Nível Educacional dos Senadores não-Ministros, por Períodos, 1822-1889 (%)   78
6. Porcentagem da População Alfabetizada, 1872-1890   80
7. Local de Educação Superior dos Ministros, por Períodos, 1822-1889 (%)   81
8. Origem Geográfica dos Estudantes de Quatro Escolas, 1854 (%)   82
9. Formação dos Ministros, por Períodos, 1822-1889 (%)   84
10. Distribuição Setorial da População Ocupada, 1872   97
11. Ocupação dos Ministros, por Períodos, 1822-1889 (%)   103
12. Ocupação dos Senadores, por Períodos, 1822-1889 (%)   105
13. Ocupação dos Deputados, por Legislaturas, 1822-1886 (%)   108
14. Ocupação dos Deputados Turcos, por Legislaturas, 1920-1954 (%)   110
15. Ministros Vinculados à Propriedade da Terra e ao Comércio, por Períodos, 1822-1889 (%)   111
16. Ocupação e Origem Social dos Ministros, 1822-1889 (%)   112
17. Número de Presidentes de Província e Tempo Médio no Cargo, por Períodos, 1824-1889   124
18. Posições Políticas Ocupadas pelos Ministros, 1822-1889 (%)   128
19. Porcentagem de Coorte Remanescente em Períodos Sucessivos   129
20. Permanência de Grupos de Coortes na Câmara (em anos)   132

JOSÉ MURILO DE CARVALHO

21. Origem Provincial dos Ministros, por Períodos, 1822-1889 (%)   134
22. População, Riqueza e Representação Política das Províncias no Início do Segundo Reinado (%)   135
23. População, Riqueza e Representação Política das Províncias no Final do Império (%)   136
24. Burocracia Imperial, por Setores, Níveis e Salários, 1877   147
25. Funcionários do Governo Central, por Setores e Níveis   150
26. Distribuição das Burocracias Coercitiva e Extrativa, por Níveis de Governo, 1877   153
27. Distribuição da Burocracia Distributiva, por Níveis de Governo, 1877   155
28. Número de Empregados Públicos por Níveis de Governo, Brasil e Estados Unidos 157
29. Empregados Públicos do Governo Central por Mil Habitantes, Brasil e Estados Unidos   162
30. Gastos de Pessoal como Porcentagem dos Gastos Totais do Governo Central Federal, por Ministério, 1889-1907   163
31. Ocupação dos Acusados em Três Rebeliões, 1789, 1798 e 1817 (Números Absolutos)   185
32. Duração e Filiação Partidária dos Ministérios, 1840-1889   210
33. Ocupação e Filiação Partidária dos Ministros, 1840-1889 (%)   211
34. Filiação Partidária e Origem Social dos Ministros, 1840-1889 (%)   212
35. Ocupação dos Republicanos do Rio de Janeiro e de São Paulo, 1870 e 1878   213
36. Filiação Partidária e Origem Provincial dos Ministros, 1840-1889 (Números Absolutos)   217
37. Origem Provincial dos Ministros na Formação do Ministério, 1840-1889   218

GRÁFICOS

1. América Espanhola: de Colônias a Países   16
2. América Portuguesa: de Colônias a País   17
3. Trajetória Política   126
4. Evolução do Sistema Partidário do Império, 1831-1889   205

PARTE II **Teatro de Sombras**
A política imperial

Introdução
O rei e os barões

Na primeira parte deste trabalho discuti a política imperial sob a ótica de seus agentes diretos, a elite política e a burocracia. Tentei relacionar as características da elite, sobretudo sua homogeneidade ideológica, gerada por educação e treinamento político comuns, com as características do Estado herdado da tradição portuguesa absolutista e patrimonial. Do processo de geração mútua entre Estado e elite resultaram, segundo minha visão, alguns dos traços marcantes do sistema político imperial, como sejam a monarquia, a unidade, a centralização, a baixa representatividade. A elite produzida deliberadamente pelo Estado foi eficiente na tarefa de fortalecê-lo, sobretudo em sua capacidade de controle da sociedade. Ela foi eficiente em atingir o objetivo de construção da ordem, objetivo que, parafraseando Marx, chamei de acumulação primitiva do poder[1].

O que faço agora é examinar com lentes mais poderosas a elite e o Estado no momento em que a tarefa de acumulação de poder estava realizada e em que novos horizontes se abriam à sua atuação. Este momento pode ser datado com alguma precisão: ele tem origem no regresso conservador de 1837, quando as incertezas e turbulências da Regência começaram a dar lugar a um esboço de sistema de dominação mais sólido, centrado na aliança entre, de um lado, o rei e a alta magistratura, e, de outro, o grande comércio e a grande propriedade, sobretudo a cafeicultura fluminense. O processo de enraizamento social da monarquia, de legitimação da Coroa perante as forças dominantes do país, foi difícil e complexo. Embora se possa dizer que estava definido em torno de 1850, ele permaneceu tenso até o final do Império. É importante que se dê à sua elaboração um pouco mais de atenção antes de entrar na análise de seu funcionamento posterior.

A melhor indicação das dificuldades em estabelecer um sistema nacional de dominação com base na solução monárquica encontra-se nas rebeliões regenciais. Rápido exame de sua natureza será suficiente para revelar os problemas centrais a serem resolvidos[2]. As revoltas podem ser divididas em dois grandes grupos. O primeiro seguiu-se imediatamente à abdicação de Pedro I e perdurou até 1835, um ano depois da morte deste príncipe e da promulgação do Ato Adicional. O segundo foi posterior ao Ato Adicional e só terminou no Segundo Reinado. O ciclo se fechou em 1848 com a revolta da Praia em Pernambuco (quadro 1).

QUADRO 1
Principais Revoltas, 1831-1848

1831-1835	*Duração*	*Localização*	*Participantes principais*
1. Seis rebeliões	1831-32	Corte	Tropa e povo
2. Setembrizada	1831	Recife	Tropa
3. Novembrada	1831	Recife	Tropa
4. Abrilada	1832	Pernambuco	Tropa
5. Pinto Madeira	1831-32	Ceará	Tropa
6. Cabanos	1832-35	Pernambuco/ Alagoas	Pequenos proprietários, componeses, índios, escravos
7. Crise Federalista	1832-33	Salvador	Tropa
8. Sedição de Ouro Preto	1833	O. Preto	Tropa
9. Carneirada	1834-35	Recife	Tropa
10. Revolta dos Malês	1835	Salvador	Escravos
1835-1848			
1. Cabanagem	1835-40	Pará	Camponeses, índios, escravos
2. Farroupilha	1835-45	R. G. do Sul	Estancieiros e charqueadores
3. Sabinada	1837-38	Salvador	Tropa e povo
4. Balaiada	1838-41	Maranhão	Proprietários, camponeses, escravos
5. Revolução Liberal	1842	São Paulo/ Rio de Janeiro	Proprietários
6. Revolução Liberal	1842	Minas Gerais	Proprietários
7. Praieira	1848-49	Pernambuco	Proprietários

TEATRO DE SOMBRAS

A primeira onda de revoltas traduziu a inquietação da população urbana nas principais capitais e teve como protagonistas tropa e povo. Somente as capitais das províncias do Piauí e de Santa Catarina escaparam à turbulência. Na capital do Império, como era de esperar, a agitação foi mais intensa. Entre 1831 e 1832 cinco levantes se verificaram. Em 1832 a situação esteve de tal modo séria que o Conselho de Estado foi consultado sobre que medidas tomar para salvar o imperador caso a anarquia se estabelecesse na cidade e caso as províncias do norte se separassem das do sul. Salvador foi palco de seis levantes em que a demanda de federação foi proposta abertamente. Recife não se agitou menos. Três levantes se deram entre 1831 e 1832. Na Setembrizada de 1831, tropa, povo e escravos tomaram conta da cidade e só foram derrotados quando o governo apelou para o auxílio das milícias e de civis, inclusive dos estudantes da Faculdade de Direito de Olinda. A luta deixou saldo de uns 130 mortos[3].

Revolta algo distinta foi a dos malês em 1835 em Salvador. Ela culminou uma seqüência de rebeliões escravas naquela cidade iniciadas ainda no começo do século. Denunciada, a revolta foi rapidamente controlada, mas revelou perigosa capacidade de organização entre escravos e libertos, sobretudo os de religião muçulmana. Cerca de 50 revoltosos foram mortos, centenas foram presos, quatro foram condenados à morte[4]. O medo difundido pela revolta, sobretudo onde havia maior concentração de escravos, foi tão grande que levou o Parlamento a aprovar uma lei no mesmo ano de 1835 determinando que os escravos que atentassem contra a vida dos senhores fossem condenados à morte, não sendo necessária para a condenação, como nos outros casos, a unanimidade do júri. A revolta dos malês foi a única de alguma importância que teve a liderança de escravos. Em várias outras houve participação de escravos mas em aliança com outros grupos, aliança às vezes incômoda. Havia grande cuidado em não envolver escravos em revoltas. A população urbana livre e o campesinato constituíram o maior perigo à ordem vigente. Mesmo assim, a revolta dos malês serviu para dar argumentos aos partidários do fim do tráfico. Ela mostrou o perigo que podia constituir a acumulação de escravos nas cidades.

Os levantes urbanos tinham caráter predominantemente popular e nativista. Era a população urbana, aliada à tropa de primeira linha, protestando contra o alto custo de vida, contra a desvalorização da moeda (que causava o encarecimento das importações), contra a invasão de moedas falsas. Sendo o comércio

251

nas principais capitais controlado por portugueses, eram eles o alvo predileto e dominante da ira popular. O antilusitanismo encontrara apoio também fora das camadas populares, entre o pequeno comércio nas mãos de brasileiros, entre os oficiais brasileiros da tropa de linha e mesmo entre senhores de engenho endividados aos grandes comerciantes portugueses. Mas a base das revoltas era popular e militar. Tornava-se problema sério controlar a população urbana, de vez que não se podia contar com a força armada. Foi necessário desmobilizar o exército no Rio de Janeiro e recorrer à criação de milícia civil, a Guarda Nacional, para manter a ordem. Concebida de início como instrumento liberal para retirar do governo o controle sobre os meios de coerção, ela foi rapidamente transformada em instrumento de controle das classes perigosas urbanas. Para fazer parte da Guarda exigia-se renda de 200 mil-réis nas cidades e de 100 mil-réis no interior[5].

A segunda onda de revoltas teve caráter diverso da primeira. Descentralizado o poder graças ao Ato Adicional, o conflito também se descentralizou e se deslocou para o interior, para as áreas rurais, e aí remexeu nas camadas profundas da fábrica social do país e revelou perigos muito mais graves para a ordem pública e para a própria sobrevivência do país. Essas revoltas tinham sido prenunciadas pela Guerra dos Cabanos (1832-35). O mais fascinante movimento popular da época, esta guerra envolveu pequenos proprietários, camponeses, índios e escravos e contou com o apoio de ricos comerciantes portugueses de Recife e de políticos restauracionistas do Rio. Lutando pelo retorno de Pedro I e pela religião católica, os cabanos sustentaram por três anos uma guerra de guerrilha nas matas na fronteira entre Pernambuco e Alagoas. Ao fim da luta, os rebeldes remanescentes foram caçados como animais, um a um. Segundo depoimento do próprio comandante das forças legais, viviam de frutos silvestres, lagartos, cobras, insetos e mel[6].

As outras revoltas rurais foram ainda mais profundas e mais violentas. A mais trágica foi sem dúvida a Cabanagem no Pará entre 1835 e 1840. Iniciada como conflito entre facções da elite local, fugiu aos poucos ao controle e tornou-se uma rebelião popular. A capital, Belém, foi tomada em 1835 pelos rebeldes, compostos de índios e pretos, em luta de casa a casa. Cerca de 180 brancos foram mortos na luta; os restantes, cerca de nove mil, refugiaram-se, junto com o presidente da província, em navios de guerra portugueses e ingleses. Foi proclamada a independência do Pará. A luta, agora sob o comando de Eduardo Angelim, um cearense de 21 anos e talvez o mais extraordinário líder popular da época, espalhou-se pela província e pelo rio Amazonas acima até Manaus. Forçado a deixar Belém com seus cinco mil homens, devido ao bloqueio naval da cidade, Angelim transformou a luta em guerra de guerrilha, em que a ferocidade campeava dos dois lados. O novo presidente, general Andreia, prendeu em massa, mandou fuzilar na hora os que resistissem, militarizou a província, obrigou todos os não-proprietários a se alistarem em corpos de trabalhadores. Governistas passeavam pela cidade com rosários de orelhas de cabanos ao pescoço. Os últimos rebeldes renderam-se após a anistia de 1840. Calculou-se em 30 mil o número de mortos, divididos entre governistas e rebeldes em proporções mais ou menos iguais. Tal número equivalia a 20% da população da província. Jamais na história brasileira se repetiria carnificina tão vasta[7].

A revolta paraense aterrorizou até mesmo liberais do tipo de Evaristo da Veiga. Para ele, tratava-se de gentalha, crápula, massas brutas. O Pará, dizia, parecia mais um pedaço da América Espanhola do que do Brasil[8]. Seu desgosto poderia ter-se estendido também à Balaiada do Maranhão (1838-1841). Sem a violência da Cabanagem, ela apresentou traços semelhantes: conflito de elites que aos poucos se torna guerra popular. Um vaqueiro cafuzo, Raimundo Gomes, um fazedor de balaios (o Balaio) e um negro líder de escravos fugidos (Dom Cosme) formaram a liderança do movimento. Os balaios chegaram a mobilizar 11 mil homens e tomaram a cidade de Caxias, a segunda em tamanho na província. Divisões internas entre rebeldes livres e ex-escravos facilitaram a derrota do movimento pelas tropas do governo. De caráter mais urbano, semelhante às revoltas da primeira onda, foi a Sabinada na Bahia. Salvador foi tomada em 1837 e a independência da província foi proclamada. Quatro meses de luta deixaram um saldo de 1.800 mortos[9].

Em algumas revoltas o conflito entre elites não transbordava para o povo. Tratava-se, em geral, de províncias em que era mais sólido o sistema da grande agricultura e da grande pecuária. Neste caso está a revolta Farroupilha, no Rio Grande do Sul, que durou de 1835 a 1845. Em 1836 foi proclamada a República de Piratini. Briga de estancieiros e charqueadores com complicações internacionais, a Farroupilha não corria o risco de tornar-se guerra de pobres, de tornar-se perigo para a paz social. Era briga de brancos. Mas constituía alto risco político pela posição estratégica da província como fornecedora de charque para a economia escravista e pela ameaça à unidade do país e ao sistema monárquico de governo[10].

Brigas de brancos foram também as revoltas de 1842 em São Paulo e em Minas Gerais. Já reação às medidas centralizadoras do Segundo Reinado, envolveram os mais ricos proprietários das duas províncias e também da província do Rio de Janeiro, o pólo da economia cafeeira que começava a dominar a pauta de exportação. Alguns dos principais líderes liberais também se envolveram nas duas revoltas. Na província do Rio de Janeiro, o principal chefe rebelde foi Joaquim José de Souza Breves, o maior cafeicultor do país, proprietário de uns seis mil escravos, dono de umas 30 fazendas. Dele se dizia que produzia de 100 a 200 mil arrobas de café por ano, além de ser um renitente contrabandista de escravos[11].

As revoltas de proprietários mostravam que o problema de consolidar um sistema de poder não passava apenas pelo controle da população urbana e do campesinato, sem falar dos escravos. A tarefa complicava-se pelo fato de não haver consenso entre as camadas dominantes sobre qual seria o arranjo institucional que melhor servisse a seus interesses. Em parte, a falta de acordo se devia ao fato de que tais interesses nem sempre coincidiam. Em parte, advinha do fato de que muitos dos membros destas camadas, sobretudo os proprietários rurais, não estavam preparados para conceber a dominação por via da mediação do Estado. Em 1843, Justiniano José da Rocha, o mais brilhante jornalista do campo conservador, argumentava que o trono ainda não possuía raízes no Brasil. Segundo ele, a monarquia era uma convicção racional, adquirida com a experiência da Regência, não estava na prática, nas crenças, nos costumes: "O espírito público está em plena tendência para a monarquia, mas essa tendência, filha da razão, inspirada pelo amor da ordem não é coadjuvada nem por nossas leis, nem por nossos costumes, nem pelos nossos hábitos: o trono não tem pois alicerces". Mas sem o trono, continuava Justiniano, o Brasil se fragmentaria. A solução era, então, dotar o trono de apoio social. Este apoio não podia vir do proletariado do campo, foco das revoltas que marcaram a Regência. Também não podia vir da desiludida e inquieta população urbana. A única saída era buscá-lo no grande comércio e na grande agricultura: "Dê o governo a essas duas classes toda a consideração, vincule-as por todos os modos à ordem estabelecida, identifique-as com as instituições do país, e o futuro estará em máxima parte consolidado"[12].

Em 1843, em pleno Segundo Reinado, portanto, o jornalista que privava do pensamento dos ministros conservadores que tinham promovido o regresso, que tinha seu jornal financiado por eles, ainda não via estabelecido o pacto entre a Coroa e os barões, não via os proprietários olharem para a Coroa como instrumento de ordem e de defesa de seus interesses. As revoltas de 1842 tinham deixado claro este ponto. O lento convencimento dos proprietários de que a monarquia lhes convinha foi resultado do regresso conservador, levado a efeito por burocratas e por políticos ligados à grande cafeicultura fluminense. Ajudou no convencimento a atuação da Coroa ao mostrar, logo em 1844, que os revoltosos da véspera podiam chegar ao governo e que havia, portanto, lugar para a divergência oligárquica dentro do sistema. Estes foram os dois pontos cruciais: a demonstração de que a monarquia era capaz de manter a ordem no campo e na cidade e de que poderia ser árbitro confiável para as divergências entre os grupos dominantes. A Regência falhara nos dois testes: a ordem fora constantemente quebrada, pondo em perigo a própria sobrevivência do País, e o regente eleito tinha-se revelado incapaz de arbitrar as divergências dos grupos dominantes. Na realidade a incapacidade de arbitragem é que freqüentemente causava a perturbação da ordem ao permitir que os conflitos intra-elite filtrassem para baixo do sistema de estratificação social.

A obra política do regresso consistiu em devolver ao governo central os poderes que perdera com a legislação descentralizadora da Regência, sobretudo com o Ato Adicional de 1834 e com o Código de Processo Criminal de 1832. Em 1840 foi interpretado o Ato Adicional, em 1841 foi reformado o Código. Com isto, as assembléias estaduais deixaram de ter jurisdição sobre funcionários do governo central; todo o funcionalismo da Justiça e da polícia passou a ser controlado pelos ministros da Justiça e do Império; o único juiz eleito, o juiz de paz, perdeu boa parte de suas atribuições em benefício dos delegados e subdelegados de polícia. O ministro da Justiça ganhou o poder de nomear e demitir, por meios diretos ou indiretos, desde o desembargador até o guarda de prisão. Com a maioridade em 1840, voltou também a funcionar o Poder Moderador, e foi restabelecido o Conselho de Estado, extinto pelo Ato Adicional.

Os liberais revoltaram-se em 1842 contra estas leis. Mas, ao voltarem ao poder em 1844, mantiveram oposição puramente retórica a elas, pois tinham percebido sua utilidade para o exercício do poder. Em quatro anos de poder em nada alteraram o esquema do regresso. Sua volta ao poder tirara também deles o temor de uma ditadura conservadora e revelara o papel importante da Coroa em evitar o monopólio do poder por facções. A única facção não convencida era a dos liberais de Pernambuco que se revoltou em 1848[13]. Sua derrota significou o fim do processo de aceitação da monarquia parlamentar pelas elites rurais. Uma aceitação que foi problemática mas que forneceu a legitimidade básica do sistema. O ano de 1850 foi marco decisivo. Estava no governo, desde 1848, um ministério solidamente conservador. Além do ex-regente Araújo Lima (depois marquês de Olinda), aparecia pela segunda vez a trindade saquarema da província do Rio, Euzébio de Queiroz, Paulino José Soares de Sousa (depois visconde do Uruguai) e Joaquim José Rodrigues Torres (depois visconde de Itaboraí). O Ministério era completado por um general respeitado, Manuel Felizardo de Souza e Melo. A Câmara era quase unânime: apenas um liberal entre 110 conservadores. O governo sentiu-se forte para enfrentar dois problemas quase intratáveis, embora cruciais para a soberania nacional, para a sobrevivência da classe proprietária, e para o próprio Estado: o problema do tráfico e o problema da estrutura agrária e da imigração. Eram questões que vinham freqüentando há tempos a agenda de políticas públicas, sem que houvesse condições políticas para sua solução, isto é, sem que o governo se sentisse com poder e legitimidade suficientes para decidi-las. No mesmo ano, foi publicado o código comercial que sistematizava a confusa legislação anterior, em boa parte de origem ainda colonial. Desde 1834 vinha o projeto se arrastando na Câmara e no Senado. Dele dependia, entre outras coisas, a regulamentação das sociedades anônimas, principais agentes do desenvolvimento econômico no capitalismo emergente.

Na esfera mais estritamente política, o ano de 1850 foi ainda marcado por uma lei de reforma da Guarda Nacional que coroou o esforço de centralização política e administrativa iniciado em 1840. O preenchimento de todos os postos de oficiais da Guarda foi colocado sob a responsabilidade de agentes do governo central. O processo eletivo para tais postos foi eliminado, dando ao governo maior capacidade de controle e maior poder de cooptação sobre os proprietários rurais.

A abolição do tráfico, a lei de terras e a reforma da Guarda Nacional eram medidas vinculadas entre si: a lei de terras, que era também de colonização, fora apresentada pela primeira vez em 1843 e tinha como propósito claro preparar o país para o fim eventual do trabalho escravo. A centralização da Guarda buscava fortalecer a posição do governo perante os proprietários cuja reação ao fim do tráfico e à regulamentação da propriedade rural fora negativa. Embora em sua origem não vinculado a essas medidas, o Código Comercial veio enquadrar-se perfeitamente na conjuntura, de vez que o fim do tráfico provocou pela primeira vez uma febre de negócios no país causada pela disponibilidade de capitais anteriormente empregados no comércio negreiro. O ano de 1850 pode ser considerado marco entre duas fases de implantação do Estado Nacional. Talvez por ironia, foi também o ano da primeira grande epidemia de febre amarela que assolou a capital do Império matando milhares de pessoas.

Nos capítulos que seguem vamos acompanhar as vicissitudes do relacionamento entre a Coroa, a elite política e os proprietários rurais desde 1850 até o final do Império. A elite mediava a relação entre os proprietários e o rei, dividida ela própria entre os interesses dos dois pólos muitas vezes conflitantes. D. Pedro II nacionalizou muito mais a monarquia do que D. Pedro I, sobretudo no que se refere a seu relacionamento com os proprietários. Simples mas fidedigno indicador desta tentativa de cooptação dos fazendeiros pode ser encontrado na distribuição de títulos nobiliárquicos (quadro 2).

QUADRO 2
Títulos Nobiliárquicos, 1808-1889 (%)

| | Chefes de Estado | | | |
Títulos	D. João VI	D. Pedro I	D. Pedro II	Total
Duques	1,68	1,49	0,09	0,38
Marqueses	10,92	20,15	1,88	4,35
Condes	41,18	5,97	3,94	7,51
Viscondes	25,21	26,57	17,18	19,96
Barões	21,01	35,82	76,81	67,60
	100,00	100,00	100,00	100,00
	(N = 119)	(N = 134)	(N = 1.065)	(N = 1.318)

Fonte: Lista preparada pelo Grupo de Pesquisa Histórica do Arquivo Nacional, ao qual agradeço a permissão para uso e divulgação. Os dados referem-se ao número de títulos e não de titulares. Os titulares eram em número menor pois alguns foram portadores de mais de um título.

Vê-se que a distribuição dos títulos da hierarquia nobiliárquica variou amplamente entre D. João VI e D. Pedro II, ocupando D. Pedro I posição intermediária. A diferença que mais nos interessa aqui é o número de títulos de barão. Estes eram tradicionalmente reservados para os grandes proprietários rurais, sobretudo para aqueles que se distinguiam por seu poder e riqueza mas não por sua projeção na vida política, isto é, por seu pertencimento à elite política. Para os proprietários que ingressavam na elite, assim como para os altos burocratas, eram reservados títulos mais elevados, até o máximo de duque, concedido apenas a Caxias. Assim é que, apesar de os barões constituírem 77% dos titulares de D. Pedro II, eles representavam apenas 14% dos ministros do 2º Reinado que possuíam títulos.

O baronato era a marca registrada dos grandes cafeicultores do Rio de Janeiro, Minas e São Paulo. Segundo cálculos de Lamego, cerca de 300 deles eram titulares, a grande maioria barões. Os Leite Ribeiro de Vassouras, por exemplo, tinham oito barões e dois viscondes na família. No mesmo município, os Werneck tinham cinco barões e os Avelar seis barões e três viscondes. Quase todos os Breves, os reis do café no Rio de Janeiro, eram barões. Mas de todos esses apenas um foi ministro[14].

A distribuição de títulos atendia à sugestão de Justiniano José da Rocha de aproximar os proprietários da monarquia. Ela sem dúvida teve esta intenção. Mas, freqüentemente, em vez de cooptação era tentativa de compensação. Examinando-se ano a ano a distribuição de títulos de barão, pode-se perceber aumento significativo por ocasião das leis abolicionistas de 1871, 1885 e 1888. Enquanto 51 títulos foram distribuídos no qüinqüênio 1860/64, entre 1870/74 o número subiu para 120. No último qüinqüênio do Império foram concedidos 238 títulos de barão, 173 dos quais em 1888 e 1889. A Coroa tentava devolver em símbolo de *status* o que retirava em interesse material.

Será a análise do interesse material que constituirá o centro de nossa preocupação neste trabalho. Vai ocupar-nos a análise de alguns aspectos da política pública que tinham a ver mais de perto com os interesses dos proprietários. Analisaremos a política fiscal e distributiva do Estado, a política da abolição, a política de terras. Devido a sua importância como núcleo da elite política e como cérebro da monarquia, na expressão de Joaquim Nabuco,

TEATRO DE SOMBRAS

dedicaremos um capítulo ao Conselho de Estado. Por meio dele se pode ter idéia aproximada dos princípios que norteavam a ação da Coroa. Finalmente, será feito um esforço de entender o sistema político como um todo pela análise da representação política, incluindo aí o sistema eleitoral e partidário. A conclusão buscará interpretar a política imperial, o conflito entre o rei e os barões, entre o formal e o real, entre a ficção constitucional e o jogo de forças políticas, com o auxílio da metáfora teatral.

Ao final, talvez tenhamos apenas demonstrado com maiores evidências o que Sérgio Buarque de Holanda colocou com simplicidade mas que é a chave para entender a política imperial: "O império dos fazendeiros [...] só começa no Brasil com a queda do Império"[15].

NOTAS

1. Ver *A Construção da Ordem; a Elite Política Imperial.*
2. Para uma descrição mais desenvolvida das revoltas, bem como de todo o período entre a Independência e 1850, ver Leslie Bethell e José Murilo de Carvalho, "Brazil from Independence to the Middle of the Nineteenth Century", em Leslie Bethell (ed.), *The Cambridge History of Latin America*, vol. III, p. 677-746.
3. Sobre os conflitos da Regência em geral, ver o tomo II, 2º vol. da *História Geral da Civilização Brasileira*, organizado por Sérgio Buarque de Holanda.
4. Sobre a revolta dos malês em Salvador, ver João José Reis, *Rebelião Escrava no Brasil. A História do Levante dos Malês* (1835).
5. Sobre o papel da Guarda Nacional como instrumento de mediação entre a burocracia e os proprietários rurais, ver Fernando Uricoechea, *O Minotauro Imperial.*
6. Sobre a guerra dos Cabanos, o melhor estudo é o de Manuel Correia de Andrade, *A Guerra dos Cabanos.* Ver, ainda, Dirceu Lindoso, *A Utopia Armada. Rebelião de Pobres nas Matas do Tombo Real* (1832-1850).
7. Sobre a Cabanagem, o melhor texto, embora mal organizado, é ainda o de Domingos Antônio Rayol, *Motins Políticos ou História dos Principais Acontecimentos Políticos da Província do Pará desde o Ano de 1821 até 1835.*

8. Ver *Aurora Fluminense*, de 1º de janeiro e 11 de novembro de 1835.

9. Sobre a Balaiada, ver Astolfo Serra, *A Balaiada*. Sobre a Sabinada, ver Luiz Vianna Filho, *A Sabinada* (*A República Baiana de 1837*).

10. Sobre a Farroupilha, ver Alfredo Varela, *História da Grande Revolução*, e o estudo mais recente de Spencer L. Leitman, *Raízes Sócio-Econômicas da Guerra dos Farrapos*.

11. Sobre as revoltas liberais de 1842, ver Victor M. Filler, *Liberalism in Imperial Brazil: the Regional Rebellions of 1842*, tese de doutorado, Universidade de Stanford, 1976.

12. Ver a série de artigos intitulada "Tractemos do Futuro", certamente de autoria de Justiniano José da Rocha, publicada em *O Brasil*, especialmente números de 21 a 23 de setembro de 1843.

13. Os aspectos políticos e econômicos da Praieira foram recentemente analisados por Nancy Priscilla Naro em *The 1848 Praieira Revolt in Brazil*, tese de doutorado, Universidade de Chicago, 1981.

14. Ver Alberto Ribeiro Lamego, "A Aristocracia Rural do Café na Província Fluminense", *Anuário do Museu Imperial*, VII (1946), p. 51-123. Sobre a titulação de proprietários rurais, ver também Afonso de E. Taunay, *História do Café no Brasil*, vol. VIII, tomo IV, p. 193-334.

15. Ver Sérgio Buarque de Holanda, *História Geral da Civilização Brasileira*, tomo II, vol. 5º, p. 283. Para uma análise do ponto de vista dos barões, sobretudo os da região cafeeira do Rio de Janeiro, sobre os grandes problemas nacionais, ver Eduardo Silva, *Barões e Escravidão. Três Gerações de Fazendeiros e a Crise da Estrutura Escravista*.

CAPÍTULO 1 O orçamento imperial:
os limites do governo

Excelente indicador da distribuição de poder em um sistema político são as contas do governo. O poder de lançar impostos e as condições de legitimidade em que ele se exerce estiveram no centro das lutas que fundaram o Estado moderno. A reivindicação de representação feita pelos barões ingleses esteve umbilicalmente ligada às pretensões reais de arrecadação de impostos e de recrutamento militar. Não por acaso, o controle destas duas atividades do governo constituiu atribuição central dos parlamentos. Tratava-se, com efeito, da bolsa e da vida dos súditos.

Não foi diferente no Império brasileiro. Neste ponto, aliás, o novo país podia exibir ação exemplar em seu passado colonial. O excesso de taxação, sem consentimento, dos mineradores da capitania de Minas Gerais, gerara vasta conspiração em que a idéia de independência pela primeira vez circulou abertamente. O modelo parlamentar adotado pelo país incluiu a prática de submeter obrigatoriamente ao parlamento a aprovação da lei de meios, como era chamado o orçamento. O governo não podia funcionar legalmente sem que tal lei fosse aprovada. Em caso de impossibilidade de aprovação, havendo dissolução, por exemplo, da Câmara, votava-se a prorrogação do orçamento do ano anterior para o ano seguinte. O ritual de discussão do orçamento era seguido com rigor e constituía arma poderosa na mão do Legislativo que podia negar ao Executivo os meios de governar.

O orçamento indicava, no entanto, muito mais do que a disputa entre Legislativo e Executivo. Refletia o conflito entre a burocracia, a máquina do Estado, sempre em busca de maiores recursos, e os grupos dominantes na sociedade, aqueles de que se podiam extrair estes recursos. Representava o conflito interno de uma elite política que hesitava entre as necessidades do governo, que ela dirigia, e os interesses dos proprietários que ela devia representar. Traduzia, enfim, o conflito entre os vários grupos de proprietários com interesses e demandas distintas em relação ao poder público. Pelo lado da receita, o orçamento indica até onde ia a capacidade do governo de extrair recursos e de que setores da população eram os recursos extraídos. Pelo lado da despesa, pode-se detectar quais eram as prioridades do governo e a quem elas beneficiavam. O reverso, ou a contrapartida, da ação do governo de tirar e devolver recursos era a capacidade de resistência ou de pressão dos grupos sociais, no caso brasileiro sobretudo dos proprietários de terras e comerciantes. O exame do orçamento pode, assim, constituir a primeira aproximação do jogo de forças que caracterizava o sistema político do Império.

RECEITA

Comecemos pelo lado da receita. O gráfico 1 contém informação sobre a taxa de crescimento da receita durante o Império. Para economia de apresentação, incluímos também, de uma vez, os dados referentes à despesa. Para efeito de comparação, fornecemos as informações equivalentes para os Estados Unidos. Os números são, aparentemente, surpreendentes. Em termos de taxa de crescimento, há grande semelhança na evolução da receita (e da despesa) nos dois países. Em termos de valores reais, naturalmente, havia diferença. Utilizando-se, por exemplo, a taxa de conversão de 1$000 por US$ .55, fornecida por Stanley Stein para 1875, temos que, no início do período, a receita americana, em dólares, era três vezes maior que a brasileira; ao final, era quase quatro vezes maior[1]. Permanece, no entanto, como fato importante, que a taxa de crescimento não ficou muito abaixo da americana. Aplicando-se ao valor do mil-réis o índice do custo de vida de 231% calculado por Onodi para o período entre 1829 e 1887, ainda assim o crescimento da receita terá sido superior a oito vezes. Na Inglaterra, ela cresceu duas vezes e meia entre 1830 e 1890; na França cresceu três vezes entre 1850 e 1900[2]. Ainda no capítulo de semelhanças entre Brasil e Estados Unidos, observe-se que as guerras tiveram nos dois países o efeito de aumentar grandemente as despesas e a arrecadação, lá a guerra civil, aqui a guerra contra o Paraguai. Embora houvesse nos dois países uma queda após a guerra, também nos dois casos o patamar de receita e gastos públicos foi definitivamente alterado pelos conflitos.

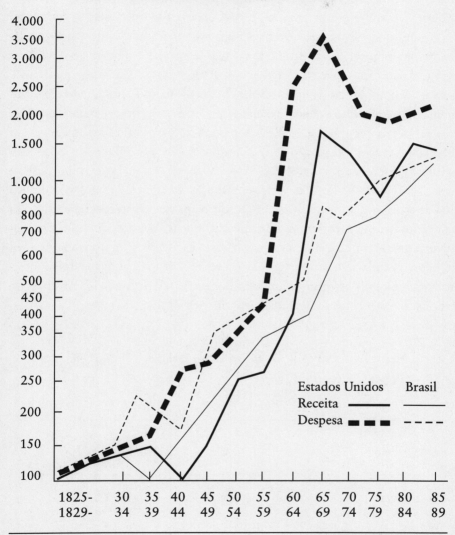

GRÁFICO 1

Taxa de Crescimento da Receita e Despesa Públicas, Brasil e Estados Unidos, 1825-1889

Fonte: Ver quadros 16 e 17.

(Escala semilogarítmica)

Exame mais acurado dos dados mostra-nos, no entanto, diferenças importantes entre os dois países. Se examinarmos os números reais e não a taxa de crescimento (ver Apêndice), veremos que nos Estados Unidos houve após a guerra constante e crescente superávit, invertendo a situação anterior.

No Brasil, ao contrário, o déficit foi constante e crescente após a guerra. Raramente ministério novo tomava posse sem prometer lutar pelo equilíbrio orçamentário. "O Império é o déficit", diziam os críticos da monarquia. Entre 1826 e 1888, o déficit somou 855,8 mil contos. Grande parte dele (95%) se deveu aos gastos extraordinários com revoltas internas, com as guerras externas e com desastres naturais como secas e epidemias. O governo simplesmente não tinha como cobrir estes custos e recorria a empréstimos internos e externos.

Outra diferença importante em relação aos Estados Unidos é o fato de que as receitas do governo federal representavam lá parcela muito menor do total de receitas do que no Brasil. Este ponto apresenta interesse especial pois mostra também, no campo das finanças públicas, as conseqüências da centralização monárquica. Assim como no caso da distribuição dos funcionários públicos, visto em outro lugar[3], nas finanças Estados Unidos e Brasil apresentavam pirâmides opostas que revelam com clareza a descentralização americana e a centralização brasileira (quadro 3).

QUADRO 3
Receita por Nível de Governo, Brasil e Estados Unidos (%)

Nível	Estados Unidos	Brasil	
	1902	1856	1885-86
Federal/central	37,1	83,1	76,8
Estadual/provincial	10,9	14,0	18,02
Local/municipal	52,0	2,7	5,0

Fontes: U. S. Bureau of the Census, *Historical Statistics of the United States, Colonial Times to 1957*, Part 2, 1119-34; Liberato de Castro Carreira, *História Financeira e Orçamentária do Império do Brasil*, 545, 608 (para 1885/86), e Amaro Cavalcanti, *Resenha Financeira do Ex-Império do Brasil em 1889*, 311, 608 (para 1856). As receitas para províncias e municípios em 1856 são previstas. Nos outros casos são realizadas.

O quadro indica com nitidez que o governo federal nos Estados Unidos pesava muito menos nas finanças do que o governo central no Brasil. No entanto, seria grande equívoco interpretar o fato como indicando

TEATRO DE SOMBRAS

menor peso do governo em geral. A grande participação dos governos municipais mostra que o governo como um todo, a autoridade pública, tinha lá presença muito maior e estendia seus braços muito mais longe do que no Brasil[4].

QUADRO 4
Receitas do Governo (1841-1889).
Porcentagem das Rendas Alfandegárias

	Países			
	Brasil		Estados Unidos	Chile
Anos	Direitos de Exportação	Total Alfândega	Direitos de Importação	Total Alfândega
1841-42	14,87	71,18	85,92	61,96 (1840)
1845-46	17,87	74,48	89,94	52,55
1850-51	14,50	79,13	93,26	57,31
1855-56	11,66	76,07	86,45	53,33
1859-60	12,48	74,19	94,86	55,87
1865-66	17,16	69,94	32,08	22,67
1870-71	15,51	71,12	53,81	33,31
1875-76	15,83	69,58	50,34	36,99
1880-81	15,57	67,71	54,92	24,30
1885-86	11,60	66,76	57,33	60,11
1889	10,42	64,80	57,83	64,85 (1890)

Fontes: Brasil: *Balanços da Receita e Despesa do Império*, anos indicados; Estados Unidos: *Historical Statistics*, 712; Chile: Judson M. DeCew, "The Chilean Budget: 1833-1914", Quadro 4, computada de Dirección General de Contabilidad, *Resumen de la Hacienda Pública de Chile*, cap. II, 5-9. No Brasil e nos Estados Unidos o ano fiscal terminava em 30 de junho.

Mais interessante do que verificar o total da receita é analisar sua composição, isto é, as fontes de onde são extraídas, os grupos sociais que contribuem para formá-la. O quadro 4 fornece alguns dados iniciais para avaliar as origens da receita pública. Acrescentamos dados para o Chile e os Estados Unidos como ponto de referência para permitir avaliação mais adequada dos dados brasileiros. Há dificuldade com os dados dos Estados Unidos. Como já vimos, as receitas do governo central constituíam menos da metade do total das receitas do país. Também não havia lá imposto de exportação.

Mesmo assim, o quadro revela pontos interessantes. Dos três países, o Brasil era o que mais dependia dos impostos sobre o setor externo da economia. Os Estados Unidos dependeram pesadamente do setor externo até a guerra civil. Daí em diante a dependência foi substancialmente reduzida. O Chile passou por processo mais complicado. De início era muito dependente das tarifas da alfândega. A dependência foi drasticamente reduzida na década de 1860, mas voltou a crescer na década de 1880. A última transformação deveu-se à guerra do Pacífico (1879-1881), que resultou na incorporação pelo Chile das regiões peruanas produtoras de salitre. Em 1889, o salitre já constituía 65% do total das exportações do Chile. No caso brasileiro, a guerra não parece ter tido influência no peso relativo das tarifas[5].

Impostos de importação tinham também sentido político diferente nos Estados Unidos e no Brasil. No Brasil tinham quase sempre natureza fiscal. Sem dúvida, as tarifas de 1844 obedeceram a certa preocupação com a proteção de indústrias nascentes, mas sua razão maior provinha da necessidade do tesouro em aumentar seus recursos. Os poucos industriais existentes não tinham condições de pressionar o governo para introduzir proteção tarifária. A grande pressão vinha da Inglaterra que não queria perder os privilégios da tarifa de 15% estabelecida pelo tratado de 1826. A não renovação do tratado em 1844 teve caráter de defesa da soberania nacional contra os privilégios ingleses[6].

Nos Estados Unidos houve conflito aberto em torno dos direitos de importação. As regiões industrializadas do norte e leste queriam proteção ao passo que os agricultores do sul defendiam o comércio livre. Ao final dos anos 1880, o problema dos direitos adquirira grande relevância e dividia os partidos políticos. Os republicanos defendiam o protecionismo, ao lado dos industriais, enquanto os democratas se colocavam ao lado dos fazendeiros e dos consumidores pela liberdade de comércio[7].

No que se refere aos direitos de exportação, ele foi mantido no Brasil em torno de 5 a 7% *ad valorem* durante todo o período imperial. Na realidade, este tipo de taxação chegava a 10% pois as províncias também recorriam a ele, a despeito de dúvidas quanto à constitucionalidade de tal cobrança. Em 1885/86, por exemplo, os direitos de exportação constituíram 44% do total das rendas provinciais[8]. A taxação das exportações é algo surpreendente, pois atingia diretamente os setores mais poderosos da agricultura. Houve intensos debates na Câmara e no Conselho de Estado a respeito da conveniência ou não de sua adoção. No Conselho reconhecia-se não ser benéfico à produção tal tipo de imposto. O exemplo dos Estados Unidos, que não o adotavam, era sempre mencionado, e às vezes também o da França. Por outro lado, havia o poderoso argumento de ser ele imposto fácil de coletar e de resultado imediato. A alternativa mais comum que se colocava era o imposto territorial rural, previsto no projeto da lei de terras, mas eliminado na votação do Senado. Mas contra este último argumentava-se a dificuldade de arrecadação devido à falta de cadastramento rural. Alegava-se também o baixo nível de acumulação de riqueza na maioria das propriedades rurais. Assim é que fracassaram sempre as tentativas de implantar o imposto territorial, ao passo que, apesar das críticas, foi sempre mantido o direito de exportação. As queixas contra este último vinham sobretudo dos agricultores do Norte, como pode ser verificado nos debates do Congresso Agrícola de Recife de 1878. As queixas eram menores no sul do país. De qualquer modo, parecem ter predominado aí razões de Estado. O imposto territorial teria em tese atingido número muito maior de pessoas, isto é, todos os proprietários rurais, e seria muito mais difícil de arrecadar. A reação política também seria muito maior. E não havia nada que preocupasse tanto os conselheiros como a possibilidade de reação política da população[9].

O debate a respeito dos direitos de importação não foi menos intenso, embora os interesses envolvidos fossem outros. A partir da metade do século houve tendência de seguir o exemplo inglês de implantar o livre comércio e pelo menos reduzir os direitos de importação. Os debates do Conselho de Estado giravam principalmente em torno da aplicabilidade da teoria liberal no Brasil. Predominaram, no entanto, o realismo político e a lucidez. Percebeu-se que o que era bom para a Inglaterra não era bom para o Brasil. Poucos conselheiros acreditavam nos benefícios do livre comércio e as propostas de redução dos direitos de importação eram sempre adiadas. E não há dúvida também de que a facilidade de cobrar o imposto era fator importante. Os resultados eram imediatos e o contribuinte não percebia que estava pagando, ao contrário, por exemplo, do imposto de renda ou do imposto pessoal que na Inglaterra substituíra o imposto de importação. Contra este último as objeções eram ainda maiores do que contra o imposto territorial rural. Era considerado de difícil arrecadação, pois era problemático avaliar a renda;

sujeito a muita sonegação; discriminatório contra os contribuintes urbanos; e, de novo, capaz de provocar reação negativa entre os contribuintes. Em propostas no sentido de incluir o salário como objeto de taxação, então nem pensar. Imposto sobre salário era imposto de revolta[10].

Outras revelações sobressaem do exame da composição da receita interna do Estado imperial. Os dados estão no quadro 5[11]. Os impostos de indústria e profissões, transmissão de propriedade e renda foram criados em 1867 para fazer face às necessidades da guerra. Os dois primeiros foram na realidade agregação de itens previamente existentes. O nome de imposto de renda é algo impróprio, pois tratava-se de imposto de 3% sobre o valor de aluguel das casas e de 1,5% sobre salários anuais de mais de RS 1:000$000. Empresas estatais incluíam estradas de ferro, correios e telégrafos, imprensa nacional, fábricas de ferro e de pólvora.

QUADRO 5
Receita interna, Brasil, 1841-1889

Anos	Indústria e Profissões	Transmissão de Propriedade	Principais Itens E. Ferro do Estado	Todas as Empresas do Estado	Selo	Renda
1841-42	0,19	38,42	–	4,93	–	–
1845-46	0,45	27,89	–	6,50	13,07	–
1850-51	9,87	22,22	–	7,48	14,52	–
1855-56	9,64	26,99	–	8,78	16,72	–
1859-60	12,24	25,39	–	7,77	17,52	–
1865-66	7,62	17,92	0,84	8,04	14,92	–
1870-71	13,95	16,92	24,68	31,46	15,11	–
1875-76	10,19	18,52	36,06	44,20	13,78	–
1880-81	10,40	13,15	31,29	38,54	13,38	3,73
1885-86	11,16	13,38	35,89	45,29	12,59	1,61
1889	11,77	14,48	30,48	44,02	12,61	1,60

Fontes: *Balanços da Receita e Despesa do Império*, anos indicados. Veja nota 11 para explicações.

Vê-se que ao final do período quatro tipos de impostos — indústria e profissões, transmissão de propriedade, empresas estatais e selos — representavam 93% de toda a renda interna. As rendas das empresas estatais representavam 56% do total. O rendimento do imposto de renda era muito

TEATRO DE SOMBRAS

baixo, pois acabava por atingir mais os empregados públicos pela facilidade de verificar o valor dos salários. Confirmavam-se, quanto a este imposto, as observações sobre as dificuldades de sua cobrança feitas no Conselho de Estado. O contraste com os Estados Unidos no que se refere à renda interna é grande. Ele aparece especialmente nas receitas provenientes da venda de terras públicas. No Brasil, não só o governo foi incapaz de introduzir imposto sobre a propriedade rural, como não conseguiu vender terras públicas, nem sequer demarcá-las. Nos Estados Unidos esta venda era item importante na receita interna. Além disto, nos estados, o imposto sobre a propriedade, que sempre incluía o valor da terra, era "o principal sustentáculo da maioria dos governos no norte e no leste"[12]. Somente no sul a resistência dos proprietários não permitiu aos governos contar com o imposto sobre a propriedade.

Se a comparação for feita com a Inglaterra ou a França, os contrastes são ainda maiores. Na Inglaterra, que servia de constante referência para os políticos imperiais, impostos diretos sobre a propriedade e a renda chegavam a 20% do total das receitas do governo em 1860. Na França, no mesmo ano, a porcentagem dos impostos diretos era de 17%[13]. Quando se aduziam estes exemplos nos debates, dizia-se, especialmente quanto ao imposto de renda, que era vexatório e só teve êxito na Inglaterra. E teve êxito porque havia lá acumulação de riqueza muito maior do que no Brasil e mais consciência cívica na população. No Brasil, ele seria muito difícil de arrecadar, renderia pouco, e causaria "calafrios" na população[14]. Não há dúvidas de que o governo estava muito menos aparelhado para cobrar impostos diretos, seja sobre a renda, seja sobre a propriedade. O único imposto que funcionava razoavelmente era sobre a propriedade imobiliária urbana, pela maior facilidade de cadastramento e avaliação deste tipo de bem. Nos outros casos, haveria certamente muita sonegação, e o custo de arrecadação seria alto. Mas a própria dificuldade era, por sua vez, indicadora de falta de capacidade extrativa do Estado, ou mesmo de capacidade reguladora, como no caso da ausência de cadastro rural. Lembre-se que o país só teve o seu primeiro recenseamento nacional em 1872 e que muitas atividades, como o registro de nascimentos e óbitos, e o registro de propriedades rurais, estavam sob a responsabilidade da Igreja, por deficiências da máquina administrativa do Estado central. Por tudo isto, é difícil avaliar o peso relativo da carga tributária brasileira em relação a outros países. Faziam-se na época afirmações contraditórias, desde

271

a de que o país estava entre os mais sobrecarregados de impostos até a de que era dos menos onerados. No Conselho de Estado, o liberal Souza Franco calculou a carga fiscal na Inglaterra em torno de 24$000 per capita e a do Brasil em 11$000. Mas acrescentou, como argumentara já antes o conservador Itaboraí, que, devido ao maior nível de riqueza da Inglaterra, a carga lá acabava sendo mais leve[15].

De qualquer modo, quem mais se beneficiava da estrutura de impostos eram os produtores para o mercado interno. Não pagavam o imposto de exportação, não eram onerados com imposto sobre a terra, nem sobre a renda. Pagavam apenas a taxa sobre escravos, que era freqüentemente sonegada, sobretudo antes da matrícula de escravos que só foi feita após a Lei do Ventre Livre. A grande lavoura de exportação era taxada com o imposto de exportação. A propriedade imobiliária urbana era taxada com a décima urbana e com o imposto de renda. As indústrias e profissões também não tinham isenção. A partir de 1867, as sociedades anônimas pagavam 1,5% sobre os lucros.

Cabe, por último, observar que era grande o peso das atividades do próprio Estado. Ao final do período, elas representavam quase a metade da receita interna. O Estado era, em boa parte, sua própria fonte geradora de receita, no que poderíamos chamar de incesto fiscal. A grande vedete aí eram as estradas de ferro do governo, responsáveis por cerca de 70% do total das receitas das empresas estatais.

No que se refere à capacidade fiscal do governo em geral, o que fica evidente é a grande dependência em relação ao setor externo, vale dizer, às exportações. Cálculos de N. Leff demonstram matematicamente o que já parece claro pelo quadro 4. Segundo estes cálculos, o crescimento de 10% nas receitas de exportação associava-se a aumento de 3,2% na arrecadação do governo no mesmo ano. A correlação a longo prazo era muito mais alta, tanto para a arrecadação como para a despesa[16]. Assim, o aumento no superávit da balança comercial, sobretudo a partir do fim do século, deu ao governo condições de maior agressividade nos gastos públicos. As grandes obras de Rodrigues Alves têm sem dúvida a ver com esta evolução.

Na falta de recursos fiscais, o governo se via forçado a recorrer a empréstimos, internos ou externos. Segundo Castro Carreira, a dívida passiva do Império em 1889, interna e externa, chegava a 760 mil contos, o que equivalia ao déficit acumulado de 758 mil contos. Ainda segundo Carreira, boa parte do déficit foi gerada por gastos com revoltas, guerras e desastres naturais. As despesas com esses itens teriam sido de 724 mil contos, ou seja, 95% do déficit e da dívida total. Somente a Guerra do Paraguai teria consumido 613 mil contos, cerca de 337 milhões de dólares. No que se refere aos empréstimos externos, outra despesa extraordinária que por muito tempo onerou o governo foram as indenizações pagas a Portugal como conseqüência das negociações da Independência. Foram feitos sete empréstimos em Londres para pagar as despesas da Independência, no valor total de 10.185 mil libras. Parte do empréstimo de três milhões de libras de 1863 ainda se destinava a cobrir tais despesas[17].

DESPESA

O orçamento de despesa do Império é instrumento mais importante para a análise da ação do governo do que o orçamento de hoje, pois quase todo o gasto público, incluindo os investimentos, passava por ele. Nele se incluíam as empresas públicas, os incentivos à produção (como as garantias de juros), a dívida pública, interna e externa. Fora do orçamento, o único instrumento de ação do governo na área econômica era o Banco do Brasil. Os empréstimos do Banco eram auxílio relevante para a grande agricultura.

Adotamos a classificação das despesas por área de atuação do governo, isto é, despesas econômicas, sociais, administrativas. Esta classificação não é a única possível e talvez não seja a mais adequada. Mas permite, dado o grau de desagregação em que é apresentada (ver Apêndice 2), que outras classificações sejam feitas a partir dela. Assim, por exemplo, os gastos sociais e econômicos podem ser considerados de modo geral como despesas de capital, ao passo que os gastos administrativos corresponderiam a despesas de custeio, na classificação hoje mais comumente utilizada. Do mesmo modo, a classificação por capital social e gastos sociais, utilizada por James O'Connor, pode ser também adaptada. O que chamamos de despesas econômicas corresponde ao investimento social em capital físico; a parte de educação que chamamos de despesas sociais é investimento social em capital humano; o que chamamos de despesa administrativa, particularmente com Justiça e segurança, junto com a parte de bem-estar das despesas sociais, é o que O'Connor chama de gastos sociais[18].

As informações estão nos gráficos 2 a 5. Usamos agora, para comparação, dados referentes ao Chile, por existir estudo para esse país que usa classificação semelhante. Os dados para o México, apresentados por Wilkie, referem-se a período posterior e por isto não se prestam tão bem para comparação como os do Chile. O Chile possibilita confronto interessante, pois, embora adotasse sistema republicano de governo, teve evolução política muito próxima à do Brasil no século passado. Conseguiu estabilizar o sistema de poder muito cedo e evitar o fenômeno do caudilhismo militar, endêmico nas outras repúblicas latino-americanas. Os dados mostram impressionante semelhança na evolução dos gastos nos dois países. As tendências são claras: as despesas administrativas predominam no início do período, respondendo por cerca de 90% do total, e caem ao final para 58%, exatamente a mesma proporção para os dois países.

A interpretação destes dados também não é difícil: o Estado, em ambos os casos, preocupava-se no início fundamentalmente com sua própria organização e com o estabelecimento de um grau mínimo de controle sobre o país, inclusive pela supressão de rebeliões internas. O exame das subdivisões dos gastos administrativos esclarece este ponto. No caso brasileiro, por exemplo, a grande redução dos gastos administrativos se deu nas despesas militares, isto é, no orçamento dos ministérios da Guerra e da Marinha. A única interrupção nesta tendência verificou-se durante a guerra contra o Paraguai. Após a guerra, no entanto, a tendência decrescente retomou seu curso de maneira ainda mais acentuada. A evolução torna-se também nítida se acrescentarmos que entre 1831 e 1850 os gastos com as forças armadas representavam mais do que 40% do total dos gastos do governo.

As despesas com Justiça e com a administração do governo central, incluindo aí os quatro poderes e os presidentes de província, não alteraram muito sua participação relativa no total. Isto indica que, exceto pelo período regencial, não se gastava muito com segurança interna. Definitivamente, o Império não era um *warfare state*. A criação da Guarda Nacional tem muito a ver com esta situação. A Guarda era quase totalmente autofinanciada, constituía um baratíssimo mecanismo de controle da população. Ao final, dava até lucro graças à venda das patentes de oficiais. A Guarda dispensava a existência de fortes polícias provinciais. Tratando-se de país em que a escravidão era amplamente difundida e era crucial para a economia, era de se esperar a existência de fortes contingentes policiais. No entanto, a força policial localizada nas províncias era, em 1880, de minguados 7.410 homens. Em contrapartida, a Guarda Nacional, neste mesmo ano, tinha um contingente de 918.017 homens. Por mais fictício que fosse este último número, e ele era em grande parte fictício, não deixa de ser impressionante. Fernando Uricoechea tem razão ao observar que o Estado podia dar-se ao luxo de não se militarizar porque a sociedade era militarizada[19].

A queda dos gastos com forças armadas foi contrabalançada pelo aumento de gastos com a dívida interna e externa. Como já mencionado, boa parte da dívida foi contraída para cobrir gastos com a Independência, com rebeliões internas, com a guerra contra o Paraguai e com desastres naturais, todos eles de natureza não produtiva. Parte menor da dívida externa foi contraída para efeito de investimento.

O retrato de um Estado que completou a tarefa de consolidar-se politicamente e que se lança em direção nova, em política que poderíamos chamar de desenvolvimentista, é corroborado por outro tipo de evidência. Trata-se de uma análise do conteúdo dos decretos do governo central (quadro 6). Há dois pontos salientes nos dados. O primeiro é o crescimento geral da atividade administrativa do governo. De uma média de 23 decretos por semestre no primeiro período, passa-se para 101 no segundo e 136 no terceiro. Sem discutir os resultados práticos destes decretos, é evidente que o governo ampliava o escopo e a intensidade de sua ação. O segundo ponto é o que mais nos interessa. Nota-se, como no orçamento da despesa, e de maneira ainda mais acentuada, grande aumento na legislação referente ao desenvolvimento econômico, acompanhado de correspondente redução da preocupação com administração, segurança e justiça. Surpreendentemente, é insignificante o número de decretos que têm a ver com a agricultura, a atividade econômica básica do país. Este fato leva-nos a interpretar com cuidado tal tipo de evidência, no sentido de que a atividade legislativa do governo pode não refletir sempre com precisão as preocupações centrais da economia. Mas, por outro lado, está aí talvez outro indicador das relações ambíguas da elite e da burocracia com os proprietários rurais.

Dependia-se da riqueza agrícola, mas não era ela considerada como o caminho ideal para o desenvolvimento do país. Voltaremos a este tema no capítulo sobre o Conselho de Estado.

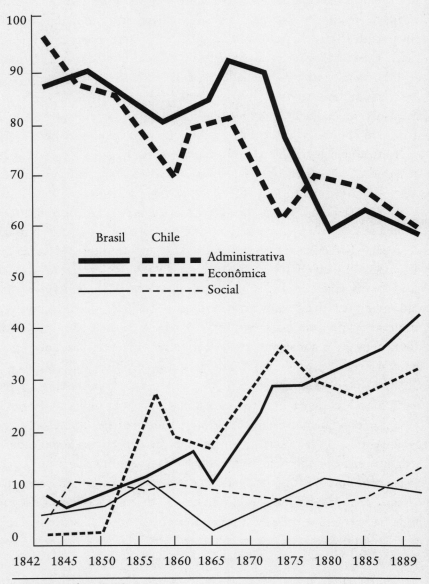

GRÁFICO 2
Despesas Administrativa, Econômica e Social,
Brasil e Chile, 1842-1889

Fonte: Ver quadros 18 e 19.

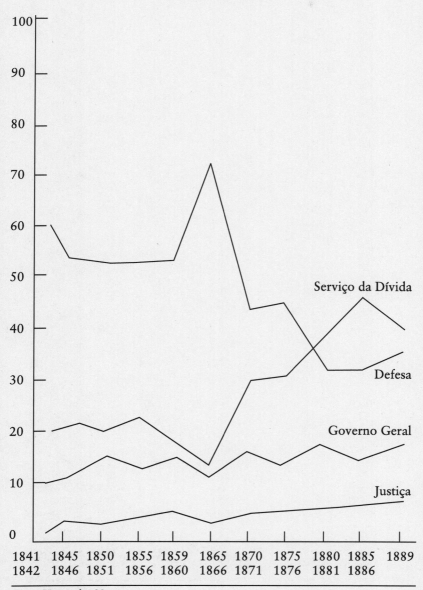

GRÁFICO 3
Porcentagem da Despesa Administrativa por Itens,
Brasil, 1841-1889

Fonte: Ver quadro 20.

GRÁFICO 4
Porcentagem da Despesa Econômica por Itens,
Brasil, 1841-1889

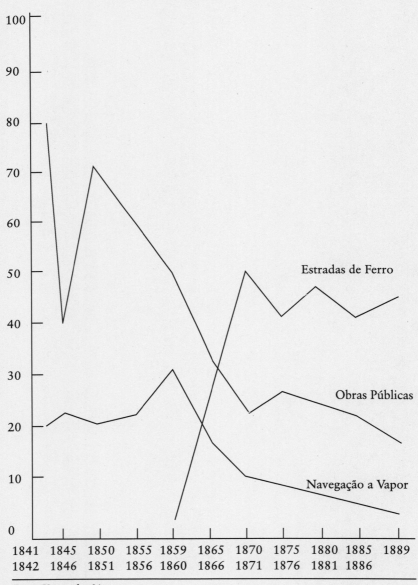

Fonte: Ver quadro 21.

GRÁFICO 5
Porcentagem de Despesa Social por Itens,
Brasil, 1841-1889

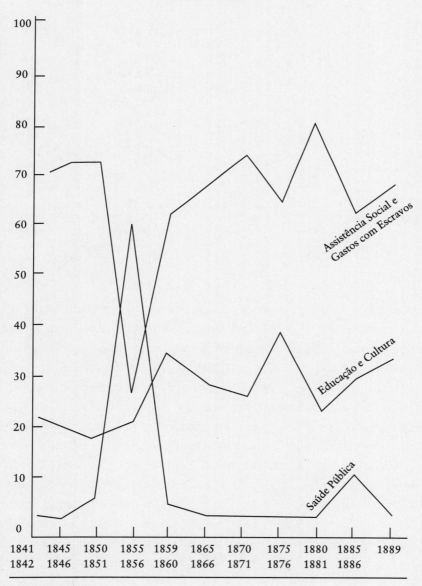

Fonte: Ver quadro 22.

QUADRO 6
Decretos Executivos por Conteúdo, 1840-1889 (%)[20]

	Períodos		
Conteúdo	1840-1849	1853-1871	1880-1889
Finanças	21,98	14,06	3,50
Exército/Marinha	35,16	6,34	2,02
Social	2,20	4,95	4,42
Justiça	14,28	38,02	9,58
Administração	24,18	19,60	14,00
Desenvolvimento			
Econômico	1,10	15,25	63,17
Agricultura	–	0,59	0,37
Relações			
Exteriores	1,10	1,19	2,94
Total	100,00	100,00	100,00
	(91)	(505)	(543)

Fonte: *Coleção de Leis do Império do Brasil*, anos indicados. Veja nota 20 e Apêndice 5 para explicações.

As despesas que chamamos de econômicas são basicamente despesas sociais de infra-estrutura. Há aí também evolução muito clara. Concentradas de início em obras públicas variadas (canais, pontes, drenagem, abastecimento de água etc.), passam, a partir da década de 1860, sobretudo após a encampação pelo governo central da Estrada de Ferro Pedro II em 1865, a ser dominadas por investimentos em estradas de ferro. Como tais, computamos os gastos com manutenção e expansão das estradas de propriedade do governo e com garantia de juros a estradas de propriedade particular, estrangeiras ou nacionais. O Império construiu entre 1854 e 1889 cerca de 10 mil km de estradas de ferro. O peso do incentivo do governo neste resultado foi muito grande. Em 1888, 70% do capital empregado em estradas de ferro ou era de propriedade do governo central (38%), ou contava com garantia de juros do mesmo governo (32%). Outros 15% eram garantidos pelos governos provinciais e apenas 15% não tinham garantia alguma. Das empresas particulares subsidiadas somente uma, a Santos-Jundiaí, de propriedade inglesa, deu algum retorno ao governo, pois teve lucros acima de 8%. A garantia era em geral de 7%. Caso os lucros fossem superiores a 8%, deveriam, por

TEATRO DE SOMBRAS

contrato, ser divididos com o governo. A baixa rentabilidade das estradas, sobretudo daquelas fora dos centros produtores de café, mostra que sem o incentivo do governo muito pouco teria sido feito. Para fornecer tal incentivo, o governo garantiu e depois assumiu totalmente o primeiro empréstimo externo destinado a promover atividade econômica. Trata-se do empréstimo de 1858 no valor de 1.435 mil libras esterlinas[21].

Item de despesa administrativa baixo era o de imigração e colonização. O apoio à imigração era uma das reivindicações mais constantes dos proprietários rurais desde que o fim do tráfico colocou o problema da substituição da mão-de-obra escrava. Os debates da lei de terras e da abolição giraram em torno deste tema. Os congressos agrícolas de 1878 também insistiram em que as necessidades básicas da agricultura eram capital e mão-de-obra. Sobretudo para os agricultores do sul do país o problema da mão-de-obra era premente. No entanto, os gastos com imigração foram modestos. Isolando-se este gasto, o que não foi feito no gráfico 4, tem-se que ele só chegou a atingir 1% da despesa global em 1870/71, aumento certamente devido à Lei do Ventre Livre. Nos anos que selecionamos, a barreira de 1% só é novamente vencida em 1875/76 e em 1889. Neste último ano a porcentagem atingiu seu ponto mais alto, 3,8%, de novo respondendo à lei de abolição da escravidão. É preciso, então, concluir que, em grande parte, as declarações constantes do governo sobre a imigração — era o tópico que mais aparecia nas Falas do Trono — não passavam de retórica com que se procurava acalmar os proprietários. Uma das razões para o pequeno gasto pode ter sido a oposição dos representantes do norte que achavam que tais medidas só beneficiavam os agricultores do sul e se prestavam a práticas especulativas[22].

Finalmente, temos o que chamamos de despesa social, que pode também ser classificada como investimento, como faz N. Leff[23]. Vê-se aí padrão diferente do dos outros dois itens. As despesas com caráter mais nítido de investimento social, as de educação, mantiveram-se mais ou menos constantes durante o período, apenas com ligeiro aumento. O governo central no Império cuidava apenas da educação superior, exceto na Corte, onde também se encarregava da educação primária e de algumas instituições de ensino secundário, como o Colégio Pedro II e a Escola Normal. A seu cargo estavam ainda algumas das poucas instituições de pesquisa e documentação da época, como o Imperial Observatório, o Museu Nacional, o Arquivo Público, a

Biblioteca Nacional, o Laboratório do Estado, o Jardim Botânico, a Academia Nacional de Belas-Artes. Apesar do interesse do imperador pela educação e pela ciência, os gastos nestas áreas foram muito modestos[24]. No que se refere à educação primária, embora fosse obrigação do Estado, definida como tal pela Constituição de 1824, pouco foi feito pelas províncias no sentido de difundi-la. O fato é particularmente grave por vigorar, ao mesmo tempo, a convicção de que a falta de educação era obstáculo sério à verdade das eleições. A eliminação dos analfabetos do direito do voto, levada a efeito em 1881, não teve como conseqüência esforço especial para promover a educação primária. Aos poderes provinciais e locais, na verdade, não interessava aumentar o número dos cidadãos esclarecidos. Salva-se em parte o governo central, pois, no que se refere à Corte, 50% da população era alfabetizada ao final do Império, número muito mais alto do que a média nacional, de 15% apenas.

Os gastos com saúde pública apresentam grandes variações. Explica-se o fenômeno por dependerem dos surtos de epidemias. O grande pico da curva está na década de 1850, quando surgiram as primeiras grandes epidemias de febre amarela e de cólera. Ao final do período, novamente voltaram as epidemias, exigindo gastos maiores do governo central. O gasto normal com saúde pública era absorvido pelo saneamento e assistência à saúde na Corte e pelas inspetorias de saúde dos portos. Está hoje amplamente estudado o problema de saneamento no Rio, muito agravado pela grande imigração do final do Império e começo da República. Ele só foi enfrentado com maior êxito no século XX, durante o governo de Rodrigues Alves. Disputas médicas e falta de recursos sempre bloquearam a ação do poder público nessa área.

Por fim, os gastos com assistência pública e previdência social apresentam variação irregular com algum crescimento. Estão incluídos aí quatro tipos de gastos: os de assistência pública na Corte (asilos, assistência à infância etc.); os gastos com socorros públicos, geralmente durante períodos de secas no Norte; pensões, montepios, aposentadorias; e gastos com a assistência a escravos e ex-escravos, sobretudo com a manumissão e assistência a ingênuos. A queda acentuada desses gastos no ano fiscal de 1855/56 deve ser atribuída a algum fator aleatório. A curva seria mais normal se tivéssemos trabalhado com médias qüinqüenais em vez de anos selecionados. O pique ao final tem a ver com a seca de 1878 que custou ao governo a enorme quantia de 70 mil contos. Os montepios e aposentadorias beneficiavam sobretudo os funcionários públicos. Os gastos com manumissão de escravos na verdade beneficiavam os proprietários. Não houve durante o Império, e muito menos durante a República, programa sistemático de assistência ao ex-escravo, apesar da insistência de vários líderes abolicionistas. O argumento de André Rebouças de que quem deveria ser indenizado após a abolição era o escravo e não seu ex-proprietário, embora justíssimo, não sensibilizou ninguém nas Câmaras e no governo.

O exame das despesas do governo central mostra assim preocupação em atender aos interesses agrários. Os grandes gastos de investimento, iniciados a partir da metade do século, tinham sempre relação direta ou indireta com a promoção desses interesses. Salientam-se a construção de estradas de ferro e as garantias de juros aos engenhos centrais. Investimentos sociais menos diretamente vinculados aos interesses agrários, como a educação, permaneceram em níveis baixos, apesar da retórica oficial que apontava sua importância para o desenvolvimento do país. Mas, como no caso da receita, há também no comportamento da despesa pontos intrigantes, como os pequenos gastos com imigração. De novo, somos alertados para a complexidade da lógica que regia a relação entre o governo e os proprietários.

Os orçamentos não esgotavam a capacidade do governo de punir e premiar pessoas e grupos sociais, embora, como mencionado, ele representasse no Império proporção muito maior desta capacidade do que nos dias de hoje. Cabe mencionar, embora sucintamente, alguns outros mecanismos, alertando que nos limitamos aqui a incentivos e punições materiais. O mecanismo mais importante fora do orçamento era a política de empréstimo à agricultura, feita em geral por meio do Banco do Brasil. Sem entrar em pormenores, pode-se dizer que a política de crédito rural foi causa de constante batalha entre governo, proprietários e banqueiros. Um exame dos congressos agrícolas de 1878 mostra que o problema da disponibilidade de capital era central para os agricultores, tanto do sul como do norte. Eram generalizadas as queixas contra o governo por sua incapacidade de prover o capital necessário. A acusação mais comum era que o governo, mediante a venda de títulos e apólices, enxugava o mercado e prejudicava o crédito à agricultura.

Como ficou claro nos próprios debates, a culpa era menos do governo do que da situação da agricultura. Os títulos do governo eram preferidos não porque pagassem melhor. Os bilhetes do tesouro pagavam 5% de juros e as apólices do governo 6%. Ora, segundo o depoimento de muitos, os juros para a agricultura estavam muito mais altos, chegando no Norte a 24%. No entanto, os investidores continuavam a preferir os títulos do governo. A razão não era mistério para ninguém: os empréstimos agrícolas não tinham garantias. A terra sem o escravo pouco valia como garantia de hipotecas, e o escravo, após a lei de 1871, passou a ser também garantia duvidosa. Além disso, a lei de hipoteca dificultava a execução da dívida por conter vários dispositivos que protegiam o devedor proprietário rural. Havia também a dificuldade adicional de que poucas propriedades estavam regularmente demarcadas e registradas para servirem de garantia confiável. Ficavam assim os proprietários sujeitos às altas taxas de juros dos empréstimos comerciais. Houve mesmo denúncias de que proprietários ricos tomavam dinheiro do Banco do Brasil a 6% de juros e emprestavam a 12%[25].

Os vários esforços do governo para criar bancos de crédito rural, inclusive usando recursos externos, não tiveram muito êxito. O Banco do Brasil era quase a única fonte disponível. Em relação ao Banco, as queixas eram grandes por parte dos proprietários do Norte que o acusavam de só atender os agricultores do sul. A queixa tinha fundamento. Dois anos após a Lei do Ventre Livre, em 1873, o Banco emprestou 25 mil contos aos agricultores do sul a juros de 6% e não dedicou nenhum recurso ao Norte. Um nortista chegou a dizer que o Banco era o maior inimigo das 16 províncias do norte e sugeriu a mudança da Corte para lugar mais neutro a fim de acabar com a proteção às províncias próximas a ela. No sul, a queixa mais comum era que somente os que tinham padrinhos fortes na praça do Rio conseguiam empréstimos, pois o Banco exigia fiadores, em geral grandes comerciantes[26].

O crédito agrícola só foi estendido generosamente aos proprietários após a abolição, por razões claramente políticas. Tanto o gabinete conservador de João Alfredo (1888-1889), que passou a lei de abolição, como o liberal de Ouro Preto (1889), abriram os cofres públicos tentando pacificar os proprietários atingidos pela abolição. Restabeleceu-se a pluralidade de bancos emissores e o governo contratou com vários bancos empréstimos agrícolas.

TEATRO DE SOMBRAS

João Alfredo assinou acordos com o Banco do Brasil para emprestar 15 mil contos às províncias do sul, e com o Banco da Bahia para emprestar três mil às províncias do norte. Ouro Preto expandiu enormemente o crédito, sentindo em perigo a causa monárquica. Fez acordos com 17 diferentes bancos no sentido de emprestarem um total de 172 mil contos (cerca de 94,6 milhões de dólares) aos agricultores de todo o país. Em ambos os casos, os juros eram de 6%, pagos aos bancos, não recebendo o tesouro nenhuma remuneração. Pelos acordos, metade das somas emprestadas deveria provir dos próprios bancos. Para financiar esses recursos, Ouro Preto lançou um empréstimo interno de 100 mil contos, a juros de 4% ao ano[27].

Boa parte dos recursos não chegou a ser aplicada, mesmo porque os bancos não liberavam a metade que lhes cabia, usando apenas dinheiro do governo. De qualquer maneira, as medidas, continuadas pela política republicana, também interessada em ganhar o apoio dos proprietários, levou ao conhecido fenômeno do encilhamento. O ponto que nos interessa ressaltar com referência a esta tentativa final de apaziguar os proprietários é a contradição em que vivia o governo imperial com relação a eles. Deles dependia para as rendas do Estado que, como vimos, se prendiam estreitamente ao comércio externo. Muitos dos investimentos favoráveis aos proprietários do setor exportador eram também importantes como fonte de renda para o governo. De outro lado, havia no governo espaço para influências e inspirações que não se vinculavam aos proprietários, ou que podiam aliar-se a um grupo de proprietários contra outro. A abolição sem indenização contrariou profundamente os interesses dos proprietários, especialmente os do sul do país, os do Rio de Janeiro à frente. O afã de apaziguá-los era conseqüência deste aborrecimento causado pela medida. A situação do país talvez até os convencesse, como convenceu a muitos, da necessidade da abolição. O que não aceitavam era a falta de indenização. Os empréstimos foram maneira indireta de tentar indenizar. Mas quebrava-se definitivamente a confiança dos proprietários na monarquia, quebra esta que tivera início com a Lei do Ventre Livre de 1871.

O exame das receitas e despesas do governo nos mostra, assim, um quadro de mudança de orientação do governo em busca de ação mais agressiva na direção do desenvolvimento econômico, afastando-se das tarefas já cumpridas de construir as bases do poder. Este esforço se faz fundamentalmente na direção de investimentos que maximizavam as vantagens da economia de exportação, sobretudo do café. O governo trabalhava, no entanto, sob vários constrangimentos. Em primeiro lugar, os limites de sua própria máquina burocrática, incapaz de criar condições que permitissem arrecadação mais eficiente dos impostos. Em segundo lugar, a ação dos grupos econômicos, sobretudo dos proprietários rurais, que reagiam à decretação de certos impostos, ou pressionavam no sentido de serem beneficiados na alocação de recursos. O governo aparece em parte cedendo a estas resistências e pressões, em parte tentando vencê-las ou simplesmente evadi-las pela retórica, pois estava preso à grande limitação da escassez de recursos que resultava dos constrangimentos anteriores[28]. Não foi casual que os investimentos se tivessem orientado para a construção de estradas de ferro e não para a imigração ou para a garantia de juros nos empréstimos agrícolas. Para a construção de estradas havia maior disponibilidade de recursos externos, via empréstimos ao governo ou via investimento direto de capitais, sobretudo ingleses. Durante todo o século XIX, o principal alvo dos investimentos ingleses na América Latina, após os empréstimos governamentais, foram as estradas de ferro. Em 1885, por exemplo, os investimentos em estradas de ferro representavam 65% de todos os investimentos, fora os empréstimos. E o Brasil foi o principal destinatário dos investimentos ingleses na América Latina até a metade da década de 1880[29]. No jogo entre governo e proprietários aparece assim um terceiro jogador cuja ação não pode ser desprezada.

NOTAS

1. Ver Stanley J. Stein, *Vassouras. A Brazilian Coffee County, 1850-1890*, p. 293.
2. Oliver Onodi, *A Inflação Brasileira (1820-1958)*, p. 25. Para Inglaterra e França, ver B. R. Mitchell, *European Historical Statistics 1750-1970*, p. 706-731. Para as despesas, cálculos em libras esterlinas constantes de 1880, feitos por Nathaniel Leff, indicam crescimento de 16 vezes entre 1823/31 e 1882/91. Ver Nathaniel H. Leff, *Underdevelopment and Development in Brazil*, vol. II: *Reassessing the Obstacles to Economic Development*, 106.

TEATRO DE SOMBRAS

3. Ver A *construção da ordem*.

4. Sobre o federalismo americano, ver Harry H. Scheiber, "Centralization of Power and Development of the American Federal System", *Czasopismo Prawno-Historyczne*, XXXII — Zeszyt 1 (1980), p. 155-183. A centralização brasileira era maior que a mexicana. Nesse país, em 1900, as receitas se dividiam entre os vários níveis de governo da seguinte maneira: federal 63,0%, estadual 24,1%, local 12,9%. Ver James W. Wilkie, *The Mexican Revolution: Federal Expenditures and Social Change since 1910*, p. 3.

5. O México não fugia muito do mesmo padrão. Na segunda metade do século, a proporção da receita derivada do comércio externo girava em torno de 60% do total.

6. Para lista das várias tarifas alfandegárias decretadas durante o Império, ver F. T. de Sousa Reis, "Indústria Manufatureira", em *Dicionário Histórico, Geográfico e Etnográfico do Brasil*, vol. I, p. 520-533.

7. Para o caso americano, ver Margaret G. Myers, *A Financial History of the United States*, p. 56-57, 135, 235-242.

8. Ver Amaro Cavalcanti, *Resenha Financeira do Ex-Império do Brasil em 1889*, p. 289.

9. Os debates sobre tributação no Conselho de Estado deram-se principalmente em 26 de abril de 1867, quando foi necessário aumentar os impostos para fazer face às despesas da guerra. Ver Senado Federal, *Atas do Conselho de Estado*, vol. 6, p. 270-316. Ver também as discussões de 22 de novembro de 1855, quando houve tentativa de reduzir os impostos de exportação, vol. 4, p. 297-332. A redução dos direitos sobre exportação foi discutida na sessão de 13 de março de 1875, vol. 9, p. 212-234. Os debates do congresso agrícola do norte, em 1878, estão em *Trabalhos do Congresso Agrícola do Recife em outubro de 1878*.

10. As discussões sobre o imposto de renda no Conselho de Estado estão na sessão de 7 de agosto de 1883, *Atas* vol. 11, 148-232. No debate de 1867, mencionado na nota anterior, o conselheiro Paranhos lembrou que na França e na Inglaterra o imposto sobre o salário do trabalhador era chamado de *taxe à sédition*. Sobre a implantação do livre mercado na Inglaterra, ver Donald N. McCloskey, "Magnanimous Albion; Free Trade and British National Income, 1841-1881", *Explorations in Economic History*, 17, 3 (July 1980), p. 303-320.

11. As rendas eram divididas em externas, internas e extraordinárias. Estas últimas não são aqui analisadas pois representam parcela pequena do total. Incluíam loterias, receitas eventuais, depósitos etc. Os impostos sobre indústrias e profissões e sobre transmissão de propriedade foram criados em 1867. Mas, como eram reunião de vários impostos anteriores, adicionamos os últimos para obter seu valor em anos anteriores. O *Relatório* do ministro da Fazenda de 1879 adotou este procedimento para obter o valor destes dois impostos para 1865/66.

12. Ver Margaret G. Myers, *A Financial History*, p. 65-66, 140-143. O imposto de renda causou problemas mesmo nos Estados Unidos. Introduzido pelo governo federal em 1861, provocou reação popular e encontrou dificuldades de arrecadação. Foi interrompido em 1872.

13. Ver B. R. Mitchell, *European Historical Statistics*, p. 706-731.

14. Ver a sessão de 7 de agosto de 1883 do Conselho de Estado, já mencionada. O conselheiro José Bento da Cunha Figueiredo foi quem mencionou os calafrios que o imposto causaria. *Atas*, vol. 11, p. 148-232.

15. As duas afirmações estão na sessão de 26 de abril de 1867 do Conselho de Estado, *Atas*, p. 270-316.

16. Ver Nathaniel H. Leff, *Underdevelopment and Development*, p. 119-121.

17. Ver dados em Liberato de Castro Carreira, *História Financeira e Orçamentária do Império do Brasil*, tomo II, p. 663-665, 705-720. Segundo cálculos do autor, a dívida brasileira seria de 54 mil-réis per capita, número próximo do dos Estados Unidos e muito mais baixo que os da França e Inglaterra. Este cálculo está nas p. 664-665.

18. A classificação que usamos inspirou-se originalmente no livro de James W. Wilkie, *The Mexican Revolution*. A existência de trabalho que utilizava a mesma classificação para o Chile também ajudou na decisão. Ver Judson M. DeCew, "The Chilean Budget: 1833-1914", texto mimeografado, 1969. Agradeço ao autor o acesso a este trabalho. A classificação de O'Connor, inspirada em categorias marxistas, está em James O'Connor, *The Fiscal Crisis of the State*. Todos os trabalhos que conheço sobre os orçamentos imperiais usam a classificação de despesas por ministérios, que é menos rica analiticamente. Ver, por exemplo, Luís Aureliano Gama de Andrade, "Dez Anos de Orçamento Imperial (1867-1877)", *Revista Brasileira de Estudos Políticos*, 31 (1971), p. 181-206.

19. Ver Fernando Uricoechea, *O Minotauro Imperial*, p. 87. As despesas com as forças armadas caem muito menos no Chile do que no Brasil. De 32% no início do período, descem para 24% ao final, com natural aumento durante a Guerra do Pacífico.

TEATRO DE SOMBRAS

20. O quadro não inclui os decretos chamados legislativos, que eram atos do poder Executivo implementando decisões do Legislativo. Foram computados todos os decretos executivos dos seis primeiros meses dos seguintes gabinetes: 1840 (primeiro do Segundo Reinado), 1841, 1848 (Paula Sousa), 1848 (A. Lima), 1853 (Paraná), 1864 (Furtado), 1866 (Zacarias), 1868 (Itaboraí), 1871 (Rio Branco), 1880 (Sinimbu), 1885 (Saraiva), 1888 (João Alfredo), 1889 (Ouro Preto). Ao todo, seis ministérios liberais e sete conservadores.

21. Sobre as estradas de ferro, ver Castro Carreira, *História Financeira*, tomo II, p. 777-883.

22. Ver *Trabalhos do Congresso Agrícola*, sobretudo discurso de Antônio Coelho Rodrigues, 79-94. Coelho Rodrigues disse que a colonização se tornara o negócio mais lucrativo e talvez o mais criminoso da Corte. Se a lavoura do sul, acrescentou, insiste na colonização estrangeira, que o faça, mas sem que o ônus pese também sobre a do norte.

23. *Underdevelopment and Development*, p. 107.

24. Exemplo quase dramático do esforço do imperador para promover a educação superior contra a má vontade dos políticos é a história da Escola de Minas de Ouro Preto. Ver sobre o assunto José Murilo de Carvalho, *A Escola de Minas de Ouro Preto: O Peso da Glória*.

25. Ver *Congresso Agrícola. Coleção de Documentos*, sobretudo a intervenção de José Caetano de Moraes e Castro, p. 134. Os proprietários mais ricos do Rio de Janeiro eram alvo de críticas severas. Segundo o paulista José Justiniano da Silva, os fazendeiros-capitalistas do Rio "não querem saber senão de apólices" e se deixam ficar na ociosidade. *Ibidem*, p. 169-170. A dificuldade de crédito hipotecário foi afirmada com brutal franqueza por Francisco de Paula Tavares: "Não há com a propriedade escrava possibilidade de crédito agrícola." *Ibidem*, p. 152.

26. Ver *Trabalhos do Congresso Agrícola*, p. 181-195, e *Congresso Agrícola*, p. 134.

27. Castro Carreira, *História Financeira*, tomo II, p. 670-697.

28. Apreciação geral da ação do Estado no que se refere ao desenvolvimento econômico, incluindo a Primeira República, está em Steven Topik, "The State's Contribution to the Development of Brazil's Internal Economy, 1850-1930", *Hispanic American Historical Review*, 65, 2 (1985), p. 203-228.

29. Ver D. C. M. Platt, *Latin America and British Trade, 1806-1914*, p. 288-289. Sobre a influência econômica inglesa no Brasil no século XIX, ver Richard Graham, *Britain and the Onset of Modernization in Brazil, 1850-1914*.

CAPÍTULO 2　A política da abolição:
o rei contra os barões

A abolição, entendida como o conjunto de políticas públicas que aos poucos levou à extinção da escravidão, constitui ponto privilegiado para explorar as relações entre o governo, isto é, o rei e seus burocratas, e a classe dos proprietários rurais. A razão disto é óbvia: o escravo era, até pelo menos a Lei do Ventre Livre, a mão-de-obra quase exclusiva da grande lavoura de exportação que, por sua vez, era a geradora das principais receitas do Estado. A escravidão permeava também a agricultura para o mercado interno, sem falar de sua disseminação no meio urbano onde freqüentemente constituía fonte de subsistência para boa parte da população. Sua importância principal, no entanto, era para a grande lavoura, e foi esta que mais reagiu às tentativas de extingui-la. É o exame deste conflito que nos interessa aqui. E ele nos interessa como revelador da natureza do pacto que sustentava o sistema político imperial. Em nenhum outro momento, em nenhum outro tema, ficou mais clara a oposição entre as motivações e os interesses do pólo burocrático do poder e os interesses do pólo social e econômico deste mesmo poder. Se, na expressão muitas vezes usada na época, a escravidão era o cancro que corroía a sociedade, ela era também o princípio que minava por dentro as bases do Estado imperial, e que, ao final, acabou por destruí-lo.

Não vamos acompanhar de perto todos os passos do processo que levou à abolição[1]. Vamos concentrar a atenção sobre os momentos mais significativos para retirar deles os elementos relevantes para o entendimento do jogo político nacional.

A luta contra o tráfico teve início em 1807, quando a Inglaterra o proibiu a seus súditos e encetou a longa campanha para eliminá-lo em outros países, sobretudo nos mais vulneráveis a suas pressões. São conhecidos os tratados arrancados a Portugal em 1810, 1815 e 1817, que progressivamente limitavam a legalidade do comércio escravo e aumentavam a margem de ação da marinha britânica. O Brasil nasceu sob essa pressão, pois a Inglaterra exigia o fim do tráfico como condição do reconhecimento diplomático da independência. Foi forçado a assinar o tratado de 1826 pelo qual o tráfico era considerado pirataria três anos após a ratificação (que se deu em 1827) e que também o obrigava a aceitar os termos dos tratados de 1815 e 1817. O preço inglês incluía ainda o tratado comercial, assinado em 1827, negociado conjuntamente com o do tráfico.

Até 1830, o governo apenas resistiu às pressões, convencido da inviabilidade política de qualquer ação efetiva para extinguir o tráfico. Até mesmo um político abertamente contrário à escravidão, como José Bonifácio, recusara a exigência feita por Canning de abolição imediata do tráfico. Para José Bonifácio, o custo de tal medida seria mais alto do que o de sua rejeição e redundaria num autêntico suicídio político[2]. O grau de convicção geral sobre a força do sistema escravista pode ser medido pelo fato de que o governo rebelde de 1817, em Pernambuco, propôs apenas emancipação "lenta, regular e legal", reconhecendo como sagrados, embora conflitantes com o ideal de justiça, os direitos dos proprietários de escravos. Durante o período regencial, se excetuarmos a revolta dos malês, nenhuma das rebeliões que explodiram, algumas com grande participação de escravos, reivindicou a abolição, nem mesmo a Cabanagem que eclodiu em província cuja população escrava representava parcela mínima da população total.

Em 1831, um ano após o convencionado pelo tratado de 1826, o governo decidiu finalmente passar uma lei antitráfico, pela qual o comércio negreiro se tornava pirataria e como tal seria combatido. No entanto, a seqüência dos acontecimentos mostrou que a lei era literalmente para inglês ver, pois não foram tomadas medidas concretas para implementá-la. Houve, de fato, nos anos imediatamente posteriores, redução na entrada de escravos, mas a redução, bem como em parte a própria passagem da lei, pode ser atribuída antes ao grande aumento na importação de escravos que se seguiu ao tratado de 1826. Segundo Bethell, o comércio tanto legal (feito ao sul do Equador) como ilegal (feito ao norte do Equador) mais que duplicou nos três anos que precederam a lei, tendo entrado no país em torno de 175.000 escravos, a grande maioria no Rio de Janeiro, o que ocasionou uma queda de 50% nos preços entre 1830 e 1831[3].

TEATRO DE SOMBRAS

Esse grande influxo, aliado às turbulências regenciais, causou as primeiras preocupações com o equilíbrio racial da população e com o perigo de uma guerra de raças ou, como se dizia, com o haitianismo. A revolta escrava de 1835 na Bahia gerou grandes receios de uma réplica no Rio de Janeiro, e tornou-se forte argumento dos partidários do fim do tráfico. Evaristo da Veiga, o mais respeitado liberal da época, disse em 1835 que o tráfico acumulava escravos como se acumulam "barris de pólvora todos os dias ajuntados à mina", e pediu seu fim e a expulsão do país dos libertos perigosos[4]. Nada foi feito, no entanto. O *Relatório* do ministro da Justiça de 1835 reconhecia que a lei de 1831 e os tratados estavam sendo iludidos e relegados a completo desprezo. O próprio sucessor de Evaristo na direção da *Aurora Fluminense* reconhecia em 1838 que existia um "preconceito favorável à introdução da escravatura no Brasil". Sem a eliminação desse preconceito, a lei permaneceria letra morta, pois o traficante estava certo da impunidade uma vez que com ele pactuavam todos, inclusive a Justiça[5].

A retomada e o recrudescimento da pressão inglesa, sobretudo a partir de 1839, aumentaram a revolta da população sem quebrar a resistência do governo. Como na década de 20, misturavam-se as preocupações com os dois tratados, o comercial e o antitráfico. Segundo a interpretação brasileira, o tratado comercial de 1827 terminava em 1842, mas a Inglaterra se julgava no direito de prorrogá-lo até 1844, e procurava assinar novo tratado que lhe desse vantagens semelhantes. Como pressão, multiplicou as apreensões de navios brasileiros e portugueses entre 1839 e 1842, provocando grande irritação que se manifestava em incidentes de rua e na imprensa. A população de Campos chegou a prender um oficial da Marinha inglesa e ferir um marinheiro. O jornal ministerial *O Brasil*, de Justiniano José da Rocha, desenvolveu campanha virulenta contra a assinatura de novo tratado e contra a ação inglesa antitráfico. O jornal defendia o fim do tratado em 1842, acusava a Inglaterra de ter reduzido o Brasil à condição de país agrícola por ter matado sua indústria e apoiava a continuação do tráfico como mal necessário para sustentar a agricultura, embora reconhecendo que quem mais dele se beneficiava não eram os fazendeiros, mas os traficantes. Mas, sem estes, a produção teria cessado e ficariam desertos a alfândega e o consulado da Corte que "formam por si sós o império do Brasil". Segundo *O Brasil*, era unânime na imprensa a oposição a novo tratado. E acrescentava o jornal: "Se há hoje no país idéia vulgarizada e eminentemente popular, é a de que a Inglaterra é a nossa mais cavilosa e mais pertinaz inimiga"[6].

As poucas vozes discordantes vinham de liberais como Antônio Rebouças e Montezuma. O primeiro discursou na Câmara defendendo a Inglaterra a quem, segundo ele, tudo devíamos. Montezuma foi apontado pelo *Sun* de Londres como autor de artigos antibrasileiros enviados ao *Morning Herald*, também de Londres.

Quanto ao governo, a entrada de Honório Hermeto no Ministério dos Negócios Estrangeiros em janeiro de 1843 aumentou a resistência a novo tratado e provocou a retirada do representante inglês. O *Relatório* do Ministério da Justiça de 1843 — apresentado por Paulino José Soares de Souza, que era pessoalmente favorável ao fim do tráfico — dizia que este continuava apesar dos esforços do governo, pois a convicção de que a falta de braços traria "a ruína total da nossa agricultura" gerava simpatias e impunidade para os traficantes[7].

A subida dos liberais no início de 1844 não modificou radicalmente a situação. Embora de modo geral mais favoráveis à negociação com a Inglaterra, a oposição a novo tratado e o receio de acusações de submissão à pressão externa, habilmente explorado pelos traficantes, continuaram bloqueando os entendimentos até que sobreveio o *Aberdeen Act* de 1845, quando já tinham expirado os tratados de 1826 e 1827. Consultado, o Conselho de Estado em sua maioria opinou pelo protesto contra o *Act* e pela negociação de nova convenção. Uma minoria, no entanto, composta pelo liberal Paula Souza e pelo conservador Vasconcelos, votou pelo protesto puro e simples e pela recusa de negociar sob pressão. Paula Souza foi ao ponto de propor, romanticamente, represálias comerciais, pois achava que a Inglaterra não iria à guerra com o Brasil por ter aqui muitos interesses comerciais e pelas ligações do imperador com poderosas dinastias da Europa. Paula Souza e Vasconcelos estavam em posições opostas quanto ao tráfico, o primeiro favorável a seu término, o segundo contra, mas a questão da soberania nacional os reunira no mesmo campo[8]. Somente em 1848 os liberais reviveram um projeto de 1837 que admitia a presença de indícios exigida pelos ingleses. O projeto foi aprovado na Câmara em segunda discussão, mas enfraquecia a versão de 1837 ao reverter ao júri popular o julgamento dos traficantes. Os deputados também não conseguiram definir-se quanto ao artigo que revogava a lei de 1831. Os liberais deixaram o poder antes da aprovação final do projeto.

TEATRO DE SOMBRAS

A subida dos conservadores em fins de setembro de 1848 levou à precipitação dos acontecimentos, devida a fatores que variavam de acordo com a versão que se adote, se a dos conservadores brasileiros e da oposição inglesa, se a dos liberais brasileiros e do governo inglês. Parece claro, no entanto, que desde o início de 1849 o governo conservador começou a pensar seriamente numa lei brasileira, em oposição a novo tratado, como solução para o problema do tráfico. A exposição de motivos de Euzébio de Queiroz aos colegas do Ministério, feita em 1849, já indicava as principais características que teria a lei de 1850, quais sejam a manutenção da lei de 1831 e o julgamento dos traficantes por juízes de direito e o dos compradores pelo júri. Ao mesmo tempo, solucionados seus problemas com Rosas, a Inglaterra deslocou em 1849 vários navios para as costas brasileiras a fim de empregá-los no combate ao tráfico. A ação inglesa, embora enfrentando oposição na própria Inglaterra, atingiu o auge em junho de 1850, quando o almirante Reynolds, com o apoio de Palmerston e do representante Hudson, passou a invadir portos brasileiros e neles apreender e afundar navios nacionais, repetindo as ações de 1841-42, e despertando a indignação popular e as críticas dos liberais aos conservadores pela incapacidade destes de evitar violações da soberania nacional[9].

A ação inglesa precipitou a decisão do governo. O Conselho de Estado foi ouvido em 11 de julho de 1850. Dizia o governo, ao justificar a consulta, que a posição do Brasil era muito perigosa. O estado de coisas, acrescentava, "tira a força moral ao governo, paralisa o nosso comércio, influi sobre as rendas públicas, e agrava terrivelmente as complicações dos nossos negócios no Rio da Prata". Foram apresentados aos conselheiros 13 quesitos, sendo o mais importante o de número nove que dizia: "É possível reprimi-lo [ao tráfico], ou pelo menos, o escândalo com que se faz?". Explicava-se ainda que o governo inglês, segundo manifestações de Palmerston, estava disposto a continuar as violências até que o Brasil aceitasse um tratado semelhante ao que fora aceito por Portugal em 1842. A opinião de quase todos os conselheiros foi de que o Brasil não tinha condições morais e materiais de resistir à Inglaterra e devia negociar novo tratado; achavam eles, além disso, que as circunstâncias já tornavam possível reprimir o tráfico ou, pelo menos, reduzi-lo substancialmente, eliminando o escândalo de que falava o quesito. Destoou em parte novamente Paula Souza, dizendo não aceitar ação sob pressão.

Chegou a admitir o rompimento de relações com a Inglaterra e o pedido de mediação dos Estados Unidos ou da Rússia. Outro a discordar foi o conservador Honório Hermeto (Vasconcelos certamente discordaria também, mas acabara de morrer), que deu a posição do gabinete. Segundo ele, não se devia negociar no momento porque a Inglaterra poderia aproveitar-se para exigir também um tratado comercial. Antes de negociar, continuou, era preciso reprimir o tráfico, que poderia ser "completamente aniquilado, se o governo, munido de medidas legislativas que são precisas, se mostrar firme e inexorável na repressão olhando somente o futuro, e esquecendo o passado"[10].

Já no dia seguinte (12 de julho) o governo apresentou o projeto à Câmara, que contava apenas com um deputado liberal. Aproveitava, como já prometera Euzébio, os projetos de 1837 e 1848, porque já aprovados no Senado (o de 1837) e na câmara em segunda discussão (o de 1848). Modificava o de 1837 ao manter a lei de 1831 e o de 1848 ao restabelecer o dispositivo de 1837 que dava aos juízes de direito, como auditores da Marinha, a atribuição de julgar os traficantes. Discutido em sessões secretas, o projeto foi aprovado na Câmara cinco dias depois (17 de julho) e remetido ao Senado para votação das emendas. Foi aprovado no Senado a 13 de agosto e se tornou lei a 4 de setembro, com regulamentação em outubro e novembro do mesmo ano.

Em contraste com o que sucedera em 1831, a nova lei foi logo implementada. O governo passou a colaborar com a ação inglesa (Hudson e Reynolds tinham concordado, a pedido de Paulino de Souza, em suspender as agressões dentro dos portos, a fim de facilitar a passagem da lei). De acordo com a tática de Euzébio, os compradores de escravos (fazendeiros) seriam julgados pelo júri, como previsto na lei de 1831, o que significava, na prática, anistiá-los e quase legalizar a propriedade dos escravos importados desde aquela data. Mas a ação foi severa em relação aos traficantes, tanto em alto-mar como no desembarque. Seriam julgados pela auditoria da Marinha, com recurso para o Conselho de Estado. Vários deles foram presos e alguns, quase todos portugueses, como o famoso Joaquim Pinto da Fonseca, foram deportados. Os presidentes de províncias e chefes de polícia foram envolvidos na ação repressiva. A luta prolongou-se até 1855 quando houve, em Pernambuco, a última tentativa de desembarque de escravos, severamente reprimida pelo governo. Já em 1851 tinham sido desembarcados apenas 3.278 escravos.

TEATRO DE SOMBRAS

A discussão posterior à passagem da lei e à efetiva eliminação do tráfico traz elementos importantes para analisar a natureza da decisão e o jogo de poder nela envolvido. O governo inglês, com Palmerston à frente, secundado pelo prepotente e arrogante Hudson, chamou a si todo o mérito da decisão, alegando que só pela pressão de seus navios tinha sido o governo brasileiro levado a tomar medidas efetivas. Hudson disse, inclusive, que as modificações no projeto de 1848 tinham sido por ele sugeridas em 1850, quando, na verdade, já constavam do memorando de Euzébio em 1849. O encarregado de negócios inglês não acreditava em ação do governo brasileiro e tratava com desprezo os políticos imperiais. Chegara a dizer que "Courage, whether animal, or moral, is not a Brazilian virtue", no que refletia as idéias de Palmerston, segundo as quais povos semicivilizados só entendiam o argumento do porrete, o *argumentum baculinum*[11]. Com esta versão concordavam em parte os liberais brasileiros, frustrados por terem os conservadores posto em prática uma política que, embora sem ter apoio de todos os membros do Partido, era uma política liberal e tinha constado do programa de seu último gabinete. O jornal da oposição liberal, *Correio Mercantil*, sintomaticamente subsidiado pela legação britânica, exaltou a ação da Inglaterra, considerando-a legítima, por sempre proteger a causa de nosso "progresso e civilização". Os louros da vitória, segundo o *Correio*, deveriam ser repartidos com a Inglaterra, cabendo aos conservadores a crítica de não terem agido mais eficientemente no sentido de proteger a dignidade nacional[12].

A versão conservadora dos acontecimentos foi dada de maneira completa no discurso de Euzébio de Queiroz na Câmara, em 16 de julho de 1852. O discurso foi provocado exatamente pela liberação pelo governo inglês da correspondência diplomática relativa ao caso, que o *Correio Mercantil* reproduzira, e na qual naturalmente aparecia a versão britânica. Foi ouvido "em profundo silêncio" e as congratulações ao final levaram o taquígrafo a comentar: "Não nos recordamos de ter presenciado na Câmara tão geral manifestação de sentimento". Carregando as cores para seu lado, Euzébio tentou mostrar que a intervenção inglesa, como em 1826 e 1845, só fizera aumentar o tráfico. E demonstrou de maneira bastante convincente que o Ministério de 29 de setembro de 1848 decidira acabar com o tráfico antes da ação inglesa de julho de 1850. Hudson e Palmerston atribuíam-se todo o mérito para não concordar com seus adversários na Inglaterra que há muito lhes criticavam os métodos. Segundo Euzébio, Hudson aumentara as violências quando soubera que o governo estava decidido a agir. Nesse sentido, a pressão inglesa teria, na verdade, apenas dificultado a ação do governo ao despertar reações nacionalistas a favor do tráfico[13]. Com a versão conservadora concordavam os opositores de Palmerston, especialmente a Anti-Slavery Society, criada em 1839, e os *free-traders* radicais. Em 1849 eles tinham tentado derrubar o Aberdeen Act na Câmara dos Comuns e renovaram o ataque em março de 1850, obrigando o governo de Russel a fazer da matéria uma questão de confiança para não ser derrotado. Grande parte da imprensa inglesa também se mostrava crítica em relação à eficácia e conveniência da repressão como estava sendo feita[14].

Misturavam-se na controvérsia argumentos econômicos e políticos. No Brasil os liberais não podiam fugir à crítica dos conservadores de que, embora se dissessem contra o tráfico, nada tinham feito para terminá-lo quando no poder. Como disse Paulino na Câmara, os conservadores não tinham que defender-se por ter o país sofrido a intervenção inglesa em 1850, pois já há 20 anos o governo brasileiro, liberal ou conservador, vinha sabotando o cumprimento do tratado de 1826. "A respeito destes 20 anos que encheram esse cálice de amargura que fomos obrigados a beber gota a gota" é que, disse ele, todos tinham que justificar-se. E continuou: "Qual dentre nós não teve relações com um ou outro envolvido no tráfico em épocas em que não era estigmatizado pela opinião?"[15]. Euzébio, em seu já citado discurso, falou na "lei da necessidade" à qual os homens públicos tiveram que se curvar, liberais ou conservadores. De fato, até 1850 não houve no Brasil qualquer corrente de opinião de alguma importância que fosse abertamente contra o tráfico. Quase todos os políticos reconheciam a obrigação moral e legal de terminá-lo, mas temiam as conseqüências econômicas da medida. Além disso, a pressão inglesa fazia com que o sentimento nacionalista favorecesse os traficantes, tendo havido vários casos de intervenção popular em sua defesa contra oficiais e marinheiros ingleses, tanto em 1842 como em 1850. Ficava então o governo entre a cruz da violência e da pressão moral de um país estrangeiro e a espada do sentimento nacionalista, da força dos traficantes e dos interesses dos donos de escravos. Suas dificuldades foram reconhecidas por importantes testemunhas que depuseram perante a Câmara dos Lordes. Lorde Howden, por exemplo, que fora representante britânico no Brasil, disse que não

TEATRO DE SOMBRAS

acreditava que o governo brasileiro se pudesse sustentar se extinguisse o tráfico, a não ser que grande alteração se desse na opinião pública do país. O comodoro Hotham, que comandara a esquadra da Costa da África de 1846 a 1849, achava que o tráfico era fundamental para o Brasil e se o governo o abolisse faria erguer-se a bandeira republicana em Pernambuco e na Bahia. Ambos, por sinal, não acreditavam também na possibilidade de acabar com o tráfico somente pela ação da esquadra inglesa[16].

Certamente a situação de 1850 era diferente da de 1842 e Euzébio deixou isto bem claro em seu discurso, ao dizer que o grande aumento na importação de escravos após o *Aberdeen Act* chegara ao ponto de gerar receios sobre os "perigos gravíssimos" do desequilíbrio entre o número de livres e o de escravos. Além disto, acrescentou ele, o grande número de mortes entre escravos recém-importados e os altos juros cobrados tinham resultado em que "a nossa propriedade territorial ia passando das mãos dos agricultores para os especuladores e traficantes", produzindo uma "revolução nas idéias, na opinião pública do país". Embora seja duvidoso que tenha havido tal revolução, houve certamente uma folga e talvez mesmo um excesso momentâneo na oferta de escravos, tal como acontecera em 1831. São conhecidas as estatísticas, mas não é demais repeti-las (quadro 7).

QUADRO 7
Importação de Escravos, 1840-1853

Ano	Número	Ano	Número	Ano	Número
1840	20.796	1844	22.849	1848	60.000
1841	13.804	1845	19.453	1849	54.061
1842	17.435	1846	50.324	1850	22.856
1843	19.095	1847	56.172	1851	3.287
–	–	–	–	1852	800
				1853	–

Fonte: Foreign Office, memorando de 4 de agosto de 1864, citado por Leslie Bethell, *The Abolition of the Brazilian Slave Trade*, p. 388-393.

Não há dúvida de que, como em 1831, a abundância facilitou a decisão. E, embora não haja notícias de revoltas escravas por essa época, o fato de a cidade do Rio de Janeiro contar com 41% de escravos em 1849 era certamente motivo para apreensões. Mas nada impedia que o tráfico fosse reativado como o foi em 1831 e como era receio do governo inglês. O próprio ministro da Justiça disse no Relatório de 1855 que não se podia confiar ainda na completa extinção do "bárbaro comércio". Incentivos de lucro não faltariam. De acordo com Stanley Stein, o preço dos escravos quase dobrou entre 1852 e 1854 em Vassouras, numa indicação de que a cafeicultura rapidamente absorvera o excesso de entradas[17]. O fato de não ter sido retomado o tráfico certamente se deveu à ação do governo, pois não faltaram tentativas. Para esta ação foi fundamental a vontade e também o poder. E o poder tinha sido acumulado pelas reformas centralizadoras de 1840 e 1841, sobretudo pela criação dos chefes de polícia e respectivos delegados, pelo fortalecimento dos juízes de direito e pelo maior controle sobre as autoridades provinciais. Ainda em 1850, no mesmo mês de setembro, outra lei centralizadora foi aprovada colocando a nomeação de toda a oficialidade da Guarda Nacional nas mãos do ministro da Justiça.

Ironicamente, foi o odiado regresso conservador que tornou possível executar a política liberal de extinguir o comércio negreiro. A luta durou cinco anos. Sua natureza pode ser ilustrada pela ação de João Maurício Wanderley, futuro barão de Cotegipe, e de Nabuco de Araújo. Wanderley era chefe de polícia na Bahia em 1850, além de conservador e senhor de engenho. Com o apoio de Euzébio, ministro da Justiça, lutou quase sozinho contra os traficantes, contra a resistência dos proprietários, da população e da própria Relação da Bahia. Dirigiu pessoalmente expedições para prender traficantes, confiscar escravos contrabandeados e processar proprietários. Euzébio foi ao ponto de demitir desembargadores da Relação da Bahia por não terem confirmado sentenças condenatórias passadas pela auditoria da Marinha. Nabuco de Araújo, ministro da Justiça de 1853 e 1857, foi ainda mais longe, estendendo ao interior a jurisdição dos juízes de direito. Quando de uma das últimas tentativas de desembarque de escravos, feita em 1855 em Serinhaém, sua reação foi rápida e enérgica. Substituiu o presidente da província por outro mais decidido e ordenou que traficantes e compradores fossem punidos. Vários poderosos senhores de engenho estavam envolvidos. Mandou revistar suas terras e processá-los, demitindo e aposentando três desembargadores quando a Relação de Recife absolveu alguns deles. Por isto incorreu no ódio dos líderes políticos da província, entre os quais se achavam os Cavalcanti, parentes de sua mulher[18].

A ação do governo em 1850 balizava-se, então, por algumas premissas claras. Em primeiro lugar, não se fazia defesa moral do tráfico ou da escravidão. Reconhecia-se a imoralidade do fato e a obrigação do país, contraída por convenção internacional, em terminar com o tráfico. Em segundo lugar, desde 1842, quando foi proposta a lei de terras e colonização pelo Conselho de Estado, havia a convicção de que mais cedo ou mais tarde o tráfico iria ser extinto, dada a pressão internacional e o fato de que só o Brasil e Cuba ainda o sustentavam. Em terceiro lugar, reconhecia-se que a Inglaterra estava disposta a continuar a pressão e que medidas drásticas, como o bloqueio do porto do Rio de Janeiro, poderiam ter conseqüências sérias para a soberania e a economia do país. Em quarto lugar, havia a convicção de que a escravidão ainda seria por muito tempo crucial para a saúde da grande lavoura e de que o fim do tráfico, além de contar com a aberta oposição dos traficantes, que eram influentes capitalistas no Rio de Janeiro, constituiria, a médio prazo, ameaça para os proprietários se não fosse acompanhado pela reconhecidamente problemática importação de imigrantes europeus. Como dado de conjuntura, que certamente afetou a rapidez da decisão, havia a previsão de guerra próxima contra a Argentina: o país não poderia enfrentar ao mesmo tempo a pressão inglesa e o mais bem treinado e mais numeroso exército platino[19].

A alegação das desvantagens econômicas da escravidão, e portanto do tráfico, só era feita na retórica, sobretudo pelos partidários teóricos do liberalismo econômico, reunidos na Sociedade Auxiliadora da Indústria Nacional. Nas páginas do Auxiliador da Indústria Nacional (AIN), tentavam eles mostrar que tinha havido aumento de produção de açúcar nas Índias Ocidentais depois que a Inglaterra abolira a escravidão em 1838; que poderia haver cultivo de café com trabalhadores livres; que o trabalhador escravo era caro, ineficiente, ignorante, incapaz de progresso e trabalhava de má-fé; que, enfim, "não podia ser produtivo como o livre"[20]. Mas esses arautos do liberalismo pregavam no deserto, como eles próprios reconheciam. A Sociedade fizera em 1851 um apelo a mais de cinco mil proprietários, sobretudo do Rio de Janeiro, para que se inscrevessem em sua bandeira de Progresso e Civilização, mas dois anos depois concluía melancolicamente que somente uns 100 tinham respondido. Um dos articulistas reconhecia que tentar convencer os donos de oficinas e fábricas da conveniência econômica do trabalho livre era "tarefa improfícua e vã", e "mal iríamos se nos propuséssemos a falar-lhes a linguagem da razão, e mesmo a de *seus próprios interesses, que tão mal compreendem*" (ênfase minha). E concluía que só pela ação do governo é que se poderia esperar a extinção da escravatura na indústria e nas artes[21].

O argumento liberal tornava-se menos convincente ainda tendo em vista que uma das principais razões da pressão inglesa, reconhecida por seus executores, era o fato de o Brasil e Cuba competirem vantajosamente com as Índias Ocidentais na produção de açúcar. Nos já citados depoimentos na Câmara dos Lordes, os opositores do uso de meios violentos diziam que mais importante seria aumentar os impostos sobre o açúcar do Brasil e de Cuba. A Inglaterra combatia o tráfico, diziam, mas se beneficiava do açúcar mais barato produzido pelos escravos. "É impossível [disse Fishbourne], que um homem livre possa criar produtos tão baratos como o escravo"[22]. Diante de tais declarações de representantes qualificados da pátria do liberalismo, os liberais brasileiros ficavam em situação difícil. Na verdade, contrariamente ao que pensavam os articulistas do AIN, os donos de escravos compreendiam bem seus interesses e falavam a linguagem da (sua) razão. A própria pressão inglesa, se era liberalizante no Brasil, tinha cunho protecionista no que se referia à Inglaterra, contrária que era ao livre jogo do mercado. Do lado brasileiro, foi o governo o principal responsável pela eliminação do tráfico, início da liberação da força de trabalho. Nisto, aliás, não se distinguia a situação brasileira do que sucedera na própria Inglaterra: o liberalismo sendo favorecido pela ação governamental.

O segundo momento importante do processo decisório foi a libertação do ventre. Ele só veio vinte anos mais tarde, o que bem indica que a abolição do tráfico era o máximo a que as lideranças estavam dispostas, ou que lhes era possível. A total rejeição pela Câmara de qualquer medida adicional ficou clara na reação às propostas do deputado Silva Guimarães, feitas em 1850 e 1852. Este deputado apresentou nas duas sessões de 1850 um projeto que incluía, entre outras medidas, a liberação do ventre. Não foi sequer julgado objeto de discussão. Voltou a apresentá-lo em 1852 e novamente foi grande a reação. Alguns deputados pediram sessão secreta para discuti-lo e o regimento foi aplicado com rigor para impedir que o autor o justificasse: "é inconvenientíssima a apresentação de tais razões", disse o futuro barão de

TEATRO DE SOMBRAS

Cotegipe com muitos apoiados. Novamente não foi aceito como objeto de deliberação, votando a favor apenas o autor e outro deputado[23].

O novo ciclo decisório só começou em 1866 e se revestiu de características bastante distintas. A iniciativa veio agora da Coroa, embora as razões imediatas não sejam claras. De qualquer modo, no início de 1866, Pimenta Bueno, um dos mais próximos conselheiros de Pedro II, já tinha prontos, por encomenda imperial, cinco projetos abolicionistas que foram logo entregues ao presidente do Conselho, marquês de Olinda. O velho conservador não admitiu sequer discutir o assunto. Paralelamente, chegou o apelo da Junta Francesa de Emancipação em favor da libertação dos escravos. A resposta foi redigida por Pedro II e assinada pelo ministro da Justiça do gabinete Zacarias que substituíra o de Olinda. Dizia ela que a emancipação era uma questão de forma e de oportunidade e que assim que terminasse a guerra o governo lhe daria prioridade. Segundo Nabuco, a proposta teve "o efeito de um raio caindo de céu sem nuvens. Ninguém esperava tal pronunciamento. Tocar assim na escravidão pareceu a muitos, na perturbação do momento, uma espécie de sacrilégio histórico, de loucura dinástica, de suicídio nacional"[24]. Mas Pedro II manteve a iniciativa e até a promulgação da lei, em setembro de 1871, sua influência foi constante e determinante.

O Conselho de Estado foi ouvido logo no início de 1867 sobre a conveniência da abolição direta da escravidão e sobre o momento e as cautelas a serem adotadas, caso a resposta ao primeiro quesito fosse positiva. Com exceção do empedernido marquês de Olinda e do barão de Muritiba, todos os conselheiros se mostraram, em princípio, favoráveis à libertação dos nascituros, mas todos também, à exceção de Jequitinhonha, acharam que o momento não era oportuno para discutir matéria que afetava as bases da sociedade brasileira. Julgavam necessário aguardar o fim da guerra para colocar o problema na pauta do debate político. Ao final de duas longas reuniões, o imperador nomeou uma comissão do próprio Conselho, presidida por Nabuco de Araújo, incumbindo-lhe formular novos ou novo projeto com base nas opiniões da maioria dos conselheiros[25].

Não faltou entre os conselheiros quem criticasse a iniciativa do imperador. A opinião de Rio Branco foi de que não havia pressão alguma para que fossem adotadas medidas abolicionistas: "Não há entre nós um partido

305

que tomasse a peito a abolição da escravidão. Ninguém supunha essa medida tão próxima, nem os proprietários rurais, nem o comércio, nem a imprensa, nem as Câmaras Legislativas". E prosseguiu dizendo que na situação de guerra mesmo os "espíritos mais afoitos não agitariam semelhante reforma, se o Governo Imperial (Vossa Majestade Imperial permitir-me-á essa franqueza) não fosse o primeiro em julgar que era chegada ou estava muito próxima a oportunidade de tão profunda mudança no modo de ser de nossos estabelecimentos agrícolas" (*Atas*, p. 195-6). Os mais favoráveis à reforma, no entanto, como São Vicente, Abaeté e, sobretudo, Nabuco, adotaram a tática de *reform-mongering*, isto é, de apontar os perigos da inação, alegando tanto pressões externas como internas, além de motivos morais e de civilização para defender as medidas. Nabuco disse que no mundo cristão só o Brasil e a Espanha (Cuba) mantinham a escravidão e este último país já estava tratando de medidas abolicionistas. Mais cedo ou mais tarde o Brasil teria que enfrentar o problema e os exemplos históricos mostravam que se a reforma não se fazia progressivamente, ela se fazia imediata e revolucionariamente. São Vicente foi mais explícito. Havia, segundo ele, uma pressão externa, oriunda da filantropia e do interesse, e uma pressão interna proveniente das aspirações de liberdade que começavam a se fazer sentir entre os escravos. A filantropia estava na ação dos abolicionistas estrangeiros; o interesse no fato de que os países europeus e os Estados Unidos, após abolirem a escravidão em seus territórios ou colônias, não queriam ficar em desvantagem com relação ao Brasil, pois o trabalho escravo era mais lucrativo. Já vinham impondo tarifas diferenciais aos produtos do trabalho escravo e a próxima medida seria sem dúvida forçar a abolição. A junção das duas pressões, ainda segundo São Vicente, tornaria impossível manter o *status quo* por muito tempo. Medidas abolicionistas, embora pudessem trazer perigos, seriam mal menor em face do que poderia acontecer.

O argumento da agitação dos escravos como razão para o início das medidas de libertação foi também, em parte, admitido por Rio Branco. O governo, por decreto de novembro de 1866, concedera liberdade aos escravos da nação designados para o serviço militar e começara a premiar cidadãos que oferecessem libertos para o Exército. Ao ser a medida discutida no

TEATRO DE SOMBRAS

Conselho de Estado, alguns conselheiros, entre os quais o próprio Rio Branco, foram contra por receio de que as libertações, mesmo que para o recrutamento, excitassem a escravatura. Agora Rio Branco afirmava que o efeito temido começava a verificar-se, tornando, pois, necessário que se tomassem medidas que atendessem às aspirações de liberdade[26]. Mas Olinda achava a opinião exagerada: em algumas localidades se tinham manifestado inquietações mas tinham logo cessado ao se tomarem providências: "Em geral [disse], os escravos estão quietos, e não se lembram de mudança de condição". A discussão pública do problema, acrescentava, é que poderia ter efeito perturbador. É certamente exagerado, em vista da evidência disponível, dizer que a Lei do Ventre Livre foi resposta às inquietações dos escravos, pois não se conhecem rebeliões de vulto nesse período. Boa parte da argumentação dos conselheiros neste sentido deve ser creditada à tática de *reform-mongering*[27].

Mas do que não se pode duvidar é da preocupação que tinham com as possíveis conseqüências das medidas propostas. Quase todos temiam agitações, rebeliões escravas, e até mesmo guerra civil e racial. Uma das razões para aconselharem esperar o fim da guerra era a necessidade de dispor de tropas no país para conter possíveis levantes de escravos. Tinham claros na lembrança os exemplos das colônias britânicas e francesas. Rio Branco e Nabuco usaram amplamente estes exemplos para mostrar que medidas progressivas em geral provocavam uma bola de neve devido às reações de senhores e de escravos e acabavam levando à abolição imediata. Rio Branco citou opiniões de Tocqueville favoráveis à abolição geral e imediata com indenização, em oposição à gradual que perturbava sem libertar. Foi esta também a opinião, muito citada no Conselho, da maioria da comissão francesa de 1840, presidida pelo duque de Broglie. Mas a abolição imediata parecia a todos impraticável pois perturbaria toda a produção e, a ser feita com indenização, arruinaria as finanças do país. Daí que o mal menor era a abolição gradual acompanhada de medidas acauteladoras para enfrentar o provável aumento das inquietações escravas e mesmo possíveis rebeliões. Antes, disse Nabuco, as perturbações que houve em Guadalupe e Martinica do que a explosão de São Domingos. Quer dizer, havia uma aguda consciência do perigo que representava para a ordem pública a agitação da massa escrava, embora essa agitação ainda fosse, no momento, mais potencial do que real. Os manifestos dos proprietários durante a votação da lei reforçaram esse ponto, embora seja preciso aí também dar margem para a tática oposta ao *reform-mongering*, o catastrofismo. De qualquer modo, diante dos exemplos históricos e da plausibilidade da previsão, se houve algo de surpreendente no comportamento dos escravos brasileiros após a votação da lei, foi a tranqüilidade com que se houveram. Aumento significativo de fugas, crimes e rebeldias só se verificou a partir da metade da década de 1880.

Logo após a discussão no Conselho de Estado, o gabinete Zacarias fez pela primeira vez constar a preocupação com o problema do elemento servil, como eufemisticamente se dizia, na Fala do Trono de 1867, causando, novamente, segundo Nabuco, "imenso efeito". Enquanto isso, era elaborado o novo projeto da Comissão do Conselho de Estado que seria discutido em 1868 em quatro reuniões, sem que surgissem grandes novidades na argumentação. Todos os conselheiros estavam convencidos da importância que o imperador dava ao projeto e os opositores apenas procuravam adiar a discussão pública para depois da guerra. Mas o choque entre Zacarias e Caxias levou o primeiro a deixar o governo ainda em 1868. Foi chamado o velho conservador Rodrigues Torres, agora visconde de Itaboraí, que retirou a menção à emancipação da Fala do Trono e se recusou a apresentar projeto à Câmara, ao mesmo tempo que o novo Partido Liberal a colocava expressamente em seu programa. Terminada a guerra, no entanto, a pressão por alguma iniciativa dividiu o Ministério de Itaboraí, levando-o ao pedido de demissão, logo aceito por Pedro II, que chamou o autor original dos projetos emancipacionistas, São Vicente, para pôr em prática a medida. São Vicente não se revelou capaz de articular as forças políticas de modo a conseguir um Ministério unido e concorde e renunciou por sua vez em favor de Rio Branco em março de 1871. Começou então a grande batalha parlamentar do Ventre Livre.

Logo na Fala do Trono, em maio, Rio Branco mencionou o problema, suscitando imediatamente a reação da oposição conservadora, concentrada nas representações do Rio de Janeiro, São Paulo e Minas Gerais. Foi talvez a mais virulenta oposição já vista na Câmara. O taquígrafo por vezes registrava confusão "imensa", tumulto e invasão do plenário por espectadores (por exemplo, na sessão de 2 de agosto). O presidente do Conselho pronunciou 21

TEATRO DE SOMBRAS

discursos nas duas casas e o ministro da Agricultura, 13. Apesar de ser a
Câmara unanimemente conservadora (os liberais tinham-se abstido nas eleições de 1869), só a duras penas e à custa de constante pressão sobre os deputados o Ministério conseguiu passar a reforma[28].

Durante toda a discussão ficou nítida a divisão entre deputados do norte
e do sul, os primeiros em sua maioria apoiando o projeto, os segundos, também em sua maioria, a ele se opondo tenazmente. A divisão já se revelara na
formação do gabinete que contava com quatro ministros do norte e apenas
dois representantes das províncias cafeicultoras. A resposta da Câmara à Fala
do Trono, redigida em termos favoráveis ao Ministério — o que implicava
apoiar suas intenções reformistas — foi redigida por três deputados nortistas.
O deputado pelo Rio de Janeiro, Paulino José Soares de Souza, filho do visconde do Uruguai e líder da oposição ao projeto, apresentou logo emenda à resposta à Fala criticando a idéia da reforma. A emenda deu lugar à seguinte
votação:

QUADRO 8

Representação Geográfica e Voto sobre a Emenda à Resposta à
Fala do Trono, 1871 (%)

Voto	Província representada		Diferença percentual
	Norte	Sul	
A favor	8	66	+58
Contra	92	34	−58
	100	100	
	(N = 51)	(N = 47)	

Fonte: *Anais da Câmara dos Srs. Deputados*, 1871, t. II, p. 5.

Vêem-se com clareza meridiana o grande apoio do norte (aí incluídas as
províncias ao norte do Espírito Santo) e a oposição do sul (províncias ao sul
da Bahia, mais Mato Grosso e Goiás). Dos 31 deputados do sul que votaram
a favor da emenda, 26 eram das quatro províncias cafeicultoras. A divisão
continuou ao longo do debate. A comissão especial da Câmara que deu parecer favorável ao projeto do governo era composta de cinco deputados, dos
quais quatro do norte e o quinto, João Mendes de Almeida, representava

São Paulo, mas era nascido no Maranhão, o que levou Antônio Prado a dizer, referindo-se a esse deputado: "Tenho até vergonha de pertencer a esta representação [de São Paulo] mas, felizmente, não é um filho de São Paulo!" (*Anais* de 1871, t. II, p. 7.) As discussões e votações durante o debate confirmaram esse padrão de clivagem, segundo mostra o quadro seguinte:

QUADRO 9

Representação Geográfica e Voto sobre o Ventre Livre, 1871 (%)

Voto	*Província representada*		*Diferença percentual*
	Norte	Sul	
A favor	83	36	+47
Contra	17	64	– 47
	100	100	
	(N = 54)	(N = 56)	

Fonte: *Discussão da Reforma do Estado Servil na Câmara dos Deputados e no Senado*, p. 128-154. A contagem refere-se às posições assumidas pelos deputados ao longo da discussão, e não à votação final quando alguns deputados estavam ausentes e que registrou 61 votos a favor e 35 contra.

A divergência norte-sul apareceu também na discussão, embora fosse abordada com receio: "Senhores, há aqui uma questão muito melindrosa, em que eu com muito acanhamento tocarei: por ocasião da eleição da comissão especial deste ano, demonstrou-se logo em fato esta antiga rivalidade de norte e sul; o que ainda se pronunciou de modo mais claro por ocasião da votação da resposta à Fala do Trono", disse o deputado de Minas, Perdigão Malheiro. (*Anais*, t. III, p. 114.) Este deputado calculava os escravos do sul em torno de 1 milhão e os do norte em torno de 600 mil. Só as províncias de Minas, Rio de Janeiro e São Paulo, segundo ele, tinham entre 800 e 900 mil escravos e concorriam com quase a metade da exportação do país. Era justo que estivessem temerosas, pois uma crise em sua produção afetaria seriamente a renda pública. Rio Branco tentou rebater a argumentação e desviar o debate da perigosa oposição entre norte e sul, apresentando avaliações distintas do número de escravos nas duas regiões[29]. Mas a votação deixou clara a importância da divergência para a vitória de seu projeto.

TEATRO DE SOMBRAS

É necessário acrescentar que, além da clivagem regional, outro fator, que em parte a ela se sobrepunha, afetou a votação no sentido de favorecer a vitória da proposta governamental. Trata-se da composição ocupacional da Câmara dos Deputados. Um número substancial de deputados era constituído de funcionários públicos, sobretudo magistrados. Esse grupo, que em sua maioria provinha do norte, votou maciçamente com o governo, como era de esperar. Em números, 81% dos funcionários públicos apoiaram a medida, contra apenas 49% dos profissionais liberais. Entre os funcionários do norte a porcentagem subiu a 90%. (Fonte como no quadro 9.)

Outro tema central da discussão foi a acusação, freqüentemente repetida, de que o projeto era de inspiração imperial e não nacional. Nessa crítica se aliaram conservadores dissidentes e republicanos, repetindo alegações já feitas no Conselho de Estado. Andrade Figueira, do Rio de Janeiro, disse que o projeto era a carta de crédito de que precisava o imperador para visitar a Europa. O jornal *A República* também combateu o projeto pelas conseqüências que lhe atribuía (revolta dos cidadãos e insubmissão dos escravos); por ser de iniciativa imperial e não das Câmaras, fruto de resposta irrefletida e irregular do imperador a uma sociedade humanística; e por ter sido elaborado "nas trevas do palácio", à revelia da nação[30]. Até mesmo os liberais, embora ambíguos em relação ao projeto, disseram que era "ordem que veio do alto", fruto de cesarismo. Cristiano Ottoni julgava inútil combatê-lo pois era "artigo de política da Coroa"[31].

A acusação era grave pois a ficção constitucional estabelecia que o rei não podia ser objeto de ataque direto por não ser politicamente responsável por seus atos. Mas por isto mesmo era reveladora dos sentimentos da oposição. Sendo legítimo o ataque ao governo, Rio Branco suportou o maior peso das críticas. As acusações apontavam para um aspecto típico do funcionamento da política imperial: o presidente do Conselho estava dividindo o Partido Conservador ao defender uma bandeira que pertencia aos liberais. Da parte dos conservadores, a crítica foi feita tanto na Câmara e no Senado como na imprensa, nas páginas do *Diário do Rio de Janeiro*. Um "A Pedido", publicado neste jornal em 1º de maio, por exemplo, acusou Rio Branco de não ter ouvido os chefes do partido, de estar empunhando bandeira que não era dos conservadores. Na edição de 14 de maio, outro "A Pedido", assinado por "Um partidário", disse referindo-se à apresentação na Câmara do projeto do governo: "Está decretada a leviandade do gover-

311

no e com ela o suicídio do partido". O "A Pedido" apoiava-se em declarações do deputado José de Alencar, um dos mais acerbos críticos do governo, que acusara Rio Branco de desligar-se do partido para provocar uma guerra civil. A cisão do partido tornou-se inevitável ao se manterem inabaláveis os dois grupos antagônicos e ao se frustrarem as tentativas de entendimento feitas por Rio Branco em reunião na casa do presidente da Câmara. O impasse levou à renúncia deste último e à eleição apertada de Teixeira Jr., genro do marquês de Paraná e declarado partidário da reforma. A luta entre as duas facções continuou após a votação e levou à dissolução da Câmara em 1872, pedida pelo próprio Rio Branco.

Mas também do lado liberal houve críticas ao Ministério. Os liberais tinham incluído a bandeira do abolicionismo em seu programa de 1869 e agora viam com enorme frustração o chamado partido da ordem dela se apoderar e tentar realizá-la. Seu jornal *A Reforma* refletia a dubiedade que os assaltava, colocados que estavam na contingência de, em nome da coerência, apoiar o adversário que lhes roubava uma bandeira capaz de levá-los ao poder. Souza Franco queixou-se no Senado do fato de permanecerem os conservadores no poder ao passo que os donos da idéia continuavam de fora[32]. A firme posição de Nabuco a favor do projeto é que levou parte dos senadores do Partido Liberal a finalmente apoiar o governo, tendo alguns, no entanto, se mantido irredutíveis, como o próprio Zacarias, que votou contra, e outros preferido retirar-se para suas províncias para não ter que votar. A posição de Nabuco, que tinha o prestígio de chefe do Partido Liberal, gerou queixas dos correligionários que o acusavam de ter prejudicado os interesses do Partido, embora mantivesse coerência de idéias. Assim, Leão Veloso lhe escreveu: "Se os partidos têm idéias, têm também interesses, e desde que for se deixando levar de *amor platônico* pela idéia, sofrerão os interesses e os partidos se dissolverão". E Sinimbu, ao elogiar o grande discurso de Nabuco a favor do projeto, disse: "Quanto a seu valor político permite-me que te pergunte, não seria ele o canto de cisne do nosso partido?". Perante o desânimo do Partido Liberal, não faltaram os que começassem a sentir atração pelo recém-formado Partido Republicano: "Aqui não havia Republicanos, e agora não somente os há, como não há liberal que não se mostre disposto a sê-lo: na grande propriedade então parece firmado o divórcio com a monarquia", diria o mesmo Leão Veloso, escrevendo da Bahia[33]. O efeito deletério sobre os dois partidos foi talvez a mais importante conseqüência política da Lei do Ventre Livre.

TEATRO DE SOMBRAS

Do ponto de vista do conteúdo do debate, não houve muita novidade em relação ao que já fora dito no Conselho de Estado. De lado a lado repetiram-se os argumentos, as previsões catastróficas, o *reform-mongering*. O que houve de novo foram as cartas, os manifestos, os "A Pedido", as representações de fazendeiros e comerciantes, enviados à Câmara e ao Senado e publicados na imprensa. A Câmara recebeu 33 representações e o Senado 30, a maioria de fazendeiros do Rio de Janeiro, o restante de Minas e de São Paulo. Praticamente todas eram contrárias ao projeto. O *Diário do Rio de Janeiro* durante os meses de junho e julho publicou várias delas, a começar pela declaração do Clube dos Lavradores de Paraíba do Sul, com 90 assinaturas, organizada pelo líder liberal e proprietário rural Martinho Campos (edição de 25 de maio). Algumas representações, como as de Piraí e Vassouras, tinham mais de 600 assinaturas. No Rio foi fundado o Clube da Lavoura e do Comércio, em reunião que teve a participação de uns 600 representantes destes setores da economia, provenientes das três principais províncias cafeicultoras. O Clube propunha-se organizar comissões em cada freguesia para lutar contra o projeto e nomeou o republicano Cristiano Ottoni para representá-lo na imprensa (edição de 17 de julho).

O principal argumento dos fazendeiros era, na realidade, o mesmo que Tocqueville desenvolvera e que o próprio Rio Branco reproduzira no Conselho de Estado em 1867. A representação dos lavradores de Paraíba do Sul era a que melhor o exprimia. Segundo ela, o projeto tirava ao senhor a força moral e o tornava suspeito à autoridade e odioso ao escravo. A liberdade parcial decretada pela lei, continuava, "desautoriza o domínio e abre a idéia do direito na alma do escravo", ao passo que a liberdade que vem da generosidade do senhor leva ao reconhecimento e à obediência. Por isso o projeto seria a sentença de morte da lavoura e levaria à guerra de raças[34]. Um agricultor escreveu a *A Reforma* dizendo que desde o levantamento do problema por Zacarias em 1867 "o espírito da escravatura tem-se alterado sensivelmente no caminho da insubordinação" e os proprietários temiam por suas vidas (edição de 21 de abril). Embora não se verificassem de imediato os levantes e rebeliões de escravos temidos pelos proprietários, eles tinham razão em recear os efeitos psicológicos da lei. Pela primeira vez o Estado propunha intrometer-se nas relações senhor/escravo, minando a autoridade do primeiro e dando ao segundo um ponto de apoio legal para aspirar à liberdade ou mesmo para rebelar-se (a lei previa o direito de alforria ao escravo que pudesse pagar seu preço).

Distinguiam-se assim os atores e os parâmetros decisórios de 1871 dos de 1850. No último caso, o governo reagira à forte pressão externa e implementara pela força a decisão tomada, enfrentando a forte oposição dos traficantes e contando com o apoio de um pequeno grupo de abolicionistas ainda pouco influente. Estava em questão antes de tudo a soberania nacional. Em 1871 o jogo foi todo interno: não havia pressão material externa e não havia mais traficantes. A iniciativa foi sem dúvida da Coroa, secundada pelo gabinete conservador e apoiada na imprensa abolicionista e parte do Partido Liberal. Segundo o depoimento de Joaquim Nabuco, fora o imperador "o principal impulsor e o principal sustentáculo da reforma de 1871", auxiliado por um grupo de políticos em que sobressaíam Rio Branco, São Vicente e Nabuco[35]. Mas um novo ator começava a surgir: os próprios escravos. Este ponto não está bem esclarecido pelas pesquisas. Pode-se admitir um aumento na resistência escrava, sobretudo a partir da adoção da política de manumissão para o serviço militar. Mas não se deve exagerar: segundo o testemunho insuspeito de *A Reforma* (edição de 26 de abril de 1871), não houvera nenhuma rebelião no período 1866-1871. Mas não há como negar, tenha ou não havido maior movimentação escrava, que, na percepção da elite, ela estava presente e despertava receios tanto no que se referia à segurança externa como à interna. Percebia-se a fraqueza básica de um país que não podia contar com boa parte de sua população para lutar, e que tinha enorme retaguarda a proteger contra um inimigo interno. Nas discussões do Conselho de Estado ficou clara a percepção dos perigos potenciais, para a segurança interna, de uma ausência de decisão quanto ao problema escravo. A abolição, embora ferindo interesses econômicos importantes, era mal menor diante das profundas perturbações da ordem que poderiam advir de um adiamento da decisão, como indicavam os exemplos de outros países.

A oposição em 1871 ficou com os proprietários das províncias do sul, sobretudo as cafeicultoras, permanecendo os demais em posição de relativa indiferença. Rio Branco jogou com esta indiferença e com os funcionários públicos do Congresso para aprovar a medida. Os dados sobre a distribuição geográfica dos escravos tornam a diferença entre norte e sul compreensível. De acordo com o censo de 1872, o norte do país contava apenas com 33,7% dos escravos, contra 59% das quatro províncias cafeicultoras (incluindo a Corte), e 7,3% das demais províncias do sul. Embora não se pudesse dizer que havia uma tendência abolicionista em todo o norte, algumas províncias já contavam com uma

TEATRO DE SOMBRAS

população escrava muito reduzida e mesmo as que dependiam mais da escravidão, como Bahia, Pernambuco e Maranhão, não pareciam considerá-la tão crucial para seus interesses, pelo menos na visão de seus representantes. Assim é que 70% dos deputados das três maiores províncias cafeicultoras votaram contra a lei, ao passo que apenas 23% dos das três acima mencionadas fizeram o mesmo. As três primeiras eram também responsáveis por 54% das exportações do país contra apenas 22% das três últimas[36].

No entanto, continua verdadeiro que estas diferenças apenas facilitaram a aprovação da lei; não a motivaram nem a tornaram necessária. Mais do que em 1850, em 1871, e no gabinete Rio Branco em geral (1871-75), o governo se descolou das bases socioeconômicas do Estado. E este descolamento agora pôde ser feito sem o reforço das bases coercitivas e mesmo sem seu uso. Pelo contrário, no mesmo ano de 1871, durante o debate da Lei do Ventre Livre, foi reformada a famigerada lei de 1841 que tinha por sua vez modificado o Código de Processo Criminal e colocado nas mãos do governo central todo o aparato policial. Essa reforma era uma demanda liberal. Em 1873 foi modificada a lei da Guarda Nacional num sentido igualmente liberal: a Guarda foi praticamente desmobilizada, pois passou-se a exigir apenas uma reunião por ano em tempos de paz. É fato que no ano seguinte se tentou modificar o recrutamento para o Exército introduzindo o sorteio universal. Mas esta lei não teve efeito algum. Pode-se assim dizer que, apesar das previsões pessimistas dos próprios partidários do Ventre Livre quanto a rebeliões de escravos, o governo não procurou reforçar sua capacidade repressiva ao passar a lei, antes a enfraqueceu.

A lei de 1871 não encontrou muita resistência em sua aplicação. Diferentemente do que acontecera com a Lei de Terras, os *Relatórios* dos ministros da Agricultura após 1871 são unânimes em constatar sua aceitação geral. Os obstáculos encontrados diziam respeito à inadequação da burocracia para proceder à matrícula e às dificuldades em reunir as juntas de qualificação para aplicar o fundo de emancipação, por tratar-se de serviço não remunerado. Uma vez posto o serviço em andamento, raramente os proprietários contestaram a avaliação ou a classificação dos escravos para libertação. O ato de libertação transformava-se mesmo freqüentemente em festa popular, de acordo com a informação de vários *Relatórios*. Na realidade, as manumissões por iniciativa particular após a passagem da lei superaram em muito as feitas

315

mediante o fundo de emancipação. Segundo o *Relatório* de 1882, o fundo tinha possibilitado a libertação de 10.001 escravos, ao passo que a iniciativa particular libertara mais de 60.000.

Vários fatores contribuíram, no período que vai de 1871 à Lei dos Sexagenários em 1885, para modificar a composição e a distribuição da população escrava: a mortalidade, o tráfico interprovincial, as manumissões. Segundo o *Relatório* de 1886, desde 1873 tinham morrido 234.812 escravos, 69.430 tinham sido manumitidos a título oneroso e 108.226 a título gratuito, numa redução total de 412.468. Na realidade, a redução tinha sido muito maior, como o indicaria a nova matrícula completada em 1887. As estimativas para 1886 davam a população escrava total como sendo de 1.133.228, ao passo que a nova matrícula dava para 1887 apenas 723.419 escravos, isto é, dobrava a redução estimada. A distribuição geográfica também tinha sido alterada pelo tráfico interprovincial e inter-regional, como mostra o quadro 10.

Os dados indicam que, a par de grande redução geral no número de escravos, acelerada após 1885, houve alterações em sua distribuição, com deslocamentos do norte e do sul para o centro, e mais manumissões no norte e no sul[37]. Essa diferença na distribuição e nas necessidades de mão-de-obra escrava já se revelara nos Congressos Agrícolas de 1878 no Rio e em Recife. O congresso do Rio, do qual participaram agricultores do Rio de Janeiro, de Minas, de São Paulo e do Espírito Santo, foi unânime em apontar a falta de mão-de-obra e de capital como a principal necessidade da lavoura. Reconhecia-se o braço escravo como sendo ainda a base do trabalho na grande lavoura, embora se admitisse que estava condenado a desaparecer; descria-se da possibilidade de usar o braço livre nacional, embora fosse tido como abundante; e havia ceticismo quanto ao braço livre europeu. Como transição, muitos pediam a importação de *chins* e *coolies*, que uns aconselhavam por trabalhadores e subservientes e outros rejeitavam por viciados e imorais. No congresso de Recife, ao contrário, foram quase unânimes as opiniões no sentido de que não havia falta de braços para a lavoura, havendo apenas necessidade de capital e de medidas que pelo incentivo ou pela coerção — a maioria favorecia a última — levassem trabalhadores livres nacionais ao trabalho regular nas grandes propriedades. Dizia-se haver no nordeste milhares de braços ociosos, bastando leis severas de repressão à vagabundagem e uma política rural para forçá-los ao trabalho[38].

QUADRO 10
População Escrava por Províncias, 1873, 1887 (%)

Província	1873	1887
AM	0,7	0,0
PA	2,0	1,5
MA	4,8	4,6
PI	1,6	1,2
CE	2,2	0,0
RN	0,9	0,4
PB	1,7	1,3
PE	6,0	5,7
AL	2,1	2,1
SE	2,1	2,3
BA	11,2	10,6
Subtotal	35,3	29,7
ES	1,4	1,8
Corte	3,0	1,0
RJ	19,7	22,5
MG	21,5	26,5
SP	11,0	14,8
Subtotal	56,6	66,6
PN	0,7	0,5
SC	0,9	0,7
RS	5,4	1,2
GO	0,7	0,7
MT	0,4	0,6
Subtotal	8,1	3,7
TOTAL	100,0	100,0
	(N = 1.546.581)	(N = 723.419)

Fonte: Para 1873 utilizamos a adaptação dos dados dos *Relatórios* feita por Robert Wayne Slenes em sua tese de doutorado "The Demography and Economics of Brazilian Slavery, 1850-1888", Stanford University, 1976, p. 69. Para 1887, *Relatório* do ministro da Agricultura, Comércio e Obras Públicas de 1888, p. 24.

Como todos reconhecem, a lei de 1871 não produziu nenhum efeito dramático. O fundo de emancipação, além de modesto, nem sempre era aplicado integralmente. Segundo o *Relatório* de 1883, por exemplo, de uma

JOSÉ MURILO DE CARVALHO

arrecadação de 14.669:510$ haviam sido aplicados apenas 9.010:795$ (p. 32) na libertação de 12.898 escravos. A faculdade que a lei dava aos senhores de usar o trabalho dos ingênuos até 21 anos também amortecia em muito os efeitos da lei a curto prazo. Pouquíssimos donos de escravos utilizaram a opção de entregar os ingênuos ao governo ao completarem oito anos em troca de títulos de 600$ que venceriam juros de 6% ao ano por um período de 30 anos. O próprio governo equivocou-se ao prever grandes gastos com a indenização e com a educação dos ingênuos que lhe seriam entregues. No *Relatório* de 1878 previam-se gastos de 4.666:000$ nos próximos oito anos para uma entrega anual de uns quatro mil ingênuos. No entanto, a opção geral foi pelo uso dos serviços. Em 1885 apenas 188 ingênuos tinham sido entregues ao governo, que a essa altura já fizera reverter ao fundo de emancipação os 25% previstos nele para a educação de ingênuos (*Relatório* de 1885).

A lei tivera, no entanto, o sentido inequívoco de tornar indiscutível o fim próximo da escravidão e de mostrar aos escravistas que não teriam a Coroa a seu lado. A abolição final seria questão de tempo e a tática dos donos foi daí em diante ganhar o mais possível deste tempo e evitar o que mais temiam: as rebeliões escravas, previstas por muitos dos opositores da lei de 1871. Os que podiam vendiam seus escravos, outros os libertavam lentamente, renunciando à indenização para manter o controle do processo e evitar a intervenção do governo, considerada desmoralizadora de sua autoridade. Outros ainda, sobretudo no oeste paulista, passaram a desenvolver maiores esforços no sentido de atrair imigrantes que pudessem reduzir o impacto do eventual fim do trabalho escravo. Na grande propriedade, tanto do norte como do sul, a conduta dos proprietários foi fundamentalmente pragmática: usar o escravo até o final e, ao mesmo tempo, procurar alternativas.

A última fase do processo de libertação foi marcada por elemento novo: a participação popular. Ao ser retomado o problema pelo Ministério Dantas em 1884, já estava em plena ação a Conferência Abolicionista, formada no ano anterior, que abrangia várias sociedades de fins idênticos. Mas Dantas foi derrotado por duas legislaturas na tentativa de passar a libertação dos sexagenários. Na primeira votação, dos 36 representantes de São Paulo, Minas e Rio de Janeiro, 27 votaram contra a proposta. Modificado, o projeto passou na Câmara em 1885 com Saraiva, e no mesmo ano no Senado, já no gabinete Cotegipe. A nova lei levou a arrefecimento temporário da campanha

TEATRO DE SOMBRAS

abolicionista (Joaquim Nabuco escreveu em 1886 *O Eclipse do Abolicionismo*). Mas a batalha recrudesceu logo após, atingindo proporções irresistíveis em 1887. Neste ano, finalmente, os republicanos paulistas se decidiram pela abolição, o mesmo acontecendo com os conservadores liderados por Antônio Prado. Em outro golpe decisivo, o Clube Militar publicou um manifesto recusando-se a perseguir escravos fugidos. Com isto o governo ficava desguarnecido para enfrentar uma situação de rebeldia generalizada dos escravos, pois as forças policiais eram pequenas e a Guarda Nacional há muito deixara de ser força militarmente organizada. Além disto, a Coroa continuou sua pressão e utilizou o pretexto de um incidente policial para demitir Cotegipe e levar João Alfredo à presidência do Conselho. Em maio de 1888 o ambiente era de tal modo abolicionista que somente nove deputados e seis senadores votaram contra a lei de abolição. Dos nove deputados, oito eram da província do Rio de Janeiro, impenitentes até o final.

Pesquisas recentes têm demonstrado que fatores políticos e demográficos pesaram decisivamente na dinâmica dos últimos anos de escravidão. As regiões de grande agricultura do nordeste, dispondo de abundante mão-de-obra nacional livre, embora difícil de ser forçada ao trabalho sistemático, mantiveram uma atitude de preservar quanto possível a escravidão, mas sem se preocupar demais com as possíveis conseqüências de sua abolição, razão pela qual também não se empenharam na procura de imigrantes. As regiões de pequena propriedade ou de pecuária caminharam com tranqüilidade para a abolição, como foi o caso do Ceará. O sul cafeicultor dividiu-se entre as partes mais antigas, dotadas de suficiente estoque de mão-de-obra escrava e economicamente em decadência pela queda de produtividade das terras, e as novas regiões de terras mais produtivas e famintas de mão-de-obra. Nas primeiras, a adesão à escravidão manteve-se até o final. Os fazendeiros previram conseqüências catastróficas caso ela fosse extinta. Nas outras, a escassez levou a grandes esforços no sentido de importar braços livres, sem no entanto abandonar o braço escravo. A atitude destes fazendeiros foi pragmática, não parecendo ter derivado de nenhum cálculo sobre a maior ou menor produtividade de um ou outro tipo de mão-de-obra. Usava-se a que fosse disponível, e como a escrava estava condenada a desaparecer, a solução seria buscar a livre. E foi uma feliz coincidência (para os fazendeiros) que o acirramento da campanha popular pela abolição, com a qual não colaboraram, viesse ao mesmo tempo que a crise italiana que possibilitou o grande afluxo de imigrantes nos anos de 1887 em diante. Mas mesmo no novo oeste paulista os cafeicultores combinaram até o final o trabalhador escravo com o livre e as libertações eram feitas sobre o cálculo de que seria a melhor maneira de conservar o trabalho dos ex-escravos. Em dezembro de 1887, às vésperas da abolição, apenas uma minoria dos fazendeiros do Rio Claro era favorável à abolição imediata[39].

O que realmente marcou o último período foi a movimentação popular dirigida a partir das cidades e das organizações abolicionistas. Em São Paulo, onde ela se fez mais intensa, participaram sobretudo elementos da pequena burguesia urbana, salientando-se os cocheiros, ferroviários e tipógrafos, além de ex-escravos, oficiais do Exército, alguns estudantes e intelectuais. A reação contra os ativistas era freqüentemente violenta, tendo havido mesmo casos de linchamento e assassinato. Mas o movimento adquiriu tal dimensão e simpatia popular que quebrou a solidariedade dos donos de escravos. Muitos passaram a aceitar contratos com escravos tirados a outras fazendas pelos abolicionistas pagando-lhes salário. Calculou-se que a 13 de maio de 1888 um terço das fazendas de São Paulo eram trabalhadas por escravos assim contratados[40].

Embora a iniciativa nesta fase final tenha passado para a ação popular, o incentivo da Coroa nunca deixou de se fazer sentir, seja em manifestações pessoais do imperador e da princesa Isabel, seja nos títulos nobiliárquicos oferecidos aos que libertassem escravos, seja pela ação direta (os netos do imperador editavam um jornal abolicionista dentro do Palácio onde também escravos fugidos recebiam proteção). A posição da Coroa sem dúvida encorajava a atuação dos abolicionistas e reduzia substancialmente a credibilidade das medidas repressivas do governo. Cotegipe expressou a reação dos que se opunham à abolição imediata ao criticar a Regente dizendo que ela se colocara escandalosamente na vanguarda dos abolicionistas. E acrescentou que a lei de 13 de maio era desnecessária pois a abolição já tinha sido feita e revolucionariamente[41].

As fases por que passou o processo abolicionista no Brasil revelam aspectos importantes do comportamento de vários agentes sociais e esclarecem a natureza do próprio sistema político imperial.

TEATRO DE SOMBRAS

No que se refere aos proprietários de escravos da grande lavoura de exportação, houve consistente oposição às medidas abolicionistas em todas as fases do processo. A oposição era às vezes surda, como em 1850, às vezes aberta como em 1871 e em 1884. A adesão final foi antes a aceitação de um fenômeno irreversível, do qual se impunha tirar o melhor proveito, ou seja, conseguir a simpatia dos escravos mediante a libertação espontânea. Não há evidência de que qualquer grupo significativo de proprietários tenha optado pela abolição em virtude de convicção quanto à maior produtividade do trabalho livre. Como mostram vários estudos, as libertações em massa só se deram nas vésperas da abolição, e isto tanto no Vale do Paraíba como no oeste paulista ou na Zona da Mata pernambucana. A escravidão foi tida até o final como economicamente compensadora e a opção pela mão-de-obra livre era feita mais pela certeza do fim inevitável do braço escravo do que pela crença em sua ineficiência. O grande aumento da imigração em 1887 facilitou a transição no oeste paulista assim como a queda dos salários a facilitou em Pernambuco[42].

A adesão ao sistema escravista não impedia que houvesse diferenças entre os vários tipos de proprietários. A diferença era maior entre a grande e a pequena propriedade agrícola e entre a primeira e os estabelecimentos pecuários. Boa parte da economia do norte, fora de Pernambuco, da Bahia e do Maranhão, se constituía de pequenas propriedades agrícolas e de pecuária, onde a exigência de mão-de-obra era menor. De modo geral, o norte sentia menor necessidade de mão-de-obra escrava dada a abundância de braços livres. Ou, pelo menos, o suprimento de mão-de-obra existente, de escravos se possível, de livres se necessário, era adequado. O mesmo não se dava na região cafeeira, onde ou não era adequado o suprimento de mão-de-obra livre (Vale do Paraíba), ou faltava a própria mão-de-obra escrava. Essas diferenças, e não maior ou menor modernidade no comportamento dos proprietários, parecem ter condicionado sua reação às iniciativas abolicionistas.

Ao longo de todo o processo, sobretudo a partir do Segundo Reinado, a ação do governo foi consistentemente mais favorável às medidas abolicionistas do que a dos proprietários. Isto foi particularmente verdadeiro para a ação da Coroa. Os ministérios apresentavam variação, alguns sendo mais abolicionistas que outros, independentemente de partidos. Do choque ou divergência entre a Coroa e os ministérios surgiram mudanças políticas que contribuíram para a mais rápida solução do problema e também para o declínio do sistema imperial.

O impacto de fatores externos foi determinante até 1850. Em 1871 ele foi mais fantasiado do que real, e em 1888 foi nulo. Inversamente, a pressão interna só se tornou relevante na última fase, quando pela primeira vez em sua história o país viu algo próximo de um movimento popular autêntico. Embora favorecido pela condescendência da Coroa, este movimento teve grande peso próprio pois abrangia desde ex-escravos e operários até elementos da própria burocracia estatal, inclusive da magistratura e das forças armadas. Só uma improvável mobilização da Guarda Nacional poderia talvez tê-lo contido por algum tempo[43].

Tudo isto revela um sistema político muito distante da imagem simplificada de tranqüilo domínio de senhores de terra e de donos de escravos ou de uma autocracia burocrática. A existência do Poder Moderador introduzia uma nítida diferença com relação à República Velha, ou a outros sistemas agrário-exportadores com ou sem base escravista. Resíduo absolutista, ele dava ao rei condições de interferência que iam muito além do modelo clássico inglês, para indignação dos liberais ortodoxos ao estilo de Zacarias. Essa interferência, que abrangia o Legislativo e o Executivo, não só afetava a formação e composição da elite política como criava uma instância de poder que permitia competição entre facções dos grupos dominantes mediante alternância de partidos no governo, e chegava mesmo a possibilitar a mobilização de elementos que escapavam ao controle desses grupos[44].

Nessa linha de raciocínio, pode-se dizer que o sistema imperial começou a cair em 1871 após a Lei do Ventre Livre. Foi a primeira clara indicação de divórcio entre o rei e os barões, que viram a Lei como loucura dinástica. O divórcio acentuou-se com a Lei dos Sexagenários e com a abolição final. É fato aceito por todos os estudiosos, por exemplo, que a adesão ao republicanismo aumentava substancialmente à época de medidas abolicionistas. Como observa S. Stein em seu estudo de Vassouras descrevendo a situação pós-abolicionista: "Da noite para o dia, o reduzido grupo dos tolerados republicanos de Vassouras expandiu-se a ponto de incluir a maioria dos ressentidos fazendeiros"[45]. Os que não se fizeram

TEATRO DE SOMBRAS

republicanos tornaram-se indiferentes à sorte da Monarquia, como ficou claro a 15 de novembro de 1889. A Coroa foi esgotando seu crédito de legitimidade perante os fazendeiros ao ferir seus interesses e o imperador ficou sozinho em 1889, em vivo contraste com sua prematura coroação em 1840.

Ela fracassou, então, não pela ineficácia, mas, pelo contrário, por ter promovido ou facilitado ação contrária a grupos dominantes, sem ao mesmo tempo construir uma base de poder que substituísse ou equilibrasse a dos donos de terra. Essa base ao final do século XIX dificilmente poderia ser popular pois 90% da população vivia ainda sob o controle dos donos de terra. Ela só poderia ser o exército nacional, mas este se achava incompatibilizado com a Monarquia, tanto em termos institucionais, devido ao enraizado civilismo do imperador, como em termos ideológicos pela influência do positivismo entre os oficiais. Além disso, os militares se achavam também distanciados dos grandes proprietários, o que reduzia ainda mais as possibilidades de uma aliança que pudesse levar a uma modernização conservadora ao estilo prussiano. As lutas do início da República tornaram claro este ponto.

Ao invés, então, de ver-se legitimado pela atuação reformista, pela eficácia em solucionar problemas, o sistema imperial perdeu a legitimidade que conquistara. É que as principais reformas que promovera atendiam a interesses majoritários da população que não podia representar-se politicamente. A representatividade do sistema assumia assim um caráter burkiano, no sentido de ser representação do país como um todo, em oposição a uma representatividade de natureza liberal que se referisse a interesses específicos de grupos, classes e indivíduos, cujo somatório supostamente resultasse no interesse geral. Como, no entanto, a cidadania era reduzida — não havia povo, na expressão de Couty —, a representação se fazia no vazio, sem alterar a composição do poder político. A reestruturação do poder sob a República deu-se num sentido puramente liberal: representavam-se os que tinham poder real para representar-se, tornando o poder mais legítimo mas ao mesmo tempo mais oligárquico.

NOTAS

1. Vejam-se sobre o tema, entre outros, Evaristo de Moraes, *A Escravidão Africana no Brasil (Das Origens à Extinção)*; Perdigão Malheiro, *A Escravidão no Brasil*; Leslie Bethell, *The Abolition of the Brazilian Slave Trade*; Paula Beiguelman, *Formação Política do Brasil*; Emília Viotti da Costa, *Da Senzala à Colônia*; Robert Conrad, *The Destruction of the Brazilian Slavery, 1850-1888*; Robert Brent Toplin, *The Abolition of Slavery in Brazil*; Joaquim Nabuco, *O Abolicionismo*; Maurício Goulart, *A Escravidão Africana no Brasil (das Origens à Extinção do Tráfico)*.

2. Sobre as negociações de José Bonifácio com o governo inglês, ver Leslie Bethell, *The Abolition of the Brazilian Slave Trade*, especialmente p. 42-3.

3. *The Abolition*, p. 70-1.

4. Ver *Aurora Fluminense*, 1835, edições de 16 de fevereiro, 6 e 27 de março, 1º e 6 de abril.

5. *Aurora Fluminense*, de 14/5/1838.

6. *O Brasil*, de 1/10/1843. Ver também as edições de 19 e 23 de abril e 18 de maio do mesmo ano.

7. *O Brasil*, de 7/2/1843. Também edições de 14/2/1843 e 22/10/1842.

8. Ver *Atas do Conselho de Estado*, vol. 3, sessão de 16 de setembro de 1845, p. 127-30.

9. Ver o discurso de Euzébio de Queiroz na Câmara dos Deputados, em 16 de julho de 1852, incluído nos *Anais* deste ano, tomo 2º, p. 244-45; e também Leslie Bethell, *The Abolition*, cap. 11 e 12.

10. *Atas do Conselho de Estado*, vol. 3º, p. 247-67.

11. Leslie Bethell, *The Abolition*, p. 321-345.

12. *Correio Mercantil*, de 13/8/1850. O liberal Paula Cândido exaltou na Câmara os industriais e manufatureiros ingleses como "nossos naturais, direi mesmo cordiais aliados". Ver *Jornal do Commercio*, de 20/1/1850.

13. *Anais da Câmara dos Deputados*, 1852, tomo 2, p. 244-56.

14. Bethell, *The Abolition*, p. 321-4. O *Correio Mercantil* reproduziu vários dos depoimentos feitos em comissões de inquérito do Parlamento inglês, permitindo que os políticos imperiais acompanhassem de perto o debate que se dava na Inglaterra.

TEATRO DE SOMBRAS

15. *Anais da Câmara dos Deputados*, 1852, tomo 1, p. 173.

16. Ver *Correio Mercantil*, de 28 de fevereiro e 23 de março de 1850.

17. Stanley J. Stein, *Vassouras, A Brazilian Coffee County, 1850-1890*, p. 29.

18. Sobre a ação de Cotegipe, ver Araújo Pinho, *Cotegipe e seu Tempo*, p. 197-215. Sobre Nabuco de Araújo, Joaquim Nabuco, *Um Estadista do Império*, p. 199-206.

19. Sobre este último ponto, ver declarações feitas na reunião do Conselho de Estado em 1° de agosto de 1850, reproduzidas nas *Atas*, vol. 3, p. 268-80.

20. Ver os números do *Auxiliador da Indústria Nacional* (AIN) dos anos de 1849 e 1851, especialmente os artigos de Caldre e Fião nos números 7 (dezembro, 1849), p. 233-52, e 8 (janeiro, 1850), p. 273-83.

21. Ver *AIN*, números 9 (março, 1852), p. 225; 9 (março, 1853), p. 324; 7 (dezembro, 1849), p. 241.

22. O depoimento de Fishbourne está reproduzido no *Correio Mercantil* de 31 de março de 1850; idéias semelhantes foram expostas nos depoimentos de Lushington que disse ser o açúcar de Cuba e do Brasil mais barato, não só pela fertilidade do solo, mas também por ser "produzido pelo trabalho escravo" (*Correio Mercantil*, 13/3/1850). A acusação de estar a Inglaterra colhendo em forma de açúcar barato os benefícios do tráfico foi feita por Mr. Baillie na Câmara dos Comuns em março de 1850, e foi reproduzida no *Correio Mercantil* de 28/5/1850.

23. *Anais da Câmara dos Deputados*, 1852, tomo 1, p. 167-9.

24. Joaquim Nabuco dá um resumo das medidas tomadas antes de 1866. Segundo ele, os motivos que levaram o imperador a tomar atitude agressiva quanto à escravidão foi o encontro com Flores e Mitre em Uruguaiana, quando sentiu que a escravidão era motivo de escárnio do inimigo e de fraqueza perante os aliados. Ver *Um Estadista do Império*, p. 569-74 e todo o Livro V.

25. *Atas do Conselho de Estado*, vol. 6, p. 71-253.

26. *Atas*, p. 71-90.

27. A afirmação é de Warren Dean em *Rio Claro. A Brazilian Plantation System, 1820-1920*, p. 128.

28. João Alfredo, ministro do Império, teve que dirigir com mão férrea a maioria governamental. Ia de residência em residência buscar os deputados mais inseguros, forçava encerramentos de discussão, ficava ao lado dos vacilantes na hora das votações. Ver Joaquim Nabuco, *Um Estadista do Império*, p. 740-1.

29. Para Rio Branco, os escravos do norte seriam em torno de 868 mil e os do sul 871 mil. A falta de boas estatísticas tornava as avaliações precárias e fáceis de manipular em qualquer direção. Ver *Discussão da Reforma do Estado Servil*, p. 177-80.

30. *A República*, de 18 e 27 de maio de 1871.

31. *A Reforma*, de 8 e 22 de agosto de 1871.

32. *A Reforma*, de 21 e 23 de maio de 1871.

33. Joaquim Nabuco. *Um Estadista*, p. 742-6.

34. *Diário do Rio de Janeiro*, 24 de maio de 1871. No mesmo sentido foram as manifestações dos fazendeiros de Barra Mansa (7 de junho), Bananal (22 de junho) e do Clube da Lavoura e do Comércio (29 de junho e 17 de julho). Para exame mais detido das manifestações dos fazendeiros, tanto em 1871 como em outros momentos, ver Laura Jarnagin Pang, "The State and Agricultural Clubs of Imperial Brazil, 1860-1889", Tese de doutorado, Universidade de Vanderbilt, 1981.

35. Joaquim Nabuco, *Um Estadista*, p. 734. Era semelhante a opinião de Louis Couty: "[...] Esta lei [...] é obra do imperador, tanto quanto de um homem de estado saído do povo: [...] Paranhos, visconde do Rio Branco". Ver *L'Esclavage au Brésil*, p. 11.

36. Para esses dados, ver Afonso de E. Taunay, *História do Café no Brasil*, vol. VI, tomo IV, p. 12.

37. Sobre o tráfico interprovincial de escravos, ver Robert Wayne Slenes, "The Demography and Economics of Brazilian Slavery, 1850-1888", especialmente Apêndice A. Ver também Herbert S. Klein, "The Internal Slave Trade in Nineteenth-Century Brazil: A Study of Slave Importations into Rio de Janeiro in 1852", *Hispanic American Historical Review*, 51, 4 (November 1971), p. 567-85.

38. Ver *Congresso Agrícola, Coleção de Documentos*, passim; e *Trabalhos do Congresso Agrícola do Recife, em outubro de 1878, passim*.

39. Sobre Rio Claro, ver a obra de Warren Dean, já citada. Para uma análise das transformações demográficas na mão-de-obra escrava e seu impacto no comportamento dos senhores, ver Robert W. Slenes, "The Demography and Economics of Brazilian Slavery, 1850-1888"; sobre a influência de fatores políticos, ver as obras de Robert Conrad e Robert Toplin, também já citadas. Sobre a abolição no norte ver Peter L. Eisenberg, "Abolishing Slavery: The Process

on Pernambuco's Sugar Plantations", *Hispanic American Historical Review*, 52, 4 (November 1972), p. 580-597, e J. H. Galloway, "The Last Years of Slavery on the Sugar Plantations of Northeastern Brazil", *HAHR*, 51, 4 (November 1971), p. 586-605; e, especialmente, Jaime Reis, "Abolition and the Economics of Slaveholding in North East Brazil", Institute of Latin American Studies, University of Glasgow, *Occasional Papers* 11, 1974.

40. A propósito da ação abolicionista em São Paulo, ver o rico depoimento de Antônio Manuel Bueno de Andrada, "Depoimento de uma Testemunha", publicado pela primeiva vez no *Estado de S. Paulo* de 13 de maio de 1918 e reproduzido na *Revista do Instituto Histórico e Geográfico de São Paulo*, vol. XXXVI (junho de 1939), p. 209-224. Há aí uma interessante indicação que ajuda a explicar o acolhimento favorável de escravos fugidos em Santos: a necessidade de mão-de-obra para o trabalho da carga e descarga do café. Ver ainda Robert Brent Toplin, "Upheaval, Violence, and the Abolition of Slavery in Brazil: The Case of São Paulo", *HAHR*, 4 (November 1969), p. 639-55.

41. Citado em Renato de Mendonça, *Um Diplomata na Corte da Inglaterra. O Barão de Penedo e sua Época*, p. 239.

42. Segundo Jaime Reis, somente a partir da segunda metade da década de 1880, após acentuada queda nos salários (de 1$000 para $500 ou $600), é que a mão-de-obra livre passou a competir vantajosamente com a escrava na Zona da Mata de Pernambuco, tornando o fim da escravidão economicamente compensador. Ver *Abolition and the Economics of Slaveholding in North East Brazil*.

43. É preciso, no entanto, ao criticar o mito da abolição como doação, não cair no mito oposto de que foi conquistada apenas pela ação dos escravos, ou mesmo dos abolicionistas. As rebeliões e fugas em massa de escravos só se deram muito depois da Lei do Ventre Livre, contradizendo as próprias previsões no Conselho de Estado que as esperava em maior número e mais cedo. Os escravos brasileiros permaneceram relativamente tranqüilos em comparação com os das colônias inglesas e francesas. Segundo W. Dean, em Rio Claro só houve uma rebelião e isto em 1887. Toplin, em seu estudo sobre a abolição em São Paulo, reconhece que as revoltas se aceleraram só após 1887. Por outro lado, o fato de não haver rebeliões, ou de haver poucas delas, também não pode ser interpretado como passividade dos escravos. No cotidiano das relações entre eles e os senhores surgiam inúmeras oportunidades de resistência que podiam levar a

mudanças importantes embora às vezes pouco visíveis. Pesquisa no sentido de esclarecer essa dinâmica está sendo desenvolvida por Robert Slenes e Pedro Carvalho de Mello. Resultados preliminares podem ser lidos em Robert W. Slenes, "Coping with Oppression: Slave Accomodation and Resistance in the Coffee Regions of Brazil, 1850-1888", texto mimeografado, 1978.

44. Ver José Murilo de Carvalho, *A Construção da Ordem*, neste volume. A importância da competição partidária para o encaminhamento do problema abolicionista foi apontada por Paula Beiguelman na obra citada. A heterogênea composição social dos partidos também contribuía para a existência da competição e para os efeitos negativos que tinha sobre o sistema como um todo.

45. Stanley J. Stein, *Vassouras*, p. 67. O agudo Cotegipe percebeu muito bem as implicações da abolição ao fazer a famosa advertência à princesa Isabel de que ela libertara uma raça mas perdera um trono. Segundo A. Rebouças, os escravocratas de São Paulo mandaram dizer ao imperador que "preferiam ao Império abolicionista a República com escravos". Ver seu *Abolição Imediata e sem Indenização*, p. 45.

CAPÍTULO 3   A política de terras: o veto dos barões[1]

O exame da política de terras permite aprofundar a análise das relações entre governo e proprietários rurais. Como a política abolicionista, a política de terras, sobretudo seu ponto alto, a lei de 1850, atingia de maneira profunda os interesses dos proprietários, ou pelo menos de parcela deles. Mas ela possui valor analítico distinto por ter provocado alinhamento de proprietários diferente daquele provocado pelo abolicionismo e por não ter sofrido interferência direta da Coroa. Sua especificidade se manifesta ainda com mais clareza quando se examinam os resultados obtidos. Em contraste com a política de abolição, a política de terras quase não saiu do debate legislativo e dos relatórios dos burocratas dos ministérios do Império e da Agricultura, Comércio e Obras Públicas. Ela foi vetada pelos barões.

Não é necessário reconstituir aqui a história da política de terras seguida por Portugal até a Independência, pois outros já o fizeram[2]. Basta recordar que há muito tempo se perdera a finalidade inicial do instituto da sesmaria, que era a cultura efetiva da terra. As exigências de medição e demarcação judicial também tinham deixado de ser cumpridas em muitos casos. Como conseqüência, a confirmação régia das doações feitas por governadores e capitães-generais também não era efetuada. Mais ainda, o limite das doações, que já era alto (máximo de três léguas, ou seja, mais de 12.000 hectares), há muito fora ultrapassado, havendo propriedades de mais de 50 léguas, ou seja, em torno de 218.000 hectares. Um relatório de Gonçalves Chaves, citado por Ruy Cirne Lima, escrito à época da Independência, concluía que todas as terras aproveitáveis estavam tomadas num país que era quase deserto.

Em vista da situação já caótica, uma resolução de consulta da Mesa do Desembargo do Paço, de 17 de julho de 1822, assinada por José Bonifácio, determinou que se suspendessem "todas sesmarias futuras até a convocação da Assembléia Geral, Constituinte e Legislativa". A decisão foi ratificada no ano seguinte, já após a Independência, numa provisão do Desembargo, que também ordenava "mui positiva e terminantemente" a todas as Juntas dos Governos Provisórios das Províncias que se abstivessem de conceder sesmarias até que a Assembléia Constituinte regulasse a matéria[3].

Mas nada foi feito na Constituinte. Em 1835 um projeto sobre sesmarias foi apresentado à Câmara, mas não teve andamento. Foi o primeiro gabinete conservador formado após a Maioridade que retomou o problema, quando, por avisos de 6 de junho e 8 de julho de 1842, o ministro do império, Cândido José de Araújo Viana, solicitou à Seção dos Negócios do Império do Conselho de Estado que elaborasse propostas de legislação sobre sesmarias e colonização estrangeira. O pedido foi encaminhado, para que fosse o relator, a Bernardo Pereira de Vasconcelos que, com José Cesário de Miranda Ribeiro, compunha a seção[4]. Já em 8 de agosto ficava pronta a proposta, relatada por Vasconcelos, e era enviada ao Conselho Pleno, que a debateu em seis sessões durante os meses de setembro, outubro e novembro.

O parecer da seção já continha os elementos que marcariam a discussão de todo o projeto. Começava por vincular os dois problemas e fazer um só projeto em vez de dois, como fora solicitado, propondo abordagem diversa da até então seguida. Dizia claramente: "O principal objeto da seção é promover a imigração de trabalhadores pobres, moços e robustos". E isto porque os membros da seção receavam que a cessação do tráfico de escravos, já resolvida em tratados que se deviam respeitar, reduziria de tal modo os braços existentes que acabrunharia a indústria, isto é, a grande agricultura. E como a ocupação indiscriminada de terras dificultava a obtenção de trabalho livre, o parecer propunha que se vendessem as terras e não mais fossem doadas nem fosse permitida sua ocupação. Deste modo aumentar-se-ia o valor das terras e seria dificultada sua aquisição, sendo então de se esperar "que o emigrado [sic] pobre alugue o seu trabalho efetivamente por algum tempo, antes de obter os meios de se fazer proprietário"[5].

A seção reconhecia que se tratava de doutrina importada, a ser "naturalizada". Durante a discussão na Câmara ficou claro que a inspiração do projeto vinha das idéias de E. G. Wakefield, sobretudo das que expôs em seu folheto *A Letter from Sydney*, publicado em 1829. Marx analisou um pouco mais tarde em *O Capital* as idéias de Wakefield, conforme expostas em trabalho posterior à *Letter*. Tratava-se do problema de como colonizar a Austrália,

TEATRO DE SOMBRAS

onde a terra era barata e abundante e a mão-de-obra escassa e cara. Todo imigrante tornava-se rapidamente proprietário e produtor, impedindo a acumulação de capital. Partindo dessas premissas, a colonização sistemática de Wakefield propunha que o governo encarecesse artificialmente as terras a fim de que o imigrante tivesse que trabalhar por algum tempo antes de poder comprar seu lote. Os recursos obtidos com a venda de terras seriam usados para importar mais colonos, o que por sua vez contribuiria para baratear o trabalho e encarecer mais as terras. Era um *self-supporting system*, um sistema que se auto-alimentava[6].

O projeto da seção tinha 10 artigos e, dentro da lógica das premissas estabelecidas, proibia datas de sesmarias e posses; autorizava a venda de terras devolutas somente por dinheiro e à vista; mandava respeitar as posses feitas depois de 17 de julho de 1823 (a data certa deveria ser 1822) na parte cultivada e em dois tantos mais havendo terreno devoluto no local; proibia estrangeiros que tivessem suas passagens financiadas pelo governo ou por particulares de comprar ou aforar terras, ou comerciar, antes de três anos após a chegada; autorizava gastar os recursos provenientes da venda da terra em financiar viagens de trabalhadores pobres em qualquer parte do mundo; autorizava ainda naturalizar todos os estrangeiros após três anos de residência, mesmo sem solicitação; finalmente, estabelecia que os litígios surgidos com a aplicação da lei seriam julgados pelos juízes municipais, com recurso para os presidentes de província, e permitia a aplicação de penas de prisão de até três meses e de multas de até 200 réis.

A substância do projeto foi pouco modificada no Conselho Pleno, exceto pela introdução, proposta por Vasconcelos, de um imposto territorial de 1$500 por meio quarto de légua em quadra, seguida da drástica disposição: "Serão devolvidas para a Coroa as terras de que não for pago o imposto sobredito por três anos contínuos ou interrompidos"[7]. O projeto apresentado à Câmara dos Deputados em 10 de junho de 1843 pelo ministro da Marinha, Joaquim José Rodrigues Torres, era mais elaborado, continha 29 artigos e apresentava algumas mudanças. Embora mantendo a regra de vender terras, permitia a doação em faixa de 30 léguas da fronteira e para a colonização de indígenas; revalidava todas as sesmarias caídas em comisso e as posses de mais de ano e dia; no caso das posses, permitia legitimação da parte cultivada e mais quatro tantos, desde que o total não ultrapassasse meia légua

333

em quadro de terra de cultura ou duas léguas de terra de criação (respectivamente 2.178 ha e 8.712 ha); introduzia o direito de chancelaria (taxa de revalidação); reduzia o imposto a 500 réis, isentando quem possuísse menos de meio quarto de légua e concedendo ao proprietário metade do preço da terra em caso de confisco por não pagamento; exigia registro de terras dentro do prazo de seis meses, com o confisco da propriedade de quem não fizesse a declaração dentro de seis anos; estabelecia o tamanho mínimo de um quarto de légua em quadro (1.089 ha) para os lotes a serem vendidos. No resto, era quase idêntico ao projeto do Conselho de Estado.

O projeto foi apresentado como ministerial a uma Câmara unanimemente conservadora, eleita após a derrota das rebeliões liberais de São Paulo e Minas Gerais. Apesar disso, a discussão foi intensa e ocupou dois meses de trabalhos legislativos (passou sem debate para a segunda discussão em 21 de julho, e foi aprovado em 3.ª discussão em 16 de setembro). A defesa foi feita sobretudo por Rodrigues Torres, que pronunciou em torno de vinte discursos, secundado com entusiasmo por Bernardo de Souza Franco, deputado pelo Pará, que se comprazia em referências a Wakefield, para a irritação de alguns de seus colegas; por Euzébio de Queiroz, Paulino José Soares de Souza — ambos do Rio de Janeiro; pelo cearense Manuel José de Albuquerque; e, com algumas restrições, por vários outros, salientando-se Francisco Diogo Pereira de Vasconcelos, irmão de Bernardo. A oposição mais violenta veio de deputados de Pernambuco, liderados por Urbano Sabino e Nunes Machado, e do baiano Manuel A. Galvão. Vários outros se opuseram a pontos específicos do projeto sem rejeitá-lo globalmente. Ao todo, 28 dos 101 deputados se envolveram na discussão proferindo 114 discursos[8].

Seria excessivamente longo resumir os debates em todos os seus aspectos. Basta indicar os principais pontos da controvérsia e os argumentos apresentados. As páginas dos *Anais* vão indicadas entre parênteses.

De modo geral, não se discordava da necessidade de medidas relativas ao suprimento de mão-de-obra, embora a ênfase nesse problema fosse dada quase só pelos representantes do Rio de Janeiro e por Diogo de Vasconcelos, que certamente refletia as posições do irmão. Alegavam os fluminenses que, por força dos tratados e pela ação de outros países (leia-se Inglaterra), o tráfico de escravos estava com os dias contados e em breve faltariam braços. "A agricultura vai definhando por falta de braços", disse R. Torres (663), e

TEATRO DE SOMBRAS

Vasconcelos temia seu perecimento em dez ou doze anos, se as medidas preventivas não fossem tomadas (785-89). A parte referente à colonização, portanto, não sofria muita objeção, embora não interessasse particularmente à maioria dos deputados. O que despertava profundas dúvidas, se não violenta oposição, eram os meios sugeridos para promover a colonização, as medidas referentes à propriedade da terra e aos impostos.

Comecemos pelo problema da revalidação de sesmarias e da legitimação de posses. Recorde-se que muitas das sesmarias concedidas antes de 1822 tinham caído em comisso, isto é, tinham perdido a validade, e que todas as propriedades ocupadas após aquela data eram posses não legitimadas. As propriedades com títulos regularizados eram certamente minoria. Diante dessa situação, o projeto exigia a medição e titulação, dentro de prazo a ser estabelecido pelo governo, de todas as sesmarias em situação irregular e de todas as posses, sob pena de serem tidas como terras devolutas; limitava, às vezes drasticamente, o tamanho das posses; e exigia o registro dentro de seis anos sob pena de adjudicação à nação, ou seja, de expropriação. Nunca projeto tão radical seria, mesmo posteriormente, apresentado ao Congresso.

Foram mistas as interpretações quanto a quem seria mais favorecido: os sesmeiros ou os posseiros. Galvão achava que o projeto beneficiava o "turbulento e intruso posseiro (423), o baiano Ferraz achava o oposto (492). O paulista Alves dos Santos combateu energicamente a limitação do tamanho das posses dizendo que no sul do país dois terços das terras eram posses, muitas de grande tamanho (662-3). No mesmo sentido falou o mineiro Luiz Carlos da Fonseca, alegando que em Minas quase todas as terras tinham sido adquiridas por posse. E outro mineiro, Penido, disse que o projeto ofendia os interesses e direitos dos mineiros e pediu a legitimação de todas as posses adquiridas de boa-fé, sem limitação de tamanho (468-71).

A forte oposição levou Rodrigues Torres a introduzir emenda reconhecendo integralmente as posses mansas e pacíficas de mais de 20 anos, isto é, efetuadas antes de 1822. Mas disse fazê-lo com repugnância por comprometer os benefícios do projeto; era uma transação com os opositores para obter sua aprovação (665).

Oposição maior ainda foi feita às taxas e impostos e às cláusulas de expropriação, salientando-se no ataque Galvão e Urbano. Este último afirmou, ao discutir o direito de chancelaria, que pôr em dúvida a legitimidade das posses mansas e pacíficas era princípio "anárquico e subversivo da ordem pública e destruidor de todo o direito" (711). Mais tarde rejeitou tudo que não se referisse à colonização por ser "extorsão violentíssima, um verdadeiro estelionato público" (764-8). Falando sobre a possibilidade de perda da propriedade pelo não pagamento do imposto territorial, acusou a medida de atentatória à propriedade privada, inconstitucional e muito perigosa à ordem pública; ela equivaleria a "tocar o alarme no Império, chamar os proprietários às armas contra o que eles considerariam o estelionato público, a depredação da propriedade particular" (828). Galvão acusou o projeto de ser flagelo que provocaria "uma conflagração geral" no país (715), ou mesmo uma guerra civil (855).

Muitos reclamaram do excesso de despesas que iria recair sobre os proprietários por via das taxas, dos impostos e da exigência de demarcação. Alegavam que em certas regiões e para certos tipos de terrenos a imposição era excessiva. Galvão sustentou que três quartos dos proprietários não poderiam pagar o direito de chancelaria (715). Ao que respondeu Rodrigues Torres que, se o proprietário de uma légua quadrada (4.356 ha) não pudesse pagar 36$000 de direitos, melhor seria que deixasse a terra em comisso para que voltasse à propriedade da nação, pois demonstrava não poder cultivá-la (689).

Apesar da oposição, o projeto foi aprovado quase como inicialmente apresentado. A mudança mais significativa foi o respeito ao tamanho das posses mansas e pacíficas de mais de 20 anos, concessão particular às objeções dos deputados de São Paulo e de Minas. O direito de chancelaria foi ligeiramente rebaixado e o imposto territorial para terras de criação foi reduzido a 125 réis por meio quarto de légua em quadro.

Alguns pontos ficaram claros na discussão. O projeto era basicamente do interesse dos cafeicultores do Rio de Janeiro. As medidas mais drásticas tomadas pela Inglaterra para acabar com o tráfico, adotadas desde 1839 sob a inspiração de Palmerston, e sobretudo o tratado arrancado a Portugal em 1842, conseqüência das medidas de 1839, o apresamento de vários navios de bandeira brasileira, até mesmo em águas territoriais e por simples suspeita de envolvimento no tráfico, além do próprio compromisso assumido no tratado de 1826, corroborado pela lei de 1831, de terminar o tráfico, levavam os homens do governo a considerar a possibilidade da efetivação da medida e suas possíveis conseqüências para o país. Naquele momento, quando o café assumia a liderança na exportação e se alastrava pelo Vale do Paraíba, era normal que fossem os políticos dessa província ou a ela ligados os que mais se preocupassem com o problema[9].

Não é, portanto, de estranhar que o projeto tenha sido solicitado ao Conselho de Estado e apresentado à Câmara pelos gabinetes conservadores de 1841 e 1843. No de 1841 dominavam homens ligados à Corte e à província do Rio de Janeiro, como Araújo Viana, Aureliano, Paulino, José Clemente e Vilela Barbosa. No de 1843 o grupo foi reforçado com a entrada de Rodrigues Torres e Honório Hermeto Carneiro Leão, este mineiro, mas proprietário de fazenda de café na província do Rio. Não havia real oposição à política de tentar atrair braços livres para o país. O que marcou o debate foram os custos com que os proprietários rurais deveriam arcar para efetivar essa política, sobretudo no que se referia aos impostos e à perda da propriedade dos maus pagadores. Já era duvidoso que os cafeicultores aceitassem esses custos; os outros certamente não os aceitariam, independentemente do que fosse resolvido na Câmara.

Isto nos leva a ponto crucial das relações dos proprietários com o governo. O projeto revelou a presença no governo de representantes dos interesses da grande lavoura de exportação, seja diretamente por serem proprietários, como Rodrigues Torres, seja indiretamente por perceberem o papel fundamental que ela representava para a sobrevivência do Estado, como era o caso de Bernardo de Vasconcelos, o autor do projeto. Mas eram representantes com visão muito mais ampliada do problema da lavoura e capaz de equacioná-lo dentro de um marco que ia além da percepção do agricultor comum. Daí a proposta de medidas que representavam verdadeiro custo, mas que eram consideradas necessárias para a salvação da grande lavoura a médio prazo. Rodrigues Torres, defendendo o imposto territorial, foi direto ao ponto. Disse que possuía terras mas pagaria com a melhor boa vontade o imposto. A medida, acrescentou, era benéfica à sua classe, embora "um ou outro lavrador, *desconhecendo dos seus verdadeiros interesses*, a julgue prejudicial" (791, ênfase minha).

Mas os opositores de fora do Rio de Janeiro, sobretudo os de São Paulo e Minas, não desconheciam seus verdadeiros interesses. Em primeiro lugar, porque para muitos dos proprietários dessas províncias o problema da mão-de-obra não era ainda tão premente devido à ainda pequena expansão do café. Em segundo lugar porque, sendo áreas de ocupação mais recente, os custos da medição e revalidação de sesmarias e principalmente da medição e legalização de posses seriam para eles muito mais altos[10]. O que o projeto na realidade buscava, segundo as próprias palavras de Rodrigues Torres, era fazer com que todos os proprietários pagassem pelos custos de importar mão-de-obra livre. Se apenas um grupo de fazendeiros assumisse os custos, argumentava ele, seguindo, aliás, advertência do próprio Wakefield, os outros poderiam beneficiar-se atraindo os trabalhadores com ofertas de melhores salários que poderiam pagar por não terem investido em sua vinda (747-50). O argumento seria convincente se a necessidade de mão-de-obra fosse igualmente distribuída. Não o sendo, a proposta aparecia aos de fora da província do Rio de Janeiro como uma socialização de custos e uma privatização de benefícios por parte dos cafeicultores fluminenses.

Tratava-se, então, de um grupo de proprietários e magistrados propondo uma legislação que beneficiaria os cafeicultores, mas que teria, ao mesmo tempo, repercussões profundas na estrutura agrária do país. Tratava-se, em outras palavras, de tentativa de modernização conservadora que revelou verdadeira divisão entre grupos de proprietários cujos interesses não coincidiam. O fato provocou reações de alguns deputados no sentido de que a Câmara não possuía representantes dos proprietários rurais e por isso não defendia seus interesses. Segundo Urbano, se houvesse muitos agricultores na Câmara o governo não teria sequer coragem de apresentar o projeto[11].

A afirmação era naturalmente um exagero, mas era em parte justificada pelos dois aspectos referidos acima. O radicalismo do projeto — para as circunstâncias da época — talvez tenha contribuído para a aprovação: muitos não acreditavam na possibilidade de implementação, caso passasse pelo Senado. Daí, talvez, também, a pouca cobertura dada pela imprensa aos debates. O jornal *O Brasil*, de Justiniano José da Rocha, que apoiava o gabinete de 1843, deu apenas duas notícias. Achava o projeto muito importante mas irrealista, parecendo-lhe mais um meio de distrair a atenção pública das questões políticas. Não acreditava poder existir "governo tão temerário que quisesse executar essa lei de pronto, em poucos meses, em todo o Império". A execução, achava, "levaria anos, dezenas de anos"[12].

TEATRO DE SOMBRAS

O julgamento era correto. Enviado ao Senado em outubro de 1843, o projeto de lá só saiu em 1850. Durante o período liberal de 1844 e 1848 sofreu toda sorte de obstrução, como adiamentos, apresentação de substitutivos, nomeação de comissões especiais, de comissões externas. Somente após a subida dos conservadores, no final de 1848, é que passou afinal no Senado (em 1850) e foi rapidamente aprovado na Câmara, agora de novo unanimemente conservadora. O gabinete conservador que governou de 1848 a 1852 contava entre seus membros os mesmos Paulino e Rodrigues Torres de 1843, além de Euzébio de Queiroz, isto é, a fina flor do grupo saquarema.

As discussões no Senado tiveram participação intensa dos conservadores Vasconcelos e Miranda Ribeiro, autores do projeto original, além de Rodrigues Torres, Honório Hermeto, Araújo Lima e Miguel Calmon, os dois últimos de Pernambuco e da Bahia, respectivamente. Do lado liberal salientaram-se Paula Souza, que foi também presidente do Conselho de Ministros em 1848, e Vergueiro, ambos de São Paulo e ambos membros de duas das comissões nomeadas para apresentar parecer. As discussões foram muito fragmentadas devido aos constantes adiamentos e aos substitutivos apresentados. Alguns pontos podem, no entanto, ser levantados.

O problema dos posseiros e sesmeiros voltou a ser discutido, agora em função de emenda proposta por uma comissão especial de que faziam parte Vergueiro e Paula Souza, que exigia dos sesmeiros que cultivassem pelo menos um décimo das terras em quatro anos, sob pena de perdê-las. Propunha-se também a transformação em posseiros dos sesmeiros que não demarcassem suas terras. As duas medidas tiveram pronta reação de senadores ligados ao Rio de Janeiro, como Honório Hermeto e José Clemente, e de Pernambuco, como Araújo Lima. Vergueiro defendeu abertamente os posseiros por trabalharem a terra e condenou os sesmeiros por impedir seu cultivo. As duas emendas não foram aprovadas[13].

Outro fator importante na discussão foi o fracasso da experiência da Austrália, baseada no sistema Wakefield, e o êxito que vinha sendo obtido nos Estados Unidos com a venda de pequenos lotes de terras. Miguel Calmon, senhor de engenho na Bahia, que viajara extensamente pela Europa e defendia o fim do tráfico e a imigração européia, propôs a combinação do sistema Wakefield com o sistema americano de venda em hasta pública de terras previamente demarcadas em lotes quadrados. Foram propostos lotes de 500 braças por lado, o que daria 250.000 braças quadradas, ou seja, 121 ha, muito menos do que o tamanho mínimo proposto pela Câmara[14].

Em geral, houve maior ênfase em facilitar a vinda de colonos, eliminando-se várias medidas do projeto anterior que buscavam impedir que se desviassem do trabalho assalariado. Os lotes de terra eram menores, os colonos não eram proibidos de comerciar, propunha-se a naturalização dentro de três anos dos que comprassem terras, e a isenção do serviço militar no Exército ou mesmo na Guarda Nacional[15].

Por outro lado, foram eliminados no Senado alguns dos dispositivos mais controversos do projeto da Câmara, quais sejam o imposto territorial e a perda da propriedade para quem não a registrasse dentro dos prazos (foi substituída por simples multas). Eliminou-se também o proviso do respeito ao tamanho das posses de mais de 20 anos, mas em compensação aumentou-se o tamanho máximo de legitimação de posses para uma sesmaria de cultura ou criação (respectivamente 4.356 ha e 13.068 ha). Miguel Calmon ainda tentou reintroduzir o imposto territorial no último momento mas não teve êxito (*Jornal do Commercio*, 25/7/1850).

O projeto do Senado voltou à Câmara, onde foi discutido globalmente e aprovado com apenas quatro sessões de debates. Diogo de Vasconcelos foi de novo um de seus principais defensores. Repetiram-se os tradicionais protestos dos porta-vozes dos posseiros, agora sobretudo de Minas. Paula Santos, ele mesmo posseiro, disse que os interesses de Minas seriam muito prejudicados por causa da existência na província de grande número de posseiros que teriam o tamanho de suas posses reduzido. O também mineiro Joaquim Antão foi ainda mais enfático. Para ele a lei iria "pôr em conflagração o país" por "ofender os direitos de propriedade de certa classe" (posseiros), e por ter conotações comunistas. O paraibano Carneiro da Cunha também se opôs dizendo que a lei assustaria os grandes proprietários e senhores de engenho e o maranhense Franco de Sá foi claro: a lei "vai prejudicar a minha classe". Finalmente, alguns, como o baiano Wanderley, senhor de engenho, expressaram dúvidas sobre a capacidade de trazerem as medidas propostas braços para as grandes fazendas ou mesmo colonos que trabalhassem por conta própria (*JC*, de 3, 4, 5, 6 e 7/9/1850).

TEATRO DE SOMBRAS

Aprovado na Câmara a 3 de setembro, o projeto tornou-se a Lei 601 de 18 de setembro de 1850, a chamada Lei de Terras, que pouco divergia da versão do Senado. Além das mudanças já mencionadas no projeto da Câmara, a lei estabelecia ainda a venda de terras em hasta pública à vista e a preços mínimos que variavam de meio real a dois réis por braça quadrada, de acordo com o terreno; criava comissários especiais para extremar as terras do domínio público, e previa a criação de uma Repartição Geral de Terras Públicas.

A demora na votação do Senado e as mudanças introduzidas no projeto refletiam em parte mudanças políticas e econômicas. O domínio dos liberais foi fator importante no bloqueio da discussão no Senado, uma vez que o partido era dominado por figuras de São Paulo e Minas. Por outro lado, o agravamento da pressão inglesa mediante o Aberdeen Act de 1845 resultara em grande aumento na entrada de escravos entre 1846 e 1850. Com isso reduziu-se a preocupação dos cafeicultores do Rio de Janeiro com a possível falta de braços a curto prazo. O êxito norte-americano também influenciara no sentido de se procurar melhores condições para a imigração espontânea.

A preocupação com a substituição dos escravos, no entanto, continuou e fez com que os conservadores apressassem a aprovação da lei que foi sancionada apenas 14 dias após a lei de abolição do tráfico. Embora em versão amaciada no que se referia à estrutura fundiária, continha ainda dispositivos suficientemente fortes para despertar a resistência dos proprietários. A história da Lei de Terras foi, até o final do Império, a história dessa resistência e da incapacidade do governo em vencê-la. Vejamos alguns marcos dessa trajetória.

Publicada a lei, o Conselho de Estado foi novamente convocado para elaborar o regulamento, o que foi feito ainda em 1851. Mas ele só foi publicado em 1854, quando foi também criada a Repartição de Terras Públicas e foram nomeados funcionários para medir essas terras, ordenando-se ainda aos juízes e delegados de polícia que informassem ao governo a existência de terras devolutas nas diversas províncias. Os párocos foram encarregados de fazer o registro de terras e remeter os livros respectivos ao governo central.

A leitura dos relatórios dos ministros do Império (até 1860) e da Agricultura, Comércio e Obras Públicas (de 1860 a 1889) é um contínuo reafirmar das frustrações dos ministros e dos funcionários das repartições encarregadas de executar a lei frente aos obstáculos de vária natureza que se lhes antepunham. No que se refere especificamente a terras, os pontos mais importantes eram o registro paroquial, a separação e medição das terras públicas, a revalidação de sesmarias e a legitimação de posses com as respectivas medição e demarcação. Como vimos, esses pontos foram pensados inicialmente como meios para a finalidade principal da lei que era a colonização. Como a discordância maior se referia exatamente a esses meios, vamos neles concentrar a análise.

As queixas dos ministros e funcionários começaram já no Relatório de 1855, um ano após a regulamentação da lei. Somente dez províncias tinham enviado informações sobre terras devolutas e mesmo assim de maneira vaga, sem indicar as dimensões. Só três províncias tinham informado, e de maneira muito incompleta, sobre sesmarias e posses a exigirem revalidação e legitimação[16]. O de 1856 repetia que as informações sobre sesmarias e posses eram incompletas e "não parecem muito conformes à verdade". Havia municípios que relatavam não haver em sua área nenhuma irregularidade na titulação das propriedades, afirmação que beirava a pilhéria. Em 1863 havia referência à "repugnância que ainda em muitas províncias se nota contra a execução da lei de terras", no que dizia respeito à legitimação e revalidação. O de 1865 dizia nada ter sido conseguido nesse ponto nas províncias de Piauí, Paraíba, Rio Grande do Norte, Pernambuco e Sergipe. Em 1870 o ministro não se via em condições de fornecer dados gerais sobre a execução da lei. Afirmava que posseiros ainda julgavam que os agentes do governo os queriam "espoliar de suas propriedades". Em 1871 já se pedia a reformulação da lei por não ter nem mesmo impedido a invasão de terras públicas. Em 1875 o ministro afirmava que as sucessivas prorrogações de prazos para revalidação e legitimação a que o governo era forçado "têm-lhes feito acreditar [aos proprietários] que nunca serão privados das terras pela imposição do comisso em que incorram pela citada lei", e pedia a marcação de um prazo improrrogável. Em 1877 reconhecia-se que a lei era "letra morta" em vários dispositivos. O mesmo foi repetido em 1886, quase ao final do Império, 36 anos após a aprovação da lei. Segundo o ministro desse ano, grande número de sesmarias e posses permanecia sem revalidar e sem legitimar, e as terras públicas continuavam a ser invadidas.

TEATRO DE SOMBRAS

Houve resistências até mesmo ao registro paroquial das terras. O governo queixava-se da lentidão do processo, da resistência dos párocos em promover o registro e remeter os livros, e da arbitrariedade das declarações (não se exigiam provas documentais da propriedade e de suas delimitações). Em 1878 um dos ministros mais interessados no problema, Sinimbu, reconhecia que "o registro de terras possuídas é serviço abandonado". As multas impostas pelo governo aos que não registrassem as terras não constituíam sanção adequada, pois os proprietários simplesmente não as pagavam e não tinha o governo condições de cobrá-las. O ponto é bem demonstrado pelo Relatório de 1864 que dá o balanço dos primeiros dez anos de vigência da lei em treze províncias. Tinham sido registradas no período 230.440 posses e multados 7.775 posseiros no valor global de 460:265$. Desse total de multas foram arrecadados apenas 22:300$. Em 1886 o ministro duvidava da utilidade do registro por ser arbitrário e reclamava a necessidade da apresentação de documentação que provasse os direitos do proprietário, com o que se facilitaria também a revalidação e a legitimação.

A discriminação das terras públicas também não avançou. As províncias ou não informavam ou o faziam de maneira extremamente vaga. Por outro lado, a medição dessas terras se revelava muito onerosa e difícil pela falta de agrimensores. Freqüentemente a medição prévia não culminava na venda dos lotes, arcando o Estado com os prejuízos, como se deu com a fracassada vinda de imigrantes americanos. O Relatório de 1871 já pedia o fim das medições prévias e a concessão gratuita de terras, devendo os concessionários arcar com os custos da medição. Argumentava dizendo que até 1870 tinham sido gastos 5.503:610$ em medição de terras para uma receita de apenas 412:933$ em vendas.

Em parte como conseqüência dessas dificuldades, fracassou também o objetivo da lei, que era a atração de imigrantes europeus. Os ministros e funcionários perceberam rapidamente que o Brasil não tinha condições de competir com outros países, sobretudo com os Estados Unidos, que ofereciam maiores facilidades de aquisição de terras, apresentavam maior desenvolvimento do transporte, melhor qualidade das terras postas à venda e ausência da escravidão nas áreas de colonização[17]. Já em 1855, por exemplo, o ministro achava que o tamanho mínimo dos lotes a serem vendidos, 250 braças quadradas, era excessivo pois dava para quatro famílias. Pedia sua redução em um quarto. Outro obstáculo era a venda a dinheiro e à vista. Já em 1858 eram sugeridas a concessão gratuita, a venda a prazo e o arrendamento de terras a colonos. O objetivo de trazer colonos para as grandes fazendas como jornaleiros ou parceiros permaneceu em grande parte inatingido até a última década do Império, tendo progredido lentamente apenas a criação de colônias do Estado, especialmente no sul do país. Desenvolvia-se a convicção de que o europeu não viria em grande escala como assalariado, ou mesmo como parceiro, por estar preocupado fundamentalmente em adquirir um pedaço de terra. O desânimo geral refletia-se na frase do ministro em 1869: "A história da imigração no Brasil compõe-se de uma longa série de tentativas, todas mais ou menos abortadas." Em conseqüência, até 1880 os relatórios ainda falavam na importação de chineses, chins, como se dizia, como solução do problema da mão-de-obra para a grande lavoura. Desde 1850 pensou-se em importar trabalhadores chineses como alternativa aos europeus, tendo chegado alguns em 1856.

Os lamentos dos ministros e burocratas refletiam a realidade. Houve aumento significativo na entrada de imigrantes em 1853, devido principalmente ao afluxo de portugueses. Mas, a partir deste ano até 1870, as entradas anuais permaneceram estacionárias — pouco acima de dez mil — e muitos imigrantes se dirigiam para as colônias do Estado e não para a grande lavoura. A revolta dos parceiros de Vergueiro em 1856, seguida da proibição de emigração pelo governo prussiano em 1859, constituiu poderoso fator de desânimo quanto à viabilidade de usar o trabalhador europeu em grande escala[18].

As dificuldades refletiam-se na organização da burocracia encarregada de implementar a lei. A Repartição Geral de Terras Públicas, que possuía delegacias em algumas províncias, foi extinta em 1861, como conseqüência da implantação do Ministério da Agricultura, Comércio e Obras Públicas. Foi substituída pela 3ª Diretoria de Terras Públicas e Colonização do novo Ministério. Em 1863 a Diretoria contava com apenas dez funcionários na capital, 25 em cinco delegacias provinciais (E. Santo, S. Paulo, S. Catarina, Paraná, Rio G. do Sul), 14 engenheiros distribuídos por 11 províncias e 17 juízes comissários. As delegacias foram sendo paulatinamente fechadas, restando apenas a do Rio G. do Sul em 1871. Em 1870 criou-se uma Comissão do Registro Geral e Estatística das Terras Públicas e Possuídas que, por sua vez, foi transformada em 1875 em Inspetoria Geral das Terras e Colonização.

TEATRO DE SOMBRAS

Houve ainda uma Agência Oficial de Colonização criada em 1863 e incorporada à Inspetoria em 1875. Mudavam as repartições mas continuavam as dificuldades e a incapacidade do governo em superá-las.

Tudo isto levou a tentativas de reforma da lei de 1850. O ministro da Agricultura de 1878, o liberal Sinimbu, nomeou uma comissão para apresentar projeto de reforma, da qual fazia parte um funcionário especial, Machado de Assis. O relatório da comissão foi aproveitado pelo ministro que o substituiu, Buarque de Macedo, e enviado ao Conselho de Estado em 1880. Neste mesmo ano foi apresentado à Câmara, onde chegou a ser aprovado em primeira discussão, mas não foi adiante. Em 1886 novo projeto, agora patrocinado pelo conservador Antônio Prado, chegou à Câmara que o aprovou no mesmo ano e o enviou ao Senado, onde foi encontrá-lo a proclamação da República.

O conteúdo dos dois projetos era quase o mesmo e refletia as críticas feitas ao longo dos anos nos relatórios ministeriais. A preocupação de ambos era mais com a colonização do que com o regime da posse da terra. Introduziam a venda a prazo, o aforamento e a doação de terras públicas, proibidos na lei de 1850, e reduziam para 25 ha o tamanho mínimo dos lotes a serem vendidos, limitando o tamanho máximo a 100 ha. Ficava clara a intenção: facilitar a aquisição de terras pelos colonos europeus que se tinham mostrado até então avessos aos contratos de salariato e parceria. Cotegipe, na apresentação do gabinete do qual Antônio Prado era ministro da Agricultura, falou explicitamente em proteger a imigração como "corolário da lei de emancipação", referindo-se à Lei dos Sexagenários que a Câmara acabara de aprovar. E acrescentava o objetivo de permitir aos colonos tornarem-se proprietários para que não viessem "de passagem para as repúblicas do Prata, ou para encherem as ruas de proletários"[19]. Antônio Prado reafirmou na Câmara o objetivo de favorecer a imigração pela facilitação da aquisição da pequena propriedade pelo imigrante.

Quanto ao regime fundiário, poucas mudanças foram propostas. Buarque de Macedo sugeriu a revalidação de todas as posses adquiridas após a lei de 1850, mas a sugestão foi criticada e eliminada no Conselho de Estado. Manteve-se a exigência do registro de terras e da revalidação e medição para os beneficiados com doações. Alguns deputados, especialmente da oposição liberal, voltaram a insistir na introdução do imposto territorial, mas sem resultados.

345

Se o projeto de 1843 era claramente dos cafeicultores do Rio de Janeiro, o de 1886 era dos cafeicultores de São Paulo, liderados por Antônio Prado. No mesmo ano de 1886, em que era apresentado o projeto à Câmara, Martinho Prado Júnior, irmão de Antônio Prado, se tornava o primeiro presidente da Sociedade Promotora de Imigração de São Paulo e partia para a Itália a fim de supervisionar a vinda de imigrantes contratados pela dita Sociedade[20]. O projeto facilitava o esforço de atração de imigrantes mediante o chamariz da possibilidade de aquisição de propriedade. Na realidade, mesmo sem a aprovação do projeto, o número de imigrantes italianos cresceu de modo dramático, especialmente a partir de 1887, devido a causas que não tinham a ver com a Lei de Terras.

As reformas do regime de posse da terra — e o projeto aprovado na Câmara em 1843 implicava uma autêntica reforma agrária — ficaram sem execução durante todo o período imperial. O imposto territorial, o mais radical dos dispositivos, foi eliminado pelo Senado. Em várias oportunidades, ministros da Agricultura e os funcionários diretores da Repartição de Terras e de suas sucessoras pediram sua reintrodução como complemento necessário da lei. Os pedidos foram repetidos nos *Relatórios* de 1855, 1858, em todos os *Relatórios* de 1867 a 1872, e no de 1886. Em 1884 Dantas tentou passar na Câmara um projeto que o introduzia, mas foi derrotado por 56 votos a 47, mesmo contando com maioria liberal de 60% dos deputados. O registro ou cadastro de terras teve mais êxito, mas ficou longe de atingir todas as propriedades, além de ser pouquíssimo confiável, pela freqüente incorreção das declarações. A separação e a demarcação de terras devolutas também ficaram em grande parte sem execução, continuando a ocupação ilegal. A legitimação e revalidação quase não progrediram. Sem sombra de dúvidas, a Lei de Terras não pegou.

Havia, é certo, razões para o fracasso que eram alheias à resistência dos proprietários. Uma delas era a falta de recursos humanos para tarefa tão vasta. O país simplesmente não possuía agrimensores em número suficiente, e muito menos engenheiros. Outra era o custo elevado da medição de terras nas grandes distâncias brasileiras. Outra ainda era a fraqueza da burocracia central em nível local. Os únicos funcionários gerais em nível local eram os padres cuja confiabilidade no caso era duplamente duvidosa, por serem muitos deles proprietários e por ser também a Igreja grande proprietária. Todas essas

TEATRO DE SOMBRAS

causas se resumiam no desaparelhamento da máquina do governo para enfrentar as resistências.

Por outro lado, o problema da terra nunca se colocou de maneira tão aguda como o da extinção do tráfico ou o da abolição da escravidão. No caso do tráfico havia a grande pressão externa que ameaçava a soberania do país. No caso da abolição, sobretudo da Lei do Ventre Livre, havia o peso da Coroa. O problema da terra chegou à área decisória por sua vinculação com o problema mais sério do suprimento de mão-de-obra para a grande propriedade. A oferta de mão-de-obra era preocupação constante no Império como o indica o fato de ter sido a questão mais referida nas Falas do Trono: em 56 Falas 34 a mencionaram. A percepção da elite de como andava o problema da escravidão e da imigração estrangeira é que determinava o interesse no estatuto da propriedade rural.

A vinculação entre os dois problemas se fazia de várias maneiras, implicando maior ou menor necessidade de intervenção. A conexão mais profunda era sem dúvida a que derivava do sistema de Wakefield que serviu de base ao projeto de 1842. Por ela se exigia a delimitação e demarcação das terras públicas para venda em grande escala, a revalidação de sesmarias, a legitimação de posse, o cadastro, além do imposto e da taxa de revalidação e legitimação, que foram acrescentados. Por esse sistema, os proprietários incorreriam nos custos da importação de mão-de-obra, representados pelas taxas, pelos impostos e pela redução no tamanho das posses. Haveria uma socialização dos prejuízos entre os proprietários para benefício de um grupo deles, os mais necessitados de braços. A eliminação do imposto e o fracasso da legitimação e da revalidação, e mesmo do cadastro e da arrecadação das multas, tinham o sentido de uma recusa dos proprietários em geral em arcar com os custos da imigração. A conseqüência foi que os dois problemas foram aos poucos sendo desvinculados um do outro. A imigração passou a ser financiada por verbas orçamentárias que subsidiavam companhias de transporte, imigração e colonização, fazendeiros e imigrantes. Isto é, os custos foram socializados não apenas para o conjunto dos proprietários, mas para o conjunto da população pagadora de impostos via orçamento público, seja o do governo geral, seja o dos governos provinciais, sobretudo o de São Paulo, que somente em 1887 gastou mais de três mil contos com a imigração[21].

347

Percebe-se aí um padrão diferente de comportamento de setores da grande lavoura. Os cafeicultores do Rio de Janeiro formularam a solução de seus problemas na década de 1840 em termos mais nacionais e mais eqüitativos no que se referia à distribuição dos custos. Poderíamos aduzir algumas razões para esse comportamento. Em primeiro lugar, o aperto orçamentário da época dificilmente permitiria desviar grandes verbas para a imigração sem criar novos impostos. Em segundo lugar, a riqueza da província do Rio de Janeiro era em boa parte carreada para o Município Neutro, ficando os políticos provinciais em dificuldades para financiar à própria custa a imigração. Em terceiro lugar, a proximidade da Corte fazia com que os políticos fluminenses fossem em boa parte absorvidos pela política nacional e tendessem a formular seus problemas nesse nível mais amplo. O caráter mais nacional se acentuava pela aliança de proprietários com magistrados que caracterizou a reação conservadora do final da década de 1830 e início de 1840. O projeto de 1842 foi elaborado por dois magistrados mineiros, não constando que seu relator, Vasconcelos, fosse proprietário rural, embora fosse ele um defensor confesso dos interesses da grande lavoura. A solução proposta em 1843 tinha claras conotações reformistas e antilatifundiárias, despertando por isso o entusiasmo de pessoas como Souza Franco, um liberal ligado ao comércio urbano. O êxito das medidas propostas dependia em boa parte do aumento da capacidade reguladora e extrativa do Estado, dentro da tendência do regresso conservador. A resistência encontrada, seja na aprovação final da lei, seja na execução, mostrou tanto a incapacidade do governo central como o insuficiente domínio que sobre ele possuíam os cafeicultores do Rio. O reformismo conservador fracassou nessa primeira tentativa.

A alternativa de promover a imigração exclusivamente mediante recursos públicos dependia de folgas orçamentárias e de maior controle dos proprietários, que dela necessitassem, sobre o Estado. Ao final do período imperial verificar-se-iam essas condições, mas não ao nível do governo geral. A riqueza paulista ficava em boa parte na província, apesar das queixas de que era drenada para o governo geral, e podia ser manipulada pelo governo provincial, sobre o qual o controle da grande lavoura cafeeira era indisputado. Os gastos do governo central com a imigração podiam ser reduzidos a montantes que não antagonizassem muitos outros grupos de proprietários menos necessitados de mão-de-obra[22]. A menor dependência dos paulistas com relação ao governo central era também acompanhada de seu menor envolvimento com a política nacional e portanto com a visão mais ampla dos problemas. Caminhava-se para o federalismo republicano que passaria a propriedade das terras públicas para os estados, garantindo a intocabilidade da situação durante toda a República Velha.

No Império a causa da reforma das estruturas rurais, após a discussão de 1843, foi defendida por alguns políticos, por burocratas civis e militares e por intelectuais. Salientaram-se os diretores dos vários órgãos encarregados da execução da lei de 1850, de modo especial Bernardo Augusto Nascentes de Azambuja e seu substituto Inácio da Cunha Galvão. O relatório deste último, incluído no *Relatório* do ministro em 1871, contém uma enfática condenação da grande propriedade improdutiva que fazia com que um país enorme não tivesse terras disponíveis para colonização em lugares acessíveis, forçando o Estado às vezes a comprar terras para vender aos colonos. Para corrigir a situação, sugeria ele como complemento indispensável da lei de 1850 o imposto territorial proporcional à extensão possuída. E apelava aos "poderes do Estado" no sentido de que não ficassem de braços cruzados diante da situação "só pelo receio de desagradar a fátuos proprietários de grandes domínios, que não tirando deles renda, entendem que devem ser sacrificados à sua estulta e egoística vaidade os mais vitais interesses do país"[23]. Talvez o mais ativo combatente pela reforma da grande propriedade tenha sido André Rebouças, defensor da democracia rural, sem escravos, sem latifúndios. Para ele o complemento necessário da abolição seria também o imposto territorial, único meio de desenfeudar a terra e torná-la fator produtivo[24].

Mas os reformistas não falavam pela classe dos proprietários rurais. Quando representantes desta classe se reuniram nos dois congressos agrícolas de 1878, ninguém falou na lei de 1850 nem reclamou sua execução. Uma única voz, em dezenas de discursos e memórias apresentados, referiu-se ao imposto territorial, e assim mesmo como substituto do imposto de exportação. E isto apesar de muitos perceberem a estreita ligação entre a demarcação e legitimação das terras e o desenvolvimento do crédito rural no momento em que o escravo deixava de ser garantia segura para hipotecas. Houve fortes reclamações contra a falta de apoio do governo à agricultura, principalmente no que se referia ao crédito, mas ninguém estava disposto a incorrer nos custos que as políticas de apoio envolveriam[25]. A única proposta de modernização conservadora continuou sendo a de 1842-43, frustrada ironicamente pela subida dos liberais e pela reação ao *Aberdeen Act*.

Algumas interpretações da lei de 1850 revelam percepção incorreta da realidade social e do sistema imperial. Alberto Passos Guimarães, por exemplo, vê na lei o início do predomínio de São Paulo na política nacional. Segundo ele, com a decadência dos cafeicultores do Rio de Janeiro, os paulistas tinham assumido a liderança e sua primeira preocupação era garantir mão-de-obra para suas fazendas. Não há base empírica alguma para tal interpretação. As décadas de 40 e 50 representaram o auge da cafeicultura fluminense. O projeto de 1842 buscava exatamente provê-la de braços livres e os meios propostos encontraram a clara oposição dos paulistas. Já Raymundo Faoro salienta como principal aspecto da lei os meios propostos para viabilizar a colonização, sobretudo a exigência de legitimar as propriedades rurais e a limitação do tamanho das posses. Segundo ele, tais medidas constituíam mais um movimento centralizante do Partido Conservador contra a classe dos proprietários rurais representada pelo Partido Liberal, isto é, era mais um esforço da burocracia de se fortalecer frente aos proprietários. Vimos que, ao contrário, havia clara finalidade econômica na lei e que ela se vinculava estreitamente aos interesses dos cafeicultores do Rio de Janeiro[26].

A Lei das Terras, na realidade, mostrou a incapacidade do governo central em aprovar ou implementar medidas contrárias aos interesses dos proprietários na ausência de pressões extraordinárias, como sejam a ameaça externa ou a pressão do Poder Moderador. Mas mostrou também a falta de unidade da classe proprietária. Fora de situações excepcionais, como as que se verificavam nas rebeliões de escravos ou de camponeses livres, quando se colocava em questão de maneira radical a propriedade tanto do escravo como da terra, os interesses de uns setores da classe não coincidiam com os de outros. E como a estrutura centralizada do Estado exigia predominância nacional para que certas políticas fossem adotadas, raramente setores que eram economicamente mais fortes mas numericamente inferiores conseguiam impor-se, chegando-se sempre a arranjos acomodatícios de natureza conservadora.

A burocracia central, aí incluída a Coroa, mantinha com esses setores alianças móveis. Em 1843 os interesses da centralização, o aumento do controle do Estado sobre a classe proprietária, coincidiam com os interesses dos cafeicultores do Rio de Janeiro. Este setor de classe naquele momento precisava da intermediação do poder do Estado central para viabilizar as medidas de promoção da imigração. Em 1871, por ocasião da Lei do Ventre Livre, a

TEATRO DE SOMBRAS

burocracia fez aliança com outros setores, não vinculados à agricultura cafeicultora, contra os interesses manifestos desta. Em ambos os casos a ação do governo central e de sua burocracia apontava na direção da implantação de uma economia de mercado, liberando a força de trabalho e a terra. Mas no Império esta ação não encontrou apoio sólido em nenhuma classe ou setor de classe. A terra por muito tempo ainda e em muitas partes do país permaneceria fator de *status* além de fator de produção e a força de trabalho permaneceu em boa parte presa ao latifúndio. Como conseqüência, atrasou-se também a constituição da sociedade de mercado e permaneceram frágeis as bases do Estado liberal. Nem mesmo a modernização conservadora ao estilo prussiano, esboçada em 1843 e em 1850, pôde verificar-se. Faltavam alguns ingredientes básicos: do lado da sociedade os barões do aço para se unirem aos barões do café; do lado do Estado um exército ao mesmo tempo reformista e confiável perante a grande propriedade, capaz de garantir, pelo militarismo, a implantação das reformas[27]. Sem isto, o reformismo do Poder Moderador e da burocracia ou se frustrava, ou cavava a própria sepultura.

NOTAS

1. Versão algo modificada deste capítulo foi publicada sob o título de "Modernização Frustrada: a Política de Terras no Império", na *Revista Brasileira de História*, 1 (1981), p. 39-57.

2. Ver principalmente Ruy Cirne Lima, *Pequena História Territorial do Brasil*, e *Terras Devolutas*. Podem-se consultar ainda Costa Porto, *Estudo sobre o Sistema Sesmarial*; Luiz Amaral, *História Geral da Agricultura Brasileira no Tríplice Aspecto Político-Social-Econômico*; e Brasil Bandecchi, *Origem do Latifúndio no Brasil*. Inspiramo-nos particularmente no trabalho de Warren Dean, "Latifundia and Land Policy in Nineteenth-Century Brazil", *The Hispanic American Historical Review*, LI, 4 (November, 1971), p. 606-25. Informativo, embora pouco sistemático, é o trabalho de Eulália Maria Lamayer Lobo, *História Político-Administrativa da Agricultura Brasileira, 1808-1889*.

3. *Coleção dos Decretos do Governo do Império do Brasil de 1822*, p. 62-3, e mesma *Coleção* de 1823, p. 109.

4. *Registro das Ordens Imperiais Baixadas à Seção do Conselho de Estado, 1842,* Arquivo Nacional, Códice 299.

5. *Parecer da Seção do Conselho de Estado, Exposição e Projeto sobre Colonização e Sesmarias Aprovados na Sessão de 8 de agosto de 1842,* Arquivo Nacional, Códice 49, v. I.

6. E G. Wakefield, *A Letter from Sydney,* e Karl Marx, "The Modern Theory of Colonization", em *Capital, A Critique of Political Economy.* Friedrich Engels (ed.), p. 765-774. Marx cita de Wakefield o livro *England and America. A Comparison of the Social and Political State of Both Nations,* escrito em 1833. O texto de Wakefield citado nos debates da Câmara é o *A Letter from Sydney,* a cujo conteúdo aparentemente se tinha acesso mediante artigos de revistas. Ver *Anais do Parlamento Brasileiro,* Câmara dos Senhores Deputados, Segunda Sessão de 1843, tomo II, p. 861, p. 750-51.

7. Senado Federal, *Atas do Conselho de Estado,* vol. III, 14. As *Atas* não trazem a versão final do projeto aprovada no Conselho. Ver *Atas* dos dias 1.º, 15 e 29 de setembro, 27 de outubro e 10 e 17 de novembro de 1842. O plano de Wakefield previa um imposto sobre a renda da terra, não sobre a propriedade rural.

8. Para a discussão, ver os *Anais do Parlamento Brasileiro* citados acima. Particularmente irritado com as constantes citações de Wakefield por Souza Franco ficou o baiano Ferraz, que assim desabafou: "É obra-prima, gritam os nobres deputados; e, extasiados com a obra, contentam-se em bendizer o seu autor; não cessam de repetir aquele latim do Evangelho: — *Beatus venter qui te portavit!* — É o sistema de Wakefield e é o que basta" (491).

9. Sobre as pressões inglesas para o fim do tráfico, ver Leslie Bethell, *The Abolition of the Brazilian Slave Trade: Britain, Brazil and the Slave Trade Question, 1807-1869.*

10. A acusação de que o projeto só beneficiava a província do Rio de Janeiro apareceu mais de uma vez. "Esta lei, disse Galvão, é só feita para o Rio de Janeiro, é o que se diz por aí" (423). Ferraz repetiu a acusação (494).

11. Urbano era magistrado e não era proprietário. Sua violenta oposição ao projeto tinha razões políticas, pois o Ministério de 23 de janeiro de 1843, modificando a política do anterior, optara por apoiar os Cavalcanti em Pernambuco, dando início à reação que terminou mais tarde na rebelião da Praia. Ferraz tocou na mesma tecla da ausência de proprietários na Câmara: "Eu desejaria que esta Câmara fosse composta de muitos proprietários, que não fosse composta de nós empregados públicos; então os interesses dos proprietários seriam bem defendidos" (785).

12. *O Brasil*, edição de 31/8/1843.

13. Os *Anais* do Senado deste período não foram publicados. Recorremos ao *Jornal do Commercio* que os reproduzia. Para a defesa dos posseiros, ver edições de 19 e 21/5/1847.

14. *Jornal do Commercio*, de 7 de setembro de 1848. Sobre a influência da legislação americana no que seria a lei de 1850, ver também o testemunho de J. M. Pereira da Silva em *Situation Sociale, Politique et Économique de l'Empire du Brésil*, p. 115-. Sobre Miguel Calmon, ver Pedro Calmon, *O Marquês de Abrantes*.

15. *Jornal do Commercio* de 16 a 18 de setembro de 1848. Alguns senadores não viam vantagens na naturalização: "Não desejo que os estrangeiros, confiados na lei, venham tomar cacete", disse Vasconcelos. Um triste comentário sobre a qualidade da cidadania na época.

16. As datas referem-se aqui ao ano de publicação dos relatórios. Quase sempre as informações são do ano anterior.

17. Foram estas também as principais vantagens listadas por Hermann Blumenau, diretor da Colônia Blumenau, em documento incluído no *Relatório* de 1871.

18. Ver George P. Browne, "Government Immigration Policy in Imperial Brazil, 1822-1870", tese de doutorado, Universidade Católica da América, 1972.

19. Para o discurso de Cotegipe, ver barão de Javari. *Organizações e Programas Ministeriais*, p. 224-25. A discussão dos dois projetos encontra-se nos *Anais da Câmara* dos respectivos anos.

20. Sobre os Prados, ver Darrell Erville Levi, "The Prados of São Paulo: An Elite Brazilian Family in a Changing Society, 1840-1930", tese de doutorado pela Universidade de Yale, 1974. Sobre imigração, ver Teresa Schorer Petrone, "Imigração Assalariada", em Sérgio Buarque de Holanda (org.), *História Geral da Civilização Brasileira*, tomo II, vol. 3.°, p. 274-96, e também Michael M. Hall, "The Origins of Mass Migration in Brazil, 1871-1914", tese de doutorado pela Universidade de Columbia, 1969. No Brasil a dificuldade em atrair imigrantes levou os representantes da *plantation* a modificar sua política de terras, embora sem liberalizá-la ao ponto do *Homestead Act* americano. A doação de terras, totalmente condenada pela lei de 1850, era admitida pelo projeto de 1886, embora a finalidade de ambas fosse a mesma: atrair mão-de-obra para a grande lavoura cafeeira. Para uma comparação entre a lei de 1850 e o *Homestead Act* de 1862, ver Emília Viotti da Costa, "Política de Terras no Brasil e nos Estados Unidos", em seu *Da Monarquia à República: Momentos Decisivos*, p. 127-47.

21. Segundo Teresa S. Petroni, "Imigração Assalariada", p. 279.
22. No Congresso Agrícola do Recife em 1878, ouviram-se, mesmo assim, fortes críticas aos gastos do governo central com imigração que, dizia-se, só beneficiavam o sul e davam margem a grandes negociatas.
23. *Relatório* de 1871, Apenso F, p. 39.
24. André Rebouças, *Abolição Imediata e sem Indenização*, especialmente p. 28-36. Também de Rebouças, ver *Agricultura Nacional, Estudos Econômicos*. Idéias semelhantes tinham o marechal Henrique de Beaurepaire Rohan, Alfredo d'E. Taunay, Louis Couty e outros, que se reuniam em torno da Sociedade Central de Imigração do Rio de Janeiro, fundada por Blumenau, von Koseritz e Hugo Gruber. O pensamento desse grupo foi estudado por Michael M. Hall em "Reformadores de Classe Média no Império Brasileiro: A Sociedade Central de Imigração", *Revista de História*, 105 (1976), p. 147-71.
25. O Congresso Agrícola do Rio foi convocado pelo ministro Sinimbu e reuniu-se em julho de 1878, com a presença de uns 400 agricultores das províncias do Rio de Janeiro, São Paulo, Minas Gerais e Espírito Santo. Em represália por sua exclusão, a Sociedade Auxiliadora da Agricultura de Pernambuco convocou outro para outubro do mesmo ano, ao qual compareceram uns 300 proprietários do norte. Ver, para o Rio, *Congresso Agrícola. Coleção de Documentos*; para o segundo, *Trabalhos do Congresso Agrícola do Recife em Outubro de 1878* (coligidos e publicados pela Sociedade Auxiliadora da Agricultura de Pernambuco).
26. Alberto Passos Guimarães, *Quatro Séculos de Latifúndio*, p. 119-20, e Raymundo Faoro, *Os Donos do Poder, Formação do Patronato Brasileiro*, 1.ª ed., p. 206-08.
27. Sobre a experiência prussiana, ver Barrington Moore Jr., *Social Origins of Dictatorship and Democracy. Lord and Peasant in the Making of the Modern World*, especialmente cap. VIII.

CAPÍTULO 4 O Conselho de Estado: a cabeça
do governo[1]

Na expressão de Joaquim Nabuco, o Conselho de Estado foi o cérebro da monarquia. Pode haver divergência, havia na época e continua a haver hoje, sobre o real peso político do Conselho. Mas, por sua composição, por constituir um grupo razoavelmente homogêneo em termos de posição na hierarquia política, pela longa convivência, pelo trato constante com os mais variados problemas da política nacional, ele constitui sem dúvida organização estratégica para se estudar o pensamento da elite política do Império. No caso do Conselho, este pensamento pouco se distinguia do pensamento do governo, pois nele se condensava a visão política dos principais líderes dos dois grandes partidos monárquicos e de alguns dos principais servidores públicos desvinculados de partidos. O que se perde por não incluir variedade maior de pensamento, por exemplo o radicalismo liberal ou o republicanismo, ganha-se pela visão mais nítida da filosofia que guiava a política imperial.

Os conselheiros eram escolhidos a dedo pelo imperador, quase sempre depois de longo aprendizado que incluía a passagem por vários postos da administração e da representação política. O quadro 11, referente ao Conselho criado em 1841, demonstra com clareza este ponto.

Pode-se acrescentar ainda aos dados do quadro que 47 dos 72 conselheiros foram também presidentes de província e muitos pertenceram à magistratura. Dos quatro indicados como tendo ocupado outros postos, um foi general e ministro do Supremo Tribunal Militar, outro era bispo, os dois restantes magistrados, um deles tendo sido também presidente de província. O único que não ocupou cargo público era advogado e professor e foi nomeado no último ano de existência do Conselho. Somente dois não tinham estudos superiores; cinqüenta e quatro eram formados em Direito[2].

JOSÉ MURILO DE CARVALHO

QUADRO 11
Postos Ocupados por Conselheiros (1841-1889)

Postos	N.	%
Ministros, Senadores e Deputados	53	73,6
Ministros e Senadores	1	1,4
Ministros e Deputados	5	6,8
Ministros	3	4,2
Senadores e Deputados	1	1,4
Deputados	4	5,6
Outros	4	5,6
Nenhum	1	1,4
Total	72	100,0

Fonte: A. Tavares de Lyra, "O Conselho de Estado", Boletim da Revista do Instituto Histórico e Geográfico do Brasil, 1934. Reproduzido em Tavares de Lyra, Instituições Políticas do Império, 144-152.

O cuidado na seleção dos conselheiros estava, naturalmente, ligado à importância do próprio Conselho na engrenagem política do Império. Partidários e inimigos da instituição concordavam em que ela tinha grande peso na política e na administração. É certamente um exagero dizer que se tratava de um quinto poder, como faz José Honório Rodrigues, pois nem era a consulta obrigatória, nem era o imperador forçado a seguir a opinião da maioria. Mas na prática havia freqüentes consultas, especialmente às seções em que se dividia o órgão, e muitos decretos do Poder Executivo, assim como muitas decisões do Poder Moderador, foram baseados em pareceres e opiniões dos conselheiros, sem falar de importantes projetos de lei que foram por eles inicialmente redigidos, como os da Lei de Terras de 1850 e da Lei do Ventre Livre de 1871[3]. A freqüência do recurso às seções pode ser avaliada pelo fato de que só a seção dos Negócios do Império deu 885 consultas entre 1842 e 1864[4]. A importância que era dada às consultas por parte dos ministros pode ser deduzida do quadro 12.

Apesar de cobrirem apenas alguns anos, os dados acima não deixam dúvida sobre a influência do Conselho na atuação do Executivo, sobretudo na área do Ministério do Império, que abrangia amplos setores como agricultura, comércio e obras públicas (até 1860), correio, navegação, transportes,

TEATRO DE SOMBRAS

QUADRO 12
Decretos Baseados em Consultas do Conselho de Estado
(Anos Selecionados)

| Anos | | | Seções | | | | |
	Império	Justiça e Estrangeiros	Guerra e Marinha	Fazenda	Conselho Pleno	Total	% sobre total de decretos
1845	3	1	8	–	3	15	34,9
1855	28	3	2	4	–	37	18,6
1865	23	8	5	1	5*	42	20,0
1875	57	2	–	9	1	69	27,9
1885	17	–	–	5	2	24	12,6
1889	17	5	3	5	6	36	9,9

*Consultas de reuniões conjuntas das seções de Justiça e Marinha.
Fonte: *Coleção de Leis do Império do Brasil*, anos indicados.

catequese etc. Além dos decretos, várias resoluções imperiais eram também baseadas em consultas. Assim é que, por exemplo, consultas da seção de Justiça serviram de base para 690 resoluções entre 1842 e 1882, e para 319 outros atos executivos, principalmente avisos. Das 690 resoluções, 579, ou seja, 84%, conformaram-se com os pareceres dos conselheiros, e 111, ou seja, 16%, discordaram ou concordaram apenas em parte[5].

A atividade do Conselho Pleno era muito mais reduzida do que a das seções. O número de vezes que ele se reuniu foi surpreendentemente pequeno. Nos 48 anos de duração do Conselho de 1841, o Pleno reuniu-se apenas 271 vezes, uma média de cinco reuniões por ano, tendo havido anos em que não houve reunião alguma, como 1869, 1876 e 1887 (a distribuição por ano das reuniões pode ser encontrada no Apêndice 6). Mas a relevância e o caráter quase sempre político dos temas que eram trazidos a sua apreciação fazem com que nele se concentrassem as atenções. O trabalho mais técnico e mais administrativo das seções não era de molde a despertar grande interesse. Embora não fosse legalmente obrigatória a consulta ao conselho pleno, D. Pedro II raramente deixava de fazê-la nos casos em que a lei o recomendava e, de modo geral, seguia em suas decisões a opinião da maioria. Tomem-se, por exemplo, os casos de conflito entre a Câmara e o Ministério,

359

cuja solução cabia ao Poder Moderador, a quem a lei recomendava ouvir o Conselho antes de decidir. Todas as doze dissoluções da Câmara havidas durante o Segundo Reinado após o início do funcionamento do Conselho foram nele discutidas. Em dois casos houve empate na votação. Dos dez restantes, o imperador seguiu o voto da maioria em sete e divergiu em apenas três. Destes, em apenas dois a maioria tinha sido ampla: um em 1844, quando D. Pedro decidiu favorecer o Ministério liberal, o outro trinta anos depois, quando tentou apoiar o programa abolicionista de Dantas contra a oposição da Câmara liberal. Não seria difícil apontar outros exemplos de problemas em que a opinião dos conselheiros serviu de guia para a ação. A seriedade com que o imperador a ouvia fica patente no fato de que ele próprio fazia um resumo escrito do que cada um dizia[6].

A tarefa de estudar o pensamento do Conselho tornou-se mais fácil com a publicação das atas do Conselho Pleno, antes só acessíveis em forma manuscrita, às vezes de difícil leitura[7]. As atas apresentam também certas vantagens analíticas em relação a outras fontes e mesmo em relação à produção intelectual dos conselheiros fora do âmbito do Conselho. As vantagens têm a ver com as circunstâncias em que eram produzidos os discursos e com a divulgação que lhes era dada. As reuniões do Conselho limitavam-se aos doze conselheiros, ao imperador e à eventual presença de algum ministro, e só excepcionalmente eram as atas divulgadas além do círculo de ministros. Nessas condições, o discurso tendia a tornar-se muito mais franco, e desnudar-se de características formais e políticas que em geral fazem de outras fontes material mais opaco à análise. Assim, por exemplo, as obras destinadas ao público em geral, como livros ou artigos de jornal, constituíam muitas vezes verdadeiras declarações de princípios políticos ou eram parte da estratégia da luta partidária. Como tais, podiam não representar com exatidão a posição dos autores, podiam conter, como cremos que de fato continham, aspectos retóricos que não resistiriam ao enfrentamento de problemas concretos de decisão política. De modo particular, elas eram obrigadas a adotar a prática de abundante citação de autores estrangeiros, fato que pode levar o leitor menos avisado a tirar conclusões equivocadas sobre a real influência desses autores, e de suas idéias. Nem mesmo os debates no Congresso escapavam dessas limitações, pois eram públicas as sessões e saíam publicadas nos jornais, além de refletirem ainda com mais intensidade do que os livros os condicionamentos da luta partidária.

TEATRO DE SOMBRAS

Em contraste, além de serem fechadas as reuniões do Conselho, na maioria das vezes os assuntos debatidos diziam respeito a problemas concretos de política pública, o que coibia a tendência para a retórica, ou para a declamação, como se dizia. O fator partidário tinha também peso muito menor. Nos assuntos mais políticos, como as dissoluções da Câmara, ele se manifestava, mas, em geral, ficava em segundo plano. Embora houvesse sempre conservadores e liberais presentes, além dos apartidários, fazia parte do etos dos conselheiros votar de acordo com as próprias convicções, sem dependência dos partidos a que pertencessem[8]. Um elemento perturbador podia ser a presença do imperador na presidência das reuniões. Em alguns momentos percebe-se claramente a tendência à bajulação por parte de alguns. Mas também não era a regra. A vitaliciedade e o próprio *esprit de corps* parecem ter transmitido ao grupo um sentimento de independência de que se orgulhava. O etos da instituição incorporava a obrigação moral de ser franco perante o monarca e, se necessário, criticar suas ações, como de fato aconteceu mais de uma vez. Por seu lado, o imperador não intervinha na discussão, a não ser para pedir esclarecimentos, formular novas questões, ou evitar que se desviasse do tema central. Nunca dava opinião pessoal e encerrava a reunião quando todos tinham falado e debatido. Sua presença apenas afetava o nível do debate, impedindo altercações mais violentas, ao estilo das que se davam na Câmara. Mesmo quando as divergências eram agudas, o debate travava-se em termos bem-comportados. Parece-nos assim que, se a influência imperial era total na seleção dos conselheiros, ela não impedia a livre manifestação de sua opinião.

Para terminar a caracterização das atas como material de análise, convém completar o que já foi dito sobre a auto-imagem dos conselheiros, acrescentando algumas informações sobre a visão que tinham da posição do Conselho no sistema político. O ponto relevante aqui nos parece ser o fato de que, embora ciosos da importância de seu papel, os conselheiros pareciam estar sempre em posição defensiva, como se precisassem justificar sua presença e seu papel constitucional. Esta atitude se manifestava principalmente quando eram discutidos projetos que ampliavam as atribuições e o poder do órgão. A reação era em geral negativa. Assim, em 1855, um projeto originado na seção dos Negócios da Fazenda, que propunha a ampliação do número de conselheiros e a consolidação do Conselho como tribunal de segunda instância da Justiça administrativa, teve a clara oposição de alguns dos presentes e não foi adiante[9]. Em 1868 foram dedicadas oito reuniões à discussão de ambicioso projeto do marquês de São Vicente, que retomava a preocupação do de 1855 e buscava dar ao Conselho as amplas atribuições de seu similar francês[10]. A reação foi de novo negativa. Alguns acharam inoportuno aumentar despesas em época de guerra; a grande maioria julgou inconstitucional tornar a consulta obrigatória. Rio Branco justificou sua objeção a este último ponto mencionando explicitamente os "preconceitos e injustas apreciações" existentes em relação à instituição (v. 7.372). Na mesma linha, Abaeté insistiu em que ampliar as atribuições do órgão iria torná-lo odioso ao público (v. 7.383). Sem dúvida em boa parte devido a esta oposição, o projeto, apesar de redigido por um conselheiro de prestígio e de ter o apoio imperial, também não foi adiante. Nem mesmo medidas elementares de reforma, consideradas necessárias por todos, como a criação de uma secretaria, a nomeação de um secretário, a organização de um arquivo, foram implementadas. Até o final um dos conselheiros teve que se ocupar do trabalho pedestre de redigir atas e copiar consultas.

As razões desta atitude são de natureza histórica. O Conselho fora criado pelos conservadores em 1841, ainda no calor da luta que, em torno da bandeira da maioridade, tinha levado os liberais ao poder por breve período[11]. A oposição liberal no Senado combatera-o vivamente, sob o argumento de que poria a Coroa sob a coação do que chamava a oligarquia palaciano-conservadora. Uma das alegações para as revoltas liberais de 1842 em Minas e São Paulo foi exatamente a passagem do projeto no Congresso. A oposição não foi suficientemente forte para impedir a aprovação, mas conseguiu que se alterasse um ponto crucial: a obrigatoriedade da consulta, existente no Conselho anterior, foi abandonada em favor da consulta optativa, fato que reduziu substancialmente o poder dos conselheiros[12]. Mesmo assim, permaneceu certa má vontade dos liberais em relação à instituição, sobretudo a seu papel político (a função administrativa era menos controversa). Cresceu a má vontade a partir de 1860, quando Zacarias de Góes publicou seu livro contra o peso do Poder Moderador no mecanismo constitucional, que julgava excessivo[13]. Sendo a principal atribuição do Conselho auxiliar o Poder Moderador no exercício de suas funções, ele era de algum modo também atingido. O mesmo Zacarias reforçou este ponto ao recusar em 1870 a nomeação de conselheiro[14]. Antes disto, ainda em 1869, o programa do Partido Liberal Radical pediu pura e simplesmente sua extinção; menos extremado, o programa do Partido Liberal desse mesmo ano advogou sua transformação em instituição apenas administrativa. Ao final do Império, o gabinete liberal de Ouro Preto recolocou no programa de reformas a eliminação do papel político dos conselheiros[15].

Resumindo o que até aqui foi dito, as atas do Conselho Pleno nos dão acesso ao pensamento, expresso com relativa franqueza, de um grupo cuidadosamente selecionado de políticos no ápice de suas carreiras. Embora com certa predominância conservadora, era ampla a representação liberal, especialmente na última década, podendo-se dizer que estamos diante do pensamento do cerne da elite política produzida pela Monarquia. No entanto, a seleção imperial e a exigência da idade mínima de 40 anos faziam com que não fossem representadas a oposição republicana — o ex-republicano Lafayete, no entanto, lá esteve — e as gerações monárquicas mais novas. Assim, sem prejulgar, a essa altura, quais interesses estariam sendo representados pelos conselheiros, pode-se esperar uma parcialidade em favor do sistema, especialmente do Poder Moderador e da centralização em geral. Ao denominar o Conselho de "cérebro da Monarquia", Joaquim Nabuco apontava para esta característica, se o lermos dando igual ênfase aos dois substantivos.

Podemos, afinal, enfrentar diretamente as atas. De imediato, surgem, no entanto, algumas dificuldades metodológicas. Os aspectos de espontaneidade e de pragmatismo que consideramos uma vantagem para a análise revelam agora certas desvantagens. A grande variedade de tópicos abordados e a preocupação prática dos debates têm por conseqüência a ausência de uma exposição sistemática de idéias e princípios. Além disto, estamos lidando com um período de 48 anos, ao longo do qual houve mudanças de pessoas e de temas. Torna-se deste modo algo problemático detectar qual seria o pensamento do Conselho, e pode mesmo ser questionada a existência deste pensamento.

Quanto à mudança de conselheiros, há certos aspectos que a tornam menos problemática para a análise. A vitaliciedade fazia com que a média de permanência fosse longa, chegando a trinta e cinco anos no caso do visconde de Abaeté. O caso do visconde foi excepcional, mas a verdade é que mais da metade serviu por um período que ia de cinco a 14 anos. Excetuando os nomeados após 1886, apenas sete serviram menos de quatro anos, que era o período de duração de uma legislatura e o máximo que um gabinete conseguiu sobreviver. Este fato permitia a formação de um padrão comum de comportamento, de um etos, que era transmitido aos novos membros. Possibilitava também o desenvolvimento de uma jurisprudência administrativa e de certo acordo quanto a alguns princípios básicos de política, de administração e de economia. E aqui, embora se tratasse de uma assembléia de iguais, fazia-se claramente sentir o peso maior de alguns nomes que acabavam por influenciar os menos capazes e os menos inclinados a teorizações, estabelecendo as linhas mestras da orientação do Conselho[16].

A multiplicidade de assuntos é mais difícil de ser enfrentada. Para que a análise não se perdesse em meandros, fazia-se necessária uma seleção de tópicos e um foco temático. O Apêndice 7 fornece a lista de tópicos que nos pareceram mais relevantes tendo em vista os problemas centrais do Estado e da sociedade da época. Embora haja certo subjetivismo na escolha, não cremos que ele seja de porte a distorcer a análise. O foco temático foi sugerido pela leitura inicial das atas e pela literatura já existente sobre as idéias e a mentalidade das elites no século passado. Em ambos os casos evidencia-se a importância da referência aos exemplos, idéias e autores estrangeiros. A pergunta que surge então de imediato é sobre o significado desta aparente dependência de modelos externos, é sobre a medida em que este fato possa ter afetado, quiçá distorcido, a concepção do Brasil real e a visão do Brasil desejado, bem como a definição dos caminhos que poderiam levar de um a outro. É uma pergunta sobre a imagem e o modelo de Brasil que tinham os conselheiros. Começaremos pelo modelo, passando a seguir à imagem e concluiremos discutindo a coincidência ou não dos achados com o que já se disse sobre o tema[17].

O MODELO

As atas revelam com clareza posição eurocêntrica. Pode-se dizer que os conselheiros em sua totalidade estavam convencidos de que o Brasil pertencia à esfera da civilização cristã européia e de que todo o esforço deveria ser feito no sentido de conformá-lo aos padrões desta civilização. As expressões "mundo civilizado", "nações civilizadas", "civilização", ou mesmo a mais antiquada

TEATRO DE SOMBRAS

"luzes", são freqüentemente empregadas. Como conseqüência, era também por todos considerada legítima a referência a países europeus, seja para esclarecer problemas nacionais, seja para fundamentar propostas de legislação. Nas 144 atas consultadas, nada menos de 16 países europeus são citados. Em contraste, fora da Europa somente os Estados Unidos eram considerados modelo aceitável. Uma vez apenas aparece um país latino-americano, o México, quando da discussão da legislação de minas. No que se refere à América do Sul, os conselheiros não divergiam do conjunto da elite política que nela via apenas nações turbulentas, caudilhescas, pouco propícias à garantia das liberdades públicas e hostis ao Brasil como nação e como monarquia. Ásia e África estão totalmente ausentes[18].

Mas, se não havia dúvida de que a civilização se materializava nos países europeus, sobretudo na Inglaterra e na França, o conteúdo do conceito era algo frouxo. Incluía abstratamente o ideal de riqueza, de desenvolvimento industrial, de governo representativo, de liberdades públicas, de educação, de administração eficiente etc. Nesse nível de generalidade havia pouca divergência. Mas, quando se passava para as aplicações práticas, as coisas começavam a complicar-se. Em geral era menos controverso o uso do conceito quando envolvia padrões de convivência internacional, ou valores éticos. Assim, nas discussões sobre a abertura do Amazonas, sobre a abolição do tráfico, sobre o Ventre Livre, os reformistas dispunham de um forte argumento para a denúncia da incômoda situação do país, destoante da quase unanimidade dos países civilizados (v. 4, 140-201; v. 3, 247-267; v. 6, 171-218). Na discussão do Ventre Livre, São Vicente, o autor dos projetos originais, e Nabuco de Araújo, um de seus principais defensores, insistiram muito no aspecto "não-civilizado" da escravidão. Nabuco lembrou que, como a Espanha já estava tomando medidas abolicionistas para Cuba, o Brasil, se nada fizesse, se tornaria o único país no mundo cristão e civilizado a manter intacta a escravidão (v. 6, 205-210). Torres Homem, na mesma veia, afirmou que o *status quo* era "incompatível com as luzes do século e de nossa civilização, já muito adiantada"(v. 6, 210). Nos debates sobre a abertura do Amazonas à navegação internacional também se reconheceu que o Brasil deveria aderir aos princípios do Tratado de Viena de 1815, e que o fechamento do rio se achava em desacordo "com a civilização e tendências da época"(v. 4, 174; v. 6, 135).

JOSÉ MURILO DE CARVALHO

Mas mesmo nestes casos não faltavam conselheiros que olhassem com ironia a posição das nações chamadas civilizadas. Na discussão do *Aberdeen Act*, por exemplo, todos estavam muito conscientes de que, ao lado da força moral, o principal argumento da Inglaterra era a força física (v. 3, 247-267); a propósito do Ventre Livre, Euzébio de Queiroz observou que os países do chamado mundo civilizado que agora se opunham à escravidão eram até pouco tempo atrás a ela favoráveis, principalmente os que possuíam colônias (v. 6, 184). O velho marquês de Olinda foi, no entanto, o único a tomar uma posição radical: o Brasil não tinha satisfação alguma a dar às idéias abolicionistas européias, disse, acrescentando: "Os publicistas e homens de Estado da Europa não concebem a situação dos países que têm escravidão. Para cá não servem suas idéias" (v. 6, 189).

Pode-se dizer que havia consenso quanto à desejabilidade de buscar o ideal da civilização, mas começavam as divergências logo que se passava a discutir os meios de o fazer. Mesmo os conselheiros mais inclinados a posições doutrinárias tendiam a tornar-se mais flexíveis quando enfrentavam problemas concretos. É esclarecedora aqui a posição em relação à Inglaterra e a suas políticas. Considerado o país líder do mundo civilizado, o mais rico, o mais forte, a pátria das liberdades civis, políticas e econômicas, ela não podia deixar de ser olhada como modelo por quem considerasse tais características valores indisputáveis. Mas não é bem isto que aparece nas atas. Para começar, a própria condição da Inglaterra de país economicamente mais poderoso e, sobretudo, a história de suas relações com Portugal e depois com o Brasil, a colocavam em posição dúbia. Se havia admiração por seu progresso material e por seu sistema político, havia também unânime condenação de sua prepotência em relação ao Brasil. Nas várias reuniões em que se discutiram as relações dos dois países, desde as que se seguiram ao *Aberdeen Act* em 1845 até as da Questão Christie em 1865, passando pelas do tráfico de escravos em 1850, ao lado do reconhecimento da justeza de certas causas e da necessidade de cumprir tratados internacionais, perpassa profunda frustração por achar-se o Brasil indefeso perante imposições externas. A vinculação do problema do tráfico à exigência de novo tratado comercial, por exemplo, levou vários conselheiros à convicção de que a ação inglesa era mais motivada por interesses comerciais do que por razões humanitárias ou de civilização. Alguns, como Paula Souza, embora favoráveis ao fim do tráfico, se opunham a

366

TEATRO DE SOMBRAS

tratar com a Inglaterra e chegavam a sugerir o rompimento de relações (v. 3, 261-262; e também v. 3, 127-130). Nesses momentos, a realidade da força nas relações com os países considerados civilizados sobrepujava as abstrações da civilização. Euzébio de Queiroz foi ao ponto de sugerir que o país não fizesse mais tratados internacionais até que se sentisse suficientemente forte para evitar interpretações tendenciosas (v. 6, 126, discussão da abertura do Amazonas). A frustração aparece com nitidez também quando São Vicente observou, nos debates sobre a Questão Christie, que a Inglaterra podia esquecer que o Brasil existia sem que isto reduzisse sua riqueza (v. 6, 27).

Mesmo quando não se tratava de atritos nas relações com países líderes do mundo civilizado, havia divergência quanto aos fatores responsáveis pelo progresso que neles se verificava. O centro do debate aqui era naturalmente a nova ciência da Economia Política e seus cavalos de batalha, o *laissez-faire* e, talvez mais ainda, o *laissez-passer*. Em mais de uma ocasião tiveram os conselheiros oportunidade de manifestar-se a respeito da liberdade de indústria e de comércio, em geral tomando a Inglaterra como referência. O quadro que as atas nos revelam é o de uns poucos adeptos fervorosos do liberalismo, como Maranguape e Souza Franco, de maioria que se mostra em princípio favorável, mas que a ele se opõe tendo em vista as circunstâncias brasileiras, e de outros poucos que se atreviam a negar validade científica aos princípios liberais. A discussão mais explícita que pudemos encontrar se deu em 1855, quando entrou em pauta uma proposta de reforma das tarifas da alfândega, redigida, a pedido do governo, por uma comissão da praça do Rio (v. 4, 297-332). O projeto vinha precedido de extenso relatório em que os comerciantes faziam enérgica defesa da liberdade de comércio, apoiada em profusas citações de autores estrangeiros, especialmente ingleses. Os conselheiros não se impressionavam com as citações. O único a defender as idéias do relatório foi o visconde de Maranguape, que criticou o projeto por não ser suficientemente liberal. Este conselheiro atacou também o protecionismo das tarifas de 1844 e as tentativas de industrialização forçada. Citando o exemplo de vários países, defendeu a liberdade de comércio como exigência dos sãos princípios da Economia Política que considerava incontestáveis (v. 4, 315-322 e 330-332). Mas já a seção dos Negócios da Fazenda, que era composta dos viscondes de Jequitinhonha, como relator, de Itaboraí e de Caravelas, criticara o projeto e o relatório em parecer que serviu de base para as discussões no Conselho Pleno. O parecer da seção alertava para o perigo do conhecimento apenas abstrato e teórico dos princípios da Economia Política, observando que "a aplicação dos princípios científicos deve sofrer as modificações exigidas pelas fases por que indispensavelmente passam as nações dentro de sua respectiva esfera" (v. 4, 298). Fazia ainda a defesa das tarifas protecionistas de 1844 e propunha limitar os cortes às tarifas referentes a matérias-primas e gêneros alimentícios de primeira necessidade.

No Conselho Pleno nem mesmo esta pequena redução foi aceita pela maioria dos presentes. Jequitinhonha e Itaboraí, um liberal, outro conservador, responderam a Maranguape. O primeiro achou as doutrinas deste inexeqüíveis e refutou seus exemplos um a um, concluindo que "todas as nações têm cometido e ainda hoje cometem esse absurdo: violaram e estão violando os princípios da Economia Política" (v. 4, 324-325). Além do mais, continuou, há divergências entre os próprios advogados do livre comércio e "nenhuma ciência é mais complicada do que a Economia Política". Itaboraí foi ainda mais longe e tentou mostrar que a própria política inglesa era protecionista, na medida em que, reservando para os produtos de suas fábricas o mercado interno, forçava os consumidores a pagar mais caro pelos produtos estrangeiros, violando "os princípios da liberdade comercial tão preconizados por seus economistas" (v. 4, 328)[19].

O mesmo problema dos impostos voltou a ser discutido em 1867, agora com base em projeto elaborado pela Comissão de Orçamento da Câmara, que buscava aumentar em vez de reduzir as tarifas, tendo em vista atender às aperturas da Guerra do Paraguai (v. 6, 270-316). Como em 1855, o exemplo inglês foi várias vezes lembrado, sobretudo a reforma feita por Robert Peel em 1842. Essa reforma tivera um sentido liberalizante, mas a comparação ainda assim era pertinente na medida em que o projeto brasileiro, ao mesmo tempo em que propunha o aumento e a criação de vários impostos, propunha também, à semelhança da reforma inglesa, a redução das tarifas de matérias-primas e de bens de consumo geral. Dessa vez, ao lado de Itaboraí esteve o liberal Souza Franco, em oposição à redução proposta. Ambos concordavam em que, mesmo na Inglaterra, a redução tarifária só resultara em aumento de arrecadação passado algum tempo (o argumento liberal era, naturalmente, que a redução no valor das tarifas seria mais do que compensada

TEATRO DE SOMBRAS

pelo aumento na quantidade da matéria tributável que resultaria do barateamento das importações). Itaboraí argüiu ainda que o aumento da arrecadação na Inglaterra não se devera à redução das tarifas, mas ao grande aumento da riqueza, e que o fim visado pela reforma fora antes político do que econômico, na medida em que ela buscava expandir o consumo de mercadorias inglesas e evitar o desemprego. Souza Franco, sem deixar, mais uma vez, de criticar as "peias que o governo tem posto à liberdade individual", concordou em que a redução das tarifas traria "o desânimo da indústria nacional" (v. 6, 279-286 e 296-301)[20].

A tendência geral para o protecionismo já se revelara em reunião de 1847, quando o governo quis saber se as novas tarifas protecionistas de 1844 revogavam os favores que a legislação anterior, a partir do alvará de 1809, concedia às fábricas. Com exceção de Maranguape, todos opinaram que não se revogara a legislação anterior e que ela se fazia necessária, pois a tarifa não era suficiente para proteger a indústria. Carneiro Leão e Lima e Silva deram um toque ainda mais nacionalista ao proporem que a proteção se aplicasse apenas às fábricas nacionais. Alves Branco, o promotor da reforma de 1844 e relator do parecer que se discutia, justificou os favores a certas indústrias como "costume das nações quando principiam a exercer a indústria", quando não podem imitar "aquelas nações em que a indústria já está geralmente introduzida" (v. 3, 171-175). Dir-se-ia estarmos ouvindo ecos das idéias de Friedrich List (1789-1846), o defensor do protecionismo tarifário para as nações em fase inicial de industrialização, apesar de seu nome não constar da relação de autores citados pelos conselheiros.

O tema do liberalismo voltou ainda em outras ocasiões, como, por exemplo, nos grandes debates da década de 60 sobre o papel do Banco do Brasil, sobretudo sobre seu monopólio da emissão de papel-moeda. As discussões foram excepcionalmente agressivas, pois vários conselheiros estavam na realidade defendendo decisões tomadas quando ministros e, além disto, tratava-se de uma questão candente que culminou na grande crise bancária de 1864, a famosa "quebra do Souto". O presidente do Banco do Brasil, Cândido Batista de Oliveira, era também conselheiro, o que azedava ainda mais as discussões. Mas, a favor ou contra o Banco, os únicos a sustentarem abertamente a pluralidade de emissão em 1862 foram Souza Franco, que a introduzira como ministro em 1858, e o general João Paulo dos Santos Barreto

(v. 5, 287-294)[21]. A maioria defendia o controle da emissão pelo Banco do Brasil, ou pelo Tesouro, salientando-se nessa defesa o visconde de Itaboraí, considerado o principal financista do Partido Conservador. No ano seguinte, 1863, os conselheiros dividiram-se em torno da questão de se permitir ou não ao Banco aumentar os juros para reduzir o troco de suas notas, após ter sido autorizado a emitir até o triplo do fundo (v. 5, 348-361). O próprio Souza Franco abandonou agora o liberalismo e os exemplos ingleses e franceses para opor-se à liberação dos juros, justificando-se com o argumento de que "nesta questão essencialmente prática valem mais os fatos do Império e o exame das circunstâncias da atualidade" (v. 5, 356). Maranguape manteve a coerência dando seu voto favorável à liberação, no que foi acompanhado por três outros colegas.

A tendência dominante de apoiar o intervencionismo governamental no domínio econômico apareceu também nas discussões de auxílios à lavoura e a estradas de ferro. A política normal do governo era auxiliar e dela não discordavam os conselheiros. Vez por outra havia apenas algum protesto pelo excesso de proteção e de controle. Assim, Jequitinhonha, ao discutir em 1867 o pedido de garantia de juros para uma estrada de ferro proposta por Cristiano Ottoni, reclamou a necessidade de "emancipar a indústria do país da intervenção do governo" (v. 6, 387). Mas uma indicação de que suas convicções liberais não eram profundas aparece no fato de que poucos anos antes apoiara concessão de benefícios especiais à Estrada de Ferro da Bahia, contra a oposição dos conservadores Itaboraí e Abrantes, que queriam que o governo deixasse de "fazer o papel de protetor de quanta empresa mal calculada ou inoportuna que aí aparecer" (v. 5, 188). Talvez tivesse pesado mais aí o fato de tratar-se de um benefício para sua província natal.

No que se refere ao domínio econômico, portanto, os conselheiros em sua maioria não se deixavam levar nem pelos exemplos ingleses, nem pelas doutrinas dos economistas liberais. Seja pela tradição mercantilista herdada de Portugal, seja pela percepção clara da inadequação de tais doutrinas à realidade brasileira, quando se tratava de decidir questões práticas eles optavam sempre pelo protecionismo, pela intervenção governamental, pela não confiança nos mecanismos de mercado. De alguma maneira, percebiam que o caminho brasileiro para a civilização não passava pelas direções apontadas pela Economia Política, embora não soubessem dizer exatamente por onde deveria passar.

TEATRO DE SOMBRAS

As dificuldades com o liberalismo econômico repetiam-se no que se refere ao liberalismo político. Aqui, de novo, havia uma admiração generalizada pelo sistema inglês tanto por parte dos liberais como dos conservadores. Para os primeiros, a Inglaterra era o modelo de liberdades públicas e de funcionamento do sistema parlamentar de governo. Para os últimos, era o exemplo de transição lenta e ordenada sem os exageros e distúrbios tão freqüentes, por exemplo, na França. Mas as dificuldades de seguir o modelo surgiam a cada tentativa de aplicá-lo à realidade brasileira.

O problema do funcionamento do sistema parlamentar emergia sempre que o imperador, de acordo com a lei, consultava o Conselho sobre a conveniência ou não de dissolver a Câmara dos Deputados. Houve ao todo doze consultas desse tipo, além de mais uma semelhante em que se discutiu se devia ser demitido o chefe do gabinete ou o comandante das forças aliadas no Paraguai, isto é, Zacarias ou Caxias. Em pelo menos sete destas consultas o exemplo da Inglaterra foi aduzido para justificar ou condenar alguma das soluções propostas. O sério problema que se colocava era o das atribuições do Poder Moderador. Pelo artigo 101 da Constituição, era-lhe atribuída total liberdade em nomear e demitir ministros e podia dissolver a Câmara "nos casos em que o exigisse a salvação do Estado". Este enxerto absolutista, retirado de Benjamin Constant, deu de início viabilidade ao sistema, ao permitir a alternância de partidos no governo. Mas aos poucos, em virtude da própria estabilidade conseguida, começou a ser visto como incompatível com o regime parlamentar autêntico. Desde o manifesto do Partido Liberal Radical de 1868, a eliminação do Poder Moderador passou a integrar os programas reformistas. Mas o debate sobre a questão já se tornara público desde a publicação, em 1860, do livro de Zacarias[22]. O problema central estava na definição das relações entre o Executivo e o Legislativo, e entre ambos e o Poder Moderador. Segundo a prática parlamentar inglesa, algo idealizada pelos conselheiros, a *House of Commons* determinava a escolha do primeiro-ministro. Em caso de conflito entre o gabinete e os *Commons*, uma eleição decidia de que lado estava a opinião pública. Mas no caso brasileiro todos estavam convencidos de que as eleições não cumpriam sua função de representar a opinião pública, pois eram sempre manipuladas pelo partido do poder[23]. Daí o impasse do sistema que Nabuco de Araújo uma

371

vez formulou em sorites que ficou famoso. Se o Poder Moderador não interferisse haveria ditadura de uma facção; se o fazia, provocava reações contra o que se chamava de imperialismo.

O conflito foi exacerbado pela crise de 1868, que resultou na saída do gabinete Zacarias e na convocação dos conservadores que não tinham o apoio da Câmara. Os liberais, antes divididos, cerraram fileiras protestando contra o ato do Poder Moderador. A crise refletiu-se no Conselho dividindo seus membros. Vários não aceitaram os protestos liberais. Sapucaí alegou que buscavam "enxertar em nossas instituições o chamado regime parlamentar que elas não autorizam na amplitude imaginada por sôfregos novadores" (v. 8, 58). São Vicente, o respeitado especialista em Direito Constitucional, julgava também inadmissível e perigosa, fruto de "idéias exageradas", a posição de Zacarias em favor de ampliar o poder da Câmara face ao Poder Moderador (v. 8, 54-56). O liberal Souza Franco viu na chamada dos conservadores interferência indevida do Poder Moderador que, segundo ele, só podia exercer a delegação da nação em conjunto com a Assembléia Geral. Mas reconhecia que a decisão só era de força porque o apelo à nação mediante a dissolução da Câmara e da convocação de eleições não funcionava no Brasil com o sistema eleitoral existente (v. 8, 57). Aceito este ponto, estabelecia-se o impasse, pois a resposta evidente era que, se o sistema eleitoral não permitia a escolha de autênticos representantes da nação, a Câmara não era legítima e não havia por que preocupar-se com sua dissolução. O dilema apareceu com clareza em 1880, quando Sinimbu pediu a dissolução como meio de resolver o conflito entre Câmara e Senado em torno da votação da reforma eleitoral. Tratava-se de apelar para a nação mediante eleições a serem feitas por procedimentos que todos consideravam incapazes de revelar a opinião nacional. Jaguari e Bom Retiro foram francos: "O que aparecerá somente é a vontade do governo", disse o primeiro; "as Câmaras são em geral feitura do governo", acrescentou o segundo (v. 10, 303 e 209). Na mesma linha, Rio Branco afirmou que considerar a nova Câmara a ser eleita como expressão da vontade nacional seria "levar a ficção muito longe" (v. 10, 220). Mas o abandono da ficção teria também sérias conseqüências, como lembraram Abaeté e Taques: se não era representativa a Câmara, também não o era o Senado e assim desmoronava todo o sistema representativo nacional (v. 10, 219 e 221).

TEATRO DE SOMBRAS

Mas, apesar de se reconhecer no sistema eleitoral um obstáculo ao funcionamento de um parlamentarismo à moda inglesa, quando se tratou, em 1878, de discutir a mudança desse sistema, ninguém se referiu à reforma que a Inglaterra acabara de fazer ampliando substancialmente a franquia eleitoral. O uso apenas instrumental do exemplo inglês é bem ilustrado por Paulino José Soares de Souza. Apesar de dizer que buscava ilustração na Inglaterra por ser a "nação mais amestrada na execução do regime representativo" (v. 12, 49), ele a usou em um caso para justificar a limitação do uso do Poder Moderador, e em outro para fazer o oposto. No primeiro tratava-se de fazer oposição a Dantas e a seu projeto de libertação dos sexagenários; no segundo tratava-se de apoiar a subida dos conservadores na pessoa de Cotegipe (v. 11, 305-307; v. 12, 66-69).

Pode-se, portanto, concluir que, a despeito das freqüentes declarações de admiração pelos exemplos e idéias do mundo civilizado, no cotidiano da definição de políticas públicas os conselheiros mantinham um estrito pragmatismo. Bom Retiro, ao aprovar, em 1878, a emissão de papel-moeda sem lastro como meio de socorrer as urgentes necessidades do Tesouro, contra a opinião dos economistas, confessou: "Deixo, neste momento, de lado a região das teorias", para atender às circunstâncias extraordinárias (v. 10, 101). Souza Franco confirmou o uso instrumental das referências a outros países. Segundo ele, esses exemplos eram usados sempre que se tratava de introduzir restrições, "porém são desprezados a pretexto de diversidade de circunstâncias, quando eles apontam progressos e liberdades comercial, industriosa e, sobretudo, bancária e política" (v. 5, 356).

Não quer isto dizer que a referência ao mundo civilizado europeu não passava de uma farsa ou de simples ritual de argumentação. Em muitos casos, na ausência de experiência nacional, recorria-se à prática e à legislação estrangeiras. Assim, por exemplo, o projeto de Lei de Minas foi em boa parte inspirado na legislação francesa de 1810; na lei francesa baseou-se também o projeto de reforma do Conselho e a reforma tarifária de 1867. A Lei de Terras foi profundamente influenciada pelas idéias de Edward G. Wakefield e pela experiência americana; o projeto do Ventre Livre inspirou-se na legislação portuguesa de 1856 (sobre a Lei de Minas, v. 11, 30-73; sobre a reforma tarifária, v. 6, 302; sobre a reforma do Conselho, v. 4, 269-285, e todas as discussões de 1868, v. 7; sobre o Ventre Livre, v. 6, 201). O exemplo externo servia não só para inspirar a legislação nacional como também para indicar possíveis conseqüências de certas medidas. Vimos o exemplo da reforma tarifária de Peel. Durante a discussão do Ventre Livre houve também abundantes referências à experiência dos países europeus em suas colônias do Caribe. Se nem sempre havia concordância quanto à interpretação dessas experiências — cada um em geral procurava usá-las para reforçar seu próprio argumento —, pelo menos serviam para esclarecer alternativas e ampliar o horizonte da discussão.

Fica, no entanto, a pergunta: se havia no Conselho um sentido crítico em relação à importação de idéias e instituições, se não se tratava de um grupo de utópicos fascinados com o brilho europeu, por que não se elaborou dentro da instituição, ou mesmo fora dela, um pensamento mais coerente sobre qual deveria ser o caminho brasileiro para o progresso ou, como mais tarde se diria, um modelo brasileiro de desenvolvimento? A pergunta vincula-se necessariamente a outras: na visão dos conselheiros, qual seria a base para o estabelecimento deste caminho distinto; quais seriam os interesses fundamentais a serem defendidos e promovidos; qual, enfim, a imagem do Brasil, em contraste com o modelo proposto?

A IMAGEM

Uma primeira dificuldade em formular ideologia própria refere-se ainda ao ponto anterior. Não havia exemplo de país que oferecesse suficiente paralelismo em termos de características históricas a ponto de servir de referência mais concreta. Os países da América Latina não apresentavam as necessárias credenciais de civilização. Restavam os Estados Unidos, que possuíam em comum com o Brasil a escravidão mas que, mesmo assim, e antes de acabar com ela, se achavam firmemente orientados na rota do progresso e da civilização. Esse país já tinha inspirado algumas das reformas descentralizantes da Regência e era o modelo predileto de alguns liberais como Tavares Bastos. Mas a experiência da Regência assustara a elite por lhe parecer que levava o país na direção dos vizinhos sul-americanos e não do modelo do norte. Além disto, uma república federal não era exatamente o tipo de exemplo adequado para uma monarquia centralizada. A idéia de que monarquia e federalismo poderiam ser compatíveis só ocorreria de novo aos liberais no final do Império, quando a bandeira federal já fora monopolizada pelo Partido Republicano.

Poder-se-ia especular por que a Alemanha e seus economistas não tiveram maior impacto, de vez que sem dúvida esse país se aproximava mais do caso brasileiro no que se referia ao peso da intervenção estatal do que a Inglaterra. Vimos, por exemplo, que a defesa do protecionismo no Conselho podia ser facilmente ancorada em obras como *Das Nationale System der Politische Ökonomie*, de F. List, escrita em 1841. É possível que a barreira da língua tenha sido um obstáculo importante. Mas ela seria vencida mais tarde, quando Tobias Barreto passou a difundir no país a filosofia alemã. Fica a interrogação[24].

Uma segunda dificuldade refere-se ao próprio país e a sua tradição cultural. A tradição não era rica em termos de pensamento político. Alguns dos mais importantes textos de teoria política e de Direito Constitucional foram produzidos pelos próprios conselheiros. Pode-se dizer que a primeira obra de peso foi a de Pimenta Bueno, escrita em 1857, dois anos antes de ter sido ele nomeado conselheiro. Na bibliografia de quase quarenta títulos em que se baseou este autor, o único texto em vernáculo é de Silvestre Pinheiro Ferreira, um português que vivera e ensinara no Brasil[25]. A década de 60 é que pela primeira vez viu florescer um debate mais aprofundado, salientando-se as obras de Uruguai, outro conselheiro, de Zacarias e de Tavares Bastos. São exatamente estas, mais a obra de Perdigão Malheiro sobre a escravidão, as únicas citadas nas atas lidas[26]. A partir de 1872, data de publicação do livro de Francisco Belisário sobre o sistema eleitoral, o debate político e constitucional dentro das premissas monárquicas perdeu força e nenhum livro importante surgiu até o final da monarquia. A luta passou a travar-se cada vez mais pela imprensa e a escapar dos limites constitucionais vigentes, isto é, a monarquia começou a perder a batalha ideológica[27].

Mas talvez o problema maior estivesse na própria posição social e institucional dos conselheiros. Como topo da elite, eles possuíam, e em grau acentuado, certas características que marcavam esta camada, sobretudo a grande distância social e cultural em relação ao grosso da população, e a proximidade do centro do Estado. Pelo que eram e de onde se achavam, era um Brasil especial o que viam e o que julgavam dever representar. Esse Brasil era como um sistema heliocêntrico, dominado pelo sol do Estado, em torno do qual giravam os grandes planetas do que chamavam as "classes conservadoras" e, muito longe, a miríade de estrelas da grande massa do povo. Esta ótica aparece com clareza nos debates.

Os interesses do Estado em sua soberania externa e interna são sempre defendidos com ênfase. A soberania externa é sustentada consistentemente, seja nas relações com a Inglaterra, seja com a Argentina e demais países com que o Brasil tinha conflitos. No caso da Argentina, a posição mais intransigente de defesa dos interesses nacionais desenvolveu-se a partir de 1848, quando se tornou claro para os conselheiros que uma guerra contra Rosas era inevitável (v. 3, 193-208). Passados 36 anos, a posição do Brasil, agora na questão de limites com aquele país, era ainda sustentada com firmeza, havendo certa hesitação apenas por parte de Sinimbu (v. 12, 3-43). O documento mais notável no que se refere à preocupação com a soberania é um parecer da seção dos Negócios Estrangeiros sobre a abertura do Amazonas, redigido por Uruguai em 1854. Nele, ao mesmo tempo em que insiste na necessidade de aderir às normas internacionais que regiam a navegação fluvial, o relator percebe com clareza os perigos que a medida poderia acarretar, principalmente em face do expansionismo americano, que acabara de incorporar boa parte do território mexicano, e sugere medidas preventivas. Mesmo Maranguape, o mais coerente nas posições liberais, abandonava neste caso seus princípios para dizer que entregar a navegação do Amazonas aos ianques (sic), estando a região deserta, era "entregar-lhes também este país" (v. 4, 140-201 e 198). O exagero do receio apenas mostra a extrema sensibilidade ao problema.

Não ficava a dever a preocupação com a soberania interna do Estado. Aqui o debate mais esclarecedor se deu em torno da Questão Religiosa, entre 1873 e 1875, em seis demoradas reuniões. Ao longo de toda a discussão, apenas o visconde de Jaguari foi consistentemente favorável aos bispos de Olinda e Pará, tendendo os viscondes de Muritiba e Abaeté para uma posição de equilíbrio. Todos os outros, liberais e conservadores, se mostraram francamente regalistas, embora se confessando ao mesmo tempo bons católicos. O mais agressivo de todos foi também o mais liberal, Souza Franco, seguido de perto pelos conservadores Niterói e São Vicente, e pelo também liberal Nabuco. Mesmo Caxias, que tomaria a iniciativa de propor a anistia em 1875, mostrou-se consistentemente governista. A palavra soberania era pronunciada a todo momento para opor-se às pretensões ultramontanas dos bispos. Essa soberania, segundo São Vicente, possuía "autoridade plena, integral, absoluta e além disso exclusiva" (v. 9, 126). Niterói afirmou: "Não há razão nem prerrogativa que possa prevalecer contra o Direito Constitucional e o império da lei" (v. 9, 18), e exigiu que o governo obrigasse os bispos a respeitar as leis "com o império da razão e com a força da razão do Império" (idem), numa frase que não podia expressar melhor a posição da maioria do grupo. Ao ser votada a anistia, apenas Jaguari e Muritiba foram por concedê-la incondicionalmente. Até mesmo Bom Retiro, que possuía aguda percepção da comunidade de interesses entre Igreja e Estado — a Igreja mantinha a população submissa —, não era por isto levado à transigência (v. 10, 35-43), embora não aceitasse a solução radical da separação proposta por Souza Franco e que só a República realizaria (v. 8, 432 e 456; v. 9, 35-38)[28].

A preocupação com os interesses do Estado ofuscava mesmo a defesa dos interesses mais específicos dos grupos dominantes. Com raras exceções, os conselheiros não se consideravam representantes de grupos sociais. A exceção principal era Paulino J. Soares de Souza, consistente defensor dos decadentes cafeicultores fluminenses, inimigo declarado dos gabinetes abolicionistas de Dantas e João Alfredo, assim como já o fora do de Rio Branco antes de ser nomeado conselheiro. Para ele e Andrade Figueira, também fluminense e também conservador, o Império tinha sua base nas "classes conservadoras", isto é, na agricultura e no comércio. As reformas abolicionistas, segundo eles, alienavam o apoio dessas classes, pondo em perigo a sobrevivência da monarquia (v. 11, 301-302; v. 12, 217, 242-244, 254). Fora estes casos, não são muitos os exemplos de defesa direta dos interesses da lavoura, embora fosse consenso que nela estava a base da riqueza nacional e das rendas do Estado. Na única vez em que foi discutido um projeto de auxílio direto à agricultura, em 1875, somente Jaguari se declarou lavrador e mesmo assim para se queixar de que o grupo não possuía "espírito de classe", nem órgãos na imprensa e na tribuna para defender seus interesses coletivos (v. 9, 230-232). A maioria aceitava o imposto territorial, embora duvidasse de sua viabilidade, e não era entusiasta da abolição do imposto de exportação, apesar de considerá-lo contrário aos interesses da grande lavoura e às boas doutrinas econômicas (v. 6, 270-316; v. 4, 297-332; v. 11, 148-232).

Mas havia a menor hesitação quando se tratava da defesa indireta dos interesses das classes conservadoras expressa na preocupação com a ordem em geral, como fica claro nas discussões das propostas de libertação de escravos para lutar na guerra, e do Ventre Livre (especialmente v. 6, 71-90, 171-218, 219-253). No primeiro caso, Itaboraí julgou mais perigoso armar ex-escravos do que contratar tropas estrangeiras, chegando Euzébio a admitir a importação dessas tropas para contrabalançar os libertos que estavam sendo armados (v. 6, 74, 186).

No caso do Ventre Livre, é fato que o projeto surgiu de dentro do Conselho e contou com a oposição ferrenha dos donos de escravos[29]. Também é verdade que a grande maioria dos conselheiros foi favorável à sua adoção, desde que se aguardasse o fim da guerra. Apenas Olinda e Muritiba foram totalmente contra; Jequitinhonha era pela adoção imediata. Mas era grande entre todos a preocupação com as possíveis perturbações da ordem que poderiam advir da adoção da medida. Um dos mais preocupados era Rio Branco, que acabaria por tornar-se o grande defensor do projeto. Um forte argumento dos partidários da proposta era do tipo *reform-mongering*: é melhor atacar agora o problema, apesar dos perigos para a tranqüilidade pública, do que arriscar perturbações maiores como as que houve em S. Domingos, como disse Nabuco (v. 6, 209). No fundo, tratava-se de novo da visão estatista: era preferível que o governo se antecipasse e promovesse a reforma embora incorrendo na ira dos donos de terra, do que permitir que no futuro o conflito se ampliasse, seja numa guerra civil, como nos Estados Unidos, seja em rebeliões de escravos, como em algumas das colônias européias do Caribe. A defesa intransigente dos interesses escravistas, representada por Olinda ("a escravidão é uma chaga em que se não deve tocar", v. 6, 79), foi derrotada em favor do reformismo controlado.

A massa da população livre entrava poucas vezes no campo de visão dos conselheiros. Uma dessas vezes foi durante as discussões sobre impostos e eleições. No primeiro caso, não faltaram vozes simpáticas, preocupadas em evitar que as "classes laboriosas", as "classes que vivem do seu trabalho", "os operários", ou mesmo "a grande massa do povo", fossem prejudicadas pela carestia ou pelo aumento nos impostos de importação e pela introdução do imposto pessoal (v. 11, 193; v. 4, 286; v. 6, 293). A simpatia, no entanto, era algo suspeita, pois a preocupação era mais com possíveis revoltas do que com

TEATRO DE SOMBRAS

o bem-estar propriamente dito da população. Rio Branco, por exemplo, objetou ao imposto sobre salários apontando para o fato de ser ele chamado na França, à imitação da Inglaterra, de *taxe à sédition* (v. 6, 293).

Mas se de algum modo o povo em geral merecia certa atenção quando se tratava de suas condições de vida, ele certamente não tinha a confiança dos conselheiros como capaz de participar adequadamente da vida pública por meio do voto, como aparece nos debates sobre a introdução da eleição direta, especialmente nos que se travaram na reunião de 7 de novembro de 1878 (v. 10, 137-167). Não houve divergência quanto à substância da reforma: a eleição direta era necessária para moralizar o processo de escolha mas, para ser eficiente, devia ser acompanhada da exigência do censo de eleitores da lei anterior (200$000), e não do censo de votantes (100$000)[30], isto é, devia reduzir a franquia com base na renda. Além disto, todos, com exceção de Muritiba, achavam que os analfabetos deviam ser excluídos, quebrando a tradição democrática da Constituição de 1824. Era crença geral que os votantes das eleições primárias, por serem muito vulneráveis às pressões do governo e dos chefes locais, eram os responsáveis pela falsificação do sistema parlamentar e pela dependência da Câmara em relação ao Executivo. Conforme disse Bom Retiro, refletindo o sentimento geral, eleições livres e independentes só seriam possíveis se para elas concorressem apenas aqueles que, por sua "riqueza, cultura de espírito, e posição social", pudessem resistir às pressões e à fraude (v. 10, 147). Posteriormente, já no final do Império, ao se falar na introdução do sufrágio universal, Andrade Figueira disse que tal medida equivaleria a entregar a monarquia desarmada às classes inferiores da sociedade (v. 12, 254).

Nesta questão ninguém se lembrou dos exemplos do "mundo civilizado", se excetuarmos uma ligeira referência de Muritiba à tendência geral de alargar a franquia e à Bélgica que acabara de introduzir o voto do analfabeto (v. 10, 141-143). Não ocorreu a ninguém mencionar a segunda grande reforma eleitoral da Inglaterra, feita em 1867, que aumentara em 88% o eleitorado, nem a introdução nesse mesmo país do voto secreto em 1872. É preciso dizer que havia alguns atenuantes para este comportamento elitista dos conselheiros. Em primeiro lugar, a Câmara liberal, salvo alguns protestos solitários, não teve posição diferente. A reforma da eleição direta passou com o censo de 200 mil-réis e com a proibição para o futuro do voto do

379

analfabeto, resultando no corte da franquia de quase 90% do eleitorado anterior[31]. Em segundo lugar, a comparação com a Inglaterra no caso é algo injusta. No Brasil não houve nada semelhante ao Cartismo, às agitações e protestos que acabaram forçando a passagem da reforma eleitoral inglesa, que, mesmo assim, só veio a realizar-se quase trinta anos após o surgimento da *People's Chart*. Entre os próprios liberais ingleses havia dúvidas quanto à conveniência de ampliar o direito do voto. Robert Lowe opunha-se sob o argumento de que as classes operárias eram "impulsive, unreflecting, and violent", além de serem dadas à "venality, ignorance, drunkenness". Sua incorporação ao sistema político, segundo ele, levaria ao rebaixamento e corrupção da vida pública[32]. Na ausência de pressão popular, o comportamento da elite inglesa seria, provavelmente, tão conservador, se não mais, do que o da elite brasileira.

Mas se é possível dizer que a ausência de pressão popular, que a falta de povo, na expressão de Louis Couty, explica em parte o comportamento dos conselheiros, não é menos verdade que deles não partiu iniciativa alguma no sentido de favorecer a formação desse povo. A reação mais típica foi a de São Vicente: uma vez que no Brasil o povo não tinha iniciativa como nos Estados Unidos, Inglaterra, Bélgica e outros países, e tudo esperava do governo, cabia a este assumir a liderança dos melhoramentos (v. 7, 331)[33]. Isto é, voltava-se de novo ao estatismo.

CONCLUSÃO

As características especiais das atas do Conselho como fonte de análise, apontadas no início do trabalho, acabaram por produzir alguns dos frutos esperados, de vez que chegamos a conclusões distintas das obtidas por autores que utilizaram outras fontes. O que elas revelaram, pelo menos na leitura que fizemos, não é um grupo de elite atacado de marginalismo político e de idealismo utópico, conforme a acusação geral feita por Oliveira Vianna às elites brasileiras[34]. Nem tampouco, ao lê-las, tivemos a impressão de estar assistindo à representação de uma comédia ideológica, na expressão usada mais recentemente por Roberto Schwarz para caracterizar a natureza da atividade intelectual no século passado[35]. Igualmente, com uma ou outra exceção

TEATRO DE SOMBRAS

apenas, não encontramos entre os conselheiros representantes da ideologia do colonialismo mencionada por Nelson W. Sodré[36]. Mas, por outro lado, não vimos também no pensamento deste setor da elite um perfeito ajustamento aos interesses do domínio rural que Paulo Mercadante atribui à *intelligentsia* moderada do Império[37].

Mais próxima do quadro que se nos abriu está a análise que Guerreiro Ramos faz do formalismo, isto é, da discrepância entre a norma e a realidade. A adoção de idéias e instituições alheias, base do formalismo brasileiro, não seria, segundo ele, um indicador de alienação, de desconhecimento da realidade, mas, antes, uma estratégia de mudança social e de construção nacional concebida por sociedades prismáticas derivadas do mundo europeu. Seria uma estratégia de articulação com o mundo de origem ou de referência. A lei nessas sociedades cumpriria um papel pedagógico, não regulando comportamentos reais, mas buscando induzir comportamentos desejados[38]. Esta defesa do formalismo, da cópia de instituições estrangeiras, contra os ataques de Oliveira Vianna, e mesmo do visconde do Uruguai, possui traços desafiadores na medida em que aponta para aspectos dinâmicos das relações entre o pensamento nacional e a influência externa, fugindo da dicotomia estéril idéias no lugar-idéias fora do lugar. A dificuldade com esta conceituação, se aplicada ao nosso caso, está em que resultaria na atribuição aos conselheiros de uma clarividência e de uma segurança quanto ao modelo a seguir e, de modo especial, quanto aos meios a serem adotados, que eles não possuíam[39].

Quanto ao modelo, podia haver, em nível mais abstrato, certo consenso sobre o que fosse um "país civilizado". Tal país teria certamente governo constitucional e estável, administração bem organizada e eficiente; certo grau de liberdade e de igualdade; certos padrões de comportamento internacional; uma população relativamente educada e morigerada; e progresso material. Poder-se-ia mesmo incluir a idéia de sociedade industrial como sendo parte componente do conceito de civilização. O exemplo de Itaboraí é revelador quanto a este último ponto. Ligado como era estreitamente aos cafeicultores fluminenses, não tinha dúvidas quanto ao fato de não ser a agricultura o meio de levar o país mais rapidamente ao progresso. Disse ele em sessão de 1867: "Não há nação exclusivamente agrícola que possa crescer e prosperar como as nações manufatureiras" (v. 6, 283). Mas, quando se des-

3 8 1

cia a aspectos mais específicos dos diversos países considerados civilizados, havia nítida percepção de que eles divergiam em termos de organização política, de condições sociais, de comportamento popular. Assim é que a civilização se realizava mediante diferentes arranjos institucionais em países como a Inglaterra, a França ou os Estados Unidos. Era por esta razão que, apesar da admiração pelo sistema político inglês, quando se tratava de elaborar leis específicas o modelo francês era preferido por melhor se aproximar das condições brasileiras.

E aqui se tornava difícil na época distinguir entre o que fosse característica essencial do mundo civilizado e os instrumentos para lá chegar. A liberdade de comércio e indústria, por exemplo, era tida pelos mais ortodoxos liberais como o segredo do progresso, tanto caminho como parte essencial da civilização. Vimos que a maioria dos conselheiros desconfiava seriamente de sua adequação como instrumento de progresso. Para citar uma vez mais Itaboraí: "As doutrinas tão absolutas que têm vogado entre nós de muito tempo a esta parte em relação à liberdade de indústria são um obstáculo a que possamos algum dia colher as vantagens da multiplicidade dos ramos de indústria" (v. 6, 283). Recorria-se, então, pelo menos na prática, a amplo intervencionismo estatal que incluía a proteção e o incentivo a atividades industriais.

Mas era um intervencionismo distinto, por exemplo, do pregado por List na Alemanha, tanto na concepção como no sentido social e político. Quanto à concepção, List tinha noção mais clara que a dos conselheiros sobre os descompassos entre os vários países em termos de desenvolvimento industrial e das implicações daí decorrentes para a política econômica. Os países que se achavam em fase inicial de industrialização, segundo ele, necessitavam do protecionismo governamental. Somente após atingirem o desenvolvimento pleno é que podiam adotar uma política liberal. Quanto ao contexto social, por trás de List, que se tornou ele próprio um homem de negócios, estavam os comerciantes de Frankfurt, interessados na união dos Estados alemães para a criação de um mercado próprio e na proteção alfandegária para desenvolver suas indústrias. List falava em nome deles, representava a classe industrial emergente e podia com ela dialogar para formular e balizar seu pensamento.

Não foi assim com os conselheiros. Se não eram representantes do escravismo monocultor, se não eram os intelectuais orgânicos da classe agrária,

TEATRO DE SOMBRAS

para usar o inevitável conceito de Gramsci, pois nem era a escravidão aceitável para os padrões civilizados, nem era a agricultura o caminho ideal para o progresso, também não tinham a apoiá-los em sua busca de novos caminhos uma emergente burguesia industrial. Ao tatearem, por assim dizer, na busca de caminho próprio para o progresso, faltava-lhes o embasamento social, fugia-lhes o chão por debaixo dos pés, e acabavam firmando-se apenas no familiar arcabouço mercantilista do Estado. Se a iniciativa estatal em favor da industrialização era indispensável nas condições brasileiras, como o tinha, aliás, sido na própria Inglaterra nos primórdios da industrialização, sem o complemento de um setor industrial ela terminava ou por perder-se no vazio ou por ter efeitos opostos. Assim é que as tarifas protecionistas acabavam tendo finalidade quase só fiscal e a preocupação com o controle provocava os protestos de industriais como Mauá, a quem supostamente deveria beneficiar[40]. Os liberais ortodoxos como Tavares Bastos, opositores da interferência governamental, não viam no Brasil condições para o desenvolvimento industrial[41]. Os intervencionistas do Conselho também não viam com clareza como fazer nascer a indústria das bases agrárias do país. Infelizmente para eles, entre os autores que liam ninguém ainda falava em *export-led industrialization.*

Pode-se, no entanto, suspeitar que, mesmo se existisse tal burguesia industrial, o Conselho não teria sido capaz de incorporá-la em possível projeto de desenvolvimento nacional. A localização no ápice da burocracia, a preocupação quase obsessiva com a defesa dos interesses do Estado, a resistência à expansão da participação política, conseqüências em parte do sistema centralizante que ajudara a criar, colocavam-no em precárias condições para responder com agilidade às mudanças sociais e políticas que se processavam, às vezes como fruto de decisões por ele mesmo tomadas. De sua posição no alto da fortaleza de um Estado alicerçado em uma economia de exportação, os conselheiros tinham visão privilegiada dos horizontes distantes e dos perigos que pudessem ameaçar suas defesas. Mas pela mesma posição tinham dificuldades em perceber e refletir o que se passava a seus pés nos becos do sistema político. A eles sem dúvida não se aplicava a acusação de Oliveira Vianna contra a elite política nacional de ter vivido cem anos de utopia desde a independência. Mas talvez com alguma propriedade se pudesse falar em seus cinqüenta anos de solidão.

NOTAS

1. Versão algo modificada deste capítulo foi publicada, sob o título de "O Brasil no Conselho de Estado: Imagem e Modelo", em *Dados. Revista de Ciências Sociais*, 25, 3 (1982), p. 379-406.
2. Para uma análise da carreira política no Império, ver *A Construção da Ordem* (cap. "Unificação da Elite"). As informações sobre presidentes de províncias foram tiradas de Barão de Javari, *Organizações e Programas Ministeriais*, p. 457-69.
3. Ver José Honório Rodrigues, *O Conselho de Estado, o Quinto Poder?* Os pareceres das seções do Conselho não estão incluídos na edição das atas. Havia quatro seções, cada uma composta de três conselheiros: Império, Justiça e Negócios Estrangeiros, Guerra e Marinha, Fazenda. Há publicações esparsas das consultas das seções, material rico ainda praticamente inexplorado.
4. Ver "Índice Cronológico das Consultas da Seção dos Negócios do Império do Conselho de Estado", anexo ao *Relatório* do Ministério da Agricultura, Comércio e Obras Públicas, 1865. Só no ano de 1867-1868, a seção de Justiça e Estrangeiros deu 64 consultas, 35 das quais foram objeto de resoluções governamentais (Arquivo Nacional, Códice 290, v. 1).
5. *Imperiais resoluções tomadas sobre consultas da Seção de Justiça do Conselho de Estado, desde o ano de 1842, em que começou a funcionar o mesmo Conselho, até hoje*, coligidas pelo bacharel José Próspero Jehovah da Silva Caroah, 2 vol.
6. Alguns destes resumos, em fac-símile, foram incluídos por José Honório Rodrigues na introdução do volume 10 da publicação das atas.
7. Senado Federal, *Atas do Conselho de Estado*, direção geral, organização e introdução de José Honório Rodrigues. A publicação inclui as atas do Conselho dos Procuradores-Gerais das Províncias do Brasil (1822-1823), do primeiro Conselho de Estado (1823-1834), e do segundo Conselho (1841-1889), que foi também de longe o mais importante. Entre as obras escritas por conselheiros, antes ou depois de nomeados, salientam-se as do visconde do Uruguai, especialmente o *Ensaio sobre o Direito Administrativo*, a do marquês de São Vicente, José Antônio Pimenta Bueno, *Direito Público Brasileiro e Análise da Constituição do Império*, e a de Francisco Belisário Soares de Souza, *O Sistema Eleitoral no Império*.

8. A insistência na independência do voto, seja em relação a partidos, seja a ministros, seja ao próprio imperador, vinha principalmente de Abaeté, que pela longa permanência quase que se identificara com a própria instituição e exercia poderosa influência sobre os mais novos. Declarações de apartidarismo podem ser encontradas em várias ocasiões. Ver, por exemplo, as de Jequitinhonha (v. 5, 365), de Rio Branco (v. 10, 128), do visconde de São Luiz do Maranhão (v. 12, 233). A única exceção que encontramos foi uma declaração de José Pedro Dias de Carvalho dizendo que votara como partidário do Ministério (v. 10, 135). Apesar de vitalícios, os conselheiros podiam ser suspensos das funções pelo imperador, mas não consta que tal atribuição tenha sido exercida.

9. Ver *Atas*, v. 4, p. 269-285. Para maior facilidade de citação, indicamos no texto apenas o volume e a página da publicação do Senado. A citação dos nomes dos conselheiros pode às vezes causar confusão, pois as atas nem sempre são consistentes, usando tanto os nomes próprios como os títulos nobiliárquicos. Adotamos o critério de citar o nome como aparece na ata, sem tentar uniformizar.

10. As discussões estão no volume 7, p. 316-322, 323-334, 359-369, 370-379, 380-388, 389-395, 396-404, 411-430. Entre as principais modificações sugeridas por São Vicente, estavam a triplicação do número de conselheiros, a criação de auditores, de uma secretaria e de uma seção especial para o contencioso administrativo. Na parte política, a principal mudança era tornar a consulta obrigatória, sobretudo nos casos que envolviam o exercício do Poder Moderador, retomando neste ponto a legislação do Conselho de 1823.

11. Como já indicado na nota 2, não tratamos aqui dos outros dois conselhos que existiram durante o Império, o de 1822-23, e o de 1823-34. A extinção deste último pelo Ato Adicional de 1834 fora lógica, uma vez que a Regência não tinha o exercício do Poder Moderador. O receio dos liberais em 1841 era muito mais que os conservadores preenchessem logo todas as vagas com correligionários, construindo assim um baluarte dentro do governo.

12. A melhor discussão sobre a criação do Conselho está no livro do visconde do Uruguai, já citado, cap. XXVI. Para uma bibliografia bastante completa, ver José Honório Rodrigues. *O Conselho de Estado*, p. 301-305. O livro de João Camilo de Oliveira Torres, *O Conselho de Estado*, é composto, em mais da metade, de transcrições e nada acrescenta. O texto de José Honório é informativo, embora duplique um pouco a análise de Uruguai.

13. Ver Zacarias de Góes e Vasconcelos, *Da Natureza e Limites do Poder Moderador*. O livro saiu em 1860 sem o nome do autor, mas foi logo republicado em 1862 com a inclusão do nome. No pequeno mundo da elite política imperial tratava-se, aliás, de um segredo de polichinelo.

14. Zacarias foi o primeiro a recusar participar do Conselho. Posteriormente também recusaram o barão de Cotegipe, Saraiva, Cristiano Ottoni, José Bonifácio, o Moço, e Fernandes Cunha (ver Arquivo Nacional, Códice 296, vol. 2). Em 1870, Zacarias tinha razão adicional para não gostar do Poder Moderador: a tempestuosa queda, em 1868 do gabinete a que presidira, devida a atritos diretos com o imperador por causa da nomeação de senadores e com Caxias que na época comandava as tropas aliadas no Paraguai.

15. Sobre os programas, ver Américo Brasiliense, *Os Programas dos Partidos e o Segundo Império*. Sobre o programa do gabinete de Ouro Preto, Barão de Javari, *Organizações e Programas Ministeriais*, p. 245.

16. Entre as figuras dominantes do Conselho, podem-se citar Vasconcelos, Abaeté, Uruguai, Nabuco, Pimenta Bueno, Souza Franco, Rio Branco. Entre as mais apagadas estavam em geral os militares, que davam sempre pareceres muito sumários nos assuntos que escapavam à sua especialidade, e outros como Camilo Armond, José Caetano de Andrade Pinto, Manoel Francisco Correia, em geral pessoas de menor experiência política.

17. Da literatura sobre o pensamento da elite imperial temos em vista especialmente Oliveira Vianna, *O Idealismo da Constituição*; Paulo Mercadante, *A Consciência Conservadora no Brasil*; Guerreiro Ramos, *Administração e Estratégia do Desenvolvimento*; Richard Graham, *Britain and the Onset of Modernization in Brazil, 1850-1914*; Nelson Werneck Sodré, *A Ideologia do Colonialismo; seus Reflexos no Pensamento Brasileiro*; Roberto Schwarz, *Ao Vencedor as Batatas*; Wanderley Guilherme dos Santos, *Ordem Burguesa e Liberalismo Político*.

18. Naturalmente há menção de vários países da América Latina, principalmente os fronteiriços. As colônias européias em que até recentemente existira escravidão são objeto também de referências. Mas em nenhum desses casos se trata de exemplaridade, de modelos a serem seguidos, como no caso dos países europeus.

19. Richard Graham atribui a autoria do relatório discutido no Conselho a uma comissão do governo e usa o documento como indicador da influência do liberalismo no Executivo. Trata-se, como se vê, de um equívoco. O relatório foi elaborado por uma comissão de comerciantes, embora encomendado pelo governo. Este não o endossou e foi até criticado por Maranguape por ter

TEATRO DE SOMBRAS

impedido, por meio de instruções, que os princípios liberais do relatório fossem plenamente incorporados ao projeto. Os conselheiros, que sem dúvida representavam melhor a posição oficial do que os comerciantes, foram antes críticos do que advogados do liberalismo. O livro de Graham revela, aliás, todo ele uma tendência a supervalorizar a influência inglesa em detrimento da iniciativa brasileira. Ver *Britain and the Onset*, p. 105-17. Ver também Brazil, Comissão Encarregada da Revisão da Tarifa em Vigor, *Relatório [...] que acompanhou o Projeto de Tarifa apresentado pela mesma Comissão ao Governo Imperial*.

20. Apenas Itaboraí parecia ter um conhecimento mais amplo das condições que cercaram a introdução do *free-trade* na Inglaterra. Mesmo assim, em nenhum momento foi mencionada a luta entre a agricultura e a indústria em torno da abolição das *Corn Laws*. Maranguape tinha uma concepção abstrata do livre cambismo, de vez que era também crítico das tentativas de industrialização, sem levar em conta que na Inglaterra ele foi exigência dos industriais. Sobre a Inglaterra, ver David Thompson, "The UK and its Worldwide Interests", *The New Cambridge Modern History*, v. X; *The Zenith of European Power, 1830-1870*, p. 331-356. Um curioso argumento em favor da abolição das *Corn Laws* foi apresentado por Lorde Macaulay em discurso a seus eleitores de Edinburgh em 1845. Segundo ele, era inevitável a dependência da Inglaterra em relação a outros países no que se referia à produção de alimentos. Se a dependência era inevitável, restava apenas indagar sobre a melhor maneira de ser dependente. Ver *Miscellaneous Works of Lord Macaulay*, p. 406-417.

21. Souza Franco fora ministro da Fazenda de 4 de maio de 1857 a 11 de dezembro de 1858, quando foi substituído por Sales Torres Homem que, por sua vez, exerceu o cargo até 9 de agosto de 1859. Os dois advogavam políticas financeiras opostas, o que naturalmente se tinha refletido em sua atuação como ministros. Agora podiam enfrentar-se diretamente no Conselho. O caso do general Santos Barreto é algo especial. Ele próprio confessara em reunião de 1859 que não entendia muito de finanças e que o pouco que sabia era retirado de jornais da Europa. Mesmo assim, defendeu a pluralidade de bancos de emissão como "um dogma da Economia Política" (v. 5, 101). O caso talvez se explique mais pedestremente pelo fato de seu genro ser corretor na praça do Rio de Janeiro e lhe passar as idéias e os interesses de seu grupo (v. 5, 102-103).

22. Os argumentos de Zacarias foram rebatidos por Uruguai no *Ensaio* de 1862. A segunda edição de *Da Natureza e Limites*, de 1862 também, já era uma réplica a Uruguai. Dois anos depois, em 1864, Braz Florentino Henriques de Souza deu versão mais extensa da posição ortodoxa em *Do Poder Moderador. Ensaio de Direito Constitucional contendo a Análise do Título V, Capítulo I, da Constituição Política do Brasil.*

23. A análise mais pormenorizada do sistema eleitoral no Império foi feita por Francisco Belisário em *O Sistema Eleitoral no Império.* O livro foi motivado pela luta entre os conservadores do Rio de Janeiro e o Ministério abolicionista de Rio Branco e era uma denúncia da influência do governo nas eleições.

24. A única referência a autores alemães que encontramos, no que se refere a matéria econômico-financeira, foi feita por Jequitinhonha em 1867. Esse conselheiro elogia os alemães e seus estudos na área tributária, mencionando Schmalz e Jakob Rau. Theodor Schmalz (1759-1831) escreve um *Manual de Economia Política* em 1808, de orientação cameralista. Quanto a Jakob Rau, parece engano. Localizamos apenas um Karl Heinrich Rau (1792-1870), que tinha um *Tratado de Economia Política*, escrito entre 1826 e 1837, um guia prático para homens de governo, também de orientação protecionista. Tobias Barreto aprendeu alemão em 1870, indo a uma livraria e comprando um dicionário e uma gramática e encomendando um livro sobre a história do povo judeu. Em 1883 publicou em Recife seus *Estudos Alemães.* Ver, a respeito, Sylvio Romero, *Evolução da Literatura Brasileira (Vista Sintética)*, 1905, p. 120-121.

25. Ver Pimenta Bueno, *Direito Público Brasileiro.* O texto de Silvestre Pinheiro citado é o *Curso de Direito Público.* Sobre a obra deste autor, ver Silvestre Pinheiro Ferreira, *Idéias Políticas*, com introdução de Vicente Barreto.

26. A obra de Perdigão Malheiro, *A Escravidão no Brasil*, foi reeditada em 1944. Da década de 60 são ainda as obras de Teófilo Ottoni, *Circular Dedicada aos Eleitores de Senadores pela Província de Minas Gerais*; de Braz Florentino, *Do Poder Moderador*; do visconde do Uruguai, *Estudos Práticos sobre a Administração das Províncias no Brasil*, 2 vol.; de Tavares Bastos, *Cartas do Solitário*, cuja primeira edição é de 1862; do mesmo autor, *Os Males do Presente e as Esperanças do Futuro*, folheto publicado em 1861 sob o pseudônimo de "Um Excêntrico", e reeditado em 1939; os panfletos de Ferreira Vianna, *A Conferência dos Divinos*, de 1867, republicada em R. Magalhães Jr., *Três Panfletários do Segundo Reinado*;

TEATRO DE SOMBRAS

de Saldanha Marinho, *O Rei e o Partido Liberal*, de 1869; de Landulfo Medrado, *Os Cortesãos e a Viagem do Imperador*, de 1860, e vários outros. Cabe ainda mencionar os manifestos do Partido Liberal Radical de 1868 e 1869 e o do Partido Liberal, de 1869, encontráveis na obra de Américo Brasiliense, *Os Programas dos Partidos*.

27. A renovação intelectual da década de 70, a que Sylvio Romero se refere como "um bando de idéias novas" a esvoaçar de todos os pontos do horizonte, se deu mais no campo filosófico do que no político. Na área política, a década de 60 foi mais fecunda. Sylvio esquece este aspecto porque quer realçar a importância do grupo que se formou em torno de Tobias Barreto no Recife. As obras mais criativas de monarquistas ao final do Império referiam-se à área econômica e social, como *O Abolicionismo*, de Joaquim Nabuco, e *Agricultura Nacional: Estudos Econômicos* de André Rebouças.

28. Discordamos da interpretação dada por José Honório Rodrigues à Questão Religiosa, na introdução que faz ao volume 10, p. VI-XXXII. Não nos parece que tenha sido apenas uma luta entre a Maçonaria e a Igreja Católica (VII). Além disto, a posição sectária e reacionária na época era mais da Igreja do que do Estado.

29. A Câmara conservadora dividiu-se em torno do projeto e foi palco de um dos mais apaixonados debates do Império. Dezenas de representações de fazendeiros de Minas, São Paulo e Rio de Janeiro foram enviadas ao Congresso protestando contra o projeto, cuja autoria moral era atribuída ao imperador por meio do Conselho de Estado. Ver, a respeito, o capítulo "A Política da Abolição".

30. As quantias de 100$000 e 200$000, estabelecidas na Constituição, deviam ser avaliadas em prata, de acordo com a Lei 387, de 19 de agosto de 1846, o que significava dobrar-lhes o valor.

31. Ver o capítulo seguinte para análise mais detida do problema.

32. Citado em John W. Derry, *Parliamentary Reform*. Mesmo um liberal como Walter Bagehot tinha sérias dúvidas sobre a desejabilidade da reforma de 1867 e receava suas conseqüências. Para ele a classe operária contribuía quase nada para a formação da opinião pública e, portanto, sua ausência do Parlamento não impedia que ele coincidisse com essa opinião. Ver Walter Bagehot, *The English Constitution*, especialmente "Introduction to the Second Edition", e p. 201. Os opositores do voto do analfabeto não se esqueciam também de citar a opinião semelhante do liberal John Stuart Mill.

389

33. Em seu livro sobre Direito Público, que é todo ele uma defesa sistemática do liberalismo político e econômico, o mesmo São Vicente se viu obrigado a distinguir entre dois tipos de cidadania: o cidadão simples, titular apenas dos direitos civis, e o cidadão ativo, que possuía também os direitos políticos, sendo o voto o principal deles. Ver Pimenta Bueno, *Direito Público Brasileiro*, p. 440-442.

34. Oliveira Vianna, *Instituições Políticas Brasileiras*, vol. 2º, p. 411-432; e do mesmo autor, *O Idealismo da Constituição*, cuja primeira edição saiu em 1927. Oliveira Vianna estava aqui criticando na realidade os liberais e repetia o que já dissera Alberto Torres em *A Organização Nacional*, que, por sua vez, seguia a linha de pensamento dos conservadores imperiais como Vasconcelos e Uruguai. Curiosamente, o conceito de marginalidade lhe veio do sociólogo americano Robert Park, que se inspirou em Frederick Teggart, cuja obra era uma crítica às teorias raciais e climáticas. Ver Robert E. Park, "Human Migration and the Marginal Man", *The American Journal of Sociology*, XXXIII, 6 (May, 1928), p. 881-893.

35. Roberto Schwarz, *Ao Vencedor as Batatas*, p. 13.

36. Nelson Werneck Sodré, *A Ideologia do Colonialismo*.

37. Paulo Mercadante, *A Consciência Conservadora*, especialmente cap. 15. Mercadante opõe-se à visão de Alberto Torres e Oliveira Vianna sobre o idealismo e marginalismo das elites, defendendo o caráter adaptado de suas idéias.

38. Guerreiro Ramos, *Administração e Estratégia do Desenvolvimento*, cap. 6. Ver também, do mesmo autor, "O Tema da Transplantação e as Enteléquias na Interpretação Sociológica do Brasil", *Revista do Serviço Social*, XIV, 74, 1954.

39. Wanderley Guilherme dos Santos também atribuiu à elite imperial uma clara noção do objetivo a atingir — o eficiente funcionamento da ordem liberal burguesa —, havendo discordância entre conservadores e liberais apenas sobre os meios de lá chegar. A estratégia do formalismo seria, em sua terminologia, a reificação institucional em que incorriam os liberais. Ver *Ordem Burguesa*, p. 50.

40. Sobre o papel do Estado no início da industrialização na Inglaterra, ver L. A. Clarkson, *The Pre-Industrial Economy in England, 1500-1750*. As queixas de Mauá estão em Irineu Evangelista de Souza, visconde de Mauá, *Autobiografia (Exposição aos Credores e ao Público)*.

41. Ver Tavares Bastos, *Cartas do Solitário*, p. 268, e o Apêndice 1 nela incluído. O livro é uma defesa intransigente do livre comércio por quem se declara "um entusiasta frenético da Inglaterra" (415).

CAPÍTULO 5 Eleições e partidos: o erro de sintaxe política[1]

Na observação de Euclides da Cunha, o Brasil é exemplo único de país criado a partir de uma teoria política. Com tal fascinação por modelos (externos), não é surpresa que o problema central da organização de um sistema político, qual seja o da definição de quem pode nele participar e como pode participar, tenha merecido atenção constante dos políticos imperiais. À parte a mania de buscar modelos para neles enquadrar a realidade, era concreto o problema de definir a cidadania num país que saía de situação colonial com alguma experiência de autogoverno apenas em nível local. Tratava-se realmente de construir quase do nada uma organização que costurasse politicamente o imenso arquipélago social e econômico em que consistia a ex-colônia portuguesa. A mania e a necessidade resultaram em abundante legislação eleitoral que buscava incessantemente conciliar a realidade com os modelos disponíveis nos países de vida política mais organizada e mais amadurecida.

Seria talvez útil percorrer esta vasta legislação, mas não seria agradável, nem é necessário. Prefiro tentar extrair da legislação as preocupações nela subjacentes, tendo em vista principalmente o sentido do debate eleitoral para o sistema político como um todo e para os partidos políticos em particular[2]. Três foram, a meu ver, as preocupações básicas que acompanharam os esforços de regulamentação eleitoral: a definição da cidadania, isto é, de quem pode votar e ser votado; a garantia da representação das minorias, isto é, a prevenção da ditadura de um partido ou facção; e a verdade eleitoral, isto é, a eliminação de influências espúrias, seja da parte do governo, seja da parte do poder privado.

No que se refere à definição da cidadania, a evolução da legislação foi uma involução. Verifica-se constante e consistente movimento no sentido de restringir a participação, culminando o processo na lei de eleição direta de 1881. Não é difícil demonstrar a tese. As primeiras eleições, feitas para compor as Cortes de 1821, ainda antes da Independência, regeram-se por legislação inspirada na Constituição espanhola de Cádiz, de 1812, que, por sua vez, se baseara na Constituição revolucionária francesa de 1791. Adotava-se praticamente o voto universal masculino. A própria França voltou atrás e só adotou novamente o sistema após a revolução de 1848. A maioria dos países europeus só iria introduzi-lo no século XX.

As eleições para a Constituinte brasileira já foram feitas com restrições à cidadania: exigia-se idade mínima de 20 anos, excluíam-se os assalariados e os estrangeiros. A Constituição outorgada em 1824 foi além nas restrições: elevou a idade para 25 anos, excluiu os criados e, pela primeira vez, introduziu o critério de renda (mínimo de Rs 100$000 ao ano para os votantes nas eleições de primeiro grau). Toda esta legislação foi de iniciativa do Executivo, podendo estar aí a causa da crescente preocupação com a redução do número de cidadãos ativos, segundo a expressão da própria Constituição. Mas a hipótese não se sustenta: todas as leis posteriores foram votadas pelo Congresso e a tendência nem por isso se inverteu.

Assim é que a primeira lei votada, a de 1846, além de excluir as praças-de-pré, matreira e ilegalmente mandou calcular a renda em prata, o que equivalia a dobrar a quantia exigida, passando, para os votantes, de Rs 100$000 para Rs 200$000. A medida podia justificar-se com o argumento da desvalorização da moeda pela inflação. Mas não deixava de ser uma reforma irregular da Constituição e revelava, na melhor das hipóteses, preocupação em evitar a expansão do eleitorado pela deterioração do critério de renda. O ponto culminante das restrições veio em 1881. Eliminou-se a eleição em dois turnos mas, ao mesmo tempo, a Câmara liberal aprovou a proibição do voto do analfabeto e introduziu exigências muito severas para verificar a renda de Rs 200$000, além de tornar o voto voluntário. O assalariado não funcionário público foi praticamente excluído do direito de voto[3].

O efeito dramático da redução, bem como sua permanência República adentro, podem ser avaliados pelos dados do quadro 13.

TEATRO DE SOMBRAS

QUADRO 13
Participação Eleitoral, 1872-1945

Ano	Votantes	% da população total
1872	1.097.698	10,8 (13,0)*
1886	117.022	0,8
1894	290.883	2,2
1906	294.401	1,4
1922	833.270	2,9
1930	1.890.524	5,6
1945	6.200.805	13,4

Fontes: Censo de 1872; *Organizações e Programas Ministeriais;* Guerreiro Ramos. *A Crise do Poder no Brasil*, p. 32.
*Excluindo a população escrava.

Vê-se que o índice de participação nas eleições primárias anteriores à lei de 1881 só foi superado em 1945, 64 anos mais tarde, após quatro mudanças de regime, três delas feitas em nome da ampliação da cidadania. A manutenção do envolvimento popular em níveis baixos foi um traço constante da lógica do sistema político, monárquico ou republicano. A justificativa para tal procedimento entre os teóricos era a da qualidade do voto e da lisura nas eleições. A participação ampliada, sobretudo a do analfabeto, era considerada uma das principais causas da corrupção eleitoral pois, alegava-se, faltava a esta população condições de entendimento e de independência para exercer adequadamente a função do voto, resultando daí a manipulação e o falseamento das eleições. Foi este o principal argumento usado durante as discussões do projeto que resultou na lei de 1881. O texto clássico de Francisco Belisário Soares de Souza é a melhor exposição desta perspectiva. A discussão no Conselho de Estado, de 1878, também revelou unanimidade quanto à manutenção do censo alto. Somente um dos conselheiros foi contra a exclusão dos analfabetos do direito de votar. Mesmo José de Alencar, o mais original pensador da época no que se refere ao sistema eleitoral, preocupado embora, apesar de conservador, com a ampliação da participação, inclusive para a mulher e o escravo, era contra dar o voto ao analfabeto, por ele equiparado ao surdo-mudo, inapto para conhecer o governo e exprimir sua vontade[4].

Durante os debates na Câmara poucas vozes se manifestaram contra a redução da franquia eleitoral. Entre elas estavam as de Joaquim Nabuco,

José Bonifácio, o Moço, e Saldanha Marinho. Todos denunciavam o sofisma dos defensores da incapacidade popular, mostrando que os verdadeiros corruptores eram os políticos e o governo. A culpa da corrupção, segundo Nabuco, era dos candidatos, dos cabalistas, das classes superiores. O republicano Saldanha Marinho ia na mesma direção: "Tenham as sumidades políticas consciência de si e contritas confessarão que os imorais e corrompidos são elas. Não tenho receio do voto do povo, tenho receio do corruptor"[5].

A redução do eleitorado a um mínimo era também do interesse dos proprietários rurais. Nos debates dos congressos agrícolas de 1878, vários agricultores se pronunciaram a favor da eleição direta com exigência de renda, argumentando que o nível de participação existente tornava o processo eleitoral excessivamente oneroso para os proprietários, pois se viam obrigados a manter sob sua proteção grande número de votantes que não lhes interessavam como mão-de-obra. Segundo um fazendeiro de Minas Gerais, milhares de ociosos eram mantidos nas propriedades por interesse eleitoral. Eram os espoletas eleitorais[6]. De fato, se tomarmos os dados eleitorais de um município do interior de Minas, veremos que grande parte dos votantes era constituída de empregados rurais ou pequenos lavradores.

QUADRO 14

Ocupação dos Votantes de Formiga, MG, 1876

Ocupação	Nº	%
Proprietários	98	24
Empregados rurais	188	46
Artesãos	55	13
Empregados no comércio	38	9
Funcionários públicos	19	5
Profissionais liberais	7	2
Ignorada	4	1
Total	409	100

Fonte: Títulos Eleitorais do município de Formiga, MG.

Somando-se os empregados rurais aos artesãos e aos empregados no comércio, vê-se que compunham 70% do eleitorado. No caso dos votantes vinculados à atividade rural, apenas 14 dos 34 proprietários possuíam renda que pudesse ser considerada alta, acima de um conto de réis. Entre estes 14 estavam sem dúvida os chefes políticos que tinham que manter sua capacidade de controlar os resultados das eleições e, portanto, tinham que cultivar os votantes mesmo fora dos períodos eleitorais. A franquia relativamente ampla que existia antes de 1881 (excluindo os escravos, a porcentagem da população que votava em 1872 subia para 13%, igual à de 1945) introduzia um elemento de irracionalidade nos cálculos econômicos dos proprietários, obrigando-os, por razões de poder e prestígio, a manter um número de dependentes acima das necessidades da produção. Tal situação era mais verdadeira no Império do que na República, pois o rodízio de partidos no poder possibilitava o conflito entre elementos da classe proprietária. Como é sabido, em caso de conflito a tendência dos contendores é de ampliar o âmbito da disputa mobilizando o maior número possível de seguidores. Nas cidades o número de votantes de renda baixa era ainda maior do que nas zonas rurais. Na paróquia de Irajá, por exemplo, na periferia da Capital do Império, 87% dos votantes em 1880 eram lavradores, pescadores, operários, artesãos, empregados. Quase a metade destes votantes (44%) era composta de analfabetos e 66% tinham renda abaixo de 400$000, isto é, não podiam ser eleitores[7].

A restrição à cidadania, portanto, baseava-se, de um lado, em preocupação com a lisura do pleito e com a autenticidade da representação e, do outro, no interesse econômico dos grandes proprietários *doublés* de chefes políticos. Por trás do problema estava, no entanto, o grande dilema da política imperial: como tornar o governo mais dependente dos interesses da classe proprietária rural sem, no entanto, deixar de ser árbitro dos conflitos entre setores desta mesma classe. Antes de discutir este ponto, vejamos o segundo tema que perpassa o debate eleitoral — a representação das minorias. Ele tem diretamente a ver com o referido dilema.

A representação das minorias surgiu como preocupação, não por acaso, durante o período chamado da Conciliação, cujo ponto culminante foi o Ministério dirigido pelo marquês de Paraná (1853-1857). O último recurso às armas por parte dos liberais (a revolta da Praia de 1848) facilitara o domínio completo dos conservadores por meio de seu grupo mais representativo, o dos saquaremas do Rio de Janeiro, assentados economicamente na grande expansão do café no Vale do Paraíba. Entre os liberais, no entanto, inclusive os da Praia, havia também muitos proprietários de terra. Eles eram parte integrante da classe de grandes proprietários rurais. Mantê-los afastados do poder era introduzir um elemento de ameaça ao sistema, era apostar na crise, se não a curto prazo, certamente a médio prazo.

A dissolução da Câmara liberal de 1842 já provocara revoltas em Minas e São Paulo. Os líderes destas revoltas eram os mais ricos proprietários das duas províncias. O marquês de Paraná (Honório Hermeto Carneiro Leão) presidira a província de Pernambuco após a derrota da Praia e sentira a necessidade de promover o entendimento entre as facções rivais. Envolvido desde jovem em lances decisivos da política nacional, observador atento dos conflitos regenciais que tinham posto em perigo a estabilidade do sistema, se não a unidade do país, percebeu as possíveis conseqüências do monopólio do poder por parte dos conservadores. Decidiu quebrar este monopólio enfrentando a perplexidade e mesmo a oposição aberta de seus amigos e correligionários[8].

A conciliação começou já na formação do Ministério que incluía jovens conservadores recém-saídos dos arraiais liberais, assim como um liberal histórico, Limpo de Abreu. Mas o principal esforço de abertura aos liberais veio na proposta de reforma eleitoral. Eram dois os aspectos principais da proposta: a introdução do voto distrital e as incompatibilidades eleitorais. As incompatibilidades eram tentativa de reduzir a influência do governo nas eleições, de evitar que a Câmara fosse dominada por funcionários públicos, sobretudo juízes. Discutirei este ponto mais adiante. O voto distrital tinha o propósito claro de quebrar o monolitismo das grandes bancadas provinciais e permitir a representação de facções locais. Para o observador de hoje, parece estranho pensar no voto distrital como meio de ampliar a representação. Acontece que o voto proporcional como conhecido hoje era quase desconhecido e não era praticado em nenhum país[9]. Além disto, as circunstâncias brasileiras permitiam imaginar o resultado desejado por Paraná. O voto distrital daria mais força aos chefes locais em detrimento dos chefes nacionais dos partidos e em detrimento dos presidentes de província, permitindo maior diversidade de representação e maior autenticidade dos representantes.

TEATRO DE SOMBRAS

A batalha parlamentar foi dura, apesar de ser a Câmara unanimemente conservadora. O projeto só foi aprovado porque Paraná fez da aprovação questão de gabinete, jogando todo o seu imenso prestígio na balança. A votação final, 54 votos a favor e 36 contra, mostra o grau de divisão dos deputados. Parte da oposição pode ser explicada pelo fato de que o projeto ia além da idéia de proteger a representação das minorias. Na realidade, subvertia aspectos mais importantes do mecanismo da representação. Alguns deputados afirmaram que, a ser aprovado o projeto, chegariam ao Congresso as notabilidades de aldeia, os "tamanduás", os chefes locais incapazes de conceber e tratar os grandes temas nacionais. Isto é, o projeto eliminaria um elo na cadeia de representação, eliminaria o que Zacarias de Góes chamou de segunda ordem, as influências provinciais. O governo entraria em contato direto com as localidades. Ou, talvez mais corretamente, como disse Euzébio de Queiroz, eliminaria a mediação dos políticos nacionais. As notabilidades de aldeia, que antes eram intermediárias entre estes políticos e a população, passariam a representar-se sem mediação, pois eram elas que estavam em contato direto com a população sobre a qual exerciam forte influência[10]. Quebrava-se a pirâmide da representação; o país real entrava diretamente na Câmara. Era isto o que queria Paraná; era isto que seus opositores temiam. Segundo eles, a representação poderia tornar-se mais autêntica mas seria um desastre para a política nacional.Esta não era a representação de minorias que interessava às elites; ela era ameaça a sua posição de elites.

A renovação da Câmara foi grande nas primeiras eleições regidas pela nova lei (legislatura de 1857-1860). Significativamente, cresceu muito o número de padres e médicos, lideranças locais, entre os novos deputados e suplentes e apareceram mesmo alguns coronéis da Guarda Nacional. No 14º distrito de Minas Gerais o próprio filho do marquês de Paraná foi derrotado por um padre desconhecido nacionalmente. A eleição de 1856 marcou também o início da queda acentuada do número de funcionários públicos na Câmara e o início do aumento do de profissionais liberais. Foram eleitos uns 20 liberais. O impacto foi tão grande que a lei foi alterada logo em 1860, passando os distritos a eleger três deputados em vez de um só. A comissão especial da Câmara que examinou o novo projeto criticou seve-

399

ramente os resultados da experiência. Segundo ela, eles contrariavam os grandes interesses políticos do Império. E sentenciou: "O absolutismo dos interesses coletivos é sempre menos funesto do que o desvairamento dos interesses individuais"[11]. O marquês de Paraná provavelmente teria gostado dos resultados, pois combatia exatamente o que chamava de deputados de enxurrada. Mas nem mesmo pôde presidir às eleições pois morreu em setembro de 1856.

Permaneceu, no entanto, a preocupação com a representação das minorias, desde que não fosse afetado o papel mediador das elites nacionais. Os círculos de três deputados vigoraram de 1860 a 1875, quando foi introduzido o sistema do terço, isto é, do voto incompleto. Tratava-se de outro método, praticado em outros países, para garantir a voz das minorias. Os votantes sufragavam apenas dois terços da lista de eleitores a que a paróquia tinha direito. Os eleitores, por sua vez, votavam em apenas dois terços do número de deputados que a província devia dar. A idéia, naturalmente, era a de que o terço restante ficasse para a minoria, para a oposição. O último esforço para garantir as minorias veio com a reforma da eleição direta. Mas foi curiosa maneira de garantir a minoria, pois fazia-o pela eliminação da maioria. Foi o voto direto, acoplado ao voto distrital, o que mais afetou positivamente a presença da oposição na Câmara. As conseqüências negativas, no entanto, foram também grandes.

Antes de discutir estas conseqüências vejamos o terceiro tema que perseguia os esforços da reforma do sistema eleitoral: a influência do governo. Esta influência só se tornou problema após a consolidação dos partidos e após as leis de centralização do início da década de 1840. A delimitação da identidade dos partidos Conservador e Liberal tornou a luta política mais intensa e mais focada.

A primeira eleição do Segundo Reinado, dirigida pelos liberais, ficou conhecida como a eleição do cacete, tal a violência empregada para vencê-la. A reforma do Código de Processo Criminal, feita pelos Conservadores em 1841, forneceu aos governos os instrumentos legais de influência. Estes instrumentos eram a magistratura, agora toda centralizada, os chefes de política com seus delegados e subdelegados, e a Guarda Nacional. Com o auxílio destas autoridades o presidente de província, também nomeado pelo governo central, tinha poder suficiente para ganhar as eleições para o ministério a que pertencia. Durante o Primeiro Reinado e a Regência a derrota do governo nas eleições era a regra. Até mesmo alguns ministros foram derrotados[12]. Durante o Segundo Reinado nenhum ministério perdeu eleições. Houve apenas o caso de um ministro derrotado em eleição, e isto após a reforma de 1881.

Percebia-se — era evidente — que a influência do governo falseava totalmente o sistema parlamentar e, ao mesmo tempo, representava o perigo de perpetuação de um partido no poder. Era, portanto, do interesse, tanto dos que se preocupavam com a verdade do sistema, como dos que temiam ver-se alijados do poder, lutar contra tal interferência. Outra conseqüência, agora indireta, da interferência do governo era, como já mostramos[13], a enorme presença de funcionários públicos, especialmente juízes, tanto na Câmara como no Senado. Era constante a queixa de que tal presença falseava o sistema representativo, na medida em que o Executivo interferia no Legislativo por meio da presença nele de seus funcionários.

O primeiro ataque à influência do governo foi a introdução de inelegibilidades, ou de incompatibilidades eleitorais, na lei dos círculos do marquês de Paraná. As incompatibilidades significavam a proibição de que funcionários públicos concorressem a cargos eletivos nos distritos em que exercessem suas funções. Foram incluídos na proibição presidentes de província, secretários provinciais, comandantes de armas, juízes de direito, juízes municipais, chefes de polícia, delegados, subdelegados, inspetores de tesouraria etc. Como no caso dos distritos, a reação a estas restrições foi muito grande, tanto no Senado como na Câmara. O que era de esperar, pois boa parte dos parlamentares seria afetada pelas incompatibilidades. O argumento dos opositores era o da capacidade. Os magistrados, sobretudo, julgavam-se, e eram julgados por muitos, como os mais capazes para tratar da coisa pública. Ao que respondiam os defensores das incompatibilidades que para ser deputado não era necessário diploma e que os magistrados não representavam a verdadeira cara do país.

O marquês venceu aí também. O número de funcionários públicos na Câmara passou a declinar sistematicamente. A legislação posterior, tanto a lei do terço de 1875, como a do voto direto de 1881, só veio confirmar — e em alguns casos ampliar — as incompatibilidades de 1855. Em 1875, por exemplo, vigários e bispos, que no Império eram também funcionários públicos, foram impedidos de se candidatar em suas próprias paróquias e bispados. Até mesmo empresários de obras públicas foram incluídos na proibição. Pela lei de 1881, o funcionário que se elegesse (fora de sua jurisdição) não poderia exercer seu cargo, receber salário, ser promovido etc. Por este lado, portanto, houve real progresso em distinguir as funções do governo, em reduzir o peso do Executivo no Legislativo. A presença de funcionários públicos na Câmara, que em 1850 era de 48%, na última legislatura reduzira-se a 8%.

Mas isto não impedia que o governo continuasse a exercer influência e a eleger partidários seus. Outras medidas se faziam necessárias. Algumas tinham a ver com a qualificação dos eleitores. Feita de início para cada eleição, passou a ser permanente após a introdução em 1875 do título eleitoral. Outras diziam respeito à proibição do recrutamento militar e de movimentação de tropas em época eleitoral. A medida de alcance mais amplo foi a reforma do Código de Processo Criminal que tentou separar as funções da polícia e Justiça. Todas estas medidas tiveram efeitos limitados. Afinal, em 1881, jogou-se definitivamente a culpa da corrupção no votante pobre e analfabeto e ele foi retirado de cena.

Quanto a esta solução final, vale a pena mencionar novamente o livro de Francisco Belisário. Ele foi motivado pela passagem da Lei do Ventre Livre em 1871. A lei foi aprovada contra a vontade de boa parte do Partido Conservador, certamente contra a bancada conservadora da província do Rio de Janeiro, da qual Belisário fazia parte. A aprovação do projeto deu-se em boa medida graças à presença de funcionários públicos na Câmara. Belisário viu no caso exemplo claro de falseamento da representação dos interesses dos eleitores, sobretudo dos eleitores do Partido Conservador; viu uma imposição do Executivo, sustentado pelo Poder Moderador, sobre o Legislativo e, afinal, sobre a nação política. Daí seu ataque devastador contra o sistema vigente de eleições. Segundo ele, o deputado era quase sempre feitura do governo: "Ser candidato do governo é o anelo de todo o indivíduo que almeja um assento no parlamento [...] Ninguém se diz candidato dos eleitores, do comércio, da lavoura, desta ou daquela aspiração nacional; mas do governo". Por outro lado, o votante prestava-se a toda sorte de manipulação: "A máxima parte dos votantes da eleição primária não tem consciência do direito que exercem, não vão à urna sem solicitação, ou, o que é pior, sem constrangimento ou paga". O votante é "a turbamulta, ignorante, desconhecida e dependente. O votante é, por via de regra, analfabeto; não lê, nem pode ler jornais; não freqüenta clubes, nem concorre a *meetings*, que os não há; de política só sabe do seu voto, que ou pertence ao senhor Fulano de tal por dever de dependência (algumas vezes também por gratidão), ou a quem lho paga por melhor preço, ou lhe dá um cavalo, ou roupa a título de ir votar à freguesia". As eleições mais regulares, segundo as atas, em geral são as que são feitas a bico de pena, isto é, à revelia do votante[14].

Belisário apoiava as incompatibilidades como meio de reduzir a influência do governo. Mas o ponto central de seu esforço era eliminar o votante, era eliminar o que considerava excessiva franquia na legislação brasileira. A eliminação do votante tinha como conseqüência lógica a eliminação da eleição indireta. A lisura e a representatividade das eleições, segundo ele, estariam garantidas se introduzidos requisitos para o exercício do voto (que não era um direito), tais como o pagamento de impostos e alfabetização, e se reduzido o conflito local pela supressão da eleição primária. O voto direto tiraria o interesse do votante, pois o candidato seria muitas vezes desconhecido e não vinculado às disputas de poder e prestígio locais. Retirado o interesse local retirava-se o motivo de pressões e fraudes.

Perpassando toda esta discussão, às vezes de maneira implícita, estava todo o problema político do Império: como entregar ao país o governo de si mesmo. Nas circunstâncias da época isto significava como entregar aos proprietários rurais o governo de si mesmos, como dispensar a intervenção do poder do rei corporificada no Poder Moderador e, secundariamente, no Poder Executivo. Como fazer com que os barões aos poucos tornassem dispensável a mediação do rei para resolver seus conflitos. Em termos constitucionais, tratava-se de fazer funcionar de maneira adequada o sistema parlamentar de governo. Estava embutida aí toda a discussão a respeito das atribuições do Poder Moderador, sobre a necessidade ou não de os ministros referendarem os atos deste Poder, sobre as atribuições do Conselho de Estado. Estava aí o debate sobre os poderes do rei: o rei reina e não governa, na fórmula de Thiers, adotada pelos liberais, ou o rei reina, governa e administra, segundo a fórmula de Guizot, adotada pelos conservadores. A formulação mais contundente do dilema foi sem dúvida o discurso de Nabuco de Araújo no Senado em 17 de julho de 1868, logo após a traumática dissolução do Ministério liberal de Zacarias e da chamada ao poder do Ministério conservador de Cotegipe, minoritário na Câmara[15]. Trata-se do justamente famoso "discurso do sorites". Depois de criticar o Poder Moderador pela dissolução — legal mas ilegítima pelas regras do sistema parlamentar —, de denunciar uma situação de absolutismo de fato, ele resume o sistema neste sorites: "O Poder Moderador pode chamar a quem quiser para organizar ministérios; esta pessoa faz a eleição, porque há de fazê-la; esta eleição faz a maioria. Eis aí está o sistema representativo do nosso país!"[16].

A causa principal do círculo vicioso não estava, no entanto, no Poder Moderador, mas nas eleições. No sistema parlamentar, convocar eleições é convocar a nação, a opinião pública, para decidir os impasses entre o gabinete e a Câmara, entre o Poder Executivo e o Poder Legislativo. O imperador poderia até escolher presidente do Conselho de ministros em minoria na Câmara mas, se o partido majoritário tivesse apoio na opinião pública e se esta pudesse manifestar-se nas eleições, o gabinete continuaria em minoria na nova Câmara e teria que ser substituído. A perna politicamente quebrada no tripé Executivo-Legislativo-Opinião Pública era a inautenticidade das eleições. A não ser assim, se o imperador persistisse em antagonizar a opinião pública caracterizar-se-ia caso claro de despotismo e o sistema entraria rapidamente em crise. Se havia tensão mas não crise é que se compreendia que o arbítrio do Poder Moderador, previsto na Constituição, tinha razões políticas que o justificavam. O próprio imperador, aliás, em seus conselhos à Regente, queixava-se da dificuldade de aferir a opinião pública devido à natureza das eleições, o que o forçava a recorrer a outros indicadores, como a imprensa e as lideranças políticas, para definir sua ação[17].

Por mais que se clamasse contra a interferência do governo nas eleições, havia uma lógica de ferro no sistema que levava os partidos no poder a intervir, derrotando em parte os esforços de reforma que eles próprios faziam. Esta lógica escapa a análises como a de Belisário. Ou melhor, ele só a vê pelo lado das influências locais. Pois estas pressionavam o governo a intervir para garantir a vitória local. O depoimento de Afonso Celso é, quanto a este ponto, esclarecedor. Segundo sua observação, a política era a ocupação favorita dos chefes locais. Mas era a política do mando, do amor-próprio que não tolera

TEATRO DE SOMBRAS

a supremacia do contrário. O candidato, nestas circunstâncias, tornava-se um pretexto, um instrumento para bater os rivais. Daí as pressões no sentido de que o Ministério, por meio de seus agentes, jogasse toda a influência a favor de seus correligionários locais[18].

O que não era analisado era a necessidade que tinha o governo de intervir. Embora o sistema fosse bipartidário, os partidos não possuíam solidez e disciplina suficientes para sustentar o governo com base em pequenas maiorias. Eram freqüentes as dissidências de caráter provincial, pessoal ou ideológico. Mais comuns no Partido Liberal, o Conservador também não estava imune às fraturas. A maioria governamental precisava ser a mais ampla possível para reduzir o efeito das dissidências. Caso contrário, estaria o governo sujeito a freqüentes moções de desconfiança e se colocaria no dilema de ou renunciar a qualquer programa mais agressivo de ação, suscetível de despertar oposições, ou a pedir a dissolução da Câmara, que poderia ser ou não concedida pelo Poder Moderador[19].

A demonstração do que foi dito acima está no fato de que, mesmo com as grandes maiorias partidárias, 11 das 17 legislaturas do Segundo Reinado foram dissolvidas, isto é, 65% do total. Destas onze dissoluções, dez foram feitas após consulta ao Conselho de Estado e em três casos apenas o imperador contrariou o voto do Conselho. Mais ainda, seis dissoluções resultaram de mudança prévia de partido no poder. Destas seis, o imperador só admitiu interferência direta sua em duas. Isto é, em todas as dissoluções só duas se deveram ao que poderia ser considerado prática absolutista do imperador (embora legal). Em todos os outros casos havia conflitos do Ministério com a Câmara ou com o Senado[20]. Houve mesmo ocasiões em que câmaras unânimes de um partido foram dissolvidas a pedido do presidente do Conselho do mesmo partido. Tal foi o caso do ministério Rio Branco (1871-1875). A Câmara era unanimemente conservadora, mas dividiu-se inexoravelmente em torno da proposta de libertar o ventre escravo. Outra dissolução de Câmara unânime por presidente do Conselho do mesmo partido foi em 1881, mas a razão aí foi apressar a experiência da eleição direta.

A precariedade da sustentação dos governos fica ainda mais clara se observarmos que todas as câmaras eleitas após a introdução do voto direto foram dissolvidas, e nenhuma por interferência direta do imperador. A primeira delas (1881-84), liberal, aprovou moção de desconfiança ao Ministério Dantas por causa do projeto dos sexagenários e foi dissolvida. A segunda (1885), liberal, votou novamente moção de desconfiança a Dantas pela mesma razão, caindo então o Ministério. O novo Ministério liberal (Saraiva), depois de aprovar o projeto dos sexagenários na Câmara retirou-se por não poder aprová-lo no Senado. O imperador foi levado a chamar os conservadores que, naturalmente, não tinham o apoio da Câmara, seguindo-se nova dissolução. Finalmente, a Câmara conservadora de 1886/89, após aprovar o projeto de abolição da escravidão, não deu mais sustentação ao governo abolicionista de João Alfredo. O imperador chamou Ouro Preto (liberal), que dissolveu a Câmara. A maior instabilidade das situações após o voto direto tem sem dúvida a ver com certo êxito que teve ele em garantir representações maiores para a oposição. Assim a minoria conservadora na primeira legislatura pelo voto direto era de 39% dos deputados. Na segunda, a minoria conservadora foi ainda maior, 44%, e a minoria liberal na legislatura seguinte foi de 18%. Neste tipo de situação, qualquer divisão na maioria podia provocar coalizão com a minoria e colocar em xeque o Ministério. No período pós-eleição direta o grande fator de divisão era a abolição, que atingia os dois partidos (ver quadro 15 para informação sobre a representação das minorias no Segundo Reinado).

Pode-se dizer que a interferência do Poder Moderador favorecia antes que dificultava a representação da minoria, na medida em que tornava temporária a derrota de um dos partidos. Na verdade, era ela que possibilitava a existência do bipartidarismo. Em sua ausência, dificilmente haveria possibilidade de conflito regulado. Ou o conflito seria extralegal ou seria suprimido mediante arranjos de dominação como o que se desenvolveu na República Velha com a criação dos partidos únicos estaduais. Fosse a Constituição autenticamente parlamentarista, o sorites de Nabuco seria escrito mais ou menos como segue: "O Poder Moderador, como é de seu dever, chama para organizar o Ministério o chefe da maioria; o chefe faz as eleições porque tem que fazê-las; a eleição reproduz a maioria anterior. Eis aí o sistema representativo do nosso país!" Isto é, seria a perpetuação de um grupo, ou partido, no poder, entremeada de revoltas e golpes de Estado. Era este, aliás, o panorama comum na América Latina, tão temido e tão desprezado pelos políticos imperiais.

QUADRO 15
Representação de Minorias nas Legislaturas do Segundo Reinado

Legislatura	Sistema Eleitoral	Representação Partidária	%	Dissolução
1842	Indireto provincial	Liberal	66	Dissolvida por M.
		Conservador	44	Conservador
1843/44*	Idem	Líberal	0	Dissolvida por M.
		Conservador	100	Liberal
1845/7	Idem	Liberal	92	Não dissolvida
		Conservador	8	
1848	Idem	Liberal	85	Dissolvida por M.
		Conservador	15	Conservador
1850/52	Idem	Liberal	0,9	Não dissolvida
		Conservador	99,1	
1853/56	Idem	Liberal	0	Não dissolvida
		Conservador	100	
1857/60	Indireto distrital de um deputado	Liberal	17	Não dissolvida
		Conservador	83	
1861/63	Indireto distrital de três deputados	Liberal	20	Dissolvida por M.
		Conservador	80	Cons. dissidente
1864/66**	Idem	Lib. Históricos	39	Não dissolvida
		P. Progressista	60	
		Conservador	1	
1867/68	Idem	Lib. Históricos	17	Dissolvida por M.
		P. Progressista	74	Conservador
		Conservador	9	
1869/72*	Idem	Liberal	0	Dissolvida por M.
		Conservador	100	Conservador
1872/75	Idem	Liberal	7	Não dissolvida
		Conservador	93	
1877/78	Indireto provincial voto incompleto (terço)	Liberal	13	Dissolvida por M.
		Conservador	87	Liberal
1878/81	Idem	Liberal	100	Dissolvida por M.
		Conservador	0	Liberal
1881/84	Direto por distrito de um deputado	Liberal	61	Dissolvida por M.
		Conservador	39	Liberal
1885	Idem	Liberal	54	Dissolvida por M.
		Conservador	44	Conservador
		Republicano	2	
1886/89	Idem	Liberal	18	Dissolvida por M.
		Conservador	82	Liberal

Fonte: Barão de Javari, *Organizações e Programas Ministeriais*. Esta fonte só dá a distribuição dos deputados por partidos a partir da eleição direta. Para as outras valemo-nos de comentaristas da época, especialmente J. M. Pereira da Silva, *Memórias do meu Tempo*.
*Nessas eleições houve abstenção dos liberais em protesto pela dissolução da Câmara anterior.
**Divisão aproximada. P. da Silva fala em Câmara "quase unânime". Mas havia grande conflito entre liberais históricos e conservadores dissidentes (progressistas). O predomínio numérico era dos últimos.

Qual era a importância dos partidos políticos neste sistema? Tinham eles alguma importância? Já discutimos em outro lugar o problema da diferenciação social dos partidos e de sua ideologia[21]. Resumindo, defendemos a tese de que os dois grandes partidos monárquicos constituíam coalizões distintas. O Partido Conservador era aliança da burocracia com o grande comércio e a grande lavoura de exportação; o Partido Liberal era aliança de profissionais liberais urbanos com a agricultura de mercado interno e de áreas mais recentes de colonização. Tal composição dava ao Partido Conservador tendência à defesa da centralização política, mas dividia-o quando se tratava de reformas sociais. Neste último caso, o setor burocrático, incluindo aí a alta cúpula da elite política, tendia a ser mais reformista, sendo freado pelo outro lado da coalizão. A questão da escravidão foi o exemplo mais claro de divisão. O Partido Liberal padecia de doença semelhante. Os profissionais urbanos puxavam a ideologia do partido para a descentralização e para a reforma social. O setor agrário concordava com a descentralização, de vez que dependia menos de medidas do governo central para proteger suas atividades econômicas do que o setor exportador, mas opunha-se às reformas sociais. A divisão ficou clara nas questões da escravidão, da eleição direta e da regulamentação da propriedade da terra.

Teria havido influência mútua entre o sistema eleitoral e o sistema partidário? A pergunta não é de fácil resposta. Os partidos se formaram de maneira espontânea durante o período em que vigorava a eleição indireta por província, e em que estava suspensa a atribuição do Poder Moderador de dissolver a Câmara. Isto se deu entre 1837 e 1840, quando o regresso separou os conservadores dos moderados da Regência. A seguir houve várias alterações no sistema partidário. De início uma exacerbação da luta partidária terminada em revolta armada dos liberais do sul (1842). A derrota no campo de batalha foi seguida, no entanto, quase imediatamente, de anistia e da volta dos liberais ao poder (1844). Foi, então, a vez dos liberais do norte se revoltarem, abrindo caminho para o domínio total dos conservadores que durou de 1848 a 1862. Seguiu-se um período de realinhamento partidário, de formação da Liga ou Partido Progressista, composto de liberais históricos e conservadores dissidentes. O realinhamento durou até 1868, quando o imperador chamou de volta os conservadores por razões que tinham a ver com a condução da guerra contra o Paraguai. Históricos e progressistas se reagruparam em novo Partido Liberal; os mais radicais formaram em 1870 o Partido Republicano. Esta situação perdurou até o final do Império: dois partidos dominantes e um terceiro com baixa capacidade de competição.

Teve o voto distrital de 1855 a ver com o fim do domínio conservador? O quadro 15 mostra que houve aumento da representação dos liberais após a reforma, como era desejo de Paraná. A primeira legislatura (1857/60) apresentou um índice de 67% de renovação em relação à anterior. O próprio imperador observou, a respeito da lei de 1855, que daí por diante houve na Câmara minorias e não apenas patrulhas da oposição[22]. A eleição seguinte, por distritos de três deputados, teve impacto ainda maior. Voltaram à Câmara vários liberais históricos, salientando-se entre eles o lendário Teófilo Ottoni, eleito por Minas Gerais e pelo Rio de Janeiro. Sua campanha no Rio arrastou, pela primeira vez, o povo às ruas sob o símbolo do lenço branco. Segundo Nabuco, a eleição de 1860 assinalou época em nossa história política, pois com ela recomeçou a encher a maré democrática que estivera em vazante desde 1837. A vitória liberal no Rio foi particularmente significativa, pois aí estavam os pesos pesados do velho Partido Conservador. A repercussão, ainda segundo Nabuco, teria sido imensa em todo o país, um verdadeiro furacão político[23].

A virada foi tão grande que nas eleições seguintes o Partido Conservador foi quase totalmente alijado, dominando a Câmara uma combinação de conservadores dissidentes com liberais históricos.

Por outro lado, após a reversão de 1868, houve, sob o mesmo sistema eleitoral de 1860, uma Câmara unânime e outra com apenas 7% de representação da oposição. No caso da unanimidade, ela se explica em boa parte pela abstenção eleitoral dos liberais. Esta abstenção funcionou ainda em algumas províncias na eleição seguinte. Mas sem dúvida o esforço maior do Ministério em garantir resultados favoráveis derrotou em parte os efeitos da legislação eleitoral. Quer-nos parecer, no entanto, que o voto distrital, seja de um, seja de três deputados por distrito, teve o efeito desejado por Paraná de renovar a representação e abrir a possibilidade de maior presença da oposição. Num primeiro momento — distrito de um deputado — a renovação foi maior no sentido de eleger pessoas não pertencentes aos quadros nacionais dos partidos. Em um segundo momento — distritos de três deputados — os políticos nacionais retomaram o controle mas com maior possibilidade de circulação entre eles. Assim, o efeito inicial de enfraquecer os partidos foi amenizado, embora não totalmente anulado. Como já argumentamos, estes efeitos do voto distrital não são os que são hoje geralmente a ele atribuídos. Mas explicam-se pelas circunstâncias da época, em especial pela fragmentação do mercado político, isto é, pela grande força do localismo. Os partidos nacionais não tinham organização suficiente para enquadrar os chefes locais. Daí a maior incerteza introduzida pelo voto distrital, a maior possibilidade de aparecimento de candidaturas rebeldes, ou simplesmente não perfeitamente entrosadas com os chefes nacionais dos partidos.

De fato, foi grande a mudança efetuada entre 1855 e 1868. O velho Partido Conservador saiu quase totalmente da cena política, depois de tê-la dominado sozinho por mais de dez anos. Em seu lugar apareceram os liberais históricos, de volta do ostracismo, e os conservadores dissidentes. Estabeleceu-se intensa troca de posições partidárias, especialmente entre jovens lideranças. Os futuros líderes do novo Partido Liberal que se formou após a crise de 1868 saíram quase todos das fileiras conservadoras durante a pausa da conciliação. Sob o nome de Liga ou Partido Progressista abrigavam-se as mais variadas posições. O domínio parlamentar da Liga era falsa aparência. Na realidade, a Câmara ligueira não dava estabilidade a nenhum ministério. O período entre 1862 e 1868 foi o de maior instabilidade ministerial do Império. Nada menos que seis ministérios subiram e caíram, em média um por ano. Um deles (Zacarias, 1862) durou apenas três dias. E isto em época de guerra externa, quando o Poder Moderador se esforçava por manter as administrações pelo maior período de tempo possível para não prejudicar o esforço bélico.

A brusca mudança de 1868 teve efeitos importantes. De um lado, quebrou a dinâmica partidária que se desenvolvia e que poderia a médio prazo ter levado a novo tipo de bipartidismo, agora não de liberais e conservadores, mas de liberais e progressistas. Tal evolução poderia ter tido como conseqüência tornar o sistema como um todo mais sensível às pressões por reformas políticas e sociais sem quebra do pluralismo partidário e da prática parlamentar. De outro lado, acabou com a instabilidade e a indefinição partidárias ao trazer de volta os antigos conservadores e ao provocar com isto o reagrupamento de liberais e progressistas em torno do novo Partido Liberal. Retomou-se deste modo, de imediato, um bipartidismo de contornos bem definidos mas com pendor para o conservadorismo.

TEATRO DE SOMBRAS

A eleição direta e a volta do voto distrital vieram consolidar os resultados de 1868. O bipartidismo voltou a funcionar de maneira regular. Os barões aumentaram sua capacidade de autogoverno em relação ao Poder Moderador. Mas, ao fazê-lo mediante a redução da participação política, imperfeita embora ela fosse, aumentaram também a capacidade de resistência às reformas sociais, sobretudo à reforma do elemento servil, para usar a eufemística expressão da época. Em 1871, o governo, apoiado pelo rei, pôde vencer a resistência da Câmara conservadora e passar a lei da liberdade do ventre. Em 1884, o gabinete Dantas sofreu moção de desconfiança na Câmara dominada pelos liberais ao tentar passar o projeto dos sexagenários. A nova Câmara voltou ainda mais conservadora e de novo derrotou Dantas que teve de retirar-se. O projeto só foi aprovado graças à combinação de um governo liberal (Saraiva), que o aprovou na Câmara, seguido por outro conservador (Cotegipe), que o fez passar no Senado. Era nítida a distância entre a representação e a opinião pública que, pela primeira vez, se organizava e se fazia visível no movimento abolicionista. A pressão imperial em favor da abolição final coincidia com a opinião pública, embora fosse interpretada como indevida interferência no processo parlamentar, a mesma acusação feita em 1871. Ironicamente, o rei, no caso a princesa, estava ao lado da opinião do povo, perdendo com isto legitimidade junto aos partidos e à elite política.

Este é outro ângulo em que se pode ver o impasse do sistema imperial: a contradição entre o real e o formal, entre o político e o social. Já vimos a primeira contradição pelo lado das eleições. Vale a pena expandi-la um pouco pelo lado correlato dos partidos. Embora não regulados por lei alguma, os partidos eram altamente valorizados como instrumentos indispensáveis à boa prática do regime parlamentar. Muitos ataques à política de conciliação de Paraná baseavam-se no argumento de que ela enfraquecia os partidos, se não os prostituía. Foi esta, por exemplo, a posição do conservador José de Alencar. Mas foi também a do progressista Nabuco de Araújo, assim como foi a de Tavares Bastos, o mais articulado teórico do liberalismo do Segundo Reinado[24]. O principal acusado pela fraqueza dos partidos era, como sempre, o rei. Ao Poder Moderador, em especial, atribuíam-se as dificuldades de consolidação dos partidos. Aqui também as acusações vêm desde futuros republicanos como Saldanha Marinho até conservadores impenitentes como Ferreira Vianna. Este último, testemunha do fim do Império, vivia a fustigar o poder pessoal, o imperialismo, como se dizia, em seus discursos na Câmara. Publicou um panfleto intitulado *A Conferência dos Divinos*, em que Pedro II, por ele já antes chamado de César caricato, aparecia ao lado de Nero e outro tirano contando-lhes, em tom paternal, como conseguira governar sem uso de violência, apenas com a arma da corrupção. Sobre os partidos diz: "Dividi-os [os súditos] em partidos; servi-me de um para destruir o outro, e quando o vencido estava quase morto, levantava-o para reduzir no mesmo estado o vencedor. Eram ferozes! Às vezes fingia querer conciliá-los para os confundir e corromper mais"[25]. Acusava-se o rei de manipular os partidos, de arbitrariamente chamá-los ao poder e dele apeá-los, de desrespeitar seus programas políticos, atribuindo, por exemplo, aos conservadores a tarefa de votar reformas liberais, de aproximá-los e separá-los para confundi-los, de jogar as lideranças umas contra as outras. A própria idéia de conciliação foi atribuída ao imperador, que deste modo buscaria desmoralizar os partidos e enfraquecê-los.

Sem dúvida, inversões políticas sem que interviesse questão parlamentar não eram prática que servisse ao fortalecimento dos partidos. Mas o que os críticos não percebiam é que, nas condições brasileiras da época, pelo modo como se faziam as eleições, e elas eram feitas sob a direção dos partidos, note-se, o exercício do Poder Moderador alternando as situações políticas era o que garantia não só a competição partidária, mas a própria sobrevivência dos partidos nacionais e seu enraizamento na população, além de difundir o valor das regras da competição democrática. Este lado da questão só se tornou claro após a implantação da República. Desaparecido o Poder Moderador, desaparecido o fator de arbitragem entre as várias facções políticas, desaparecido o garantidor da alternância dos partidos no poder, o resultado foi simplesmente o fim dos partidos nacionais e a implantação de partidos únicos nos estados. A própria imagem do partido político se transformou. De algo positivo, o partido passou a ser visto como fator de divisão, como perigo para a tranqüilidade política, como ameaça à boa condução do governo. Com acerto a política de Campos Salles foi analisada como tentativa de reconstituir na figura do presidente alguns aspectos do Poder Moderador a fim de dar estabilidade à política republicana[26]. Ele não conseguiu, no entanto, fazer aquilo pelo qual o Poder Moderador era criticado: tornar possível a alternância dos partidos, e, portanto, sua pluralidade. A República foi antipartido, como o Império fora pró-partido.

TEATRO DE SOMBRAS

Nada mais contundente do que a crítica de Alberto Salles ao sistema republicano, feita em 1901, quando seu irmão Campos Salles, o criador da política dos estados, ocupava a presidência. Segundo Alberto Salles, a República em pouco mais de dez anos se tinha convertido na mais completa ditadura política. A ditadura do presidente era pior do que a ditadura do Poder Moderador. O velho sorites de Nabuco, segundo Alberto Salles, podia ser reformulado para a República nos seguintes termos: "O presidente da República faz os governadores, os governadores fazem as eleições e as eleições fazem o presidente da República". Os partidos desaparecem totalmente nesta engrenagem. Tornam-se meros instrumentos dos governos estaduais[27].

O drama — ou tragicomédia — do Império foi que a legalidade (o Poder Moderador do rei) foi combatida como ilegítima pelas elites e pelos partidos, mas o foi com medidas que acabavam por tornar os partidos e as elites ilegítimos do ponto de vista da nação. Como vimos, a redução do arbítrio do Poder Moderador pelas leis eleitorais e pelo fortalecimento dos partidos redundou em maior conservadorismo político, em maior afastamento entre o poder e a nação. A tentativa de transformar em realidade a ficção parlamentar acabou por transformar em ficção a representatividade dos partidos. José Bonifácio, o Moço, denunciou a situação em frase retórica, ao estilo da época, mas nem por isto menos verdadeira. A eliminação dos analfabetos em 1881, e todo o movimento de exclusão de votantes, foram por ele assim definidos: "Esta soberania de letrados é um erro de sintaxe política"[28]. Criava-se uma oração política sem sujeito, um governo representativo sem povo.

NOTAS

1. Este capítulo teve origem em palestra feita no Instituto Tancredo Neves, em Brasília.

2. Darei maior ênfase à discussão das eleições, pois os partidos já foram discutidos em capítulo de *A Construção da Ordem*. A legislação eleitoral do Império está incluída na reedição feita pelo Senado Federal da obra de Francisco Belisário Soares de Souza, citada abaixo. Ver também Edgar Costa, *A Legislação Eleitoral Brasileira*.

3. A lei de 1881 era extremamente minuciosa quanto aos procedimentos de comprovação de renda. Não se admitia, ao contrário das leis anteriores, a declaração de empregador. A renda era demonstrada pela posse de bens de raiz, de ações de indústrias, pelo exercício de atividade comercial, pelo pagamento de impostos, pelo exercício de certos empregos públicos e de algumas poucas profissões como guarda-livros, corretores, administradores de fábricas etc. Em 1882, houve pequena liberalização na lei: a idade mínima exigida para o voto foi reduzida de 25 para 21 anos.

4. Francisco Belisário Soares de Souza, *O Sistema Eleitoral no Império*; Senado Federal, *Atas do Conselho de Estado*, especialmente vol. 10, p. 137-167; J. de Alencar, *Systema Representativo*, p. 90.

5. Joaquim Nabuco, *Discursos Parlamentares*, seleção e prefácio de Gilberto Freyre, p. 59-88; a citação de Saldanha Marinho está em José Honório Rodrigues, *Conciliação e Reforma no Brasil*, p. 158-159.

6. *Congresso Agrícola, Coleção de Documentos*, discurso de José César de Moraes Carneiro, de Mar de Espanha, MG, na sessão de 9 de julho; *Trabalhos do Congresso Agrícola do Recife em Outubro de 1878*, especialmente discurso de Antônio Coelho Rodrigues, no dia 6 de outubro. O custo das eleições para os proprietários é também mencionado em Francisco Belisário. *O Sistema Eleitoral*, p. 40.

7. *Lista dos Cidadãos Qualificados Votantes da Paróquia de Irajá*, Arquivo Geral da Cidade do Rio de Janeiro, 66-4-6, 15/1/1880. As porcentagens foram calculadas com base em amostra aleatória de 154 votantes de um total de 922.

8. Sobre o Ministério Paraná, ver a análise detida de Joaquim Nabuco em *Um Estadista do Império*, p. 153-189. Um dos jovens e promissores políticos recrutados por Paraná era Nabuco de Araújo, pai de Joaquim Nabuco.

9. A representação proporcional como a conhecemos hoje foi aplicada pela primeira vez na Suíça em 1891. No Brasil a primeira proposta nesta direção foi feita em 1848 por Inácio de Barros Barreto. A proposta mais elaborada e original se deve a José de Alencar em seu *Systema Representativo*, especialmente capítulo V. A novidade de Alencar em relação ao sistema vigente era introduzir o voto individual e não por listas e torná-lo o mais representativo possível da variedade de opiniões partidárias. Em relação ao sistema atual, sua proposta se distingue por manter o sistema indireto de votação.

10. *Anais da Câmara dos Deputados*, tomo IV, p. 271; *Jornal do Commercio*, 7/8/1855.

TEATRO DE SOMBRAS

11. *Anais da Câmara dos Deputados*, 1860, p. 144.

12. As eleições da Regência ficaram conhecidas pelo aspecto quase sempre tumultuado de que se revestiam. O decreto de 1824 não previa a qualificação eleitoral anterior à votação. A mesa escrutinadora era formada por aclamação da assembléia dos votantes e decidia na hora sobre a qualificação dos votantes e sobre a validade dos votos. Pode-se imaginar a confusão que resultava deste procedimento. As eleições eram decididas, literalmente, no grito.

13. Ver *A Construção da Ordem*, cap. 4.

14. Francisco Belisário, *O Sistema Eleitoral*, p. 6, 19, 33.

15. A queda de Zacarias teve motivos complexos. O motivo imediato foi a divergência entre ele e o imperador a propósito da escolha de um senador (Torres Homem). Pela Constituição, o imperador podia escolher livremente um nome da lista tríplice. Zacarias defendia a necessidade de serem os atos do Poder Moderador referendados pelos ministros e não aceitou a indicação, pedindo, em conseqüência, demissão. Meses antes, porém, tinha havido conflito entre Zacarias e Caxias, comandante das tropas brasileiras no Paraguai. Caxias era ligado aos conservadores. O Conselho de Estado, chamado a pronunciar-se sobre quem deveria ser demitido, se o general, se o Ministério, votou na maioria pela saída do general. Ironicamente, foi Nabuco o primeiro conselheiro a votar pela saída do Ministério, após cinco votos contra Caxias, inclusive de conservadores. O que é mais surpreendente é que votou pela saída do Ministério dizendo explicitamente que isto implicaria mudança de partido no governo. Seu enfático protesto contra a volta dos conservadores foi também um protesto contra si mesmo.

16. Joaquim Nabuco, *Um Estadista*, p. 663. Os textos clássicos do debate sobre o Poder Moderador são os do visconde do Uruguai, *Ensaio sobre o Direito Administrativo*; de Zacarias de Góes e Vasconcelos, *Da Natureza e Limites do Poder Moderador*; e de Braz Florentino Henriques de Souza, *Do Poder Moderador*. Ensaio de Direito Constitucional contendo Análise do Tit. V, cap. I da Constituição Política do Brasil. Este último é resposta direta ao livro de Zacarias.

17. D. Pedro II, *Conselhos à Regente*.

18. Afonso Celso, *Oito Anos de Parlamento. Poder Pessoal de D. Pedro II*, p. 19-21.

19. Este ponto ficou muito claro na intervenção do deputado João da Silva Carrão durante os debates de 1855 sobre a lei dos círculos. *Anais da Câmara dos Deputados*, 1855, tomo LV, p. 276-277.

20. Para uma análise das dissoluções muito crítica da posição do imperador, ver Visconde de Souza Carvalho, *História das Dissoluções da Câmara dos Deputados*.

21. *A Construção da Ordem*, cap. 8. Ver também, sobre a ideologia dos partidos, A. Brasiliense, *Os Programas dos Partidos e o 2º Império*.

22. Joaquim Nabuco, *Um Estadista*, p. 311.

23. *Ibidem, p. 365*.

24. José de Alencar, *Página da Actualidade — Os Partidos*; A. C. Tavares Bastos, *Os Males do Presente e as Esperanças do Futuro*. Pelo lado liberal, ver também Tito Franco de Almeida, *O Conselheiro Francisco José Furtado*. Pedro II fez várias anotações a esta obra, discordando das interpretações do autor.

25. Ferreira Vianna, "A Conferência dos Divinos", em R. Magalhães Júnior, *Três Panfletários do Segundo Reinado*, p. 272.

26. A análise da política de Campos Salles como tentativa de recriar as funções do Poder Moderador está em Renato Lessa, *Invenção Republicana: Campos Sales, as Bases e a Decadência da Primeira República*. Proposta explícita de incorporar o Poder Moderador à Presidência está em Borges de Medeiros, *O Poder Moderador na República Presidencial* (Um anteprojeto da Constituição Brasileira).

27. Alberto Sales, "Balanço Político. Necessidade de uma Reforma Constitucional", em Antônio Paim (org.), *Plataforma Política do Positivismo Ilustrado*, p. 65-66. O texto original de Alberto Sales foi publicado em *O Estado de S. Paulo*, de 18/7 e 26/7/1901.

28. Citado por Sérgio Buarque de Holanda, *História Geral da Civilização Brasileira*, tomo II, vol. 5.º, p. 205.

Conclusão
Teatro de sombras

Na conclusão de *A Construção da Ordem*, recorremos à expressão de Guerreiro Ramos, dialética da ambigüidade, para caracterizar a dinâmica das relações entre a burocracia imperial e os proprietários rurais. Ao longo do presente texto buscamos ampliar a discussão sobre o conteúdo desta expressão, à primeira vista também ambígua e imprecisa. Os capítulos sobre o orçamento, política de terras e abolição aprofundaram a análise das relações ambíguas entre o Estado e os proprietários, entre o rei e os barões. Os capítulos seguintes estenderam a análise para os aspectos ideológicos e institucionais da ambigüidade. Tanto as idéias e valores que predominavam entre a elite, como as instituições implantadas por esta mesma elite mantinham relação tensa de ajuste e desajuste com a realidade social do país: uma sociedade escravocrata governada por instituições liberais e representativas; uma sociedade agrária e analfabeta dirigida por uma elite cosmopolita voltada para o modelo europeu de civilização.

A ambigüidade penetrava as próprias instituições. A Constituição conferia a representação da Nação ao mesmo tempo ao rei e ao Parlamento, e dava ao rei o controle do poder neutro (moderador) segundo o esquema de Benjamin Constant. O imperador podia assim, legalmente, competir com o Parlamento pela representaçao da nação e achar-se em condições de melhor refletir a opinião pública do que a assembléia eleita. A face absolutista da Constituição permitia ao rei arbitrar os conflitos dos grupos dominantes, uma das grandes necessidades políticas do sistema, mas, ao mesmo tempo, permitia-lhe também contrariar os interesses desses grupos. A representação burkiana da nação exercida pelo rei, isto é, a representação que pretendia atender ao interesse geral, podia conflitar, e muitas vezes conflitava, com a representação dos interesses feita pelo Parlamento e pelos partidos formados dentro dos constrangimentos das leis eleitorais da época. Mas, ao mesmo tempo, ela garantia o funcionamento da representação e do sistema partidário.

O caráter ambíguo das idéias e das instituições tornava-se mais evidente em época de crise. Nos momentos de normalidade predominava o pacto básico entre o rei e os barões, predominava a ficção do regime constitucional, da representação, dos partidos, do liberalismo político, da civilização. Ao solucionar a crise regencial, ao resolver os problemas fundamentais da ordem social e da arbitragem entre os grupos dominantes, a Coroa passou a ser legitimada e aceita com Poder Moderador e tudo. Aos poucos ficou esquecido o caráter de pacto, de compromisso mútuo, embutido no sistema. Passou-se a acreditar no peso político quase exclusivo da Coroa. Toda a literatura liberal falava no imperialismo como poder incontrastado. Contra o rei, como vimos, todas as acusações se levantavam, como se ele tudo pudesse por sua força e vontade. A tal percepção não escapavam mesmo os observadores estrangeiros. O representante inglês dizia em 1887, quando o primeiro sério ataque de diabetes atingiu o imperador, que "Sua Majestade constitui sozinha o pivô sobre o qual giram os destinos do Império". O representante francês, apesar de anotar a existência de liberdade ilimitada de imprensa e um "parlamentarismo exagerado" no país, afirmava que Pedro II era um príncipe "sobre o qual repousa o país inteiro porque ele centralizou tudo"[1].

A enorme visibilidade do poder era em parte devida à própria monarquia com suas pompas, seus rituais, com o carisma da figura real. Mas era também fruto da centralização política do Estado. Havia quase unanimidade de opinião sobre o poder do Estado como sendo excessivo e opressor ou, pelo menos, inibidor da iniciativa pessoal, da liberdade individual. Mas, como mostrou o visconde do Uruguai, este poder era em boa parte ilusório. A burocracia do Estado era macrocefálica: tinha cabeça grande mas braços muito curtos. Agigantava-se na Corte mas não alcançava as municipalidades e mal atingia as províncias. Todos viam a cabeça luzindo no alto e não atentavam para a atrofia dos braços. Daí a observação de Uruguai de que, apesar de suas limitações no que se referia à formulação e execução de políticas, o governo passava a imagem de todo-poderoso, era visto como responsável por todo o bem e todo o mal no Império.

TEATRO DE SOMBRAS

A ambigüidade gerava assim também distorção de perspectivas na visão dos contemporâneos, para não falar dos analistas posteriores. Gerava um complexo jogo de realidade e ficção, a tal ponto que as duas se confundiam freqüentemente, a ficção tornando-se realidade e a realidade ficção. Foi sem dúvida uma percepção intuitiva desta natureza do sistema que levou vários contemporâneos a salientar o aspecto teatral do jogo político imperial, o aspecto de representação, de fingimento, de fazer de conta. Por economia vamos limitar a ilustração desta visão a dois textos apenas, um de político conservador, outro de liberal. Nos dois a metáfora teatral aparece com nitidez.

Ferreira Vianna na *Conferência dos Divinos*, escrita em 1867, apresenta Pedro II utilizando o recurso da forma teatral. O imperador é mostrado em imaginário encontro com Nero e outro tirano, discutindo, no cenário da Roma Imperial, as técnicas do governo despótico. A forma teatral podia ser elemento de disfarce para atacar o rei. Disfarce aliás precário, pois apesar do anonimato, ninguém ignorava quem fosse o autor. Mas ela reforçava também a idéia explícita no texto de que o governo de Pedro II era uma representação teatral, um fingimento. O crítico mordaz faz o imperador dizer que corrompeu, falsificou tudo, inverteu valores. E de modo direto: "O meu reinado foi uma comédia"; e uma comédia feliz: "Diverti-me, fiz o que quis e não matei um homem". O imperador comparava-se nisto a seu antecessor Augusto, no sentido de terem ambos bem representado a comédia do governo[2].

A *Conferência dos Divinos* reflete o pensamento de Ferreira Vianna expresso durante toda sua vida política que sobreviveu ao Império. Autenticamente conservador, profundamente religioso, defensor dos bispos na Questão Religiosa, Ferreira Vianna cobrava o pleno funcionamento do sistema representativo, como Zacarias de Góes. Não percebia que sem aceitar a parte de ficção nele embutida a realidade o destruiria. Ou melhor, não percebia que a realidade do sistema era a ficção. Por ocasião da dissolução da Câmara de 1884, a Câmara que resistira ao projeto abolicionista de Dantas, fez um de seus mais violentos discursos contra o poder imperial, dizendo-se "cansado de representar nesta comédia política"[3].

Por motivos opostos, isto é, por impaciência com a atuação do imperador com relação à abolição, que considerava tímida, Joaquim Nabuco usou também a metáfora teatral para caracterizar o sistema imperial. Ela aparece principalmente em *O Abolicionismo*, de 1883, mas está também presente no mais meditado *Um Estadista do Império*, escrito já na República. É neste último livro, por exemplo, que Nabuco repete Ferreira Vianna ao dizer que o imperador passou 50 anos a fingir governar um povo livre. A diferença é que ele faz a afirmação em sentido positivo e elogioso, quando o outro a fazia como crítica ferina[4]. O texto de *O Abolicionismo* hesita entre a crítica e o elogio e é por isto mais agudo. O sistema imperial é aí caracterizado como um jogo de aparências, de falsas realidades, de ficção. A metáfora teatral é nele vinculada à metáfora da sombra. O governo seria a sombra da escravidão; esta, ao final, se tornara também sombra, assim como os políticos eram sombra do poder imperial. A política imperial seria combate de sombras, expressão que Nabuco vai buscar em Cícero. A metáfora da sombra já ocorrera a Ferreira Vianna em discurso de 1882, um ano antes da publicação de *O Abolicionismo*. O parlamento, disse ele nesse discurso, "é espectro, sombra de outra sombra, porque não há país constituinte nem pais constituído". No discurso de 1884, após dizer que se cansara da comédia que representava, acrescentara que se aborrecia com a tristíssima decoração em que só havia espectros e uma única realidade[5].

A idéia de que política e teatro têm algo em comum não é novidade. Que eu saiba, o autor que a tem hoje desenvolvido mais extensamente é Clifford Geertz, sobretudo em seu estudo sobre o Estado balinês do século XIX. Em estudo posterior ele expande a metáfora para outros sistemas políticos, inclusive atuais[6]. No caso balinês, o lado teatral da política é examinado nos rituais coletivos, onde ele é mais óbvio. No estudo posterior a análise se volta mais para os aspectos simbólicos e carismáticos embutidos em todo exercício do poder soberano. Creio que a metáfora teatral se pode aplicar com mais extensão ao fenômeno político em geral. O ritual, o simbolismo, são partes integrantes de qualquer sistema de poder, assim como o é o carisma. Mas a política é teatro também por razões que têm a ver com os mecanismos modernos do exercício do poder. A representação política tem em si elementos que podem ser comparados à representação teatral. Ambas as representações se exercem em palcos montados, por meio de atores que têm papéis conhecidos e reconhecidos. Há regras de atuação, há enredo e, principalmente, há ficções. Em política, a primeira ficção é a própria idéia de representação. De fato, é preciso admitir um grande faz-de-conta, é preciso crença para aceitar que alguém possa falar autenticamente por milhares de pessoas. Na representação

TEATRO DE SOMBRAS

simbólica burkiana, a ficção é ainda maior, pois uma só pessoa pode ser tida como a encarnação de toda a coletividade. Nas monarquias os aspectos teatrais aparecem ainda com mais clareza, não só no ritual, mas também na ficção política. O melhor exemplo da última é a convenção da neutralidade política do Rei, de sua incapacidade de fazer o mal e de sua conseqüente irresponsabilidade política.

A especificidade do sistema imperial em relação a outros sistemas e a outras monarquias provinha da complicação adicional trazida pela dubiedade das idéias e das instituições. Não só era teatro a política: era teatro de sombras. Os atores perdiam a noção exata do papel de cada um. Cada um projetava sobre os outros suas expectativas de poder, criava suas imagens, seus fantasmas. Os proprietários, embora dessem sustentação à monarquia, passavam a sentir-se marginalizados, excluídos, hostilizados, pela Coroa. Os políticos não sabiam ao certo se representavam a nação ou se respondiam ao imperador. A elite passava a acreditar num sistema representativo que não estava na Constituição e a cobrar sua execução pelo Poder Moderador. O rei, por sua vez, esforçava-se por seguir a ficção democrática na medida em que as falhas dos mecanismos da representação o permitiam.

As distorções eram maiores quando se tratava do poder e do papel do rei. Fruto inicial de pacto político, o poder do rei passou a ser o centro do sistema. Um poder derivado, e que nunca o deixara de ser, tornou-se, para efeito da realidade política, incontrastado. Daí o aparente paradoxo de Nabuco ao dizer que o poder imperial, sombra da escravidão, era colossal fantasmagoria, mas só ele seria capaz de acabar com a mesma escravidão. No entanto, ao acabar com ela, como previa Nabuco e também Cotegipe, destruiu o encanto que sustentava todo o sistema e morreu também.

A vida política do Segundo Reinado pode ser vista como alternância de sustentação e denúncia do teatro que se desenvolvia. As crises podiam advir seja do excesso de ênfase no realismo, em geral marca dos conservadores, seja do excesso de ênfase na ficção, tendência comum entre os liberais. O difícil, no entanto, era distinguir a ficção da realidade. Quando o imperador, por exemplo, dissolveu a primeira Câmara eleita pelo voto direto por ter ela resistido aos planos abolicionistas do Ministério, ele violou, na visão da elite, ao mesmo tempo a ficção do sistema representativo e a realidade da representação da Câmara. Sob a ótica do país como um todo, no entanto, representada pelos abolicionistas, ele garantiu, graças à ficção da representação monárquica, a realidade da representação da nação. O governo do país por si mesmo podia significar, como na lei da eleição direta, a redução da participação. Por outro lado, a ficção monárquica, a paródia da democracia, como dizia Nabuco, podia representar mais democracia que a realidade do sistema representativo existente. O próprio Nabuco só percebeu claramente este ponto após a abolição. Ele transparece na popularidade da Monarquia entre os pobres do campo e da cidade, popularidade que sobreviveu por longos anos ao regime.

Se se tratava de um regime com marcados traços teatrais, pode-se perguntar que gênero de teatro se fazia. Ferreira Vianna falava de comédia, de farsa, chamava o imperador de César caricato. Nabuco falou em paródia da democracia. A discussão que Hayden White faz dos modos de explicação histórica desenvolvidos por Northrop Frye nos pode ser útil aqui. Dos quatro modos, o romance, a tragédia, a comédia e a sátira, o que parece melhor se adequar ao sistema imperial é mesmo a comédia. A comédia admite o conflito, gira em torno dele, mas permite a reconciliação final, embora parcial, dos homens entre si e com as circunstâncias, reconciliação feita em geral em clima festivo. Os admiradores de Pedro II, brasileiros e estrangeiros, certamente acrescentariam um lado romântico à comédia imperial, atribuindo ao imperador o papel do herói que vence o mal por suas virtudes[7].

O final do Império foi digno de uma grande comédia no sentido aqui empregado. Pois o Império terminou com o monumental baile da Ilha Fiscal, realizado a menos de um mês da Proclamação da República. Oferecida aos oficiais chilenos, a festa foi uma grande confraternização do elenco, esquecidos todos dos conflitos de véspera. Lá estavam os anfitriões liberais e os convidados conservadores; lá estavam o rei e sua Corte; lá estavam os barões já em parte compatibilizados com a abolição em virtude dos grandes empréstimos recebidos. No convite para o grande baile constava, na comissão de recepção do cais Pharoux, até mesmo o nome do primeiro-tenente da Marinha José Augusto Vinhaes, que dias mais tarde tomaria parte importante no golpe militar ocupando a repartição dos Correios e Telégrafos. O povo, naturalmente, estava fora do baile, como estivera fora na Proclamação da Independência e estaria na Proclamação da República. Era espectador. Mas fala em favor da Monarquia não ter sido ele totalmente esquecido: no Largo do Paço, em frente à Ilha Fiscal, uma banda da polícia em farda de gala tocava fandangos e lundus para divertimento da multidão dos que não tinham acesso à festa da elite.

Na Ilha feericamente iluminada desenvolvia-se a maior festa do Segundo Reinado. Talvez fosse intenção dos promotores sugerir a inauguração do Terceiro Reinado, fantasia concebida por uma das personagens de Machado de Assis em *Esaú e Jacó* e reproduzida no quadro de Aurélio de Figueiredo[8]. A simbologia da cena era perfeita. Reuniam-se a Corte e a elite numa ilha iluminada separada da cidade em que por 67 anos tinham governado o país e sugeria-se o renascimento imperial quando, na mesma hora, reuniam-se os militares em seu Clube para ultimar os preparativos para o golpe de 15 de novembro.

O que se pretendia como renovação da Monarquia era de fato o perfeito canto de cisne do Império que findava. As lutas e os conflitos da Monarquia resolviam-se na grande festa ao som de valsas de Strauss.

O teatro republicano começou dias depois de maneira muito distinta, com uma parada militar, liderada por um general a quem seus partidários tentaram promover à categoria de herói romântico. A República ia demonstrar rapidamente que no Brasil o romantismo desligado da comédia vira logo farsa. Em 1892, o representante inglês observou que a política republicana, não fosse o sangue derramado, deveria ser contada ao som da música de Offenbach, o mestre do humor burlesco do Segundo Império francês[9]. Mas o teatro republicano já é outra história, ou estória.

NOTAS

1. Macdonnal a Salisbury, Rio, 14 de março de 1887. P.R.O., F.O. 13, p. 635; Amelot a Flourens, Rio, 8 de maio de 1887. Archives du Ministère des Affaires Etrangères, Correspondance Politique, Brésil.
2. Ver a edição da *Conferência* em Raimundo Magalhães Jr., *Três Panfletários do Segundo Reinado*, especialmente p. 271-74.
3. Citado por Magalhães Jr. em *Três Panfletários*, p. 252.

JOSÉ MURILO DE CARVALHO

4. *Um Estadista do Império*, p. 944.

5. *O Abolicionismo*, especialmente p. 170; e Ferreira Vianna em Magalhães Jr., *Três Panfletários*, p. 247.

6. Ver Clifford Geertz, *Negara. The Theatre State in Nineteenth-Century Bali*, especialmente a conclusão; e do mesmo autor *Local Knowledge. Further Essays in Interpretative Anthropology*, cap. 6.

7. Hayden White, *Metahistory. The Historical Imagination in Nineteenth-Century Europe*, p. 7-11. Para a família imperial, naturalmente, a história terminou como pequena tragédia.

8. Um estudo do quadro de Aurélio de Figueiredo intitulado *O Último Baile da Monarquia*, e de sua relação com o romance *Esaú e Jacó* de Machado de Assis foi feito por Alexandre Eulálio em "De um Capítulo de Esaú e Jacó ao Painel d'O Último Baile", *Discurso* 14, Campinas, 14 (1983), p. 181-207. Agradeço a Francisco de Assis Barbosa ter chamado minha atenção para este trabalho.

9. A observação foi relatada pelo representante português. Ver Paço d'Arcos a Valbom, Rio, 7 de janeiro de 1892. Repartição do Arquivo e Biblioteca do Ministério dos Assuntos Estrangeiros, Série A — Reservados. Offenbach é autor da opereta *O Brasileiro*.

Apêndices

APÊNDICE I

QUADRO 16
Orçamentos do Governo Central, Brasil, 1825-1889
(Em Mil-réis)

	Médias Qüinqüenais		Índice de Variação *(1825-26:1829-30=100)*	
Anos	*Receitas*	*Despesas*	*Receitas*	*Despesas*
1825-26:1829-30	14.545.257	12.346.673	100	100
1830-31:1834-35	17.014.484	14.554.355	117	118
1835-36:1839-40	14.440.144	18.067.773	99	146
1840-41:1844-45	18.855.549	26.190.066	130	212
1845-46:1849-50	26.584.486	26.459.401	183	214
1850-51:1854-55	35.275.337	36.521.536	243	296
1855-56:1859-60	45.653.023	47.539.400	314	385
1860-61:1864-65	52.591.517	60.449.774	362	490
1865-66:1869-70	75.278.203	140.243.901	518	1.136
1870-71:1874-75	105.300.651	114.173.147	724	925
1875-76:1879-80	110.506.406	149.135.139	760	1.208
1880-81:1884-85	130.336.776	148.772.915	896	1.205
1885-86:1889	165.593.028	168.372.410	1.138	1.363

Fonte: Liberato de Castro Carreira, *História Financeira do Império*, 608-609. Os dados para 1889 foram obtidos do *Balanço da Receita e Despesa do Império*.

QUADRO 17
Orçamentos do Governo Federal, Estados Unidos, 1825-1889
(Em milhares de dólares)

Anos	Médias Qüinqüenais		Índice de Variação (1825-1829=100)	
	Receitas	Despesas	Receitas	Despesas
1825-29	23.931	16.126	100	100
1830-34	28.195	17.865	117	100
1835-39	33.799	29.289	141	181
1840-44	18.788	22.057	78	136
1845-49	30.622	39.682	127	246
1850-54	56.279	47.535	235	294
1855-59	61.702	67.073	257	422
1860-64	105.377	436.900	440	2.709
1865-69	431.792	575.222	1.804	3.567
1870-74	361.480	294.465	1.510	1.826
1875-79	279.018	256.994	1.165	1.593
1880-84	368.928	259.174	1.541	1.607
1885-89	359.570	267.571	1.502	1.659

Fonte: U. S. Bureau of the Census, *Historical Statistics of the United States, Colonial Times to 1957*, 711.

APÊNDICE 2
CLASSIFICAÇÃO DAS DESPESAS ORÇAMENTÁRIAS

Os dados que utilizamos se referem ao orçamento executado, não ao proposto ou ao votado. Referem-se, portanto, às despesas efetivamente realizadas. A fonte em que nos baseamos foram os *Balanços da Receita e Despesa do Império*, publicados pela Imprensa Nacional. Os dados dos *Balanços* são pormenorizados e bastante completos se comparados, por exemplo, com os que Judson DeCew encontrou para o Chile. Um dos poucos problemas enfrentados foi a mudança de itens ao longo do período. Alguns itens foram suprimidos, outros acrescentados, outros fundidos. A adoção de categorias mais amplas de classificação tornou tais mudanças irrelevantes pois raramente implicavam a passagem de itens de uma categoria para outra.

TEATRO DE SOMBRAS

Problema mais sério surgiu na classificação das despesas com o serviço da dívida externa. A maioria dos empréstimos foi contraída para financiar os gastos da independência, das guerras, dos desastres naturais, ou para consolidar dívidas anteriores. Tais empréstimos deviam ser classificados como despesa administrativa, de acordo com o critério que adotamos. Alguns empréstimos, no entanto, destinavam-se a investimentos em infra-estrutura, sobretudo à construção de estradas de ferro. Estão nesta categoria os empréstimos de 1858, 1860, 1883 e 1888. Deviam ser classificados como despesas econômicas. O problema surgiu quando percebemos que os *Balanços* não distinguiam entre os dois tipos de empréstimos quando se tratava do pagamento de juros e amortização.

Solução parcial do problema foi tentada mediante o seguinte procedimento. Dispúnhamos de informação sobre o serviço pago para cada empréstimo. Começando com o ano do primeiro empréstimo para fins de investimento, somamos todo o serviço destes empréstimos, o que nos deu uma proporção de 18% em relação ao total do serviço da dívida externa. Esta porcentagem foi aplicada ao serviço da dívida de cada ano e o resultado obtido foi usado como indicando os gastos econômicos. Para o empréstimo de 1888 não tínhamos idéia da quantia já paga. Ela foi calculada com base no exame das condições de negociação do empréstimo (amortização, juros, comissões). A informação referente aos empréstimos foi tirada de Amaro Cavalcanti, *Resenha Financeira do Ex-Império do Brasil em 1889*, p. 332, e de Liberato de Castro Carreira, *História Financeira e Orçamentária do Império do Brasil*.

Judson DeCew, em seu estudo dos orçamentos chilenos, adotou o mesmo procedimento de dividir o serviço da dívida de acordo com sua destinação. Sua tarefa foi mais fácil porque os dados orçamentários chilenos separavam os dois tipos de serviço, tanto para os empréstimos externos como para os internos. No que se refere aos últimos, não foi possível, no caso do Brasil, fazer a distinção. Foram todos classificados como despesa administrativa, o que significa que nossos dados subestimam as despesas econômicas.

Os principais itens que compõem cada categoria são os seguintes:

A. *Despesas Sociais*
    1. *Educação, Cultura, Pesquisa*
        a. Faculdades de Direito e Medicina
        b. Outras instituições de ensino superior

c. Educação primária e secundária na Corte

d. Arquivos, bibliotecas, museus, laboratórios, instituições e sociedades científicas

e. Instituições artísticas

2. *Saúde e Saneamento*

a. Serviços de saúde

b. Hospitais

c. Vacinações

d. Epidemias

3. *Assistência Social*

a. Asilos

b. Escolas para deficientes físicos

c. Calamidades públicas

d. Pensões e aposentadorias

e. Seguro Social

4. *Despesas com Escravos*

Despesas com manumissão e educação de ingênuos

B. *Despesas Administrativas*

1. *Família Real*

2. *Governo*

a. Burocracia do governo central

b. Senado e Câmara

c. Conselho de Estado

d. Conselho de Ministros

e. Presidentes de províncias

3. *Defesa e Segurança*

Todas as despesas dos Ministérios da Guerra e Marinha

4. *Polícia e Bombeiros*

5. *Guarda Nacional*

6. *Justiça*

a. Juízes

b. Tribunais

c. Cadeias e presos

TEATRO DE SOMBRAS

7. *Culto público*
    a. Bispos e padres
    b. Seminários
    c. Igrejas
8. *Relações exteriores*
    Todas as despesas do Ministério das Relações Exteriores
9. *Ajuda financeira às províncias*
10. *Serviço da dívida interna*
11. *Serviço da dívida externa (parte administrativa)*

C. *Despesas Econômicas*
    1. *Agricultura*
        a. Fazendas do Estado
        b. Pesquisa e educação agrícolas
        c. Medição de terras
    2. *Colonização*
        Gastos com terras públicas e imigração
    3. *Estradas de ferro*
        Construção e garantias de juros
    4. *Navegação a vapor*
    5. *Engenhos de açúcar*
        Garantia de juros
    6. *Correios e Telégrafos*
    7. *Serviços da dívida externa (parte econômica)*
    8. *Obras públicas e recursos naturais*
        a. Construção de edifícios públicos
        b. Energia, água e esgoto
        c. Construção de portos e barragens
        d. Construção de estradas, pontes, canais
        e. Construção Naval
        f. Mineração e Siderurgia
        g. Cunhagem de moedas
        h. Imprensa Nacional

D. *Outras*

Categoria residual. Inclui itens como despesas "não classificadas", "eventuais" e outras que não foi possível identificar adequadamente. O total de tais gastos é pouco significativo.

APÊNDICE 3

QUADRO 18
Despesas do Governo Central, por Categorias, Brasil 1841/43-1889 (%)

Anos	Administrativas	Categorias Econômicas	Sociais	Outras	Total
1841-43	88,21	6,88	3,66	1,25	100,00
1845-46	90,94	3,82	4,21	1,03	100,00
1850-51	84,80	8,64	4,77	1,79	100,00
1855-56	77,59	11,52	10,43	0,46	100,00
1859-60	79,20	15,35	4,97	0,48	100,00
1865-66	88,45	9,18	2,12	0,25	100,00
1870-71	74,78	20,67	3,44	1,11	100,00
1875-76	67,54	27,01	4,60	0,85	100,00
1880-81	58,11	25,85	7,29	8,75	100,00
1885-86	63,72	27,99	6,65	1,64	100,00
1889	58,56	34,33	5,55	1,56	100,00

Fonte: *Balanços da Receita e Despesa do Império*, anos indicados.

QUADRO 19
Despesas do Governo Central, por Categorias, Chile, 1842-1889 (%)

Anos	Administrativas	Categorias Econômicas	Sociais
1842	96,30	0,38	3,55
1845	90,38	0,61	9,38
1850	88,79	0,74	10,91
1855	64,25	25,28	10,17
1860	72,68	18,26	9,06
1865	76,07	16,49	7,44
1870	68,27	24,53	7,20
1875	59,00	34,51	6,49
1880	70,88	25,71	3,41
1885	69,65	24,39	5,96
1889	58,48	30,29	11,23

Fonte: Judson DeCew, "The Chilean Budget, 1883-1914".

QUADRO 20

Despesas Administrativas, por Itens, Brasil, 1841-1889 (%)

Anos	Família Imperial	Governo Geral	Exército e Marinha	Polícia e Bombeiros	Guarda Nacional	Justiça	Culto	Relações Externas	Dívida Interna	Dívida Externa	Outras	Total
					Itens							
1841-42	4,05	10,38	58,21	1,13	0,33	2,25	0,41	2,02	8,73	10,20	2,29	100,00
1845-46	4,26	12,02	52,47	1,45	0,33	2,90	0,40	1,84	11,21	11,29	1,83	100,00
1850-51	3,80	15,71	29,60	1,32	0,32	2,83	1,86	3,69	11,44	9,43	–	100,00
1855-56	3,48	12,93	51,75	1,52	0,31	3,77	2,09	2,04	11,01	11,01	0,09	100,00
1859-60	2,57	13,71	56,41	2,29	0,34	4,56	2,04	2,04	8,16	7,88	–	100,00
1865-66	1,27	8,00	74,54	1,00	0,12	1,59	0,85	2,99	5,03	4,61	–	100,00
1870-71	1,92	13,28	44,01	1,58	0,11	3,35	1,29	1,52	23,83	9,15	–	100,00
1875-76	1,41	10,99	44,38	2,66	0,01	4,32	1,11	1,32	21,65	12,15	–	100,00
1880-81	1,37	12,96	29,14	2,94	–	4,75	1,04	0,97	32,10	14,73	–	100,00
1885-86	1,25	11,73	28,65	2,63	–	4,65	0,91	0,87	28,30	21,01	–	100,00
1889	1,06	13,02	31,75	3,06	3,57	4,50	0,85	0,94	19,24	22,01	–	100,00

Fonte: *Balanços da Receita e Despesa do Império*, anos indicados.

QUADRO 21
Despesas Econômicas, por Itens, Brasil, 1841-1889 (%)

			Itens				
Anos	E. de Ferro	Navegação a Vapor	Correios e Telégrafos	Obras Públicas	Dívida Externa p/Investimentos	Outras	Total
1841-42	–	20,42	0,30	77,84	–	1,44	100,00
1845-46	–	26,21	0,57	40,30	–	2,92	100,00
1850-51	–	26,09	0,35	72,54	–	1,02	100,00
1855-56	–	28,44	0,74	63,79	–	7,03	100,00
1859-60	–	36,03	0,48	53,11	8,92	1,46	100,00
1865-66	23,67	20,91	10,66	29,86	9,76	5,14	100,00
1870-71	51,17	11,44	6,32	19,61	7,23	4,23	100,00
1875-76	36,67	9,83	8,30	25,44	6,67	13,08	100,00
1880-81	48,53	7,85	8,38	23,44	7,27	4,53	100,00
1885-86	43,63	6,79	11,85	22,32	10,50	3,55	100,00
1889	45,44	4,46	9,31	20,38	8,24	12,17	100,00

Fonte: *Balanços da Receita e Despesa do Império*, anos indicados.

QUADRO 22
Despesas Sociais, por Itens, Brasil, 1841-1889 (%)

		Itens			
Anos	Educação e Cultura	Saúde Pública	Assistência Social	Escravos	Total
1841-42	23,49	3,08	73,43	–	100,00
1845-46	21,00	2,63	76,20	0,17	100,00
1850-51	16,71	7,59	70,56	5,14	100,00
1855-56	17,57	53,97	27,22	1,24	100,00
1859-60	34,10	5,51	58,61	1,78	100,00
1865-66	26,90	1,70	69,14	2,26	100,00
1870-71	24,15	0,95	74,90	–	100,00
1875-76	32,86	1,20	56,77	9,17	100,00
1880-81	19,94	0,67	49,84	29,55	100,00
1885-86	26,26	10,69	48,15	14,90	100,00
1889	29,93	4,25	65,82	–	100,00

Fonte: *Balanços da Receita e Despesa do Império*, anos indicados.

APÊNDICE 5

A classificação dos decretos executivos (quadro 6) seguiu de perto o procedimento usado para agrupar as despesas orçamentárias. Quando um decreto dizia respeito a mais de um tema, o tema predominante foi escolhido. As categorias incluem os seguintes itens:

Finanças
Empréstimos
Créditos
Orçamento
Moeda
Impostos
Loterias
Exército e Marinha
Todos os decretos referentes ao tamanho, organização e funcionamento do Exército e da Marinha.
Social
Educação
Saúde
Artes
Justiça
Polícia
Guarda Nacional
Magistrados
Organização judicial
Processo judicial
Administração
Empregados públicos
Material
Normas organizacionais
Administração eclesiástica
Naturalização

Agricultura
    Colonização
    Tráfico de escravos
    Política agrária
Relações Exteriores
    Tratados
    Embaixadas
    Diplomatas
Desenvolvimento Econômico
    Estradas de ferro
    Estradas
    Navegação
    Correios
    Telégrafo
    Comércio
    Empresas
    Patentes
    Bancos
    Garantia de juros

TEATRO DE SOMBRAS

APÊNDICE 6

QUADRO 23
Reuniões do Conselho Pleno, por Anos, 1841-1889

Anos	Reuniões	Anos	Reuniões
1842	13	1866	8
1843	24	1867	15
1844	23	1868	31
1845	17	1869	–
1846	10	1870	3
1847	7	1871	5
1848	5	1872	3
1849	3	1873	3
1850	7	1874	6
1851	2	1875	6
1852	3	1876	–
1853	2	1877	1
1854	3	1878	3
1855	5	1879	2
1856	3	1880	4
1857	5	1881	2
1858	2	1882	2
1859	2	1883	4
1860	3	1884	3
1861	4	1885	3
1862	6	1886	1
1863	5	1887	–
1864	2	1888	2
1865	2	1889	5
Total			271

Observação: Vê-se que, passados os anos iniciais, o número de reuniões baixou substancialmente e se manteve mais ou menos constante, com exceção apenas para os anos 1867 e 1868. A abundância de reuniões no início pode ser atribuída ao fato de ser nova a instituição e não haver muita segurança sobre seu papel. Em 1867 e 1868, além de ser um período de grande movimentação política, houve coincidência de vários projetos importantes, como o da reforma do Conselho (oito reuniões); do Ventre Livre (cinco reuniões); da criação de conselhos nas presidências de província (onze reuniões).

APÊNDICE 7

QUADRO 24
Número de Atas Consultadas, por Temas, 1841-1889

Temas	Nº de atas consultadas
Escravidão	20*
Relações Igreja/Estado	10
Lei de Terras e agricultura em geral	9
Anistia política	3*
Remoção de juízes de direito	9
Rebeliões	1
Eleições	15
Reforma do Conselho de Estado	12*
Dissoluções da Câmara	12*
Impostos	4*
Comércio, indústria e bancos	19
Relações Exteriores (Inglaterra, Prata)	26
Exército, polícia, Guarda Nacional	4
Total	144

*Indica que todas as atas referentes ao tema foram lidas.

Observação: O número total de reuniões do Conselho Pleno, como indicado no Apêndice 6, foi 271. Dessas reuniões, 31 ou não tiveram quórum, ou foram dedicadas apenas à leitura de atas. Das 240 restantes foram lidas 144, ou seja, 60%.

Lista de Quadros e Gráficos

TEATRO DE SOMBRAS

QUADROS

1. Principais Revoltas, 1831-1848   250
2. Títulos Nobiliárquicos, 1808-1889 (%)   257
3. Receita por Nível de Governo, Brasil e Estados Unidos   266
4. Receitas do Governo (1841-1889). Porcentagem das Rendas Alfandegárias   267
5. Receita Interna, Brasil, 1841-1889   270
6. Decretos Executivos por conteúdo, 1840-1889 (%)   280
7. Importação de Escravos, 1840-1853   301
8. Representação Geográfica e Voto sobre a Emenda à Resposta à Fala do Trono, 1871 (%)   309
9. Representação Geográfica e Voto sobre o Ventre Livre, 1871 (%)   310
10. População Escrava por Províncias, 1873-1887 (%)   317
11. Postos Ocupados por Conselheiros (1841-1889)   358
12. Decretos Baseados em Consultas do Conselho de Estado (Anos Selecionados)   359
13. Participação Eleitoral, 1872-1945   395
14. Ocupação dos Votantes de Formiga, MG, 1876   396
15. Representação de Minorias nas Legislaturas do Segundo Reinado   407
16. Orçamentos do Governo Central, Brasil, 1825-1889   425
17. Orçamentos do Governo Federal, Estados Unidos, 1825-1889   426
18. Despesas do Governo Central, por Categorias, Brasil, 1841/43-1889 (%)   430
19. Despesas do Governo Central, por Categorias, Chile, 1842-1889 (%)   430
20. Despesas Administrativas, por Itens, Brasil, 1841-1889 (%)   431
21. Despesas Econômicas por Itens, Brasil, 1841-1889 (%)   432

22. Despesas Sociais, por Itens, Brasil, 1841-1889%   432
23. Reuniões do Conselho Pleno, por Anos, 1841-1889   435
24. Número de Atas Consultadas, por Temas, 1841-1889   436

GRÁFICOS

1. Taxa de Crescimento da Receita e Despesa Públicas, Brasil e Estados Unidos, 1825-1889   265
2. Despesa Administrativa, Econômica e Social, Brasil e Chile, 1841-1889   276
3. Porcentagem da Despesa Administrativa, por Itens, Brasil, 1841-1889   277
4. Porcentagem da Despesa Econômica, por Itens, Brasil, 1841-1889   278
5. Porcentagem da Despesa Social, por Itens, Brasil, 1841-1889   279

Fontes e Bibliografia

FONTES MANUSCRITAS

CÓDICES 49, 290, 296, 299, Arquivo Nacional.

CORRESPONDANCE politique. Brésil. Archives du Ministère des Affaires Etrangères. 1887. Paris.

CORRESPONDÊNCIA diplomática. Repartição do Arquivo e Biblioteca do Ministério dos Assuntos Estrangeiros. Lisboa, 1892.

DOCUMENTOS do Ministério da Justiça (IJ⁶) Maço 446. Arquivo Nacional: Rio de Janeiro.

GENERAL Correspondence. Public Records Office. Foreign Office, 13, 1887.

LISTA dos cidadãos qualificados votantes da paróquia do Irajá. Arquivo Geral da Cidade do Rio de Janeiro, 66-4-6, 15/01/1880.

REGISTRO das Ordens Imperiais Baixadas à Seção do Conselho de Estado, 1842. Arquivo Nacional, Códice 299.

FONTES IMPRESSAS

a) Documentos Oficiais

ANAIS da Câmara dos Srs. Deputados. Rio de Janeiro: Tipografia do Imperial Instituto Artístico/ Imprensa Nacional, anos indicados.

ANAIS do Senado do Império do Brasil. Rio de Janeiro: Tipografia Nacional/ Imprensa Nacional, anos indicados.

ANUÁRIO Estatístico do Brasil. Rio de Janeiro: IBGE, 1936/1937.

AUTOS da Devassa da Inconfidência Mineira. Rio de Janeiro: Ministério da Educação, 1936.

JOSÉ MURILO DE CARVALHO

BALANÇOS da Receita e Despesa do Império. Rio de Janeiro: Tipografia Nacional Imprensa Nacional, 1840/1889.

BRAZIL, Comissão Encarregada da Revisão da Tarifa em Vigor, Relatório [...] que acompanhou o Projeto de Tarifa apresentado pela mesma Comissão ao Governo Imperial, Rio de Janeiro: Typ. 'Dous de Dezembro', de Paula Brito, 1853.

CÂMARA dos Deputados, Falas do Trono desde o Ano de 1828 até o Ano de 1889. Rio de Janeiro: Imprensa Nacional, 1889.

CENSOS de 1872, 1890, 1900, 1920.

COLEÇÃO de Leis do Império do Brasil. Rio de Janeiro: Imprensa Nacional, 1831-1889.

CONGRESSO Agrícola. Coleção de Documentos. Rio de Janeiro: Tipografia Nacional, 1878.

DISCUSSÃO da Reforma do Estado Servil na Câmara dos Deputados e no Senado, 1871. Rio de Janeiro: Tipografia Nacional, 1871.

IMPERIAIS resoluções tomadas sobre consultas da Seção de Justiça do Conselho de Estado, desde o ano de 1842, em que começou a funcionar o mesmo Conselho, até hoje, coligidas pelo bacharel José Próspero Jenovah da Silva Caroah. Rio de Janeiro: B. L. Garnier, 1884, 2 v.

RELATÓRIO e sinopse dos trabalhos da Câmara dos Srs. Deputados, 1869-1889. Rio de Janeiro: Imprensa Nacional, 1869-1889.

RELATÓRIOS Apresentados à Assembléia Geral Legislativa pelos Ministros do Império, Justiça, Agricultura, Fazenda, Guerra e Marinha. Rio de Janeiro: Tipografia Nacional/Imprensa Nacional, anos indicados.

SENADO Federal, Atas do Conselho de Estado. Direção geral, organização e introdução de José Honório Rodrigues. Brasília: Senado Federal, 1973-1978, 13 v.

TRABALHOS do Congresso Agrícola em Recife, em Outubro de 1878 (Coligidos e publicados pela Sociedade Auxiliadora da Agricultura de Pernambuco). Recife: Tipografia de Manoel Figueiroa de Faria & Filhos, 1879.

U. S. Bureau of the Census. Historical statistics of the United States, Colonial times to 1957. Washington, D. C., 1960.

b) Jornais e Revistas

A Reforma, 1871.
A República, 1871.
Almanack Laemmert.
Aurora Fluminense, 1835, 1838.

FONTES E BIBLIOGRAFIA

Auxiliador da Indústria Nacional, 1849, 1851, 1852, 1853.

Correio Mercantil, 1850.

Diário do Rio de Janeiro, 1871.

O Brasil, 1842, 1843.

O Chronista, 1837.

Jornal do Commercio, 1847, 1848, 1850, 1855.

O Sentinela da Liberdade, 1833.

O Sete de Abril, 1838.

O Soldado, 1881.

O Soldado Brasileiro, 1849.

c) Dicionários biográficos e biografia

ABRANCHES, Dunshee de. *Governos e Congressos da República dos Estados Unidos do Brasil, 1889-1917*. São Paulo: M. Abranches, 1918, 2 v.

ARAUJO, Carlos da Silva. "Médicos brasileiros graduados em Montpellier e os movimentos políticos da independência nacional". *Revista do Instituto Histórico de Minas Gerais*, 8: p. 120-40, 1961.

BAEPENDI, Conde de. *Notícias dos Senadores do Império do Brasil*. Rio de Janeiro: Imprensa Nacional, 1886.

BLAKE, Augusto Victorino Alves Sacramento. *Dicionário Bibliográfico Brasileiro*. Rio de Janeiro: Tipografia Nacional, 1883-1902, 7 v.

BOITEUX, Alexandre. *Ministros da Marinha (Notas Biográficas — 1808-40)*. Rio de Janeiro: Imprensa Naval, 1933.

BOITEUX, Henrique. *Os Nossos Almirantes*. Rio de Janeiro: Imprensa Naval, 1915-20, 3 v.

CARMO, J. A. Pinto. *Ministros da Fazenda (1822-1930)*. Rio de Janeiro, 1944.

BRASIL. Ministério da Viação e Obras Públicas, Serviço de Documentação. *Dados biográficos dos ministros, 1861-1961*. Rio de Janeiro, 1961.

EGAS, Eugênio. *Galeria dos Presidentes de São Paulo, 1822-1922*. São Paulo: Seção de Obras d'*O Estado de S. Paulo*, 1926, 3 v.

FARIA, Alberto de. *Mauá. Irineu Evangelista de Souza, Barão e Visconde de Mauá, 1813-1889*. São Paulo: Cia. Editora Nacional, 1933.

FERNANDES, Carlos Ferreira de Souza. *O Senado Brasileiro; relação por ordem cronológica dos senadores do Brasil desde a fundação do Senado do Império, 1826, até a sua dissolução em 1889 [...] até 1911*. Rio de Janeiro: Luzeiro, 1912.

GALANTI, Rafael Maria. *Biografias de Brasileiros Ilustres*. São Paulo: Duprat, 1911.

GALVÃO, Manuel Arcanjo. *Relação dos cidadãos que tomaram parte no governo do Brasil no período de março de 1808 a 15 de novembro de 1889*. Rio de Janeiro: Arquivo Nacional, 1969.

GUERRA FILHO, D'Almeida e PLACER, Xavier. *Ministérios e Ministros da Agricultura, 1860-1966*. Rio de Janeiro: Serviço de Informação Agrícola, Ministério da Agricultura, 1966.

GUIMARÃES, Argeu. *Dicionário Biobibliográfico Brasileiro de Diplomacia, Política Externa e Direito Internacional*. Rio de Janeiro, 1938.

JAVARI, Barão de. *Organizações e Programas Ministeriais*. Rio de Janeiro: Imprensa Nacional, 1889.

LAGO, Laurênio. *Brigadeiros e Generais de D. João VI e D. Pedro I no Brasil; dados biográficos, 1808-1831*. Rio de Janeiro: Imprensa Nacional, 1938.

——. *Os Generais do exército brasileiro, de 1860 a 1889; traços biográficos*. Rio de Janeiro: Imprensa Nacional, 1942.

——. *Supremo Tribunal de Justiça e Supremo Tribunal Federal, Dados Biográficos (1828-1939)*. Rio de Janeiro: Imprensa Militar, 1940.

——. "Brigadeiros e Generais de D. João VI e D. Pedro I no Brasil". *Anais do 3.º Congresso de História Nacional*, 7, p. 437-628, 1942.

LAMEGO, Alberto Ribeiro. "A Aristocracia Rural do Café na Província Fluminense", *Anuário do Museu Imperial*, VII (1946), p. 51-123.

LEOPOLDO, D. Duarte. "História Religiosa. O Clero nacional e a independência". *Dicionário Histórico, Geográfico e Etnográfico do Brasil*. Rio de Janeiro, Imprensa Nacional, 1922, p. 1255-1278.

LOPES, Theodorico e TORRES, Gentil. *Ministros da Guerra do Brasil, 1808-1948*. Rio de Janeiro: s. ed., 1949.

LYRA, Heitor. *História de D. Pedro II, 1825-1891*. São Paulo: Cia. Editora Nacional, 1938-1940, 3 v.

LYRA, A. Tavares de. "Os Ministros de Estado da Independência à República". *Revista do Instituto Histórico e Geográfico do Brasil* (193): 3-104, out./dez. 1946.

——. "Organização Política e Administrativa do Brasil (1500-1900)". *Anais do 3.º Congresso de História Nacional*, 2, p. 45-224, 1941.

——. "A Presidência e os Presidentes do Conselho de Ministros no Segundo Reinado". *Revista do Instituto Histórico e Geográfico do Brasil* (148), p. 567-609, 1923.

——. "O Senado da República". *Revista do Instituto Histórico e Geográfico do Brasil* (210), p. 3-102, jan./maio, 1951.

FONTES E BIBLIOGRAFIA

——. "O Conselho de Estado". *Boletim da Revista do Instituto Histórico e Geográfico do Brasil*. Rio de Janeiro, Imprensa Nacional, 1934.

——. "O Primeiro Senado da República". *Anais do 3.º Congresso de História Nacional*, 2, p. 3-43, 1941.

——. O Centenário do Senado Brasileiro. *Revista do Instituto Histórico e Geográfico do Brasil* (153), p. 229-81, 1926.

MACEDO, Joaquim Manoel de. *Anno Biográfico Brasileiro*. Rio de Janeiro: Tipografia e Litografia do Imperial Instituto Artístico, 1876, 3 v.

MASCARENHAS, Nelson Lage. *Um Jornalista do Império (Firmino Rodrigues Silva)*. São Paulo: Ed. Nacional, 1961.

MENDONÇA, Renato. *Um Diplomata na Corte da Inglaterra. Barão de Penedo e sua Época*. São Paulo: Cia. Editora Nacional, 1942.

MINISTÉRIO das Relações Exteriores. *Ministros e altos funcionários da antiga repartição dos negócios estrangeiros, depois Ministério das Relações Exteriores, e membros do extinto Conselho de Estado, 1808-1948* Rio de Janeiro: Imprensa Nacional, 1939.

MORAIS, Francisco. "Estudantes Brasileiros na Universidade de Coimbra". *Anais da Biblioteca Nacional do Rio de Janeiro*, 67, p. 137-335, 1940.

NOGUEIRA, Otaciano e FIRMO, João Sereno. *Parlamentares do Império*. Brasília: Senado Federal, 1973.

OLIVEIRA, Albino José Barbosa de. *Memórias de um Magistrado do Império*. São Paulo: Ed. Nacional, 1943.

PINHO, Wanderley. *Cotegipe e seu Tempo; primeira fase, 1815-1867*. São Paulo: Cia. Editora Nacional, 1937.

RHEINGANTZ, Carlos G. *Titulares do Império*. Rio de Janeiro: Arquivo Nacional, 1960.

RIO BRANCO, Barão do. *O Visconde do Rio Branco*. Rio de Janeiro: A Noite Editora, sem data.

RODRIGUES, Antônio Luís da Costa. Escolares do Brasil em Coimbra. *Brasília, 4*, p. 169-199, 1949.

SILVA, Alfredo Pretextato Maciel da. *Os Generais do Exército Brasileiro, de 1822 a 1889; traços biográficos*. Rio de Janeiro: Ed. Americana, 1906-7, 2 v.

SILVA, Manoel Francisco Dias da. *Dicionário Biográfico de Brasileiros Célebres*. Rio de Janeiro: Laemmert, 1971.

SISSON, S. A. *Galeria dos Brasileiros Ilustres (os contemporâneos)*. São Paulo: Livraria Martins, 1948, 2 v.

SODRÉ, Alcindo. "Dom Pedro II, Chefe de Estado". *Anuário do Museu Imperial*, III (1942), p. 209-218.

SOUSA, José Antônio Soares de. *A Vida do Visconde do Uruguai (1807-1866)*. São Paulo: Ed. Nacional, 1944.

SOUSA, J. Galante de. *Índice de Bibliografia Brasileira*. Rio de Janeiro: Instituto Nacional do Livro, 1968.

SOUSA, Octávio Tarquínio de. *José Bonifácio, 1763-1838*. Rio de Janeiro: José Olympio, 1945.

——. *Diogo Antônio Feijó (1784-1843)*. Rio de Janeiro: José Olympio, 1942.

——. *Bernardo Pereira de Vasconcelos e seu Tempo*. Rio de Janeiro: José Olympio, 1937.

TAUNAY, Afonso D'Escrangnolle. A Câmara dos Deputados sob o Império. *Anais do Museu Paulista*, XIV (1950), p. 1-252.

TAUNAY, Affonso de E. *O Senado do Império*. São Paulo: Martins, s. d.

VASCONCELLOS, Barão de, e Barão Smith de Vasconcellos. *Arquivo Nobiliárquico Brasileiro*. Lausanne (Suisse): Imprimerie La Concorde, 1918.

VELHO SOBRINHO, J. F. *Dicionário Biobibliográfico Brasileiro*. Rio de Janeiro: Ministério da Educação e Cultura, 1940, v. 2.

WILBERGER, Arnold. *Os Presidentes da Província da Bahia. Efetivos e interinos, 1824-1889*. Salvador: Tipografia Beneditina, 1949.

d) Outras fontes impressas

ALENCAR, José de. *Página da Actualidade. Os partidos*. Rio de Janeiro: Typ. de Quintino & Irmão, 1866.

——. *Systema Representativo*. Rio de Janeiro: B. L. Garnier, 1868.

ALMEIDA, Tito Franco de. *O Conselheiro Francisco José Furtado*. São Paulo: Cia. Editora Nacional, 1944 (1ª ed. 1867).

ANDRADA, Antônio Manuel Bueno de. "Depoimento de uma Testemunha". *Revista do Instituto Histórico e Geográfico de São Paulo*, v. XXXVI (junho de 1939), p. 209-224.

BASTOS, Tavares. *A Província*. São Paulo: Cia. Editora Nacional, 1937 (1ª ed. 1870).

——. *Os Males do Presente e as Esperanças do Futuro*. São Paulo: Cia. Editora Nacional, 1939 (1ª ed. 1861).

——. *Cartas do Solitário*. São Paulo: Cia. Editora Nacional, 1938 (1ª ed. 1862).

BOULANGER, Luís Aleixo. *Demonstração das Mudanças de Ministros e Secretários de Estado do Império do Brasil de 1822-1863*. Rio de Janeiro: Laemmert, 1864.

FONTES E BIBLIOGRAFIA

BRASIL. Senado Federal. *Autos dos inquéritos da revolução de 1842 em Minas Gerais*. Brasília, 1979.

BRASILIENSE, A. *Os Programas dos Partidos e o 2.º Império*. São Paulo: Tipografia Jorge Seckler, 1878.

CARREIRA, Liberato de Castro. *História Financeira e Orçamentária do Império do Brasil desde a sua Fundação, Precedida de Alguns Apontamentos acerca de sua Independência*. Rio de Janeiro: Imprensa Nacional, 1889.

———. *O Orçamento do Império desde a sua Fundação*. Rio de Janeiro, Tipografia Nacional, 1883.

CARVALHO, Visconde de Sousa. *História das Dissoluções da Câmara dos Deputados*. Rio de Janeiro: Tipografia União, 1885.

CAVALCANTI, Amaro. *Resenha Financeira do Ex-Império do Brasil em 1889*. Rio de Janeiro: Imprensa Nacional, 1890.

———. *Regime Federativo e a República Brasileira*. Rio de Janeiro: Imprensa Nacional, 1900.

CELSO, Afonso. *Oito Anos de Parlamento. Poder Pessoal de D. Pedro II*. São Paulo: Melhoramentos, s.d.

CONSTANT, Benjamin. *Cours de Politique Constitutionelle*. Paris: Librairie de Guillaumin et Cie., 1861.

CORREIA, Manoel Francisco. *Relatório Anexo ao do Ministro dos Negócios do Império de 1878*. Rio de Janeiro: Tipografia Nacional, 1878.

COUTINHO, D. José Joaquim da Cunha de Azeredo. *Obras Econômicas de J. J. da Cunha de Azeredo Coutinho*. São Paulo: Cia. Editora Nacional, 1966.

COUTY, Louis. *L'Esclavage au Brésil*. Paris: Librairie de Guillaumin et Cie., 1881.

CUNHA, Euclides da. *À Margem da História*. Porto: Lelo e Irmão, 1913.

FERNANDES JR. Antônio Manuel. *Índice Cronológico, Explicativo e Remissivo da Legislação Brasileira, desde 1822 até 1848*. Niterói, 1848.

FREI CANECA. *Ensaios Políticos*. Rio de Janeiro: Documentário, 1976.

GALVÃO, B. F. Ramiz. *Catálogo da Exposição de História do Brasil, realizada pela Biblioteca Nacional do Rio de Janeiro a 2 de dezembro de 1881*. Rio de Janeiro: Tipografia de G. Leuzinger e Filhos, 1881.

JORNAL das Conferências Radicais do Senador Silveira da Mota. Rio de Janeiro: Tipografia da Reforma, 1870.

LEVASSEUR, E. *Le Brésil*. Paris: H. Lamirault, 1889.

445

JOSÉ MURILO DE CARVALHO

MALHEIRO, Perdigão. *A Escravidão no Brasil*. São Paulo: Cultura, 1944, 12 v.

MARINHO, Joaquim Saldanha. *A Monarchia ou a Política do Rei*. Rio de Janeiro: Typ. de G. Leuzinger e Filhos, 1885.

MARINHO, José Antônio. *História do movimento político que no ano de 1842 teve lugar na província de Minas Gerais*. Conselheiro Lafaiete: Tipografia Almeida, 1939.

MAUÁ, Irineu Evangelista de Souza, Visconde de. *Autobiografia; exposição aos credores e ao público*. Seguido de *O Meio Circulante no Brasil*. Rio de Janeiro: Valverde, 1942.

MEMÓRIA Estatística do Império. *Revista do Instituto Histórico e Geográfico do Brasil*, tomo LVIII, Parte I, p. 91-99, 1895.

MONTEIRO, Tobias. *Funcionários e Doutores*. Rio de Janeiro: Liv. Francisco Alves, 1919.

NABUCO, Joaquim. *O Abolicionismo*. São Paulo: Ed. Nacional, 1938 (1ª ed. 1883).

——. *Um Estadista do Império*. Rio de Janeiro: Nova Aguilar, 1975 (1ª ed. 1897/99).

——. *Minha Formação*. São Paulo: Instituto Progresso Editorial S.A., 1949 (1ª ed. 1900).

——. *Discursos Parlamentares*. Seleção e prefácio de Gilberto Freyre, Rio de Janeiro: Dep. de Imprensa Nacional, 1949.

OTTONI, Teófilo Benedito. *Circular Dedicada aos Srs. Eleitores de Senadores pela Província de Minas Gerais no Quatriênio Atual e Especialmente Dirigida aos Srs. Eleitores de Deputados pelo 2.º Distrito Eleitoral da Mesma Província para a Próxima Legislatura*. Rio de Janeiro: Tipografia do Correio Mercantil, 1860.

PEDRO II, D. "Diário de 1862", *Anuário do Museu Imperial*, XVII (1956), 18-319.

——. *Conselhos à Regente*. Rio de Janeiro: São José, 1958.

PEREIRA, Lafayette Rodrigues. *Cartas ao Irmão*. São Paulo: Cia. Editora Nacional, 1968.

PINTO, Caetano José de Andrade. *Atribuições dos Presidentes de Província*. Rio de Janeiro: Garnier, 1865.

RAIOL, Domingos Antônio. *Motins Políticos, ou a História dos Principais Acontecimentos Políticos da Província do Pará desde o Ano de 1821 até 1835*. Belém: Universidade Federal do Pará, 1970, 3 v (1ª ed. 1865).

REBOUÇAS, André. *Abolição Imediata e sem Indenização*. Rio de Janeiro: Tipografia Central de Evaristo R. da Costa, 1883.

——. *Agricultura Nacional, Estudos Econômicos*. Rio de Janeiro: A. J. Lamoureux & Co., 1883.

ROCHA, Justiniano José da. "Tractemos do Futuro", *O Brasil*, 19, 21, 23 e 26/9/1843.

——. "Ação, Reação e Transação". In: MAGALHÃES JR., R. (org.), *Três panfletários do Segundo Reinado*. São Paulo: Cia. Editora Nacional, 1956, p. 161-218.

FONTES E BIBLIOGRAFIA

ROMERO, Sylvio. *Evolução da Literatura Brasileira (Vista Sintética)*. Campanha: s/ed., 1905.

——. *Doutrina contra Doutrina*. Rio de Janeiro: J. B. Nunes, 1894.

SALLES, Alberto. "Balanço Político. Necessidade de uma Reforma Constitucional". In: PAIM, Antônio, org. *Plataforma Política de Positivismo Ilustrado*. Brasília: Editora da Universidade de Brasília, 1981, p. 63-75.

SILVA, J. M. Pereira da. *Situation Sociale, Politique et Économique de l'Empire du Brésil*. Rio de Janeiro: B. L. Garnier, 1885.

——. *Memórias do meu Tempo*. Rio de Janeiro: Garnier, s. d., 2 v.

SOUZA, Braz Florentino Henriques de. *Do Poder Moderador Ensaio de Direito Constitucional Contendo Análise do Tit. IV, Cap. I da Constituição Política no Brasil*. Recife: Tipografia Universal, 1864.

SOUZA, Francisco Belisário Soares de. *O Sistema Eleitoral no Império*. Brasília: Senado Federal, 1979 (1ª ed. 1872).

STRATEN-PONTHOZ, Auguste van der. *Le Budget du Brésil*. Bruxelles, 1854, 3 v.

TAVARES, Francisco Muniz. *História da Revolução de Pernambuco em 1817*. Recife: Imprensa Industrial, 1917.

URUGUAI, Visconde do. *Ensaio sobre o Direito Administrativo*. Rio de Janeiro: Departamento de Imprensa Nacional, 1960 (1ª ed. 1862).

——. *Estudos Práticos sobre a Administração das Províncias no Brasil*. Rio de Janeiro: B. L. Garnier, 1865, 2 v.

VASCONCELOS, Zacarias de Góes e. *Da Natureza e Limites do Poder Moderador*. Rio de Janeiro: Laemmert, 1862.

VIANNA, Ferreira. "A Conferência dos Divinos". In: MAGALHÃES JR., R. (org.) *Três Panfletários do Segundo Reinado*. São Paulo: Cia. Editora Nacional, 1956, p. 265-75.

BIBLIOGRAFIA DE APOIO

ABREU, Capistrano de. "Fases do Segundo Império". *Ensaios e Estudos*, 3.ª série. Rio de Janeiro: Sociedade Capistrano de Abreu, 1938.

ABREU, J. Capistrano de. *Capítulos de História Colonial (1500-1800)*. Rio de Janeiro: Sociedade Capistrano de Abreu, 1928.

ALDEN, Dauril. *Royal Government in Colonial Brazil; with special reference to the Marquis of Lavradio. Viceroy, 1769-1779*. Berkeley: University of California Press, 1968

ALDEN, Dauril. "The Population of Brazil in the late Eighteenth Century: a preliminary survey". *Hispanic American Historical Review*, 4 (2), p. 173-205, maio 1963.

AMARAL, Azevedo. *O Estado Autoritário e a Realidade Nacional*. Rio de Janeiro: José Olympio, 1938.

AMARAL, Luiz. *História Geral da Agricultura Brasileira no Tríplice Aspecto Político-Social-Econômico*. São Paulo: Cia. Editora Nacional,1958, 2 v.

ANDRADE, Luis Aureliano Gama de. "Dez Anos de Orçamento Imperial, 1869-1877", *Revista Brasileira de Estudos Políticos*, 31 (1971), p. 181-206.

ANDRADE, Manuel Correia de. *A Guerra dos Cabanos*. Rio de Janeiro: Conquista, 1965.

———. *Movimentos Nativistas em Pernambuco — Setembrizada e Novembrada*. Recife: UFPE, 1971.

———. *Pernambuco e a Revolta de Pinto Madeira*. Recife: Ed. Nordeste, 1953.

ARCINIEGAS, German. *Latin America, a Cultural History*, Nova York: Alfred A. Knopf, 1967.

AVELLAR, Hélio de Alcantara e TAUNAY, Alfredo D'Escragnole. *História Administrativa do Brasil*. Rio de Janeiro: Dasp-Serviço de Documentação, 1965. v. 1.

AZEVEDO, Fernando de. *Canaviais e Engenhos na Vida Política do Brasil*. São Paulo: Melhoramentos, sem data.

AZEVEDO, Philadelpho. "Tumultos e Revoltas nas Províncias Durante o Período da Regência, Aspecto Político e Social". *Anais do 2.º Congresso de História Nacional*, v. 1 (1934), p. 749-769.

BACHRACH, Peter e BARATZ, Morton S. "Two Faces of Power". *American Political Science Review*, 56 (4), p. 947-952, dezembro 1962.

BAGEHOT, Walter. *The English Constitution*. Nova York: Dolphin Books, sem data.

BANDECCHI, Brasil. *Origem do Latifúndio no Brasil*. São Paulo: Fulgor, 1963.

BARROS, Eudes. *A Associação Comercial no Império e na República; antecedentes históricos*. Rio de Janeiro: O Cruzeiro, 1959.

BARROS, H. da Costa. *História da Administração Pública em Portugal nos séculos XII a XV*. Lisboa: Livraria Sá da Costa, 1945-54.

BARROS, Roque Spencer Maciel de. "A Ilustração Brasileira e a Idéia de Universidade". São Paulo, Universidade de São Paulo, Cadeira de História e Filosofia da Educação, *Boletim* 241-2, 1959.

FONTES E BIBLIOGRAFIA

BEARD, Charles. *An Economic Interpretation of the Constitution of the United States*. Nova York: Macmillan, 1913.

BEIGUELMAN, Paula. *Formação Política do Brasil*. v. 1.º Teoria e Ação no Pensamento Abolicionista. São Paulo: Pioneira, 1967.

BENDA, Harry J. "Non-Western Intelligentsias as Political Elites". *The Australian Journal of Politics and History*, 6 (2), p. 205-218, novembro 1960.

BENDIX, Reinhard. *Max Weber, an Intellectual Portrait*. Nova York: Doubleday, 1962.

BETHELL, Leslie and José Murilo de Carvalho. "Brazil from Independence to the Middle of the Nineteenth Century". In: BETHELL, Leslie (ed.), *The Cambridge History of Latin America*. Cambridge: University Press, 1985, v. III, p. 677-746.

BETHELL, Leslie. *The Abolition of the Brazilian Slave Trade. Britain, Brazil and the Slave Trade Question, 1807-1869*. Cambridge: Cambridge University Press, 1970.

BEVILÁQUA, Clóvis. *História da Faculdade de Direito do Recife*. Rio de Janeiro: Liv. Francisco Alves, 1927, 2 v.

BOEHRER, George C. A. *Da Monarquia à República: história do Partido Republicano no Brasil (1870-1889)*. Rio de Janeiro: Ministério da Educação, 1954.

BOXER, C. R. *The Golden Age of Brazil, 1695-1750*. Berkeley e Los Angeles: University of California Press, 1962.

BRAGA, Teófilo. *História da Universidade de Coimbra nas suas Relações com a Instrução Pública Portuguesa*. Lisboa: Tipografia da Academia Real das Ciências, 1892-1902.

BURKHOLDER, M. A. e CHANDLER, D. S. "Creole Appointments and the Sale of Audiencia Positions in the Spanish Empire under the Early Bourbons, 1701-1750". *Journal of Latin American Studies*, 4(2), p. 187-206, nov. 1972.

CALMON, Pedro. *O Marquês de Abrantes*. Rio de Janeiro: Editora Guanabara, 1933.

CANOVAS, Agustin Cue. *Historia Social y Económica de México (1521-1854)*. México: Editorial Trillas, 1960.

CARDOSO, Fernando Henrique e FALETTO, Enzo. *Dependência e Desenvolvimento na América Latina; ensaio de interpretação sociológica*. Rio de Janeiro: Zahar, 1970.

CARDOSO, Vicente Licínio. *À Margem da História do Brasil*. São Paulo: Cia. Editora Nacional, 1933.

CARNAXIDE, Visconde de. *O Brasil na Administração Pombalina (economia e política externa)*. São Paulo: Cia. Editora Nacional, 1940.

CARRATO, José Ferreira. *Igrejas, Iluminismo e Escolas Mineiras Coloniais*. São Paulo: Cia. Editora Nacional, 1968.

CARVALHO, Antônio Gontijo de. *Um Ministério Visto por Dentro*. Rio de Janeiro: José Olympio, 1959.

CARVALHO, José Murilo de. *Elite and State-Building in Imperial Brazil*. Tese de doutorado, Stanford University, 1975.

——. "As Forças Armadas na Primeira República: o poder desestabilizador". In: FAUSTO, Boris (org.), *História Geral da Civilização Brasileira. O Brasil Republicano*, tomo III, v. 2.º. São Paulo, Difel, 1977, p. 181-234.

——. *A Escola de Minas de Ouro Preto: O Peso da Glória*, Rio de Janeiro: FINEP/ Cia. Editora Nacional, 1978.

CARVALHO, Laerte Ramos de. *As Reformas Pombalinas da Instrução Pública*. São Paulo: Faculdade de Filosofia, Ciências e Letras da USP, 1952.

——. "A Educação e seus métodos". In: HOLANDA, Sérgio Buarque de (org.), *História Geral da Civilização Brasileira*, tomo I, v. II. São Paulo: Difel, 1960, p. 51-75.

CASCUDO, Luís da Câmara. *O Marquês de Olinda e seu Tempo (1793-870)*. São Paulo: Ed. Nacional, 1938.

CASTRO, Jeanne Berrance de. "A Guarda Nacional". In: HOLANDA, Sérgio Buarque de (org.), *História Geral da Civilização Brasileira*, tomo II, v. IV. São Paulo, Difel, 1971, p. 274-298.

CINTRA, Antônio Octávio. "A Política Tradicional Brasileira: uma interpretação das relações entre o centro e a periferia". *Cadernos DCP*, (1), p. 59-112, março 1974.

CHANG, Chung-li. *The Chinese Gentry; studies in their role in nineteenth-century Chinese society*. Seattle: University of Washington Press, 1970.

CLARKSON, L. A. *The Pre-Industrial Economy in England, 1500-750*. Nova York: Schocken, 1972.

CONRAD, Robert. *The Destruction of the Brazilian Slavery 1850-1888*. Berkeley: University of California Press, 1973.

COSTA, Edgar. *A Legislação Eleitoral Brasileira*. Rio de Janeiro: Imprensa Nacional, 1964.

COSTA, Emília Viotti da. *Da Monarquia à República: Momentos Decisivos*. São Paulo: Editorial Grijalbo, 1977.

——. *Da Senzala à Colônia*. São Paulo: Difel, 1966.

DAHL, Robert A. *Who Governs?* New Haven: Yale University Press, 1961.

DAHL, Robert A. "A Critique of the Ruling Elite Model". *American Political Science Review* (52), p. 463-469, junho 1958.

DARREL, Erville Levi. «The Prados of São Paulo: an Elite Brazilian Family in a Changing Society, 1840-1930", tese de doutorado, Universidade de Yale, 1974.

FONTES E BIBLIOGRAFIA

DAWSON, Richard E. e PREWITT, Kenneth. *Political socialization*. Boston: Little Brown, 1969.

DEAN, Warren. *Rio Claro. A Brazilian Plantation System, 1820-1920*. Stanford: Stanford University Press, 1976.

——. "Latifundia and Land Policy in Nineteenth-Century Brazil", *The Hispanic American Historical Review*, 51, 4 (November 1971), p. 606-625.

DECEW, Judson M. "The Chilean Budget 1833-1914", texto mimeografado, 1969.

DERRY, John W. *Parliamentary Reform*. Londres: Macmillan, 1966.

DONGHI, Tulio Halperin. *Historia Contemporánea de América Latina*. Madri: Alianza Editorial, 1970.

——. *Revolución y Guerra: formación de una elite dirigente en la Argentina criolla*. Buenos Aires: Siglo Veintiuno Argentina Editores, 1972.

DUARTE, Nestor. *A Ordem Privada e a Organização Política Nacional*. São Paulo: Ed. Nacional, 1939.

EDINGER, Lewis J. e SEARING, Donald D. "Social Background in Elite Analysis: a methodological inquiry". *American Political Science Review*, 61(2), p. 428-445, junho 1967.

EISENSTADT, S. N. *The Political Systems of Empires*. Nova York: The Free Press, 1967.

EISENBERG, Peter L. "Abolishing Slavery: The Process on Pernambuco's Sugar Plantations", *Hispanic American Historical Review*, 52, 4 (November 1972), p. 580-597.

ERGANG, Robert. *Emergence of the National State*. Nova York: Van Nostrand Reinhold, 1971.

ESTRADA, Ozório Duque. *A Abolição (Esboço Histórico, 1831-1888)*. Rio de Janeiro: Livraria Editora Maurillo, 1918.

EULALIO, Alexandre. "De um Capítulo de Esaú e Jacó ao Painel d'O Último Baile", *Discurso 14*, Unicamp, 14 (1983), p. 181-207.

EULAU, Heinz e PRAGUE, John D. *Lawyers in Politics, a Study in Professional Convergence*. Nova York: Bobbs-Merril, 1964.

FAORO, Raymundo. *Os Donos do Poder; formação do patronato político brasileiro*. Porto Alegre: Globo, 1958.

FARIA, Maria Auxiliadora. "A Guarda Nacional em Minas, 1831-1873". Dissertação de Mestrado, Universidade Federal do Paraná, 1977.

FILLER, Victor Morris. "Liberalism in Imperial Brazil: the Regional Rebellions of 1842", tese de doutorado, Universidade de Stanford, 1976.

FLEIUSS, Max. "História administrativa". *Dicionário Histórico, Geográfico e Etnográfico do Brasil*, v. 1. Rio de Janeiro: Imprensa Nacional, 1922, p. 952-1067.

FLORY, Thomas Holmes. *Judge and jury in Imperial Brazil; the social and political dimensions of judicial reform, 1822-1848*. Dissertação de doutorado, Austin, The University of Texas, 1975.

FREY, Frederick W. *The Turkish Political Elite*. Cambridge: The MIT Press, 1965.

FREYRE, Gilberto. *Ordem e Progresso*. Rio de Janeiro: José Olympio, 1961, 2 v.

FRIEIRO, Eduardo. *O Diabo na Livraria do Cônego*. Belo Horizonte: Itatiaia, 1957.

FURTADO, Celso. *Economic development of Latin America, a survey from colonial times to the Cuban Revolution*. Cambridge: Cambridge University Press, 1970.

GALLOWAY, J. H. "The Last Years of Slavery on the Sugar Plantations of Northeastern Brazil", *Hispanic American Historical Review*, 51, 4 (November 71), p. 586-605.

GEERTZ, Clifford. *Local Knowledge. Further Essays in Interpretative Anthropology*. Nova York: Basic Books, Inc., 1983.

——. *Negara. The Theatre State in Nineteenth-Century Bali*. Princeton: Princeton University Press, 1980.

GERSCHENKRON, Alexander. *Economic Backwardness in Historical Perspective*. Cambridge: Harvard University Press, 1962.

GILMORE, Robert G. *Caudillism and Militarism in Venezuela*. Athens, Ohio: Ohio University Press, 1964.

GOULART, Maurício. *A Escravidão Africana no Brasil (das Origens à Extinção do Tráfico)*. São Paulo: Martins, 1949.

GRAHAM, Lawrence S. *Civil Service Reform in Brazil: principles versus practice*. Austin: The University of Texas Press, 1968.

GRAHAM, Richard. *Britain and the onset of Modernization in Brazil, 1850-1914*. Cambridge: Cambridge University Press, 1968.

——. "Landowners and the Overthrow of the Empire", *Luso-Brazilian Review*, VII, 2 (December, 1970), p. 44-56.

GREENLEAF, Richard E., ed. *The Roman Catholic Church in Colonial Latim America*. Nova York: Alfred A. Knopf, 1971.

GUIMARÃES, Alberto Passos. *Quatro Séculos de Latifúndio*. São Paulo: Fulgor, 1964.

GUTTSMAN, W. L. *The British Political Elite*. Londres: Macgibbon & Kee, 1963.

HALL, Michael M. "*The Origins of Mass Migration in Brazil, 1871-1914*". Tese de doutorado, Universidade de Columbia, 1969.

——. "Reformadores de Classe Média no Império Brasileiro: a Sociedade Central de Imigração", *Revista de História*, 105 (1976), p. 147-71.

FONTES E BIBLIOGRAFIA

HARTZ, Louis. *The Founding of New Societies; studies in the history of the United States, Latin America, South Africa, Canada and Australia, with contributions by Kenneth D. McRae, Richard M. Morse, Richard N. Rosecrance, Leonard M. Thompson.* Nova York: Harcourt, Brace & World, 1964.

HERCULANO, Alexandre. *História de Portugal.* Lisboa: Bertrand, s. d., 5 v.

HOLANDA, Sérgio Buarque de. *História Geral da Civilização Brasileira.* São Paulo: Difel, 1965-72, II, 5 v.

JESUS, J. Palhano de. "Rápida Notícia da Viação Férrea no Brasil", *Dicionário Histórico, Geográfico e Etnográfico do Brasil,* v. I, Rio de Janeiro: Imprensa Nacional, 1922, p. 723-756.

KAPLAN, Marcos. *Formación del Estado Nacional en América Latina.* Santiago de Chile: Editorial Universitária, 1969.

KLEIN, Herbert S. "The Internal Slave Trade in Nineteenth-Century Brazil: A Study of Slave Importations into Rio de Janeiro in 1852", *Hispanic American Historical Review,* 51, 4 (November 1971), p. 567-85.

LACOMBE, Américo Jacobina. "A Igreja no Brasil Colonial". In: HOLANDA, Sérgio Buarque de (org.), *História Geral da Civilização Brasileira,* tomo I, v. II. São Paulo: Difel, 1960, p. 51-75.

LANNING, John Tate. *Academic Culture in the Spanish Colonies.* Folcroft: The Folcroft Press, 1969.

LASSWELL, Harold D. e LERNER, Daniel, eds. *World Revolutionary Elites; studies in coercive ideological movements.* Cambridge, Massachusetts: The MIT Press, 1966.

LEAL, Aurelino. *História Constitucional do Brasil.* Rio de Janeiro: Imprensa Nacional, 1915.

LEFF, Nathaniel H. *Underdevelopment and Development in Brazil.* Vol. I: *Economic Structure and Change, 1822-1947* Vol. II: *Reassessing the Obstacles to Economic Development.* Londres: George Allen & Unwin, 1982.

LEITE, Beatriz Westin de Cerqueira. *O Senado nos Anos Finais do Império (1870-1889).* Brasília: Senado Federal, 1978.

LEITMAN, Spencer. *Raízes Sócio-Econômicas da Guerra dos Farrapos. Um Capítulo da História do Brasil no Século XIX.* Rio de Janeiro: Graal, 1979.

LENIN, V. I. *What is to be done?* Nova York: International Publishers, 1972.

LEOPOLDO, D. Duarte. "História Religiosa. O Clero nacional e a independência". *Dicionário Histórico, Geográfico e Etnográfico do Brasil.* Rio de Janeiro, Imprensa Nacional, 1922, p. 1255-1278.

LESSA, Renato, *Invenção Republicana: Campos Sales, as Bases e a Decadência da Primeira República*. São Paulo: Edição Vértice, 1987.

LIMA, Hermes. "Prefácio". In *Obras Completas de Rui Barbosa*. Vol. XVI. 1889.

LIMA, Ruy Cirne. *Pequena História Territorial do Brasil. Sesmaria e Terras Devolutas*. Porto Alegre: Livraria Sulina, 1954.

LINDOSO, Dirceu. *A Utopia Armada. Rebeliões de Pobres nas Matas do Tombo Real (1832-1850)*. Rio: Paz e Terra, 1983.

LIPSET, Seymour Martin e SOLARI, Aldo. *Elites in Latin America*. Nova York:Oxford University Press, 1967.

LOBO, Eulália Maria Lahmeyer. *História Político-Administrativa da Agricultura Brasileira, 1808-1889*. Brasília: Ministério da Agricultura, 1979.

LYRA, Tavares de. *História da Queda do Império*. São Paulo: Cia. Editora Nacional, 1964, 2 v.

——. *Instituições Políticas do Império*. Brasília: Senado Federal, 1979.

MACCLOSKEY, Donald. N. "Magnanimous Albion: Free Trade and British National Income, 1841-1881", *Explorations in Economic History*, 17, 3 (July 1980), p. 303-320.

MACPHERSON, C. B. *The Real World of Democracy*. Oxford: Clarendon Press, 1966.

MAGALHÃES JR., R. *Três Panfletários do Segundo Reinado*. São Paulo: Cia. Editora Nacional, 1956.

MAIA, Prado. *A Marinha de Guerra do Brasil na Colônia e no Império*. Rio de Janeiro: José Olympio, 1965.

MANCHESTER, Alan K. *British Preeminence in Brazil; its rise and decline*. Chapel Hill: The University of North Carolina Press, 1933.

MANNHEIM, Karl. *Ideología y Utopia; introducción a la sociología del conocimiento*. Madri: Aguilar, 1958.

MARCHANT, Alexander. "Aspects of the Enlightenment in Brazil". In: WHITAKER, Arthur P (ed.), *Latin America and the Enlightenment*. Ithaca, Nova York: Cornell University Press, 1961, p. 95-118.

MARX, Karl. *Capital. A Critique of Political Economy*, ed. by Frederick Engels. Nova York: International Publishers, v. 1, 1976.

MATTHEWS, Donald R. *The Social Background of Political Decisionmakers*. Nova York: Doubleday, 1954.

MAXWELL, Kenneth R. *A Devassa da Devassa; a Inconfidência Mineira: Brasil e Portugal 1750-1808*. Rio de Janeiro: Paz e Terra, 1977.

FONTES E BIBLIOGRAFIA

———. "The Generation of the 1790's and the Idea of Luso-Braziian Empire". In: ALDEN, Dauril (ed.), *Colonial roots of Modern Brazil*. Berkeley: University of California Press, p. 107-44, 1973.

MEDEIROS, Borges de. *O Poder Moderador na República Presidencial (Um Ante-projeto da Constituição Brasileira)*. Sem local e editora, 1933.

MERCADANTE, Paulo. *A Consciência Conservadora no Brasil*. Rio de Janeiro: Saga, 1965.

MISCELANEOUS Works of Lord Macaulay. Organizado por sua irmã Lady Trevelyan, v. V, Nova York: Harper and Brothers, 1899.

MILLS, C. Wright. *The Power Elite*. Nova York: Oxford University Press, 1956.

MITCHELL, B. R. *European Historical Statistics, 1750-1970*. Nova York: Columbia University Press, 1976.

MOACYR, Primitivo. *A Instrução e as Províncias; subsídios para a história da educação no Brasil* São Paulo: Ed. Nacional, 1939, 2 v.

———. *A Instrução e o Império; subsídios para a história da educação no Brasil*. São Paulo: Ed. Nacional, 1936-8, 3 v.

MOORE JR., Barrington. *Social Origins of Dictatorship and Democracy; lords and peasants in the making of the modern world*. Boston: Beacon Press, 1967.

MORAIS, Evaristo de. *A Escravidão Africana no Brasil*. São Paulo: Cia. Editora Nacional, 1933.

———. *Da Monarquia para a República (1870-1889)*. Rio de Janeiro: Athena Editora, sem data.

MORNER, Magnus (ed.). *The Expulsion of the Jesuits from Latin America*. Nova York: Alfred A. Knopf, 1965.

MOSCA, Gaetano. *The Rulling Class*. Nova York: McGraw-Hill, 1939.

MOTA, Carlos Guilherme. *Nordeste 1817: estruturas e argumentos*. São Paulo: Perspectiva, 1972.

MYERS, Margareth G. *A Financial History of the United States*. Nova York/Londres: Columbia University Press, 1970.

NARO, Nancy Priscilla. *The 1848 Praieira Revolt in Brazil*, tese de doutorado, The University of Chicago, 1981.

O'CONNOR, James. *The Fiscal Crisis of the State*. Nova York: St. Martin's Press, 1973.

ONODY, Oliver. *A Inflação Brasileira (1820-1958)*. Rio de Janeiro: sem ed., 1960.

PANG, Eul-Soo e SECKINGER, Ron L. "The Mandarins of Imperial Brazil". *Comparative Studies in Society and History* 9(2), p. 215-44, inverno 1972.

455

PANG, Laura Jarnagin. "The State and Agricultural Clubs of Imperial Brazil, 1860-1889". Tese de doutorado, Vanderbilt University, 1981.

PARETO, Vilfredo. *Sociological Writings*. Seleção e introdução por S. E. Finer. Nova York: Frederick A. Praeger, 1966.

PARK, Robert E. "Human Migration and the Marginal Man". *The American Journal of Sociology*, XXXIII, 6 (May 1928), p. 881-93.

PELAYO, Manuel Garcia. *Frederico II da Suábia e o Nascimento do Estado Moderno*. Belo Horizonte: Revista Brasileira de Estudos Políticos, 1961.

PETRONE, Teresa Schorer, "Imigração Assalariada". In: HOLANDA, Sérgio Buarque de (org.). *História Geral da Civilização Brasileira*, tomo II, v. 3.º, São Paulo, Difel, 1967, p. 274-96.

PLATT, D. C. M. *Latin America and British Trade, 1806-1914*. Nova York: Harper & Row Publishers, Inc., 1973.

PORTO, Costa. *Estudo sobre o Sistema Sesmarial*. Recife: Imprensa Universitária, 1965.

PRADO, J. F. de Almeida. *D. João VI e o Início da Classe Dirigente do Brasil (Depoimento de um pintor austríaco no Rio de Janeiro)*. São Paulo: Ed. Nacional, 1968.

PRADO JR., Caio. *Evolução Política do Brasil*. São Paulo: Revista dos Tribunais, 1933.

QUANDT, William B. *The Algerian Political Elite: 1954-1967*. Tese de doutorado, MIT, 1968.

———. "The Comparative Study of Political Elites". Rand Paper P-4172, setembro 1969.

QUEIROZ, Maria Isaura Pereira de. "O Mandonismo Local na Vida Política brasileira". *Anhembi*, v. XXIV-XXV, 1956-57.

QUINTAS, Amaro. *O Sentido Social da Revolução Praieira*. Rio de Janeiro: Civilização Brasileira, 1967.

RAMOS, Guerreiro. *A Crise do Poder no Brasil*. Rio de Janeiro: Zahar, 1961.

———. *Administração e Estratégia do Desenvolvimento*. Rio de Janeiro: Fund. Getulio Vargas, 1966.

———. "O Tema da Transplantação e as Enteléquias na Interpretação Sociológica do Brasil", *Serviço Social*, XIV (1954).

REIS, Fábio Wanderley. "Brasil: Estado e sociedade em perspectiva". *Cadernos do Departamento de Ciência Política*, (2), p. 35-74, dez. 1963.

REIS, Jaime. "Abolition and the Economics of Slaveholding in Northeast Brazil". Institute of Latin American Studies, University of Glasgow, *Occasional Papers* n. 11, 1974.

FONTES E BIBLIOGRAFIA

REIS, João José. *Rebelião Escrava no Brasil. A História do Levante dos Malês (1835)*. São Paulo: Brasiliense, 1986.

RODRIGUES, José Honório. *Conciliação e Reforma no Brasil; um Desafio Histórico-cultural*. Rio de Janeiro: Civilização Brasileira, 1965.

——. *O Conselho de Estado, o Quinto Poder?* Brasília: Senado Federal, 1978.

RUSTOW, Dankwart A. "The Study of Elites: Who's Who, When and How". *World Politics*, 18 (4), p. 690-717, julho 1966.

RUY, Affonso. *A Primeira Revolução Social Brasileira (1798)*. Rio de Janeiro: Laemmert, 1970.

RYDER, Norman B. "The Cohort as a Concept in the Study of Social Change". *American Sociological Review*, 30, p. 843-861, 1965.

SANTOS, José Maria dos. *A Política Geral do Brasil*. São Paulo: J. Magalhães, 1930.

——. *Os Republicanos Paulistas e a Abolição*. São Paulo: Martins, 1942.

SANTOS, Lúcio José dos. *A Inconfidência Mineira*. São Paulo: Escolas Profissionais do Liceu Coração de Jesus, 1927.

SANTOS, Wanderley Guilherme dos. *Ordem Burguesa e Liberalismo Político*. Rio de Janeiro: Duas Cidades, 1978.

SCALAPINO, Robert A. *Elites in the Peoples Republic of China*. Seattle: University of Washington Press, 1972.

SCHEIBER, Harry N. "Centralization of Power and Development of the American Federal System", *Czasopismo Prawno-Historyczne*, XXXII-Zeszyt 1 (1980), p. 155-183.

SCHULZ, John Henry. *The Brazilian Army in Politics, 1850-1894*. Tese de doutorado. Princeton University, 1973.

SCHWARZ, Roberto. *Ao Vencedor as Batatas*. São Paulo: Duas Cidades, 1977.

SCHWARTZ, Stuart B. *Sovereignty and Society in Colonial Brazil; the High Court of Bahia and its Judges, 1609-1751*. Berkeley: University of California Press, 1973.

SCHWARTZMAN, Simon. *São Paulo e o Estado Nacional*. São Paulo: Difel, 1975.

——. "Representação e Cooptação Política no Brasil". *Dados*, (7), p. 9-41, 1970.

SEARING, Donald D. "The Comparative Study of Elite Socialization". *Comparative Political Studies*, 1 (1), p. 471-500, janeiro 1969.

SERGIO, Antônio. *História de Portugal*. Barcelona: s. ed., 1929.

SERRA, Astolfo. *A Balaiada*. Rio de Janeiro: Bedeschi, 1946.

SILVA, Eduardo. *Barões e Escravidão. Três Gerações de Fazendeiros e a Crise da Estrutura Escravista*. Rio de Janeiro: Nova Fronteira, 1984.

SIMONSEN, Roberto C. *História Econômica do Brasil (1500-1820)*. São Paulo: Ed. Nacional, 1962.

SLENES, Robert W. "Coping with Oppression: Slave Accomodation and Resistance in the Coffee Regions of Brazil, 1850-1888", texto mimeografado, 1978.

————. "The Demography and Economics of Brazilian Slavery, 1850-1888". Tese de doutorado, Universidade de Stanford, 1975.

SODRÉ, Nelson Werneck. *História Militar do Brasil*. Rio de Janeiro: Civilização Brasileira, 1968.

————. *A Ideologia do Colonialismo. Seus Reflexos no Pensamento Brasileiro*. Rio de Janeiro: ISEB, 1961.

STEIN, Stanley J. "The Historiography of Brazil, 1808-1889". *The Hispanic American Historical Review*, 40 (2), p. 234-278, maio 1960.

————. *Vassouras, A Brazilian Coffee County, 1850-1900*. Nova York: Atheneum, 1970.

STRAYER, Joseph R. *On the Medieval Origins of the Modern State*. Princeton: Princeton University Press, 1973.

SUNKEL, Osvaldo e PAZ, Pedro. *El Subdesarrollo Latino Americano y la Teoría del Desarrollo*. México: Siglo XXI, 1970.

TAUNAY, Affonso de E. *História do Café no Brasil*. Rio de Janeiro: Departamento Nacional do Café, 1939-1943.

THIMBERGER, Ellen Kay. "A Theory of Elite Revolutions". *Studies in Comparative International Development*, 7(3), p. 191-207, set./dez. 1972.

THOMPSON, David. "The UK and its Worldwide Interests", *The New Cambridge Modern History*, v. X, The Zenith of European Power, 1830-1870.

TILLY, Charles, ed. *The Formation of National States in Western Europe*. Princeton: Princeton University Press, 1975.

TOPIK, Steven. "The State's Contribution to the Development of Brazil's Internal Economy, 1850-1930", *Hispanic American Historical Review*, 65, 2 (1985), p. 203-228.

TOPLIN, Robert Brent. *The Abolition of Slavery in Brazil*. Nova York: Atheneum, 1972.

————. "Upheaval, Violence, and the Abolition of Slavery in Brazil: the Case of São Paulo", *Hispanic American Historical Review*, 4 (November 1969), p. 639-655.

TORRES, Alberto. *A Organização Nacional*. São Paulo: Cia. Editora Nacional, 1938.

TORRES, João Camilo de Oliveira. *O Conselho de Estado*. Rio de Janeiro: G. R. D., 1965.

————. *Os Construtores do Império*. São Paulo: Ed. Nacional, 1968.

URICOECHEA, Fernando. *O Minotauro Imperial*. São Paulo: Difel, 1978.

FONTES E BIBLIOGRAFIA

VAMPRÉ, Spencer. *Memórias para a História da Academia de São Paulo*. São Paulo: Livraria Acadêmica Saraiva, 1924, 2 v.

VARELA, Alfredo. *História da Grande Revolução*. Porto Alegre, 1925, 6 v.

VENÂNCIO FILHO, Alberto. *Das Arcadas ao Bacharelismo; 150 Anos de Ensino Jurídico no Brasil*. São Paulo: Perspectiva, s. d.

VIANNA, Oliveira. *O Ocaso do Império*. Rio de Janeiro: José Olympio, 1933.

——. *O Idealismo da Constituição*. São Paulo: Cia. Editora Nacional, 1939.

——. *Instituições Políticas Brasileiras*. Rio de Janeiro: José Olympio, 1955, 2 v.

VIANNA FILHO, Luiz. *A Sabinada (A República Bahiana de 1837)*. Rio de Janeiro: José Olympio, 1938.

VIVES, Alberto Edwards. *La Fronda Aristocrática en Chile*. Santiago de Chile: Ediciones Ercilla, 1936.

WAKEFIELD, E. G. *A Letter from Sydney*. Londres, 1929.

WALLERSTEIN, Immanuel. *The Modern World-System; capitalist agriculture and the origins of the European world economy in the Sixteenth Century*. Nova York: Academic Press, 1974.

WATT, John R. *The District Magistrate in late Imperial China*. Nova York: Columbia University Press, 1972.

WEBER, Max. *Economy and Society. An Outline of Interpretive Sociology*. Organizadores Guenther Roth e Calus Wittich. Nova York: Bedminster Press, 1968, 2 v.

WHITAKER, Arthur P. *Latin America and the Enlightenment*. Ithaca, Nova York: Cornell University Press, 1961.

WHITE, Hayden. *Metahistory. The Historical Imagination in Nineteenth-Century Europe*. Baltimore: The John Hopkins University Press, 1973.

WILKIE, James W. *The Mexican Revolution: Federal Expenditure and Social Change since 1910*. Berkeley and Los Angeles: University of California Press, 1967.

WITTFOGEL, Karl. A. *Despotismo Oriental. Estudio Comparativo del Poder Totalitario*. Madri: Ediciones Guadarrama, 1966.

O texto deste livro foi composto em Sabon,
desenho tipográfico de Jan Tschichold de 1964
baseado nos estudos de Claude Garamond e
Jacques Sabon no século XVI, em corpo 10/13,5.
Para títulos e destaques, foi utilizada a tipografia
Frutiger, desenhada por Adrian Frutiger em 1975.

A impressão se deu sobre papel off-white pelo
Sistema Digital Instant Duplex da Divisão
Gráfica da Distribuidora Record.